FILM PRODUCTION THEORY

영화
제작론

FILM PRODUCTION THEORY

영화 산업은 외형적으로는
변함이 없어 보인다. 영화는 계속해서 만들어지고
제작 스튜디오에서는 이미지들이 생산된다.
또한 디지털 효과 전문가들은 밤을 세워가며
마감 시간을 맞추려고 노력한다.
칸영화제와 베를린영화제에 영화가 상영되면
평론가들은 영화 평론을 쓰며, 관객들은 극장에서
혹은 저녁 식사를 하면서 최근에 본 영화에 대해
친구들과 이야기를 나눈다.
영화 산업은 이제 우리의 삶과 밀접한
문화적 환경이라고 할 수 있다.

– 본문 중에서

영화 제작론

Jean-Pierre Geuens 지음

김진욱 | 김형주 | 어일선 | 이용주 옮김

Σ 시그마프레스

영화제작론

발행일 | 2014년 9월 10일 초판 발행

저자 | Jean-Pierre Geuens
역자 | 김진욱, 김형주, 어일선, 이용주
발행인 | 강학경
발행처 | (주)시그마프레스
디자인 | 김경임
편집 | 김은실

등록번호 | 제10-2642호
주소 | 서울특별시 영등포구 양평로 22길 21 선유도코오롱디지털타워 A401~403호
전자우편 | sigma@spress.co.kr
홈페이지 | http://www.sigmapress.co.kr
전화 | (02)323-4845, (02)2062-5184~8
팩스 | (02)323-4197

ISBN | 978-89-6866-210-2

Film Production Theory

* 책값은 책 뒤표지에 있습니다.

* 이 도서의 국립중앙도서관 출판시도서목록(CIP)은 서지정보유통지원시스템 홈페이지(http://seoji.nl.go.kr)와 국가자료공동목록시스템(http://www.nl.go.kr/kolisnet)에서 이용하실 수 있습니다.(CIP제어번호: CIP2014024836)

차례

_ 꿈이 원대한 영화 제작자들에게

이 책에서 나의 목표는 독자 여러분의 상상력을 자극하여 할리우드의 공식에서 탈피하여 새롭고 강력한 이미지와 사운드를 결합하고 싶은 욕망을 불러일으키고자 하는 데 있다.

나는 텍스트를 체계적으로 살펴보기보다는 오히려 각 페이지를 대충 넘겨보고, 금방 당신에게 말할 수 있는 화제를 찾도록 하는 데 있다.

그리고 나서 모든 것을 걸고 최선을 다하라!!!

_ 역자 서문

이 책은 뉴욕주립대학에서 출간한 장 피에르 게엔스Jean-Pierre Geuens의 『영화제작론 Film Production Theory』을 번역한 것이다.

영화 제작에 대한 이론과 실제적인 내용을 다룬 도서로서 기존의 영화 제작에 대한 가이드와 워크숍에 초점을 맞춘 책들과는 차별화된다. 즉 학문적인 경향과 실제적인 면을 동시에 다루고 있는 것이 이 책의 특징이다.

기본적으로 이 책의 내용을 살펴보면, 초반부에 영화가 예술로서 어떤 위상을 가지고 있는지, 미국 영화학교에서 영화 제작 교육이 어떻게 이루어지고 있는지에 대해 다루고 있다. 우리 영화가 급성장을 하고 있는 시기에 예술적으로나 상업적으로 성장동력을 확보하기 위한 어떠한 노력을 해야 하는지에 대해 시사하는 바가 크다 할 것이다. 이렇듯 책의 앞부분은 영화 제작의 토대가 되는 근원적인 부분을 다루고 있다.

중반부터는 영화교육적인 부분을 구체적으로 다루면서 시나리오에 대한 부분과 제작의 실질적인 부분이 될 수 있는 촬영과 프레임, 그리고 연출, 음향, 조명 등 영화 제작의 실제적인 부분을 차지하고 있다.

영화산업은 많은 나라의 관심이지만 할리우드의 영화 제작 방식에 직·간접적으로 영향을 받고 있다. 이 책은 영화가 산업일 수 있지만 또 한편 예술이라는 측면을 강조하는 입장을 분명하게 취하고 있다. 즉 영화가 산업인 동시에 예술로서 균형 있게 발전할 수 있는 방향을 제시하고 있는 것이다. 현재의 상황으로 보면, 할리우드가 승자가 독식하는 구조로 진화되어 왔기 때문에 독립 영화나 외국 영화가 경쟁하기 어렵고, 1960년대 기성문화에 반대하는 새로운 문화운동이 할리우드를 반영이 아닌 경험의 영화를 수용하게 만들고, 포스트모던 시대의 도래로 예술이 미적 가치를 거부하고 예술가의 자존심과 물질이 창조하는 세상이 빠르게 그 자리를 차지하게 되었다는 것을 어느 누구도 부인하기 어렵다.

영화는 대중문화로 탄생하여 오락상품으로 자리매김을 하게 되면서 산업적 관점이 강하지만 근본적으로 영상으로 표현된 예술이라는 논지를 전개하고 있다. 이 책 한 권이 영화 제작에 모든 것을 대신할 수는 없다. 하지만 예술가를 꿈꾸는 예비 영화감독들과 끊임없이 영화를 통해 자신이 표현하고자 하는 메시지를 전달하려고 하는 영화학도들에게는 중요한 지침서가 될 것이다.

2014년 8월 10일
역자 김진욱, 김형주, 어일선, 이용주

1

영화,
예술의 위상

영화,
예술의 위상

1

외형적으로 영화 산업은 변함이 없어 보인다. 영화는 계속해서 만들어지고 제작 스튜디오에서는 이미지들이 생산된다. 또한 디지털 효과 전문가들은 밤을 세워가며 마감 시간을 맞추려고 노력한다. 칸영화제와 베를린영화제에 영화가 상영되면 평론가들은 영화 평론을 쓰며, 관객들은 직장에서 혹은 저녁 식사를 하면서 최근에 본 영화에 대해 친구들과 이야기를 나눈다. 영화 산업은 이제 우리의 삶과 밀접한 문화적 환경이라고 할 수 있다. 『프리미어 Premiere』는 영화계 소식을 알려주고, TV에 출연한 영화 평론가들은 영화에 대해 별점을 부과한다. 『하드 카피Hard Copy』와 『엔터테인먼트 투나잇 Entertainment Tonight』은 성공한 스타와 실패한 스타 그리고 차세대 스타들을 소개하고 있다. 또한 매체 역사학자들도 영화계 동향을 실은 최신 출판물을 정기적으로 발행하고 있으며 아카데미 시상식은 매년 전 세계로 방영된다. 매주 『버라이어티Variety』는 얼마나 많은 돈이 영화 제작에 사용되는지 자료를 제공하고 있으며, 영화산업을 위한 또 다른 블록버스터 영화가 지금도 계속 만들어지고 있다.

표면적으로 보면 할리우드에서의 비즈니스는 변한 게 없는 것처럼 보이지만 좀 더 깊이 들어가 보면 산업적으로 여전히 정상적이고, 화려하며 전문적으로 보이는 등의 배경을 목격하기는 어렵지 않다. 사실 지난 30년간 영화산업은 기획, 제작, 배급, 수용에 영향을 받아 급격히 변모했다는 것을 숨기고 있다. 동시대를 사는 사람들이라면 그 의미를 잘 이해하게 될 것이다. 한편 블록버스터 영화들이 화면을 지배하면서, 첨단 테크놀로지들은 큰돈이 되는 사업으로 각광을 받게 되고, 제작비는 천정부지로 치솟았으며, 화려한 연예인들은 어디서나 볼 수 있는 광경이 되었다. 이에 반해 미국으로 대표되는 할리우드 이외의 국가에서 만든 영화는 드물게 상영되고, 예술 영화는 거의 사라지고 있는 실정이며, 진정한 독립 영화들은 보기도 어려운 상황이 되어 버렸다. 하지만 이러한 변화는 영화뿐만 아니라 관객들에게서도 기인한다. 예전에는 장 뤽 고다르Jean-Luc Godard의 어려운 영화들도 개봉관에서 적지 않은 관객을 매혹시켰지만, 오늘날 미국 영화시장의 요구에 의해 만들어진 것과 동떨어진 외국 영화들은 작은 영화관에서조차 일주일을 버티기 힘든 상황이다. 이런 상황에 대해 어떤 사람들은 외국 영화를 볼 때 자막을 읽어야 하는 귀찮음이 원인이라 말하고, 어떤 사람들은 어려운 이야기 구조 때문이라고 주장하기도 한다. 하지만 보다 근본적으로, 미국 시장에서 더 이상 심각한 주제의 이야기들이 흥미를 잃어가고 있기 때문일지도 모른다. 이유가 무엇이든 간에 현재의 영화 산업과 시장의 상황은 영화를 제작하는 사람들에게 다양한 대안을 제시해 주지는 못하고 있다. 수업 중에 있었던 일화를 예로 들어보기로 한다. 영화에서 응축된 시간을 보여 주는 사례를 설명하기 위해 교수는 〈2001년 스페이스 오디세이〉(Stanley Kubrick, 1968)의 마지막 장면을 보여준다. 쇼트의 고전적 아름다움은 그 영화를 처음 보는 관객이 아니더라고 모두 매혹시킬 것이다. 하지만 그때 한 학생이 정적을 깨뜨렸다. 영화 속에서 나타난 느린 화면과 애매한 신들에 대해서 지금 큐브릭이 그 장면을 다시 찍었다면 본인은 그렇게 촬영하지 않았거나 그렇게 찍었다고 하더라도 그 장면은 편집되었을 것이라고 말한다. 그리고 만약에 낮은 가능성에도 불구하고 그 장면이 상영 프린트에 삽입되었다면 관객들은 참을 수 없어 떼 지어 극장을 나가거나, 집중력을 필요로 하는 영화를 보고 싶어 하지 않을 것이라고 말했다.

위의 예시에서 볼 수 있는 바와 같이 오늘날 젊은 영화인들이 만들 수 있는 선택들은 상당히 제한적이다. 영화의 주제는 명확해야 하고, 영화 속 액션은 강렬해야 하며, 영화 속 언어는 줄어들고 있다. 매체를 완벽하게 이용하는 가능성들은 현저하게 좁아졌다. 물론 연예 산업은 최첨단 스타일과 테크놀로지의 선도적 입장에서 그 자체를 유지하기 위하여 창의적인 배우와 새로운 사람들을 필요로 한다. 그러나 그것은 영화 산업이 반전함에 따라 점점 멀어지고 있는데, 그 이유는 배우들이 그런 프로젝트를 매력 있는 패키지로 변화시키는 데 필요한 것만을 생산하는 데 이용될 것이기 때문이다. 이런 관점에서 강의실은 더욱 조용해질 뿐만 아니라 그런 미래에 영향을 받는 학생들은 스테레오타입의 캐릭터들, 자동차 충돌, 사람들이 서로 소리치며 다투고, 폭발이 끊이지 않으며, 스턴트맨이 공중을 날아다니고, 정신없이 빠른 편집과 커다란 음악으로 가득 찬 영화를 찍게 될 것이다. 하지만 다른 제안도 매력적이지 않은 것은 마찬가지이다. 진정한 독립 영화(저예산 할리우드 영화가 아닌)는 자금을 끌어오기가 쉽지 않다. 그리고 개봉이 된다고 하더라도 영화 홍보는 거의 불가능할 것이다. 그런 영화는 좋은 평론가들에 의해서 좋은 평가를 받았다고 하더라도 가능성 있는 관객들과 만날 기회도 없이 일주일이내 상영관에서 사라지게 될 것이다. 이런 상황은 제작자에게 다시 다음 작품을 위한 자금을 모으고 개봉관을 찾아야 하는 등의 원점으로 돌아가게 만든다.

나는 이것이 우리에게 당면한 중요한 문제이며, 동시에 현재 우리의 영화 산업이 어떻게 진행되는지에 대해 배워야 하고, 왜, 어떻게 이런 변화들이 발생되었는지 이해해야 된다고 생각한다. 관객들의 다양하지 못한 영화 선호도와 탐욕스러운 영화 비즈니스 상황을 탓하기 전에 우리가 왜 이런 상황에 처하게 되었는지를 분석해 볼 필요가 있다. 물론 하나의 원인만을 찾아내기는 어려울 것이다. 할리우드 대본의 경우와 같은 현장에서의 메이저 작가들 간의 악의 있는 음모는 없다. 오히려 우리는 동떨어진 사건들을 다루고 있다. 각각의 것은 그것의 정확한 범위와 세부사항들이 오직 사실 이후에만 기록될 수 있는 결과들을 발생시킨다. 웨인 부스Wayne C. Booth의 말처럼 "우리가 스스로를 발견하는 상황은 우리가 결코 완전히 인지하지 못할 결과, 방대한 비율의 통제되지 않는 실험을 구성한다."[1]는 것이다.

나의 관점으로 보면 세 가지 요소들이 현재의 상황에 가장 많은 영향을 미쳤다고 생각한다. 첫째, 할리우드는 승자가 독식하는 구조로 빠르게 진화해 왔기 때문에 독립 영화나 외국 영화가 이들과 경쟁하기 어려운 상황이 되었고, 둘째, 60년대의 기성 문화에 반대하는 새로운 문화운동은 할리우드를 반영이 아닌 경험의 영화를 받아들이게 만들었으며, 셋째, 포스트모더니즘 시대로 인해 예술은 미적인 가치를 거부하게 되었고 예술가의 자존심과 물질이 창조하는 세상이 빠르게 그 자리를 채워갔다.

페리 앤더슨Perry Anderson은 "역사적 상황의 논리가 쉽사리 당장 이해되는 역사 수업은 없다."[2]고 말한 것처럼 그것은 사실일지도 모른다. 우리는 방향을 잃고 혼란스러운 존재다. 영화에서 재미는 이제 가장 큰 요소로 자리 잡았다. 하지만 영화라는 매체는 버려지기엔 너무나 중요한 존재다. 문화 산업의 왕좌를 차지하기 위해서 영화는 코카콜라나 팝콘, 혹은 다른 대량 소비 생산품과 비교해도 손색이 없을 정도다. 나의 주장이 빗나가는 경향이 있더라도 이해해 주기 바란다.

2

할리우드가 제1차 세계대전으로 인한 유럽 영화와 그 영향력이 완전히 파괴되어 영화의 세계적인 패권을 잡게 되어 의심할 여지없이 유럽보다 훨씬 더

---

1) Wayne C. Booth, "The Company We Keep: Self-Making in Imaginative Art, Old and New," in *Television: The Critical View*, ed. Horace Newcomb, 4th ed. (New York: Oxford Univ. Press, 1987), p. 391(his emphases).

2) Perry Anderson, *Lineages of the Absolutist State* (London: New Left Books, 1974), p. 55.

나은 비즈니스적 통찰력이 생겨나게 되었다. 가장 무서운 것은 시스템이 초기에 표준화되고 저렴한 비용으로 관객들에게 계속해서 제공될 수 있었다는 것이다. 자넷 슈타이거Janet Staiger는 영화 산업의 성공에는 두 가지 큰 요인이 작용했다고 주장한 바 있다. 우선 이런 변화가 가능했던 것은 '단순화, 표준화, 통합화'로 능률적인 생산이 가능했기 때문이다. 또 하나의 이유는 영화들마다 원문과 다른 내용과 독특한 제품가치로 권리를 주장할 수 있었기 때문이다.3 사실 할리우드가 진일보할 수 있었던 것은 한 곳에 안주하지 않고 자신의 영역을 넓혔기 때문이다. 제작 시스템은 역사 속에서 절충되었으며 외국의 영화 인력도 기꺼이 받아들였다. 그 결과 색다른 아이디어와 스타일을 경험할 수 있었던 것이다.

할리우드는 내부적으로 감독의 리더십 아래 카메라맨이 촬영 팀과 함께 영화를 제작하는 방식을 서서히 발전시켜 나갔다. 제작과정의 비효율성을 극복하고 제작비용의 절감을 위해 핵심과정이 외부로부터 이러한 문제들을 조정하는 각 스튜디오의 중심적인 프로듀서로 전환되었다. 1930년대 박스 오피스는 급격히 감소하고 분업이 확대되었다. 각 스튜디오는 여러 명의 프로듀서들을 고용했고 그들은 한 해에 8~10편의 영화를 제작했다. 50년대 스튜디오 시스템은 연쇄적인 구조적 변화의 시작으로 붕괴되었지만 이러한 구조 변화는 오늘날까지 전해지고 있다.4

첫째로 스튜디오들은 그들 회사의 독립성을 잃게 되었다. 걸프 앤드 웨스턴 사는 파라마운트를 사들였고, 트랜스아메리카는 유나이티드 아티스츠를, 킨니 네셔널 서비스 등은 워너브라더스를 인수하게 되었다. 이러한 독특

---

3) Janet Staiger, "Mass-Produced Photoplays: Economic and Signifying Practices in the First Years of Hollywood," *Wide Angle*, vol. 4, no. 3 (1980), p. 20.

4) 미국 정부와 파라마운트 사의 법정투쟁(1948)은 공이 굴러가듯이 시작되었다. 강제로 스튜디오들이 극장 소유권에 있어 그들의 다수 이권을 팔도록 함으로써, 법무부는 강제로 스튜디오들이 그들의 제작 전략을 변경시키게 했다. 이제 스튜디오들은 B급 영화들로 시장을 포화시키게 하는 데에 거의 관심을 갖고 있지 않았다. 그것은 그들이 만든 최고의 영화의 가치를 희석시킬 수도 있었기 때문이다.

한 인수합병은 필연적으로 오래 지속되지 못했다. 각 스튜디오들이 갖는 레저 부문은 거대기업의 다른 산업분야(석유 회사, 보험 회사)와는 완전히 다른 영역이었다. 비록 처음 나타난 변화는 이윤에 영향을 주지 않았지만 이후에는 스튜디오 문화 전반에 상당한 영향을 미쳤다. 생각해 보라, 오랫동안 라이벌 관계에 있던 스튜디오들은 이제 이윤을 창출하는 기업 내 다른 사업들과 경쟁하게 되면서 복잡해지게 되었다. 이전보다 더 심해진 감시 체제는 스튜디오에 생산과 마케팅이라는 방식을 도입하게 만들었다. 다시 말해 새로운 경영주들은 스튜디오들의 실수를 되풀이하지 않기 위해 생산품들의 잠재적인 수입의 원천으로써 TV를 인식할 수밖에 없었다.[5] 합리적인 사업의 전략들은 외부로부터 상대적으로 성장하는 사업을 보호하는 것이었다. '잘나가는' 기업경영인들은 계산적인 시각을 가지고 영화가 새로운 이윤을 창출할 수 있는지, 새로운 시장을 정복할 수 있는지, 그리고 영화 제작으로 수입을 얻을 수 있는지를 모색하며 새로운 사업 영역을 갑자기 조사하기 시작했다.

3

그 답은 완전히 새로운 바람이 불기 전까지는 의문으로 남아 있었다. 여러분들은 디즈니, 소니, 시그램, 타임-워너 등의 이름을 들어봤을 것이다. 이 새로운 경영인들은 이전의 경영인들과는 달랐는데 이들은 이미 텔레비전 네트워크, 케이블 회사, 인쇄 회사, 출판사, 서점, 라디오, 레코드사, 신문사, 잡지사, 광고회사 등의 유사 회사를 운영하고 있었다. 이들은 영화를 독립적으로 두는 대신 다른 상품의 소비자들에게도 최대한으로 노출시켰다. 이것은 수입과 이윤을 크게 증가시키는 가능성을 가진 연관된 산업과 이와 관계있는 다양한 제품을 생산하는 상위 상품으로서의 영화산업 사이에서 '시너지 효과'를 발휘하였다.

---

5) Michael Schudson, *Advertising, the Uneasy Persuasion: Its Dubious Impact on American Society* (New York: Basic Books, 1984), p. 30 참조.

일반적으로 영화가 개봉하는 것과 동시에 해당 영화와 관련된 책의 출판과 영화 음반이 출시되며 이와 함께 해당 영화와 관련 있는 옷, 인형, 음식들도 모든 상점에서 동시에 상품화하게 된다. 영화 속 캐릭터는 맥도날드의 새로운 세트 메뉴로 항상 추가가 되며, 이런 영화 속 캐릭터들은 테마 파크, TV 쇼, 비디오 게임, CD-ROM의 상품 등으로 개발된다.6 그리고 마침내 이런 캐릭터들은 극장의 스크린에서뿐만 아니라 우리들의 일상생활인 TV 광고, 빌보드, 잡지 신문, 책, 음반 가게, 레스토랑, 백화점, 슈퍼마켓, 티셔츠, 그리고 컵에서도 마주하게 된다. 혹은 이와는 반대로 영화 속에서 상품을 홍보하곤 하는데, 예를 들면 주인공이 말보로 담배를 피운다거나 메이시스에서 쇼핑을 하거나 하겐다즈 아이스크림을 먹기도 한다. 이러한 장치들과 결합은 영화의 접근과 가시성을 분명히 확장시켜 주고, 일상생활 속에서 문화 교류에 참여시키기 위해 보여 주는 데에 요구되는 이벤트가 되었다. 그리고 각 제품의 다양한 가능성을 모두 조정하기 위하여, 각각의 미디어 회사들은 시너지 매니저를 고용했다. 이들의 역할은 '어떻게 각각의 부서가 서로의 가치를 높일 수 있을 것인지'에 대한 것이다.7 이러한 작용을 통해 거대 영화들은 시장 지배를 높일 뿐만 아니라 독점력을 가지게 되었다. 테오도르 아도르노Theodor Adorno가 언급한 것처럼, 탐욕스러운 확장은 자본주의 기업에게 딱 들어맞으며 이들의 최종 목적은 '모든 것을 다루고, 조종하고 흡수하는 것'이며 그리고 '손대지 않은 것이 없는 것'이다.8

새로 등장한 커뮤니케이션 회사들은 20년간 변화된 기술을 바탕으로 마케팅을 확장해 나갔다. 예를 들면, VCR과 유료 케이블 TV 채널 등의 등장은 영화로 얻을 수 있는 수입을 증가시켰으며, 오늘날에도 이들은 극장 수입보다 더 많은 이윤을 내고 있다. 경제적인 측면에서, 알프레드 마셜Alfred

---

6) 영화 〈라이언 킹〉에서는 적어도 186개의 이러한 입장이 언급되었다(Roger Allers and Rob Minkoff, 1994), *The Economist*, 23 May 1998, p. 57.

7) *The Economist*, 23 May 1998, p. 57.

8) Theodor Adorno, *The Culture Industry: Selected Essays on Mass Culture*, ed. J. M. Bernstein (London: Routledge, 1991), p. 72.

Marshall과 다른 학자들에 의해 요구된 제품 생산에 대한 이윤을 줄이는 옛 법률을 결국 파기시키기로 결정하였다.[9] 영화의 성공은 극장 상영에 달려 있긴 하지만, 새로운 시장은 영화의 이윤을 급격히 증가시켰다. 확실히 경제적인 수치표는 대작 영화와 글로벌 마케팅을 바탕으로 제작된 영화들만이 이윤을 낼 수 있는 상황으로 급격하게 변화되었고, 이러한 상황을 브라이언 아서 W. Brian Arthur는 '증가하는 이윤의 법칙'에서 "계속해서 앞으로 전진하는 경향을 나타내면 이는 더 많은 이익을 얻을 이점을 잃는다."고 설명했다. [10]

4
....

많은 관심과 자본을 수반하는 이와 같은 시너지 효과는 새로운 상품의 등장을 요구했다. 바로 블록버스터의 탄생이다. 로버트 프랭크Robert H. Frank와 필립 쿡Philip J. Cook은 새로운 경제 전망에 관한 분석에서 뉴욕 타임스 베스트셀러 리스트[11]에는 소수의 책만이 오른다는 것을 지적했다. 그런 책들은 바로 신문 등에 서평이 실렸거나 출판사의 경제적 도움으로 홍보 활동을 펼칠 수 있었던 책들로, 이런 책들은 서점에서 독자들이 쉽게 보고 읽고 구매할 수 있는 곳에 진열되었다. 일부는 그렇게 할 수 있는 기회를 얻지만 다른 책들은 그런 기회를 얻지 못한다. 서점의 매니저들은 차트에 오르지 못한 책들을 치워버린다. 이익을 내기 위해서 책은 반드시 잘 팔리는 책 리스트에 올라야 한다. 그래야만 이윤을 낼 수 있다. 더 많은 부수의 책이 팔릴수록 출판사들은 책의 단가를 낮출 수 있다. 20권의 책이 각각 5천 권씩 팔리면 출판사는 손해를 보게 되지만 한 권의 책이 10만 부가 팔리게 되면 출판사는 다시 회생할 수 있을 것이다. 영화계의 상황도 이와 마찬가지다. 몇몇 영화만이 박스오피스에서 히트를 하고 있다. 그리고 흥행하는 영화들과 관련된 필름과

9) 나의 연구를 위해 나는 W. Brian Arthur의 훌륭한 논문을 참조하였다. "Increasing Returns and the New World of Business," *Harvard Business Review*, vol. 74, no. 4 (July-August 1996).

10) Arthur, p. 100.

11) Robert H. Frank and Philip J. Cook, *The Winner-Take-All Society* (New York: Free Press, 1995).

비디오, 개봉관은 전반적인 배급 가격을 낮추게 된다.

스튜디오 영화들은 모든 것을 안에서 외부로 구성되었던(감독과 배우들 등의 선택을 포괄적으로 결정하는 대본) 반면에, 블럭버스터 영화들은 외부에서 내부로 결집되었다. 예를 들어 영화사는 크리스마스나 미국의 독립기념일에 대작영화를 만들 것을 기획하게 되었다.[12] 배우, 작가, 감독, 음악가들, 유명한 이름, 기억할 만한 이름 등을 한데 묶어 글로벌 마케팅에 이용하게 되었다. 어떤 누구도 '[이 사람들이] 영화에 적합한 인물인지는' 신경 쓰지 않는 듯했다.[13] 더욱 나쁜 것은 "대본이 모든 사람들이 관심을 갖는 마지막 일이라는 것이다."[14] 배우, 장르, 주제, 장면, 편집 스타일, 특수 효과 등의 모든 것은 관객의 성향을 고려해 결정되었다. 놀랍게도 이런 영화들은 대부분 '하이 콘셉트' 영화로 슈퍼 히어로의 등장이나, 비현실적인 주인공, 논스톱 액션, 초고속 화면과 효과적인 사운드로 채워졌다. 이런 영화들은 영화를 만드는 것이 목적이 아니라 단기간에 홍보의 힘을 얻어 많은 극장에 상영하는 것이 목적이다. 예전의 스튜디오와 오늘날의 기업 구조의 영화 제작소는 옛날식 병원과 현대식 병원의 차이점과는 다르다. 병원에는 여전히 의사, 간호사, 그리고 환자를 돕는 많은 사람들이 존재하지만 그 병원의 설립 취지는 결코 이윤 창출이 아니다.

로랜스 캐스단Lawrence Kasdan, 프로듀서이자 연출가인 조지 루카스George Lucas와 스티븐 스필버그Steven Spielberg 감독들은 영화 산업의 진화에 보조를 맞출 의무가 있다고 주장한다. 그들은 "스튜디오가 투자대비 이윤이라는 방식으로 영화를 만들었다고 지적하며, 이것은 영화 산업의 적정한 기대치를 몰락시켰고, 오늘날 모든 스튜디오에서 제작되는 영화는 블록버스터로 구상되어 있다."[15] 실제적으로 말해, 블록버스터의 필요성은 비용에 관계없이

---

12) Amy Wallace, "How Much Bigger Can the Bang Get?" *Los Angeles Times*, Calendar Section, August 9, 1998, p. 8 참조.
13) Steven E. de Souza, in Wallace, p. 8.
14) De Souza, in Wallace, p. 8.

안전한 영화만을 제작하게끔 영화 산업을 이끌었다. 해롤드 보겔Harold Vogel 은 이를 다음과 같이 설명했다.

> 영화 제작 시 스타 배우에게 150만 달러를 지급하는 것이 무명배우에게 10만 달러를 주는 것보다 덜 위험하다. 스타 배우의 출연은 손쉽게 영화의 가치를 올려준다. 때문에 150만 달러의 보수는 극장과 다른 곳의 매출도 올려주지만, 무명 배우는 영화 투자에 대한 이윤 창출에 어떠한 도움도 주지 못할 것이다.[16]

아무리 뛰어난 연기를 하는 배우라 하더라도 비록 연기가 아주 훌륭하진 않지만 지명도가 있는 배우보다 덜 중요하게 여겨졌다. 이러한 현상을 크랭크와 쿡은 '승자가 독식하는 사회' 라고 표현했다.[17] 브루스 윌리스, 아놀드 슈왈제네거, 마이클 더글라스, 실베스터 스탈론, 에디 머피 그 외 다른 몇몇 배우들은 영화 한 편당 출연료로 수백 달러를 받고 있는 반면 할리우드 배우들 중 12퍼센트의 사람들은 매해 일을 찾고 있으며, 그나마도 운이 좋은 10 퍼센트의 사람들은 연기를 통해 연간 5천 달러의 소득을 얻고 있다.[18] 할리우드를 장악하고 있는 세 개의 거대 에이전시들—크리에이티브 아티스츠 에이전시Creative Artists Agency, 윌리엄 모리스 에이전시William Morris Agency, 인터네셔널 크리에이티브 매니지먼트International Creative Management — 의 교훈을 간과해선 안 된다. 이들은 영화 속의 이야기와 배우의 재능이 영화의 가치를 만드는 것이 아니라, 영화에 참여하는 유명인, 스타의 위상, 그리고 그들이 세계 경제의 가능성에 기여하는 능력이 더욱 중요한 요소라고 말한다. 스타와 작가와 감독을 상품화시키기 위해 이 회사들은 그들의 명성을 보다 더 흥미롭게 모으고 재구성한다. 아서Arthur가 제안한 그 '목적'은 '차세대 스타를 찾는 것' 이다.[19] 이 회사들은 창의적이고 재능이 있는 사람들에게 따뜻하

15) In Patrick Goldstein, "The Force Never Left Him," *Los Angeles Times*, Magazine Section, February 2, 1997, p. 26.
16) Harold L. Vogel, *Entertainment Industry Economics*, 2nd ed. (New York: Cambridge Univ. Press, 1990), p. 92.
17) Frank and Cook, 주석 11 참조.
18) Frank and Cook, p. 101.

게 대해주는데, 거기에는 다 그럴 만한 이유가 있다고 잭 발렌티Jack Valenti는 아카데미 시상식에서 다음과 같이 말한 바가 있다. "당신이 어떤 사람이고 또 얼마만큼의 재능이 있는지 에이전시에선 관심이 없다. 에이전시들이 원하는 것은 상품화할 만한 브랜드 가치가 있느냐는 것이다."

할리우드에서 대형 스타, 블록버스터 영화 대본, 최첨단 테크놀로지, 수백만 달러의 예산, 그리고 대대적인 홍보 전략은 다양한 경제적 상황을 이끌어낸다. 확실하게 이런 조건의 도박은 절대로 실패할 일이 없다. 도박판이 커지면 커질수록 제작자들은 어떤 영화인지도 제대로 모른 채 많은 돈을 제작에 투자하게 된다.[20] 하지만 이는 할리우드에서만 가능한 일이다. 할리우드와 경쟁해야 하는 다른 영화들은 제작과 배급의 비용이 오를수록 절망적이다. 적은 예산과 할리우드의 대작 영화와는 비교할 수도 없는 스케일의 영화에는 관객들이 들지 않는다. 영화티켓 값을 지불하고, 비디오 대여료를 내고, 유료 케이블 채널을 보는 소비자 입장에서 지불하는 비용을 생각하면, 영화들이 비록 비슷하긴 하지만 재미있는 블록버스터 영화만을 보게 된다. 반면 많은 돈을 쏟아부은 할리우드 영화들은 관객의 기대에 부흥한 영화라고도 재정의할 수도 있을 것이다. 실질적으로는 '시장의 표준'이라고 말이다. 로버트 커트너Robert Kuttner는 '시장의 표준에 맞지 않는 것의 추방'[21]이라고 쓴 바 있다. 적은 비용과 그 동안 들어보지 못했던 이야기와 특이한 스타일의 작품은 오히려 끝마치기가 매우 어려울 수도 있다. 영화 제작자는 배우와 스태프들의 도움을 받아 저예산의 영화를 만들 수도 있지만(그리고 클래몬트 카메라Clairmont Camera 같은 회사에서 장비의 도움을 지속적으로 받는다면), 영화 개봉은 전혀 다른 그룹의 사람들에 의해서 이루어진다. 신문, 잡지 그리고 광고회사들은 당신이 좋은 사람이라거나 혹은 영화가 좋은 평

---

19) Arthur, p. 104.

20) Arthur, p. 104 참조.

21) Robert Kuttner, *Everything for Sale: The Virtues and Limits of Markets* (New York: Knopf, 1997), p. 62.

가를 받았다는 이유만으로 당신이 제작한 영화의 광고비를 부담해 주지는 않는다. 이는 지역 TV 방송국과 케이블 채널들도 마찬가지다. 제이 레노 Jay Leno와 데이비드 레터맨David Letterman이 진행하는 쇼 프로그램이나 가십 신문들은 무명의 배우에겐 전혀 관심이 없다. 만약에 독립 영화와 2류 할리우드 영화를 개봉하는 데 비슷한 비용이 든다고 한다면, 그리고 독립 영화가 시장에서 반응이 훨씬 좋다면 왜 노력하지 않겠는가? 독립 영화의 제작자들은 최소한 배급이 가능한 영화에 관심이 갈 수밖에 없다. 이를테면 천박하고, 소름 끼치며, 기이하고, 섹스와 폭력 등 할리우드가 친숙해하는 소재들로 제작할 수밖에 없는 것이다. 결국 승자가 독식하는 환경은 공기를 오염시키듯이 성공을 위해 혈안이 되게 만들고 독립 영화는 충격적인 소수의 소재들로만 영화를 제작하게 만드는 상황으로 몰아간다.

5

나의 두 번째 관심은, 60년대 기성세대의 가치관에 반대하는 반체제 문화의 결과가 영화 제작 환경을 바꿔놓았다는 점이다. 1962년, 민주사회를 외치는 학생 연합의 톰 헤이든Tom Hayden은 국가 권력 구조의 '기본적인 결정은 자연과 조직과 보상과 기회에 영향을 주는데' 이에 일반적인 국민들을 배제한다고 주장했다.[22] 그리고 오래지 않아, 60년대의 젊은 세대들은 기성세대의 모든 가치관을 전면적으로 거부하게 되었다. 사회를 둘러싼 모든 단편들이 공격을 받게 되었다. 정치적 힘, 비즈니스의 세계, 관습적인 사회적 가치들, 전통적인 도덕성, 소비자 중심주의 등 모든 것이 '에이젠하워-디즈니 도리스 데이의 허울'이라고 롤링스톤즈Rolling Stones의 편집장은 기술하였다.[23]

하지만 여기서 신중해야 할 점은 왜 젊은 세대들이 갑자기 기성세대에 반항을 했냐는 것이다. 우선 노장의 경험과 40년대의 사고방식을 지닌 채 8년

22) Tom Hayden, *The Sixties: From Memory to History*, ed. David Farber (Chapel Hill: Univ. of North Carolina Press, 1994), pp. 187-88.
23) Richard J. Barnet and John Cavanaugh, *Global Dreams: Imperial Corporations in the New World Order* (New York: Simon and Schuster, 1994), p. 38.에서 인용.

간 백악관에 머물렀던 드와이트 에이젠하워Dwight Eisenhower 대통령, 포스터 델러스Foster Dulles 국무장관, 그리고 경제를 바꾼 제너럴모터스의 사장 찰스 윌슨Charles Wilson 등이 영향을 미치던 시대에 뒤이어 선출된 젊은 대통령의 탄생은 젊은이들에게 흥미로운 사건이었다. 아름다운 아내를 둔 케네디 대통령은 젊었을 뿐 아니라 그의 활력, 자유로운 사회적 사고, 그리고 경제 정책은 굳건히 성장을 이끌었고, 그 당시 사회적 관습과 가족, 교회, 비즈니스와 언론 매체 등에 환멸을 느꼈던 젊은 세대들을 동조하게 하였다. 한동안 평화봉사단과 뉴프런티어 정책은 젊은이들의 이상을 향한 갈증을 해결해 주었다. 하지만 쿠바 침공의 실패와 여러 번의 정치적인 암살 계획은 케네디가 국가의 수장으로서 적합한 인물인지에 대한 의문을 빠르게 확산시켰다. 과연 음모가 존재했을까? 린든 베인스 존슨은 케네디 사망 후 미국 대통령이 되었다. 위대한 사회는 움직이고 있었다. 가난과의 전쟁은 의회의 공격을 받았다 — 학교 급식, 헤드 스타트Head Start 운동(저소득층에 두뇌head의 출발선start을 같게 해 주려는 것이다) 등. 공민권법과 더불어 마틴 루터 킹 목사는 인종 차별주의법을 완화시켰으며 그와 함께 하는 사람들의 행렬은 버밍햄을 넘어섰다. 이런 폭발적인 행렬은 전 미국으로 이어졌다. 이렇게 극도로 불안정한 상황은 몇몇 주요 도시들을 파괴했다. 이 형편없는 전쟁에 아시아도 끌어들였다. 대학들은 징병 카드를 태웠고 대부분의 대학 학군단 모집단들은 추방되었다. 다우 케미컬은 네이팜탄을 제조한 이유로 공격을 받았다. 그리고 다른 회사들 역시 사회적으로 혹은 생태학적으로 무책임했다는 지적을 받았다. 모든 곳에서 연좌시위가 벌어졌다. 시카고, 워싱턴 등 모든 지역에서 대규모 시위가 일어났으며, 이들은 연합하여 종전과 더불어 사회의 급진적인 변화도 요구했다.

문화적 측면에서 장발, 헐렁한 옷, 그리고 청바지가 유행했으며, 약물은 자유로운 섹스를 부추겼다. 그리고 책과 영화의 검열은 사라졌으며, 우드스탁과 함께 레코드 가게에선 록 음악이 폭발적으로 인기를 끌었다. 이와 함께 불행하게도 약물이 널리 확산되었다. 켄 케시Ken Kesey는 〈뻐꾸기 둥지 위로 날아간 새〉에서 당시의 상황을 완벽하게 요약했다. 그는 미국 사회를 정신질환적이고 사악한 지도자가 약자를 괴롭히며 지배하는 나라로 그려냈다.

6
....

당시 미국의 혼란스러운 상황에도 할리우드는 상관없어 보였다. 비록 과거에 할리우드의 스튜디오들은 미군 병사들뿐만 아니라 대규모의 외국 악당들을 동원하여 스크린을 효과적으로 이용하는 법을 배웠지만 그들은 지금 불가능한 주제라는 인식과 가정에서조차 나누어진 관객들로 인해 최악의 악몽에 직면해 있다. 이러한 주제들은 사람들을 만족시킬 수 없었다. 그리고 이런 주제에 대해 구체적으로 달리 이야기하는 것을 본 관객들을 외면하게 하는 위험이 있었다. 이것을 기억해 보자. 처음부터 전체적인 시스템은 대규모의 관객들을 겨냥해서 만들어진 것이지만, 이는 현재 이상적으로 세분화된 그룹을 맞이하게 되었다. 급격하게 바뀐 도덕관과 분쟁 속에서, 할리우드의 스튜디오는 틀에 박힌 영화들을 따분하고 진부하며, 시대와 동떨어진 영화로 간주하였다. 록 허드슨Rock Hudson과 도리스 데이Doris Day의 로맨스보다 켄트스테이트대학 학생들이 반전 시위 도중 교정에서 군인들에게 사살된 사건과 베트남 전쟁의 참상이 당시 사람들에게는 더욱 화제가 되었다.

그러나 남은 것은 무엇이었을까? 드디어 외국 영화들이 미국에 들어오게 되었고 많은 사람들이 자신의 목소리를 내게 되었다. 50년대에 메이저 스튜디오들은 연간 약 250편의 영화를 상영하였으며, 외국 영화들도 170여 편이 매해 수입되었다. 60년대에는 미국 영화 산업이 붕괴되기 시작했다. 이제 상황은 역전되어 연간 상영되는 할리우드 영화는 현재 약 150여 편인 데 반해 250여 편의 외국 영화들이 배급되고 있었다.[24] 그리고 1964년에 수입된 외국 장편영화는 무려 303편에 이르렀다. 하지만 이런 수치는 어디까지나 수치일 뿐이었다. 당시 수입된 모든 영화들이 개봉이 된 것은 아니었으며 모

....

24) 외국 영화에 대한 수요는 할리우드 제작 영화의 둔화에 대한 영화경영자들의 응답으로 보일 수 있다. 자세한 내용은 주석 4(미국 정부와 파라마운트 사의 법정투쟁)를 참조.

든 수입 영화들이 다 잘 만들어진 것도 아니었다.[25] 사실 많은 수의 외국 영화들은 그저 그런 할리우드의 영화보다도 수준이 떨어졌다.

자막을 읽어야 하는 불편함에도 불구하고, 영화 관객들은 (대부분 젊은 관객들) 미국 이외의 국가에서 제작되는 다양한 종류의 영화를 보는 것을 즐기게 되었다. 되돌아보면 이는 보다 성숙한 주제들과 스타일이 무엇보다도 편리성과 결합하게 되었다는 것을 증명한다. 당시 이러한 종류의 영화들은 기본적으로 성적인 개방성에 기초를 두고 있었다. 게다가 프랑스를 비롯한 다른 나라에서도 유행이 된 뉴-웨이브의 영향으로 인해 배우들은 이전의 할리우드가 보여준 화려한 스타의 모습이 아닌 젊고, 새로운, 평범한 모습들을 보여 주게 되었다. 결국 이런 뉴-웨이브 성향의 영화들의 영상은 (예를 들면 헨드핼드 카메라 워킹과 점프 컷의 사용) 젊은 대중에게 매력적으로 다가왔는데 왜냐하면 과거 시대가 보여준 미적 기준과는 다른 무정부주의적이며 흥미로운 반항으로 보여졌기 때문이다.

프랑수와 트뤼포François Truffaut, 페데리코 펠리니Federico Fellini, 베라 히틸로바Veta Chytilovà, 그 외 많은 다른 감독들이 할리우드의 시장 독점에 반대하는 영화들을 제작하였고 이는 이후 미국 독립 영화의 발판이 되어 주었다. 그리고 1969년 마침내 성공을 거둔 데니스 호퍼Dennis Hopper의 〈이지 라이더Easy Rider〉는 이후 젊은 관객들이 즐기는 혁신적인 문화로서 영화들의 주제와 스타일의 선례가 되었다. 이러한 지각변동은 당시 음악, 미술, 문학에 불고 있었던 모더니즘의 혁명이 영화에도 미치게 되었던 것이다. 변화의 초창기에, 그 중에서도 영화는 문화적 모습을 아방가르드 스타일로 채웠다.[26] 과거로 되돌아가는 것은 생각할 필요도 없었다. 당시의 필름메이커들은 영화를 자유롭게 창작할 수 있었다. 드디어 영화의 르네상스 시대가 도래한 것이다.

---

25) 60년대 동안 평균적으로 미국 시장에서 개봉된 모든 영화의 10% 정도가 외국에서 만들어졌다. 오늘날은 1%도 넘지 않는다.

26) Daniel Bell, *The Cultural Contradictions of Capitalism* (New York: Basic Books, 1976), p. 39 참조.

이러한 관점은 결국 잘못된 것으로 판명되었다. 대부분의 중산층 젊은이들이 지지한 고급문화는 신-좌익(New left)과 흑인 급진세력들의 영속된 보증으로 실험되었다. 이 시대 대부분의 관찰자들은 그것을 잘못 이해하고 있었는데, 왜냐하면 그들은 지속되는 신념에 대한 단순한 실험이라고 해석했기 때문이다. 더욱 명확하게, 한때 미국 영화는 자막, 난폭한 등장인물, 대단히 강도 높은 섹스 장면, 감각적인 성애 장면, 미적인 실험을 대신한 빠른 편집 없이도 관객의 관심을 끌 수 있었지만 특이하게도 미국식 폭력과 보증 없는 외국 영화는 더 이상 관심을 끌 수 없게 된다. 이는 처음부터 어울리지 않는 결합이었다.

이런 경향은 다른 예술분야에서도 나타났다. 위엄이 있던 시대는 대립과 에너지와 집적성의 시대로 흘러갔다. 이는 유행이었다. 뉴욕의 '리빙 시어터'는 퍼포먼스 아트를 육성시켰으며 배우와 관객 사이의 전통적인 경계선을 무너뜨렸다. 밝은 색상의 물감을 뿌려 그리는 '액션 페인팅'과 인습을 타파한 팝 아티스트인 앤디 웨홀Andy Warhol의 작품들이 많은 미술관에 전시되었다. 그리고 롤링스톤즈, 짐 모리슨, 지미 핸드릭스, 자넷 조플린 등의 많은 록 뮤지션들도 딱딱하고 엄숙하며 정형화된 기성세대에 대항하였다. 분명히 긴 안목으로 보았을 때 록 음악은 다른 어떤 문화들보다 젊은이들에게 많은 영향을 주었다. 음악은 지적인 능력이 아닌 몸으로 느끼는 것이었다. 한 음악 관련 매니저는 "록 음악은 서양에서 가장 혁명적인 힘이며, 장례식장처럼 음울한 서양의 문명사회에서 이 음악은 사람들의 기분을 좋게 해 주며 그들에게 다시 살아난 기분을 준다."고 언급했다.[27] 우리의 몸은 그 음악의 강렬한 사운드를 몸으로 느낄 수 있을 뿐만 아니라 대규모의 군중은 음악에 똑같이 반응하며, 술에 취한 듯한 몽롱한 감각을 느끼게 될 것이다. 특히 마리화나는 이런 느낌을 내는 데 도움을 준다. 토드 지틀린Todd Gitlin은 "마리화

---

27) *The Sixties: From Memory to History*, p. 219 (David Farber's emphasis)에서 인용.

나는 새롭고 영적인 세상을 열어 주며, 이는 우리를 몽롱하게 하며 즐거운 삶을 살게 한다."고 언급했다.[28] 록 음악은 다른 예술보다 더욱 현실을 반영했다. 그 흐름을 살펴보면, 우리는 그 음악이 미국의 정신과 조화를 이뤘음을 알아챌 수 있다. 비록 이교도적인 의식을 온몸으로 표출하긴 하지만, 록 음악은 그럼에도 불구하고 영혼의 복음을 전파한다. 다시 말하면 자연적인 본능의 대중 영합적인 재확인은 추리의 핵심 추진력이다. 마침내 음악 산업은 관객의 관심을 이끌어 내는 데 아무런 문제가 없었으며, 록 음악은 젊은 이들에게 반체제에 대한 환상을 심어 주었다. 반면 이와 동시에 합리성과 예술성을 향한 전통적인 부분도 재확인되었다.[29] 하지만 이 관점은 면밀한 설명이 뒷받침되어야 한다.

8

요즘은 거의 잊혀졌지만 리처드 호프스태더Richard Hofstadter의 주목할 만한 논문을 보면 미국인의 삶에서 반 지성주의의 중요성을 강조하고 있다.[30] 50년대의 관점을 살펴보면(그들은 90년대로 생각하고 있었다), 호프스태더의 정신세계로 가는 것을 방해하는 미국의 역사에 관심을 가졌다. 그의 가장 우선시되는 판단은 프로테스탄트 복음 운동의 영향을 받았다. 일찍이 성직자들의 중재에 반대하는 이유는 보통의 사람도 스스로 옳고 그름을 판단할 수 있다는 것을 강조하는 것이었다. 이런 믿음을 가진 사람들을 연합하여, 호퍼스태더는 '사고는 무엇보다도 작동하도록 만들어져야 한다는 느낌, 교리와 관념의 정교화에 대한 경멸, 사람들의 감정적 힘 또는 교묘한 기술의 사람들

---

28) Todd Gitlin, *The Sixties: Years of Hope, Days of Rage* (New York: Bantam, 1987), p. 202 (his emphases).

29) 그것의 반 기성사회 및 반 소비주의 요소들과 더불어 젊은이 문화의 승리는 '소비주의에 대한 혐오감을 소비주의가 촉진될 수 있는 바로 그 연료로 바꾸기 위한 문화적 기계'로서 이 운동의 수사법을 사용하는 광고 대행사들에 대해 어떠한 장애도 되지 않았다. Thomas Frank, *The Conquest of Cool: Business, Culture, Counterculture, and the Rise of His Consumerism* (Chicago: Univ. of Chicago Press, 1997), p. 119에서 인용.

30) Richard Hofstadter, *Anti-Intellectualism in American Life* (New York: Alfred A. Knopf, 1963).

에 대한 사고의 종속'이라고 기술했다.[31] 이런 독립성을 가지고 있긴 하지만, 서점운동westward movement으로 빠른 사고의 개개인뿐만 아니라 뉴잉글랜드의 지식인들이 아닌 사람들 역시 길들여질 수 있다고 알렉시스 드 토크빌은 주장했다.[32] 이 두 관점은 결국엔 하나의 사상으로 합쳐졌다. 이는 지식층이 학습한 것과는 대립되는 느낌이었다. 19세기 후반, 지성은 미국 사회에 뿌리 깊이 박혀 있었다. 이러한 관점을 호프스태더는 다음과 같이 요약했다. "보통 사람의 평범한 감각은, 특히 실제적 작업의 어떤 힘든 곳에서의 성공에 의해 시험된다면, 실제로 훨씬 더 우월하지 않다면, 학교에서 획득되는 공식적 지식과 전문지식의 대체물이다."[33] 미국적인 정신은 평범한 사람은 잘못하지 않는다는 것이다. 누구나 상황을 판단할 수 있으며 행동을 취할 수 있다. 예를 들면, 총을 사용하는 법을 알려 주면 언제 누구를 쏴야 하는지는 본인이 결정할 수 있다. 반면에 지식을 과시하는 사람들이 상류 계급을 구분하고 이익을 취하며, 평범한 시민들을 압박하는 것을 볼 수 있다. 때문에 이런 지식인들은 불신되며, 거부되고 반대되는 것이다.

놀랄 것 없이, 반체제 속에서 반문화는 예술의 지성주의에 대항한다. 테오도르 로스작Theodore Roszak은 기성세대를 겨냥한 트러스트 운동에 대해 '자기 중심과 지적인 경향의 자각'이라고 명확하게 기술했다. 그리고 "지적이지 않은 새로운 문화는 시각적인 광채와 인간의 의사소통 경험으로부터 열광적인 환영을 받으며 선한 것, 진실된 것, 아름다운 것의 결정자가 될 것이다."라고 언급했다.[34] 실제로 고급예술이라 할 수 있는 음악, 미술, 회화, 문학과 유럽을 포함하여 다른 나라에서 제작되는 영화도 당시 시대와는 맞지 않았다. 그 예술은 이론이 기초를 두고 심오하며, 불필요한 노력을 요구

31) Hofstadter, p. 55.
32) Alexis de Tocqueville, *Democracy in America*, ed. J. P. Mayer and Max Lerner, trans. George Lawrence (New York: Harper, 1988), vol. 2, pp. 525-26 참조.
33) Hofstadter, p. 19.
34) Theodore Roszak, *The Making of a Counter Culture: Reflections on the Technocratic Society and Its Youthful Opposition* (New York: Doubleday, 1968), pp. 50-51.

하는 것으로 인식되었다. 어렵고 추상적인 예술은 다른 모든 예술적인 가치를 끌어 올렸다. 그리고 오직 그 경우에만 예술가들은 매너리즘에 빠진 잘난 체 하는 평론가들을 반겼으며 즐거움과 활기찬 삶과는 완전히 분리되어 있었다. 수잔 손택Susan Sontag이 뉴크리티시즘 학교에서 문학을 강의하던 시절 집필한 『해석에 반대한다In Against Interpretation』를 보면 그 당시를 확실하게 보여 주고 있다. 일반적으로 이 비평서에서 가장 중점을 둔 부분은 의미는 해석하는 것이 아닌 유기적으로 조직된 텍스트 안에 있다는 것이다. 해석하지 않고 이해되는 것이 '가장 순수하고 해석할 필요 없는 즉각적으로 심미적인 이미지들' 이다.[35] 영화 〈지난 해 마리앙바드에서〉(Alain Resnais, 1961)는 순수한 시각적 즐거움을 주는 좋은 예이다. 손택은 또한 한밤중의 도시에 갑작스럽게 들이닥친 탱크가 등장하는 잉그마르 베르히만Ingmar Bergman의 영화 〈침묵〉(1963)도 언급했다. 그녀의 관점에서 이 이미지들은 기호로 해석되지 않았다; 그 이미지들은 해석할 필요가 없이 순순하게 현상적인 수준이었다. 그 당시의 평론은 예술에 대해서 즉각적인 정의를 하지 않았다. 사실 손택은 "해석은 세상을 피폐하게 한다."고 했다.[36] "거대한 지식은 에너지와 감각에 대한 낭비이다."[37]라며 지적인 경향은 거의 무시했다. 다시 말해서 평론은 예술이 가진 가능성을 해석으로 인해 협소하게 만든다는 것이다. 이 뿐만이 아니라 데이비드 스타이거왈드David Steigerwald는 "예술이 지적인 행위로 변하는 것에 대해 예술가들은 그들의 작품이 이성적으로 이해되는 것을 반대한다. 이는 모든 예술은 우리의 삶인 본성, 욕구, 욕망, 광기 열정을 포함하기 때문이다."[38]라고 언급했다. 손택은 "우리는 보고, 듣고, 느끼는 감각을 회복해야 한다."고 말했다. 때문에 예술을 다른 어떤 것보다 먼저 체험하는 '감각 프로그램' 이라고 강조했다.[39] 관찰자에게 직접적으로 육체적 혹은 정

---

35) Susan Sontag, *Against Interpretation and Other Essays* (New York: Octagon, 1986), p. 9.
36) Susan Sontag, David Steigerwald, *The Sixties and the End of Modern America* (New York: St. Martin's Press, 1995), p. 158.
37) Sontag, *Against Interpretation*, p. 7.
38) Steigerwald, p. 158.

신적인 영향은 중요한 요소이다. 그 영향이 라우젠버그Rauschenberg의 회화든 슈프림즈Supremes의 음악이건 어디서 영향을 받았는지는 중요하지 않고, 어떤 것이든 영향을 받았다는 것이 중요하다.[40] 하지만 우리는 손택에게 공정해야 한다. 그녀의 관점은 관례적인 영혼보다 더욱 포괄적이다. 그녀는 예술을 대하는 오래된 기준으로 현대 문화를 볼 수 없다는 것을 알았다. 그래서 그녀는 새로운 예술에 맞는 새 패러다임을 만들었다. 손택의 저서『새로운 감각의 관점으로부터From the vantage point of this new sensibility』를 보면 "기계의 아름다움이나 수학적 문제의 해결은 재스퍼 존스의 회화, 장 뤽 고다르의 영화 그리고 비틀즈의 음악과 똑같이 접근하기 쉽다."[41]고 했다. 하지만 오늘날엔 이 다른 관점들 혹은 현대 문화의 유명인들은 마치, 비틀즈와 고다르의 성공처럼 결코 양립할 수 없다. 마찬가지로 그녀가 '루미니즘'을 찬양한 알랭 레네, 잉그마르 베르히만, 야스지로 오즈Yoshiro Ozu의 작품들은 결국 성공을 거두지 못하고 실패했다. 하지만 이와는 반대로, 이미지는 즉각적으로 느낄 수 있고 바로 설명될 수 있다는 일반적인 동의는 텍스트 속의 있는 예술적 복잡성을 훼손했다. 스타이거왈드가 지적하듯이 손택은 해석을 반대하는 주장으로 인해, "그녀는 자신 스스로 시장의 타락한 힘을 피할 길이 없었다."[42] 예술이 길을 찾아 헤매고 있을 때, 비즈니스 시장은 사회 문제를 이야기하는 노래들을 통해 수익을 냈다.[43]

9

대체로 급진적인 반문화는 예술은 감각을 통해 직접적으로 이해되어야 한다고 주장했다. 그리고 호프스태더가 설득력 있게 주장했듯이 훈련, 지성주의를 배제한 일상생활 속에서 예술을 분석하려는 일체의 훈련이나 자료 조

---

39) Sontag, *Against Interpretation*, p. 14 and 303 (her emphases).
40) Sontag, *Against Interpretation*, p. 303.
41) Sontag, *Against Interpretation*, p. 304.
42) Steigerwald, p. 164.
43) Barnet and Cavanaugh, p. 38 참조.

사도 없이 애쓰지 않고 느낄 수 있어야 한다. 하지만 반문화가 공격한 객관적이고 추상적이며 고풍적이고 지적인 예술은 처참하게 실패하였다. 다니엘 벨은 그의 저서인 『자본주의의 문화적 모순Cultural contradictions of capitalism』에서 "오리지널 부르주아의 사회적 가치는 프로테스탄트의 윤리와 청교도적 믿음에서 기원한 것은 진보주의 시대가 시작되고 다른 사상들이 비즈니스와 상세하게 연결된 시점에서 이는 더 이상 의미가 없었다."고 주장했다.[44] 반면에

> 일반적인 미국의 가치 양상은 성취의 미덕을 중요시 여긴다. 사람들은 자기 자신의 모습을 어떤 일을 하는지를 통해 증명했다. 1950년대에도 이런 양상은 계속되었지만 이는 자신들의 지위와 취향으로 재정의되었다. 이제 문화는 어떻게 일을 하고 성취하는지에 중점을 두는 것이 아닌 어떻게 소비하고 즐기는지로 옮겨가게 되었다.[45]

비즈니스의 가치가 문화 영역을 잠식하는 대신, 급진적인 운동은 모더니즘을 향해 급격히 돌진했다. 이들의 예술적인 스타일은 기존의 부르주아와는 크게 달랐으며 자본주의를 거부했다. 그리고 이 반문화는 최소한 문화 산업 속에서 예술적 거리감을 꺼렸다. 명백히 문자의 산물에 이미 계획된 쉽게 하는 소비와 즉각적인 쾌락은 소비에 의해 추구되는 직접성에 대한 수요와 일치되는 것이었다. 비록 당시에 창의적으로 열중했을지라도, 예능 산업은 마침내 60년대에 외국 문화의 도움 없이도 관객을 끄는 방법을 찾았다. 새로운 관객의 흥미를 돋우기 위해서는 오감을 만족시키는 멋진 것이 필요했고, 결국 그것을 얻었다.

10

처음엔 할리우드도 록 콘서트나 이벤트 등을 제대로 성사시키지 못했다. 하지만 그리피스의 영화를 보고 난 이후, 관객들은 영화 속의 주요 등장인물에

---

44) Bell, p. 70ff 참조.
45) Bell, p. 70.

대해 알게 되었다. 고전적인 할리우드 영화 속에서는 중심적인 구도와 조명, 클로즈 업 등의 기술적인 면들은 영화의 플롯과 관계가 있었는데 이런 플롯의 일련의 시퀀스 속에서 주인공들은 반드시 위험에 처한 인물이어야 했다. 그리고 영화의 시점은 관객의 입장에서 일관적이어야 한다. 특히 사건이 펼쳐지는 장소는 이야기 속의 세상이어야 한다.[46] 현대의 다른 예능 산업이 전달할 수 있는 즐거움을 주기 위하여 극장에 상영되는 영화는 충격, 몰입, 그리고 빠른 전개방식이 필요했다. 영화를 많이 본 젊은 관객들에게 설득력이 떨어지는 캐릭터의 설정이나 분리된 볼거리로는 더 이상 흥미를 끌 수 없었다. 이들은 완벽하게 영화에 집중하여, 그 영화의 모든 부분에 보았는데 이들에게 영화의 장면과 카메라의 움직임은 시각적인 기쁨을 주어 그들의 마음을 사로잡았다.

11

하지만 잠시 과거를 살펴보도록 하자. 액션 장면들은 항상 할리우드의 특징이었다. 주인공들이 말을 안 하더라도 빠른 편집과 거친 액션 장면은 충분한 볼거리를 제공했다. 이로 인해 영화 속의 시각적인 효과가 늘어나게 되었다. 그 결과 추격 장면의 속도는 더욱 빨라졌다. 등장인물이 다른 사람을 때리는 장면이나 몸이 사물에 부딪혀 부상을 당하는 장면들도 반응이 좋았다. 액션 장면들은 두 가지 레벨로 정리될 수 있다. 첫 번째는 영화 내적인 이야기에 대한 흥미로, 주인공에게 어떤 일이 벌어지며, 어떤 위험이 도사리고 있으며, 결국 어떻게 끝날 것인지 등이다. 두 번째도 우리의 눈은 자극을 주는 다양한 요소에 반응한다. 우리의 시선은 모든 주변적인 변화에는 반응을 한다. 때문에 혼란스러운 활동은 종일 시신경에 충격을 가하는 것과 같다. 비록 이

---

46) 내러티브적 세계는 배역들에 접근 가능한 영화의 일부이다. 기타 배역들이 어떻게 보이는지, 그들이 하는 대화의 대사들, 방의 크기와 모습 등. 대조적으로 논내러티브적 정보는 관객들만을 향한 모든 큐를 포함한다. 카메라의 앵글, 렌즈의 시각, 영화에 동반되는 '핏(pit)' 음악, 커팅의 리듬, 그런 종류.

런 장면들은 소란스럽긴 하지만, 감각의 단주는 이해관계를 높이고 활동하지 않은 미세한 신경에도 스릴감을 전달한다. 그 결과 이 쌍둥이 조작 장치, 정신적 동일성은 영화 속의 배우가 위험에 처했을 때 본능적으로 빠르게 증대된다. 하지만 첫 번째 반응은 캐릭터의 완성도와 대사의 강화를 통해 이익을 얻으며 그리고 필름메이커의 기교를 통해 관객들은 자연스럽게 반응하게 된다.

잠시 반사 행동에 대해 알아보자. 이것은 무엇이며, 이는 어떻게 발생하는가? 수백 년 전 많은 학자들은 커다란 슬픔이나 공포 같은 경험에 대해 우리 몸에서 일어나는 반응을 연구했다. 다른 과학자들과 함께 다윈은 공포의 결과에 대해서, 인간의 입이 벌어지고, 눈이 커지며, 눈썹이 올라간다고 기술했다. 공포심은 심장을 빨리 뛰게 하며 피부를 창백하게도 만든다. 게다가 식은 땀을 흘리기도 하며 몸을 떨리는 등의 반응이 나타난다.[47] 당시에 널리 퍼진 생각은 무서운 것을 보면 우리의 모든 신체가 반응하여 우리 마음에 전달한다고 생각했다. 하지만 윌리엄 제임스는 이런 생각을 다시 정리했다. 그의 심리학 논문에 따르면, "신체의 변화는 흥미로운 사실의 지각으로 온다." 고 했다. "이런 느낌이 감정을 발생하게 한다."[48] 그리고 그는 다음과 같은 혁신적인 결론을 내렸다.

우리는 울기 때문에 미안한 마음을 느끼며, 공격했기 때문에 화가 나고, 떨리기 때문에 두려움을 느낀다. 신체적인 상태에 대한 인식이 없이는 재미없음, 결핍, 감정의 온기와 같은 것은 순수하게 형태로만 인식할 것이다. 예를 들어 만일 우리가 곰을 본다면 도망가는 것이 최선이라고 판단하여 모욕감은 들겠지만 공포심이나 두려움은 없을 것이다.[49]

----

47) Charles Darwin, *The Works of William James: The Principles of Psychology* (Cambridge: Harvard Univ. Press, 1981), vol. 2, pp. 1,062-63.
48) James, p. 1,065 (his emphasis). I have altered his sentence to make it more understandable to today's readers.
49) James, p. 1,066 (his emphasis).

다윈의 예로 다시 돌아오면, 공포의 경험은 이제 직접적으로 신체반응을 통해 해석되며 그 감각은 우리의 마음을 즉시 포함하지는 않는다. 이런 관점에서 영화는 관객들의 정신적 염려보다는 신체의 자극을 통하여 동요시킨다.

12

몇 년이 흘러, 제임스의 생각은 슬라브코 보카피치Slavoko Vorkapich 덕분에 영화에 적용할 수 있었다. 1972년 **아메리칸 포토그라퍼스**American Cinematographers 에 게시된 주목할 만한 기사에서, 유명한 몽타주 전문가는 관절, 근육, 그리고 힘줄을 통해 관통되는 '운동감각 혹은 잠재적인 운동자극들은 우리가 무엇을 보고 있든 간에 결국에는 내부에서 재창조된다고 구분하였다. '운동감각적인 느낌'은 [문이 열리고, 커튼이 바람에 날리며, 파도가 부서지는 등의] 움직임들을 재생산하는 것이다.[50] 관객들의 본능적인 응답이 파악된 움직임은 모든 방면에서 생겨날 수 있다. 이러한 관점은 경찰에게 쫓긴 두 여자가 절벽에 서 있는 〈델마와 루이스〉(Ridley Scott, 1991)의 마지막 장면에서 명확하게 보여준다. 이 장면에서의 카메라의 움직임은 거의 없을 뿐만 아니라 보여지는 장면 또한 특별히 스펙터클하지도 않으며 다양한 편집도 활용되지 않았다. 이 영화가 보여 주는 흥분은 영화의 쇼트 자체에서 비롯된다. 모든 장면이 우리의 눈을 사로잡는다. 한 번 살펴보자. 처음에는 망원렌즈를 사용하여 절벽에서부터 갑자기 헬리콥터가 떠오르며 극적인 모습을 보여 주고, 그 높이를 강조하면서, 우리를 영화 속 여자 주인공의 위에 위치해 있는 듯한 느낌을 준다. 사나운 모래 바람이 갑자기 불어 주인공이 쓰고 있던 모자를 날린다. 그리고 뒤이어 보여준 타이트한 여배우의 클로즈업 쇼트를 통해 우리는 그들의 혼란스러운 마음을 공유하게 된다. 롱 숏으로 보여지는 장면에서는 수십 대의 경찰차들이 불을 깜박이며 오는 모습이 보인다. 여성들은 공포에 빠진다. 그리고 익스트림 클로즈업으로 수잔 서랜든의 발

50) Slavko Vorkapich, "A Fresh Look at the Dynamics of Film-Making," *American Cinematographer*, (February 1972), p. 223.

이 자동차의 액셀러레이터를 밟고 뒤이어 타이트한 숏으로 자동차 바퀴가 쇳소리와 먼지를 날리며 달려 나간다. 두 여성은 함정에 걸렸다는 것을 알게 되고, 영화는 경찰이 든 총에 총알이 장전되고, 손가락으로 방아쇠를 당기는 장면 등을 익스트림 클로즈업으로 보여준다. 경찰 간부들은 회전하는 헬리콥터의 날개 앞에서 논쟁을 벌인다. 그리고 롱 렌즈를 통해 뒤편에 있는 여성들을 보여준다. 더 많은 총알들이 장전된다. 두 여성의 결정된 운명은 타이트한 클로즈업을 통해 보여지고, 지나 데이비스의 머리에 반사된 역광은 수잔 서랜든의 얼굴에 반사된다. 그리고 이들의 머리는 계속 바람에 날린다. 이런 숏들을 보았을 때, 영화의 강조점은 더 이상 스토리텔링에(관습적인 연기나 편집으로 전달하는) 있지 않고 이미지의 시각적 변형에서 온 내부적 긴장의 창조에 두고 있다.

이런 방식의 필름메이킹은 에이젠슈테인Eisenstein의 충격효과와는 차이가 있다. 에이젠슈테인은 관객들에게 화면에서 보여지는 것 이상의 더 많은 의미를 알게 하기 위하여 모든 종류의 운동 자극 이미지들을 고찰하였다. 그가 언급한 충격 효과는 "관객의 관심과 감정을 이끌어 내는 작용을 하는 것으로 널리 알려져 있고 증명된 것이며, 이는 제작자의 목적에 따라 관객들의 감정을 어떤 방향으로든 움직일 수 있도록 집중시키게 하는 특징을 지닌 다른 요소들과 결합되기도 한다."[51] 영화 〈파업〉(1924)에서, 러시아 출신 감독인 에이젠슈테인은 시위 참가자들과 경찰과의 충돌장면을 도살장에서 소를 학살하는 장면과 크로스커팅을 사용했다. 이런 장면들을 통해서 관객들은 동물의 몸에서 진짜 피가 솟구쳐 오르는 것이 노동자들을 대량으로 학살하는 장면의 직유적 표현이라는 것을 인식하게 된다. 하지만 이와는 반대로 리들리 스콧의 영화에서 움직임의 흐름은 아무런 의미가 없었다. 그것의 기능은 단지 움직임이 있을 때에만 잠시 관객들의 관심을 끌 뿐이었다. 바람에 머리카락이 나부끼는 것은 우리의 눈을 매료시키며, 헬리콥터의 날개가 경찰 뒤에

---

51) S. M. Eisenstein, *Selected Works*, vol. 1, *Writings 1922-34*, ed. Richard Taylor (London: BFI Publishing, 1988), p. 3.

서 돌아가는 모습은 아직 특성이 드러나지 않은 캐릭터와의 지루한 대결 장면에 활력을 불어넣어 줄 뿐이다. 다니엘 벨은 두 가지 다른 종류의 충격에 대해 날카롭게 지적하였다. "즉각적인 효과, 충격, 동시성 그리고 감각은 미학의 형식이며 이는 심리적으로 매 순간, 우리의 열기를 높여 흥분감을 상승시키는 극적인 경험이지만, 해답과 조정 그리고 카타르시스를 경험하기도 전에 사라진다."[52] 에이젠슈테인의 충격 이론은 혁명적인 분위기 속으로 우리를 이끌었지만, 리들리 스콧의 영화는 장면을 보는 동안 우리를 환기시키긴 하지만 이는 그 순간뿐이며 영화가 끝나고 관객들이 어떠한 지시도 없이 극장을 떠날 때 우리의 넘쳐난 감정들로 어떤 행동을 하기를 강요하지는 않는다.

고전 영화와 비교해 볼 때, 오늘날의 영화는 다른 계통에 속해 있다는 것을 알 수 있다.[53] 그리고 관객들은 한 발 떨어져서 그 영화들을 보는 객관적인 목격자가 된다. 이제 영화 속의 장면들은 효과를 주기 위해서 구성된다. 육체적인 장면에 초점을 맞출 때, 등장인물들의 성격은 크게 비중을 차지하지 않는다. 다시 말해서 즉시 급소를 찔리고 계속 그 자리에 머문다. 추가하자면 영화 〈델마와 루이스〉에서 가장 인상적인 장면은 무엇인가? 그것은 영화의 모든 사건들이 주인공 여성들의 시각으로 보인다는 것이다. 그렇기 때문에 관객들도 헬리콥터가 나타날 때 영화 속 주인공 여성들이 느끼는 감정을 똑같이 경험하게 되면서 그들이 마치 우리 곁에 있는 것 같은 느낌을 받게 된다. 경찰의 행동들보다는 점점 가깝게 다가오는 경찰차와 먼지바람, 번

---

52) Bell, p. 118.
53) 동일한 논의가 프랑스에서 1920년대 후반 동안 한창이었다. 예를 들어, Rene Clair는 동작 중인 사물의 인식과 그 동작을 경험하는 관객들 스스로 간의 차이를 분명하게 했다. Abel Gance의 영화 〈La Roue〉에 대해 논의할 때, 그는 다음과 같이 쓰고 있다. "우리는 이미 협력적인 영화 카메라에 의해 높아진 속도로 트랙을 따라 움직이는 기차를 보았다. 하지만 우리는 아직 소용돌이에 의해서처럼 스크린에 의해 흡수된 스스로를 느끼지 못했다. '그것은 단지 느낌일 뿐이다.' 라고 당신은 내게 말한다. 아마도. 하지만 우리는 생각할 그곳[극장]에 도달하지 못했다. 보고 느끼는 것은 우리에게 있어 충분하다." *Alan Williams, Republic of Images: A History of French Filmmaking* (Cambridge: Harvard Univ. Press, 1992), p. 89에서 인용.

28 ⬦ 영화제작론

찍이는 불빛, 확성기 소리, 총, 그리고 빗장이 더욱 의미 있게 보인다. 모든 쇼트들은 특정 움직임이나 불빛의 움직임에 의해서 확실하게 보인다. 영화 속 캐릭터들과의 동일시는 영화 속에서 묘사되는 장면들과 밀접한 관계를 맺고 있다. 관객들은 영화 속 주인공과 똑같은 주관성을 가지며 그들과 동시에 반응한다. 바꿔 말하면 관객은 그 영화를 1인칭 시점으로 보게 된다고 말할 수 있다. 우선 이들은 영화 속 이미지에 흥미를 갖게 된 후에, 그 영화 속의 이야기 정보를 인식하게 된다. 그리고 차츰 영화에 몰두하게 되면서 관객들의 눈을 통해 반응하게 된다. 그러면서 영화 속의 서사 구조를 현실이라 생각하게 되는 것이다.

13

두 번째로 영화의 장면에 충격을 준 사건은 1976년에 가렛 브라운Garrett Brown이 발명한 스테디캠이었다. 이 카메라는 대안적인 장면을 위해 사용되기보다는 일반적인 영화 촬영을 보충하기 위해 사용되었다. 보다 더 명확하게 말하자면, 스테디캠은 핸드헬드 촬영과 (할리우드 정신과는 다소 거리가 있는 촬영 기법) 달리 쇼트의 통합이라 할 수 있다.[54] 이런 촬영은 주인공이 빠르게 움직이거나 계단을 오르는 장면들을 찍을 때 심하게 흔들리지 않은 안정적인 쇼트를 찍을 수 있다. 그리고 스테디캠을 이용해서 필름메이커는 자신이 관심 있는 대상에 초점을 둘 수 있고 이는 관객의 참여를 돕는다. 하지만 그 카메라를 통해 보이는 시점과는 달리 그것이 핸드헬드(어떤 사람들은 이런 화면에서 현기증을 느낀다)와 중력의 무게를 느낄 수 있는 다르게 쇼트와는 달리 스테디캠 쇼트는 특별한 특징이 없다. 하지만 사실 스테디캠은 공간에 대한 완벽한 침투와 운동역학을 묘사할 수 있다. 스테디캠의 효과와 속도에 대해서 장 보드리야드Jean Baudrillard는 다음과 같이 언급했다. "스테디캠은 완벽한 카메라로 지상의 느낌을 없애 주며 이것을 사용해서 찍은

---

54) 좀 더 완벽한 스테디캠의 효과를 분석하기 위해서 "Visuality and Power: The Work of the Steadicam," *Film Quarterly*, vol. 47, no. 2 (Winter 1993-94)을 참조.

화면의 시간은 실제보다 빠른 느낌을 준다. 스테디캠은 자신이 찍고 있는 피사체보다 더 빨리 움직여 뒤처지는 느낌을 상쇄시킨다."[55] 다른 말로 하면, 카메라의 움직임은 카메라 자체와 등장인물이 존재하는 영화 속 세상으로 분리할 수 있다. 공중에 매달려 빙빙 도는 카메라는 어떠한 제한도 없고 주인공이 속한 서사적인 공간과 무관한 반응들을 불러일으킬 수 있다고 알려져 있다. 록음악 뮤직 비디오는 스테디캠을 이용하여 새로운 가능성을 보여주었고 이는 젊은 대중들을 사로잡아 다른 영상산업의 시각 스타일에도 영향을 미치게 되었다.

젊은 소비자들을 계속해서 매료시키기 위해 할리우드도 스테디캠의 스타일을 적용하게 되었으며 다른 장비들도 스테디캠의 스타일과 비슷하게 활용되었다. 고전 영화에서는 카메라의 움직임과 액션 장면이 그 후에 차분한 이야기를 다시 시작하기 위한 시각적 기능으로만 일반적으로 사용되었던 반면에, 현대영화에서는 하나의 움직임 혹은 또다른 움직임에 언제든지 쇼트를 첨가할 수 있게 되었다. 오늘날 영화를 제작함에 있어서 카메라의 움직임은 쇼트에 활력을 불어넣기 위해서는 언제든지 사용할 수 있다. 영화 〈바운드〉(워쇼스키 형제 작품The Wachowski Brothers, 1996)를 예로 들어보면, 주인공이 전화를 할 때 카메라가 갑자기 긴 전화선을 따라 벽에 꽂힌 플러그 쪽으로 이동하게 된다. 그리고 그 플러그를 통해 옆집에 사는 상대방 전화기로 옮겨가게 된다. 이런 장면은 관객들을 저항할 수 없게 자의적으로 끌고 간다. 화면의 움직임이 빠를수록 우리 눈의 반응도 빨라진다. 이는 우리의 시선이 시각적 변화를 그대로 받아들일 수밖에 없기 때문이다. 그러므로 우리의 눈은 극의 이야기나 등장인물에 대해 마음속에 일시적으로 담아두는 우리의 정신과는 독립적으로 존재한다. 그리고 이렇게 카메라가 움직이는 장면들이 더욱 자주 사용될수록 정상적인 정신활동을 갖는 마음의 시간은 줄어든다.

---

55) Jean Baudrillard, *America*, Chris Turner 옮김 (London: Verso, 1988), p. 6.

80년대부터 관객들의 시선을 사로잡아온 카메라 스타일은 미국 영화로 정의되었고 미국을 비롯한 다른 나라들에서도 성공하게 되었다. 이제 그 누구도 이러한 완벽한 공간에서의 강력한 몰입을 거부할 수 없게 되었다. 그리고 이는 무엇보다 먼저 반응하였다. 우리는 갑작스럽고 새로운 감각을 경험하게 되었다. 고전 영화에서는 극장 의자에서 등장인물의 세계를 부분적으로 동일시했지만, 새로운 카메라 스타일은 영화 속의 세계 속으로 관객을 밀어 넣었다. 윌리엄 제임스William James는 이런 유사한 현상에 대해서 다음과 같이 묘사했다. "만약 우리 친구가 낭떠러지 절벽 끝에 서 있다면 우리는 위험하단 느낌을 받고 뒷걸음질 치게 될 것이다…"[56] 오늘날 발달된 영화 기술은 우리가 주인공의 안위에 관심이 없더라도 몰입하게 만든다. 예를 들면, 〈좋은 친구들Goodfellas〉(1990)에서 주인공이 체포되기 이전의 마지막 시퀀스이다. 마틴 스콜세지Martin Scorsese 감독은 관습적인 신호 혹은 동기 없이 파스타 냄비가 넘치거나 혹은 주인공의 차로 달려들게 하는 등의 공간을 자유롭게 움직이는 카메라를 사용함으로써 생동감을 넘치게 만든다. 우리가 원하든 혹은 원하지 않든 간에, 그는 주인공의 바보스러운 머리를 통하여 그 세계를 경험하게 해 준다.

영화의 쇼트들은 이러한 변화를 겪어 왔다. 결국 핵심은 관객들을 수동적으로 보는 입장으로 한정시키는 게 아니라 능동적으로 참여하게 하여 영화 속으로 끌어들이는 것이다. 이제 관객과 영화 사이의 미학적 거리는 존재하지 않는다. 감독들에게 있어서 이러한 변화는 무척이나 급격했으며 그들의 능력은 이제 얼마나 많은 스릴감을 선사할 수 있는지에 대한 능력으로 측정된다. 이러한 변화는 관객들에게도 영향을 미쳤는데, 이를 테면 〈비밀과 거짓말〉(Mike Leigh, 1996)처럼 스릴감이 없는 영화는 관객들에게 끔찍하게 시간이 안 가며, 지루하고, 밋밋하고, 참기 어려운 영화가 되었다. 미국뿐만 아니라 다른 나라들도 이런 현란한 영상의 영화들이 관객의 눈길을 사로잡

---

56) James, p. 1,072.

게 되어 독립 영화 문화를 파괴하게 되었다. 대체로 합리성을 추구하지 않은 예술과 60년대에 반문화 운동에서 우선시된 육체에 대한 관능적인 반응은 오늘날 관객들이 계속해서 극장을 찾을 수 있게 감각적으로 매혹시키는 영화 제작 스타일을 만들었다.

14

밖으로부터는 반문화가 예술의 주요 원칙들을 비난하였던 반면에, 안으로부터는 포스터모더니즘이 태동하기 시작했다. 나는 포스터모더니즘 운동 전반에 대해 모두 말하려는 것은 아니다.[57] 나는 이 책에서 포스트모더니즘이 예술가들의 복지와 필름메이커들에게 끼친 사상에 대해서만 초점을 둘 것이다. 하지만 이것을 논의하기 이전에 포스트모더니즘에 의해 공격당한 모더니즘의 기본과 사조를 언급할 필요가 있겠다.

그 세기가 시작될 때 예술가들을 위한 상황은 역사적 선례가 없었다. 산업 혁명으로부터의 피해나 시장이 예술을 점령하는 것으로부터 도피할 수 없을 거라 믿었기 때문에, 예술가들은 심각하고 논쟁적인 예술이 공개될 수 있었던 특별한 장소를 개척했다 ― 갤러리, 박물관, 콘서트 홀, 예술극장 등. 이러한 현대적인 신성한 장소들은 일반적인 생필품으로부터 예술을 보호하기 위해 설립되었다. 반체제 예술가들의 창의적인 의지가 생겨나게 되고, 아름답고 독특한 작품들이 사회 전반적으로 이들 작품의 구매와 판매에 대한 부담이 없이 대중으로부터 찬사를 받았다. 현대 예술은 따라서 대단히 로맨틱하며 자연에 대해 긍정적인 양상을 갖고 있다. 개인 창작가들은 대중문화의 활성화로 인해 예술의 수준이 낮아지는 것을 반대했다.

높은 수준은 달성되었는지 몰라도 현대 예술은 대중적인 지지와는 거리가 있었다. 현대 예술의 텍스트는 대단히 형식적이고 사실상 이론적이었으

---

57) 시작하기 좋은 장소는 Madan Sarup, *An Introductory Guide to Post-Structuralism and Postmodernism* (Athens: Univ. of Georgia Press, 1989)이며 모든 필수적이고 주요한 자료가 이 책에 열거되어 있고 논의되어 있다.

며 종종 추상적이거나 불협화음이어서, 그것들의 복잡하고 형식적인 구조들을 만족할 만한 조합으로 창조하기 위해서는 많은 시간, 교육, 그리고, 노력들이 필요했다. 예술가들은 일반 대중들에게 소수의 작품만을 선보이며 예술가인 척 잘난 체 하는 사람들을 불쾌하게 생각했다. 이에 대해 아도르노는 다음과 같이 말했다. "현대 물리학의 이해하기 힘든 법칙을 체념하면서도 자신들이 이성적이라 믿는 사람들은 그들을 이해하지 못하는 현대 예술을 정신분열적인 증상이라고 낙인을 찍는 경향이 있다."[58] 왜 우리는 그림을 볼 때 자신의 생각과 느낌대로 보고 이해할 수 없는 것일까? 왜 이 음악엔 이런 소리가 날까? 왜 이 책에는 이런 복잡성과 이해하기 힘든 부분이 존재하는 것일까? 왜 이렇게 난해해야 하는 것일까? 단순하게 말할 수는 없는 것일까?

호르크하이머Horkheimer와 아도르노Adorno가 언급한 현대 예술의 해방은 결국 너무 많은 비용을 필요로 했다. '현대 예술의 순수성'에 대해 그들은 "이는 물질사회에서 무슨 일이 일어나는 것과는 대조적으로 자유로운 세상으로서 그 스스로가 실체이며, 이는 처음부터 그 하위 개념을 가지고 있지 않았다…"[59]고 지적했다. 새로운 형식의 세상으로 가기 위해서 예술가들은 대중에게 관심 있는 이슈에 대해 직접적으로 말하는 능력을 버렸다. 이들은 특정 관객들하고만 소통하였으며 점점 더 대중들과는 멀어졌다. 마침내 이것은 함께 작업하는 다른 국적의 문화를 가진 예술가들과의 적지 않은 교감의 유지를 통해서 '국제적인' 스타일의 차용을 이끌어 냈다. 그러한 이유로 현대 예술은 자연스럽게 활동의 영역으로 자리 잡게 되었고, 세상의 완전한 평가는 매스미디어에 의해 움직이는 그것들과는 매우 심한 불화를 겪게 되었다. 이런 현대 예술은 어느 곳에나 진열되어 있는 소비산업의 형편없는 상

---

58) Theodor Adorno, *Aesthetic Theory*, ed. Gretel Adorno and Rolf Tiedermann, C. Lenhardt 옮김 (London: Routledge, 1972), p. 334.

59) Max Horkheimer and Theodor W. Adorno, *Dialectic of Enlightenment*, John Cumming 옮김 (New York: Continuum, 1993), p. 135. I altered "the purity of bourgeois art" to fit my own distinction between modern art and consumer culture.

품으로부터의 피난처를 제공했다. 그런 이유로 아도르노는 그의 저서 『미학이론』에서 현대 예술은 단점에도 불구하고, 상업적인 관심에 대항하는 예술을 탄생시켰다고 주장했다. '예술 작품Works of Art'을 그는 '이윤과 잘못된 인간의 욕구를 교환하는 영향력을 넘어선 절대적인 것'[60]이라고 했다. 고급예술은 우리 삶에 필요한 모든 것이 소비를 위해서만 존재하는 것은 아니라는 것을 의미한다. 그것은 심지어 그들의 소외된 존재를 시대의 이데올로기적 질주에 사로잡힌 자들에게 드러내는 잠재력을 갖고 있었다. 아도르노의 시각으로 본 모더니즘은 이상적인 사회 현상이라 할 수 있다. "예술은 대중들의 기호에 맞게 자신을 바꾸는 대신, 그 존재 자체로 대중의 존경을 받는다." 그가 내린 결론은 "문화는 야만을 억누른다."[61]는 것이다.

15

그러면 어떤 해결책이 가능할까? 예술가들은 박물관에 소장된 예술품과 일상으로부터 스스로 격리된 작품 활동에 대해 환멸을 느꼈다. 그 외에도 60년대와 그 후에 등장한 예상하지 못했던 기호학, 정신분석학, 마르크스주의 등의 적용은 예술과 예술가들을 바라보던 관습적인 방법을 갑자기 타파하였다. 기호학은 예를 들자면, 언어를 연구하는 방법에 독창적인 통찰력을 제안하였던 찰스 샌더스 퍼스Charles Sanders Peirce와 페르디난드 드 소쉬르Ferdinand de Saussure에 의해서 재고되었다. 우선 퍼스는 대상물과(외형) 기호(예를 들면 단어 같은 것) 사이의 거리에 대해 인식하게 해 주었다. 퍼스에 따르면, 비록 우리는 세상과 직접적인 접촉을 하고 있긴 하지만 우리의 기호들은 단지 세상을 해석할 뿐이라고 했다. 기호들은 물질적인 대상의 풍부함을 떠올리는 것에 의해 정의될 수 없다고 했다. 왜냐하면 이는 세상에 대한 우리의 지식이 경험을 통해 완전할 수 없기 때문이다. 반면 소쉬르는 기표(시니피앙)와 그 기표의 뜻인 기의(시니피에) 사이의 연결의 부재에 대해 주장

---

60) Adorno, *Aesthetic Theory*, p. 323.
61) Adorno, *Aesthetic Theory*, p. 323.

하였다. 어떤 단어를 생각하더라도 그 단어가 지시하는 것과 그것의 의미 사이에는 어떠한 연관성도 존재하지 않는다. '나무'라는 단어와 그 단어가 지칭하는 실제 사물 사이엔 어떤 연관성이 존재하는가? 혹은 '나무', 'Tree', '木'은 모두 같은 뜻이지만 다른 언어의 사용은 무엇을 의미하는가? 따라서 우리를 세상과 연결해 주는 언어 시스템은 임의적인 것이라고 할 수 있겠다.

소쉬르는 기표와 기의가 임의적이라고 해도 우리는 효과적인 의사소통을 할 수 있다고 재확인하였다. 하지만 그를 지지하는 사람들은 그의 이런 주장에 대해 논쟁을 하였다. 후기 구조주의학자들은(롤랑 바르트Roland Barthes, 자크 데리다Jacques Derrida, 미셸 푸코Michel Foucault 등) "언어에는 오직 차이만이 존재하고,"[62] 기표와 기의 사이에는 어떤 연관성도 없다며, 언어의 전체 구조에 대해 강조하였다. 최소한 '나무'는 무언가 딱딱한 것을 의미한다. 하지만 '거짓말'은 어떤가? 그것은 어디에 있는가? 단어가 말하는 사람의 선택을 넘어서는 의미를 가지고 있다면 무슨 일이 벌어질까? 영어의 'bias'라는 단어를 예로 들면, 이는 선입견이라는 의미로 편견을 뜻하기도 하지만 옷을 제단하는 사선이라는 의미로도 활용되며, 볼링공이 한쪽으로 치우치는 것을 뜻하기도 하고 확성기에 있는 전기를 뜻하는 말이기도 하다. 그렇다면 어떤 것이 정확한 표현일까? 문맥은 대부분 궁지를 벗어나는 데에 의지하고 있다. 좀 더 설명하자면, 우리가 사용하는 문장은 혀의 움직임과, 동음이의어, 암시적 표현, 의미의 유래, 제유법, 상징, 은유, 다른 말 뒤에 숨은 의미, 재미있게 또는 마음대로 의미를 변형시킨 속어들에 의해 스며든 것이며, 그외 다른 언어의 기능은 로렐과 하디Laurel and Hardy의 영화에 나오는 것처럼 마치 바나나 껍질과 같다. 롤랑 바르트는 한 단어가 여러 가지 의미를 나타내는 것을 어렵지 않게 받아들였다. "모든 것은 끊임없이 많은 것을 의미한다."고 그는 지적하면서, "하지만 결국엔 대표성이 되는 의미 없이는 완벽한 문장이 될 수 없다."[63]고 하였다. 각각의 단어들은 여러 가지 의미를 담고 있

62) Ferdinand de Saussure, *Course in General Linguistics*, Wade Baskin 옮김 (New York: McGraw-Hill, 1966), p. 120.

기 때문에 문장이 길어질수록 그 문장의 뜻을 파악하기 어려워진다. 때때로 문맥이 직접적인 단어들로 이루어져 있을 경우에도 그 뜻을 바로 파악하기 힘든 때가 있다. 우리는 당황스런 진술을 확실하게 하기 위해 각 단어들이 정확히 어떤 뜻을 내포하고 있는지 들여다보기에 앞서 전체를 이해해야 한다. 비록 어떤 단어의 뜻이 매우 부정확하더라도 우리는 그것의 의미를 유추해 낼 수 있을 것이다.

문화적 수정주의는 절대적이었다. 우선 지시 대상물과 우리가 사용하는 언어의 강력한 연결이 없다면 어떻게 다른 언어를 자연스럽게 번역하는 것이 가능할 것인가? 그렇다면 이미지도 사실 그대로를 반영한다고 말할 수 있을까? 오래된 역사적 사실이나 문서의 객관성은 무엇보다 먼저 논리적으로 공격을 받았다.[64] 언어라는 의심스러운 도구를 사용하여 기록한 것들을 정말로 믿을 수 있을까? 기록으로 전해지는 역사는 보다 더 상세한 당시 상황을 기록했다기보다는 그들이 원하는 이야기로 더욱 초점이 맞춰진 형태는 아니었을까? 그렇다면 다큐멘터리 영화를 제작하는 것은 어떤 결과를 가져오는 것일까? 영상을 기록한다는 것은 사건의 신뢰성이라는 것을 자동적으로 제거하는 것은 아닐까? 그렇다면 우리는 다큐멘터리가 어느 정도 주관적이며 우리를 일인칭 시점으로 제한한다는 것을 인정해야 하지 않을까? 혹은 다큐멘터리적 사실은 그러한 방식으로 재구성해서 보이는 논픽션 영화 〈가늘고 푸른 선〉(Errol Morris, 1988)에서처럼 어쨌든 허구가 아닐까?

두 번째로, 만일 언어가 상징적인 기능을 한다면 그것의 변형됨이 없이 담화 속에서 진행되는 사고를 기대하는 것은 바보 같은 짓일 것이다. 이는 우리가 일상생활 속에서 말을 하면서 듣는 사람이 잘못 이해한 부분을 수정하려고 할 때 더욱 명확해진다. "내가 말하고자 했던 것은…" 개인마다 말하는

---

63) Roland Barthes, *Encyclopedia of Contemporary Literary Theory*, ed. Irena R. Makaryk (Toronto: Univ. of Toronto Press, 1993), p. 161.
64) Hayden White, *Metahistory: The Historical Imagination in Nineteenth-Century Europe* (Baltimore: Johns Hopkins Univ. Press, 1973) 참조.

단어의 의미가 다르다면, 의도된 의사전달이 계속 바뀌는 상황이라면, 이러한 경우에는 어떤 일이 발생되겠는가 하는 것이다. 예술의 경우를 보면 예술의 텍스트들은 독자들에 의해서 재생산되며, 관객들은 새로운 텍스트들을 그들 자신만의 특정한 시각을 토대로 경험하게 된다. 이런 이유로 텍스트를 하나의 통합된 의미도 해석하기란 어려운 일이다. 고정 불변의 의미를 만드는 것은 작가나 예술가들이 통제할 수 없는 부분이다. 어떤 것으로도 현 시점, 바로 이곳, 지금 이 순간, 단어, 문장 혹은 이미지를 의미할 순 없다. 의미는 텍스트의 내부와 그것의 문맥으로 드러난다. 따라서 텍스트가 대중들에게 빠르게 이해되면 될수록 이것은, 텍스트의 본래 기표들로서의 의미가 다른 텍스트와 역사적 환경, 청자와 독자와 관객들에 의해 우연히 초래되는 또 다른 영역에서의 다른 기표들과 충돌하여 끊임없이 지연되고 유예되는 결합으로써 데리다Derrida가 언급한 '차이' 처럼, 보편적인 놀이의 대상이 된다. 때문에 텍스트를 읽거나 보는 것은 그것들의 실제적 의미에 공헌하는 창조적인 활동이 되는 것이다.

정리하자면, 포스트모더니즘은 텍스트의 의미에 대한 질문에서 언어의 작용으로 관심이 이동하면서 활성화되었다. 텍스트 밖에서 어떻게 의미를 조합할 것인가 하는 문제는 작가의 의도를 이해하는 것이나 구조화된 작품에 의해 지시된 제한된 해석보다 더욱 중요하게 인식되었다. 놀랄 것도 없이, 고급 예술과 저급 예술이라 말할 수 있는 복잡하고 의미 있는 작품과 더욱 다가가기 쉬운 작품 사이의 등급은 의미 함축의 영향으로 인해 사라지게 되었다. 특히 고급 예술은 엘리트들에 의해 그들의 개인적인 가치를 부여하고 보편적인 의미를 경험하게 하는 강력한 놀이가 되었다. 이제 더 이상 어떤 예술 작품도 특별히 초월적인 창작 정신을 가지고 있다고 말해지지는 않았다. 작품의 우수성과 가치에 상관없이 예술 작품은 본질적으로 지역 문화와 개인적 취향의 문제가 되어 버린 것이다. 좋든 나쁘든 간에 모든 텍스트들은 기본적으로 동등하였으며, 유명하거나 혹은 평범하거나, 과거와 현재의 다른 텍스트들을 교차하는 근거로서의 단순한 문화적 기록으로 평가되었다. 무수히 많은 텍스트를 다양하게 배열하고 또 재배치하는 것은 한 작가의 제한된 시점이나 혹은 한 작품의 구조적 조화를 통하여 의미를 지배하려는 시도를 분석하는 것보다는 훨씬 흥미 있었다. 긴 안목으로 보았을 때, (후기 구조주의자들에 의해 이용된) 기호학은 의미의 확실성, 고급 예술의 본질적인 가치, 그리고 대중들의 실용적인 관심과는 격리된 작가들의 작품 활동의 중요성 등 우리가 살아온 견고한 기존 세계로의 우리의 접근을 완전히 패퇴시켰다.

16

초기의 포스트모더니즘은 적어도 처음에는 단지 평범한 즐거움이었다. 포스트모더니즘의 정신은 이론과 실습으로 조심스럽게 함유되고 정의된 연구 영역의 경계를 해체시켰다. 바르트Barthes는 레슬링에 관해, 그리고 푸코Foucault는 정신이상자의 보호소에 대해 이야기했다. 비평 연구의 분야는 영화에 대한 새로운 글쓰기의 방식을 공개함으로써 폭발적인 반응을 불러왔다. 그리고 영화 자체에서는, 예를 들면 듀산 마케베예프Dusan Makavejev는 전혀 상관없는 영화의 장면들을 편집하여 놀라운 걸작인 〈보호되지 않는 결백Innocence Unprotected〉(1968)을 만들었다. 시간이 지나면서 문화 혁명의 다른 양상들도 급속히 나타나게 되었다. 가장 중요한 것은, 수정주의자들은 모더니즘 예술뿐 아니라 예술 그 자체도 공격했다는 사실이다. 예술은 창조되어야 하며 특별한 장소에 전시되어야 한다는 생각을 넘어서 포스트모더니즘은 대중 연예인으로서의 예술가들의 견해도 받아들였다.

비록 예술가들은 사회와 동떨어진 조건 속에서 창작활동을 해야 했지만, 이런 배제된 환경은 사실 이들에게 매우 긍정적이었다. 사회체제와는 동 떨어진 이들의 상황은 사실 생생한 작품들을 창작하기 위한 충분한 자신감을 그들에게 불어넣어 주었다. 예술가들은 자신의 내면에 깊이 들어갈 수 있었고, 그 결과 참된 자아는 오랜 시간에 걸쳐 축적된 파편들의 본질을 발견하게 되었다. 하지만 오랜 시간 지속된 이런 낭만적인 환상은 결국 포스트모더니스트들의 비난으로 인해 무너져 내렸다. 특히 우리의 생각은 참다운 우리 자신의 것이며, 우리가 생각하는 것이 곧 우리라고 주장한 자크 라캉 Jacques Lacan은 특히 모든 관계가 언어에 의해 조직되었고 조절되었으며, 그리고 조정되었다고 언급하였다. 아이들은 성장하면서 자신을 인식하고 언어를 통해 세상을 알아간다. 따라서 언어는 우리의 가장 깊은 심연까지 스며들어온다고 할 수 있다. 그리고 언어는 내부와 외부를 연결하는 유일한 통로가 된다. 단어나 생각으로 작용하는 언어는 우리의 의식에 도달하게 된다. 하이데거Heidegger는 인간이 언어를 소유하지 않았다면 생각들이 간결했겠지만, 인간은 언어로 말을 하고 있다고 말하였다.[65] 이 관점을 영화로 설명하면, 매체의 어떠한 실제의 모습도 시각적 담론을 대신하여 이미 수백 만 가지 이미지들로 채워져 있다. 때문에 필름메이커들은 텍스트들을 끊임없이 재조합하는 단순한 접근수단이 되었다.

이와 비슷하게, 우리는 우리 안에 있는 마그마로 바로 접근할 수 없기 때문에 외부 자극에 반응하는 것만으로 우리의 의식을 되찾을 수 있다. 우리가 우리 자신이라고 생각하는 사람은 결국 외부의 자극에 대한 역류에 지나지 않는다. 음색과 연주의 느낌이 훌륭한 관현학의 편성도 언제나 수입된 악기로 재결합된 것일 뿐이다. 이는 사회 전면에서도 마찬가지이다. 우리 개개인은 마치 사전을 구성하고 있는 단어들처럼 모두 각자의 기능을 한다. 여자든 남자든 우리는 다른 사람들과의 유사점과 차이점으로 스스로를 확인한다. 다양성이 인정되면서 카멜레온처럼 다양한 색상이 공존하게 되었다. 어떤 것도 한가지로만 한정되지 않았다. 한 사람은 누군가의 아들인 동시에 형제, 배우자, 친척, 친구, 연인, 이웃, 남자, 아프리카계 미국인, 뉴요커, 그리고 가톨릭 신자이기도 하다. 그 사람은 재즈를 좋아하고, 운전할 때 속도를 즐기며, 컴퓨터를 좋아하고, 이탈리아 음식 등을 좋아한다. 단지 내면적인 것, 바뀌지 않는 것, 통합된 자신을 지적하기보다는 (선택할 수 있는 메뉴 같은)

---

65) Martin Heidegger, *On the Way to Language*, Peter D. Hertz 옮김 (New York: Harper, 1971).

이러한 다양한 특징 부여는 우리의 부차적인 특성을 끄집어 낼 수 있다. 이 모든 것의 결과로, 예술가들은 이제 더 이상 자유로운 행위자가 아닌 수많은 문화적 특징 사이의 우연한 횡단점들의 교차점으로 그 자신에 대해 생각하게 되었다.

두말할 것도 없이, 포스트모더니즘은 예술가들의 전통적인 창작 활동에 커다란 영향을 주었다. 안정적인 도움 없이, 새롭고 신선한 작품을 창작하지 못하는 예술가들이 서로를 모방하기 시작한 것은 놀랄 만한 일이 아니다. 유쾌한 교묘함으로 이해되는 형태와 스타일은 그들의 담론에 가장 중요한 재료가 되었다. 때를 같이하여 독립성, 강인함, 그리고 예술적 고결함은 이탈, 반어, 그리고 빠른 화법으로 대체되었다. 개성이 정신보다 우위의 자리에 놓이게 된 것이다. 오늘날 이는 대단히 일반적으로 인정되었으며, 몇몇 예술가들은 그들이 실제적으로 여전히 선택권을 가지고 있다는 사실을 자연스럽게 받아들였다. 사실 이 새로운 패러다임은 다양한 예술적 결정권을 주었다. 따라서 우리는 창의적인 작품에 대한 한 가지 담론만을 받아들일 필요는 없게 되었다. 포스트모더니즘의 시대에는 모든 것이 우리에게 영향을 미치게 되었다. 비록 가장 중요한 효과는 언어의 상징적 배열 없이는 접근이 불가능했지만, 최종적인 형태(인간으로서 우리가 끊임없이 변하듯)는 사실상 끊임없이 변화하여 예측이 불가능하였으며 개별적으로 남게 되었다. 따라서 한 예술가의 창의적 영향력은 예전처럼 강력하지 못한 반면에, 자신이 경험한 것을 말하려는 좀 더 친밀한 계층으로서의 작가들이 더욱 많이 나타나게 되었다. 다시 말하면 예술가는 자신의 문화적 구성이 독창적이지 않다고 실망하는 대신에 다양한 조건 속에서 다른 예술적인 조합을 선택하였다. 생각해보자. 잉그마르 베르히만은 어린 시절 인형극장에 푹 빠진 유일한 소년이 아니었다. 베르히만이 그 세대의 다른 사람들과 달랐던 점은 다른 사람들이 하지 않았던 당시의 경험을 통해 영화를 만들었다는 것이다. 그리고 현재 우리는 그의 작품들을 보면서 감상에 빠지게 되는데, 이는 그의 재능이 다른 사람들 보다 탁월해서가 아니라 그의 영화에서 진정성을 느낄 수 있기 때문이다. 그렇다, 그가 찍은 장면들은 어쩌면 유년시절의 생생한 이미지를 보여 주는 것에 지나지 않을 수도 있겠지만, 베르히만은 그런 장면들을 그의 삶의 순간과 연결된 특별한 감동과 환경으로 충실하게 머무르도록 다루었다. 비록 텍스트 간의 관련성을 이끌어 냈다는 것을 부인할 수 없겠지만, 그렇다고 이것이 예술 전면에 배타적으로 작용하지는 않았다.

17

너무도 빈번히 애석하게도, 예술가들은 이미 유통된 작품들에 내용과 이미지들을 재구성하는 등의 변화를 주어 자신의 작품으로 만들기도 했다. 스타일은 특정한 인간 맥락에서 연마되고 시간에 의해서 예민하게 된 감수성의 소산이다. 예술 작품은 갤러리 이외에 많은 곳에서 선택될 수 있게 되었다. 소프트웨어 프로그램은 반 고흐Van Gogh나 쇠라Seurat의 화풍으로 당신을 그려낼 수 있게 되었다. 타르코프스키Tarkovsky의 개인적이며 종교적인 이미지들은 부유한 기타리스트의 뮤직비디오에도 활용되었다. 바로 이러한 상황을 칼 만하임Karl Mannheim은 50년 전에 경고한 바 있다. 그는 스타일이 많은 의미를 보여 주도록 성숙해지기 위해서 대중의 시각에서는 떨어져서 보낼 시간이 필요하다고 언급했다. "이는 세상을 향한 새로운 충격이며 직감이고 신선한 접근이다." 그는 또한 다음과 같이 썼다. "만일 그들이 적은 무리에서 성숙할 시간이 없다면, 일반 대중에 의해서 단지 자극으로 이해될 것이다…"[66] 이는 마치 지금 우리가 사는 세상 같지 않은가? 영화 속의 아슬아슬한 모습은 이미 오리지널 텍스트가 공개되기 이전에 모방되었고, 이런 모든 장면들은 단순한 속임수로 관객들에 의해서 빠르게 버려졌다. 모티브의 잠재된 힘은 영화를 통해 우리의 삶을 이해하는 것을 방해하는 장애물을 뛰어넘도록 단축시켰다. 포스트모던 예술가들에게 몸의 해방은 필수였다. 무엇보다 먼저 해야 할 것은 그 재치꾸러미를 이해하고 텍스트 속의 인용을 알아

---

66) Karl Mannheim, *Man and Society in an Age of Reconstruction* (New York: Harcourt, Brace and Co., 1941), p. 87.

보는 관객들에게 신호를 주는 것이다. 어느 누구도 이러한 외관의 반사, 인공적인 굴절, 그리고 거울 게임을 심각하게 받아들이지 않을 것이다. 하지만 이런 빛과 열정을 창조하는 것(혹은 관객으로서 받아들이는 것), 의미심장한 것 혹은 물질적인 것은 예술가의 과오가 되었다.

포스트모더니즘의 뜻하지 않은 장애는 예술이 시장 속으로 재배치되고 있다는 것이다. 게임을 다소간 지배했던 전통적인 원형극장의 룰에서 벗어나, 예술은 이제 두 개의 막강한 갱들과 길거리에서 싸우도록 강요당하고 있다. 바로 매디슨 애비뉴와 할리우드이다. 이러한 결과를 제럴드 그라프 Gerald Graff는 "가치, 생각, 예술 작품 그리고 혼이 담긴 다른 생산품들은 패션 산업의 논리와 융화된다."[67]고 말했다. 확실히 문화 산업의 핵심은 즐거움에 있다. 지식에 의해서 시장이 지배되던 예전에는 작품들이 높은 기준을 반영하여 창조되었지만, 이제는 같은 수준을 공유하게 되었다. 고지식한 상류층의 사람들은 노련한 은행가들이 대중에 의해 지배된 겉만 번지르르한 상품들을 향해 가던 길을 멈추는 것처럼 그들의 형편없는 광고와 볼품없는 노점들이 지나가는 사람들의 관심을 끌 수 있다고 정말로 믿었을까? 결과는 너무나 뻔했다. 기업가들은 새로운 고객의 지출을 늘려 시장 점유율을 확장했다.

자유롭고 비계층적인 유통의 이미지들은 문화 산업의 생산품을 향상시킴과 동시에 예술품의 값을 낮췄다. 아도르노는 여느 때처럼, "상업적인 경향의 문화는, 문화와 사라진 실용적인 생활의 차이를 야기시킨다…"[68]고 지적함으로써 표면적인 민주화의 결과에 대해서 언급한 최초의 사람이다. 적어도 이는 일상생활의 표현이 동질화되었음을 의미했다. 세계 어디든 모두 똑같은 모습이다. 프레드릭 제임슨 Fredric Jameson은 이렇게 귀착된 문화를 "속물주의, 저속하고 저질스러운 작품들, TV 시리즈와 리더스 다이제스트 문화로 둘러싸인 환경에 … 광고와 모텔들, 라스베이거스의 스트립 쇼, 늦은 밤

---

67) Gerald Graft, *Literature against Itself: Literary Ideas in Modern Society* (Chicago: Univ. of Chicago Press, 1979), p. 119.
68) Adorno, *The Culture Industry*, p. 53.

이야기쇼와 B급 할리우드 영화로 가득 차 있는, 소위 공항에서 구할 수 있는 싸구려 유사문학(paraliterature)의 풍경…"69)이라고 묘사했다. 따라서 '민주화'는 오직 하나의 '실제' 세상만이 있고, 출처에 상관없이 모든 텍스트들은 같은 시선을 공유한다는 관점을 가지고 있다. 지금은 소비문화 속으로 사라졌지만 예전에는 어떤 것이 예술이라고 인식되었는가? 순수한 기술적 수준에서도 상업예술은 가장 강력한 예술의 보루로 사용되는 데 문제가 없었다. 그것의 형식적인 아방가르드.70) 강렬한 이미지의 록 뮤직비디오들은 사실성에 관계없이, 그것들의 본래 움직임에 대한 기억이나 지식이 없는 관객들에게는 그 영상이 초현실적으로 또는 표현주의적으로 만들어졌건 간에 중요치 않게 되었다. 어찌하였든 이제 록뮤직 비디오들은 진정한 아방가르드의 의무를 대신하고 있다. 그리고 MTV는 이러한 다양한 영상 탐구의 표현들로 채워진다.

18

장 르누아르Jean Renoir가 우리 사회, 우리 문화, 우리 삶의 핵심에서 존재하는 '암'이라고 언급한 넘쳐나는 광고산업은 이제 간섭으로부터 자유로워졌다.71) 공원의 벤치와 도심의 버스에서부터 잡지와 TV 광고에 이르기까지 문화 산업은 매일 수천 개의 메시지들과 함께 잠재적인 고객들에 둘러싸여 있다. 이러한 설명의 요구들이 위협적이지 않거나 혹은 사람들이 광고를 보는 것은 문제가 되지 않는다. 하지만 문제는 광고가 넘쳐난다는 것이다. 우리는 어디

---

69) Fredric Jameson, "Postmodernism and Consumer Society," in *The Anti-Aesthetic,* ed. Hal Foster (Port Townsend, Wash.: Bay Press, 1983), p. 112.

70) "자본주의는 매우 유쾌한 것이다."라고 Harry Braverman은 적고 있다. "개인적 활동과 아마추어 또는 '언더그라운드' 혁신을 통해서 자연, 스포츠, 또는 예술로의 길을 발견하기 위해서 인구집단의 하나 또는 다른 문에 의해 노력이 이루어지는 곳에서조차 이런 활동들은 가능한 한 시장에 신속하게 통합된다." In *Labor and Monopoly Capital: The Degradation of Work in the Twentieth Century* (New York: Monthly Review Press, 1974), p. 279.

71) Andre Bazin, *Jean Renoir,* ed. Francois Truffaut, trans. W. W. Halsey II and William H. Simon (New York: Simon and Schuster, 1973), p. 11에서 인용.

를 가든 광고 이미지들과 마주하게 된다. 지면 광고와 영상 광고들이 우리를 피곤하게 하고 이는 창작 활동이나 우리 생활에 도움이 되는 다른 이미지들을 보고 싶어 하는 욕망도 떨어뜨린다. 이런 관점에서 광고는 오히려 판매에 도움이 되지 않는다. 자본주의 담론이 무엇을 놓치고 있었는지는 몰랐던 것이다. 매디슨 애비뉴에의 광고는 밤낮으로 우리를 지켜보면서 무엇이 좋은지 우리에게 강요한다. 그곳의 광고는 우리의 꿈과 열망을 효과적으로 보여주며 그것의 해결책으로 물건을 사라고 인식시킨다. '갈로Gallo'는 1분도 채 못 미치는 시간에 사랑하는 가족의 따뜻함을 담아냈다. 그리고 '찰리Charlie'는 젊은 여성을 그들 안으로 받아들였다. AT&T는 손을 뻗어 누군가 만지는 것에 대한 강력한 느낌으로 소비자들에게 다가섰다. 더불어 U.S. Army와 아메리칸 익스프레스는 늘 우리를 제대로 된 위치에 올려두었다. 우리는 절대로 이들 없이는 여행을 할 수가 없다. 사람들은 평소에 사이좋게 지내다가도 선호하는 상품 이름을 말할 때는 그렇지가 않다. 코크와 펩시, 맥과 IBM 중 당신은 어느 쪽을 선호하는가? '맛있는 맥주'를 선호하는가, 아니면 '칼로리가 적은' 밀러 라이트를 선호하는가? 실생활의 갈등은 그들을 유쾌하게 만드는 위트나 시각적 말장난이 부족한 비교 속에서 서서히 부각된다. 사회적 투쟁은 어느 곳에서도 볼 수가 없다. 하루가 끝났을 때 너무 지쳐버린 우리는 너무 행복해서 말보로 나라(광고로 가득한 곳)에서 잠을 잘 뿐이다.

　승자가 독식하는 경제가 변하지 않고 지속됨에 따라, 지식인보다 감성적인 사람들을 겨냥한 경쟁에 의해 다치고, 매스 미디어에 의해서도 버려진, 젊은 예술가들은 오늘날 더 이상 갈 곳이 없었다. 필름메이커들에게 상업성을 배제한 채 그들의 작품을 구상하는 것은 정말로 쉽지 않은 일일 것이다. 사실 할리우드에 의해 통일된 세계 문화에 대해서 마단 사럽Madan Sarup은 "사람들의 경험을 조직화한 미디어에 의해서 거부당하여 자신과 세상을 이해하려고 했던 개인의 '언어'는 박탈되었다."[72]고 우리에게 말하고 있다. 이

---

72) Sarup, p. 150.

것을 기억해 보자. 프랑스 소설가 발자크Balzac는 유명해지기 전에 20여 권의 평범한 소설들을 남겼다. 그리고 영화에서 살펴보면, 영화 〈역마차〉(1939) 이전의 존 포드John Ford 감독의 작품을 기억하는 사람이 있을까? 하지만 부끄럽게도 영화 학교에서조차도 영화를 제작하려는 학생들을 할리우드 스튜디오 스타일로 양성하고 있는 실정이다. 거의 대부분의 포트폴리오는 상업 영화 산업에 종사하는 사람들의 입맛에 맞게 제작된다. 에이전트는 그 포트폴리오에서 상품 가치가 있는 것을 발견하려고 한다. 만약 그들이 상품 가치를 발견하지 못한다면, 할리우드에서 직업을 갖기란 불가능에 가깝다. 포트폴리오 제작에 들인 돈은 아무런 소득 없이 낭비되고 만 것이다.

하지만 만약 더 이상 독립 영화가 만들어지지 않는다면, 그들이 그 제작과정을 중단한다면 어떻게 될까? 아무도 독립 영화에 관심을 가져주지 않는다면 어려움을 감수하면서까지 창작활동을 해야 할 이유가 있을까? 만일 공들여 만든 영화보다 TV 쇼 프로그램이 언론과 학계에서 더 많은 관심을 받는다면 그 이유가 무엇일까? 나약한 예술과 예술가에 대해서 웨인 부스Wayne C. Booth는 이런 언급을 한 적이 있다. " [텔레비전]은 죽지 않을 것이다. 내가 TV를 계속 보는 한 TV회사는 영원할 것이다. 반대로 내가 좋아하는 작가의 책을 읽는 것의 위력은 유한하다."[73] 예술가들은 마치 사람들이 영원히 그들의 작품을 후원할 것이라고 당연하게 생각했었다. 사실 사람들은 더 이상 어느 예술가들도 후원해 주고 싶어 하지 않았다. 스펙터클한 할리우드 산업에 의해 무수히 많은 눈요기들이 제공하고 있지만, '예술은 사회에 대항하는 힘이 있는 한 계속될 것'[74]이라는 아도르노의 경고를 우리는 잊지 말아야 할 것이다. 하지만 그 힘은 이제 거의 찾아보기 힘들다. 물론 좋은 영화들은 여전히 제작되고 있긴 하지만, 그것이 얼마나 길게 갈까? 요즘도 몇몇 독립 영화 제작자들은 친구와 지역사회의 도움을 얻어 허가없이 16mm 필름이나 비디오 카메라를 이용해 영화를 만들고 있다. 당신은 이러한 필름메이커들

---

73) Booth, p. 399.
74) Adorno, *Aesthetic Theory*, p. 321.

에게 경의를 표해야 한다. 그들은 선댄스 영화제나 다른 영화제에도 작품을 출품하기도 한다. 그들은 작은 극장을 빌려서 구식의 광고도 할 것이다. 하지만 평론가들의 좋은 평가를 받기는 힘들지도 모른다… 그리고 이런 상황은 나름대로 이름이 있는 독립 영화사들도 마찬가지이다. 매기 그린왈드 Maggie Greenwald의 영화 〈리틀 조를 위한 연가〉(1993)를 예로 들어 보자. 이 영화의 개봉 성적은 형편없었고 약 2주 뒤에 막을 내렸다. 하지만 영화를 보았다면 영화에 대한 감독의 애정을 느낄 수 있었을 것이다. 그녀가 얼마나 영화의 이야기에 관심을 가졌으며, 그 시대에 대한 그녀의 존경과 영화에 대한 사랑을 말이다. 다소 충격적이게도, 이 영화는 90년이 넘는 시간 동안 남성 감독들에 의해서 만들어진 서부 영화가 얼마나 작은 부분만 보여준 것인지를 알려줄 것이다. 좋은 영화임에도 불구하고 이 영화는 빨리 막을 내리게 되어서, 그린왈드 감독의 경력에 도움이 되지는 못했다. 그녀에게 있어서, 안타깝게도 이 독립 영화는 여전히 원점에 머물게 되었다.

내가 기술한 새로운 환경이 순수한 필름메이커들에 의해서 생성되고 있다. 조금씩 그들은 다른 사고방식을 가진 새로운 감독들을 선보이고 있다. 로버트 하일브로너Robert Heilbroner는 미국의 비즈니스 문명에 대해 "결국 목적은 이익, 소득, 소비, 경제 성장과 같은 것들이며… 노동은 이와 같은 결과를 내기 위한 수단일 뿐"[75]이라고 언급한 바 있다. 오늘날 보다 많은 젊은 필름메이커들이 말리부에 살고 포르쉐를 몰면서 경력을 쌓고 유명해지기 위해서 영화를 제작하고 있다. 이들의 목표지점은 영화사에 공헌하고 싶음이 아니라 화려한 할리우드에 '입성'하는 것으로 할리우드 파티에 참석하고 멋진 이성과 함께 아카데미 시상식에 참석하는 것이다. 이와 같은 생각은 좋지 않다. 당신이 처음으로 영화를 만들게 되면 영화의 경이로움에 감탄하게 된다. 그리고 영화 제작에 참여하게 되면서 영화 산업에 종사하는 사람들과 관계를 맺게 될 것이다. 그리고 작으나마 당신의 노력을 고마워 할 것이다. 기

---

75) Robert L. Heilbroner, *Business Civilization in Decline* (New York: W. W. Norton, 1976), p. 114.

획하고 제작하고 이미지와 사운드를 편집하는 과정의 기쁨은 당신에게 의미 있는 일일 것이다. 그리고 모든 제작 과정이 끝나면, 놀라워하면서 그 동안의 과정을 뒤돌아 볼 것이다. '세상에! 내가 영화를 만들다니! 내가 해냈구나! 내 영화" 스스로가 대견스러울 것이다. 나머지는 바보짓이다.

2

예술, 연예

예술, 연예

1

오늘날 뉴욕과 샌프란시스코를 제외하고 엔터테인먼트의 힘은 모든 곳에 미치고 있다. "그게 어때서?"라고 이런 현상을 옹호하는 사람들은 물어온다. "엔터테인먼트가 뭐가 문제냐?"라고 말이다. 나는 이런 질문을 수많은 학생들로부터 들어왔고, 이들은 내 대답을 듣고 싶어 했다. 엔터테인먼트에 의해서 발생하는 이념적 역할에 대한 이해를 위해서는 한 발짝 뒤로 물러서서 역사적으로 다른 나라의 다른 시대에 있었던 엔터테인먼트의 기능을 살펴보는 것이 이해에 도움이 될 것이다. 그렇게 하는 것이 할리우드가 우리의 삶을 어떤 식으로 움직이는지 인식하기 쉬울 것이다. 자, 이제 바로크 시대의 스페인으로 떠나보자.

2

국가 내부적으로 심한 변화를 겪고 있는 강력한 국가를 상상해 보자. 인구의 급격한 증가는 지역경제가 그들을 다 수용할 수 없었던 시골로부터 많은 사람들을 일자리가 있는 도시로 이동시켰다. 조상 대대로 오래 살던 터전에서 일자리를 찾아 이주한 노동자들은 그들의 새로운 고용주들인 지역 귀족들에게 오직 노동력만을 제공하는 전통적인 공헌을 하였다. 게다가 그들 스스로 도시에 정착한 이주자들은 귀족과 유한계급에게 더 이상 존경을 표하지 않았다. 더욱 안 좋은 것은, 새로 정착하는 이주민들에 대한 압박이 이전에 연합되지 않았던 그 도시 다른 계급 사람들 간의 오래된 공동체 연대를 초래하였다는 것이다. 결국 너무나 많은 사람들 때문에 일자리를 찾는 사람들이 모두 일자리를 찾을 수는 없었다. 그 결과 몇몇은 군대에 지원했지만 일자리를 찾지 못한 사람들은 대부분 그 도시에 남아서 깡패, 거지, 심지어 도둑이 되었다. "희망이 없다."라고 남긴 역사 기록자는 "도둑이나 군인에 의해 누군가가 다치거나 죽진 않았지만 집은 폐허가 되었고, 젊은 여성들과 과부들은 폭행과 강도를 당해 울었다."[1]라고 기술했다. '이러한 상황'들을 다른 역사 기록자는 "무기를 지니거나 동행들을 대동하지 않고서는 밤에 집 밖을 나갈 수 없었다."[2]고 적었다. 그리고 마침내 대도시의 교도소는 더 이상 새로운 입소자를 받아들일 수 없을 만큼 가득 차게 되었다. 다른 상황을 살펴보면, 경제적인 측면에 있어서 인플레이션은 사람들의 저축을 무력화시켰고 외화 투기(튤립 투기)는 이러한 변화에 신속히 대응할 수 있는 유일한 방법이었다. 이와 동시에 페스트가 유행하여 사람을 비롯한 살아있는 모든 것들을 죽음으로 몰고 갔다. 이 모든 것들이 겹쳐, 스페인은 혼란스러웠으며 미래도 어두워 보였다. 그 결과 기존의 가치는 구식이라는 두려움이 있었고, 시민 변화를 담아내기도 불가능했으며, 전반적인 사회 구조는 완전히 무너져 버렸다.[3]

경찰력만으로는 전면적인 사회적 붕괴를 막기에는 역부족이어서, 지배층은 이주민들의 정신을 결집시키고 그들의 요구를 교화하기 위한 사상적 캠페인에 초점을 두었다. 총체적인 목표에 대해 호세 안토니오 마라발Jose Antonio Maravall은 '[사람들의] 의식 가장 깊은 곳으로 스며드는 것'[4]이라고 우

---

1) José Antonio Maravall, *Culture of the Baroque: Analysis of a Historical Structure*, trans. Terry Cochran (Minneapolis: Univ. of Minnesota Press), p. 120에서 인용.
2) Maravall, p. 120에서 인용.
3) 나의 바로크시대에 대한 묘사는 마라발의 분석에 기초하고 있다.
4) Maravall, p. 72.

리에게 말했다. 전체적인 문화적 프로그램은 새로 이주해 온 사람들을 '생 김새, 성향, 그리고 사상적 그룹에 따라'[5] 통합시켜 설정하였다. 따라서 이 러한 생각은 최근에 이주한 사람들에게 새로운 문화적 정체성을 제공하였 고, 기존의 문화 속으로 그들의 사고방식을 융합시켰으며, 전체적으로 사회 에 위협적이지 않는 지역사회에 대한 열망으로 그들의 관심을 돌리게 했다. 지역의 주체로서 그들에게 의회에서 '질의' 할 수 있게 하고, 그들이 함께 모 이거나 즐길 수 있는 장소를 마련해 주고, 향유할 수 있는 문화적 상품들을 제공함으로써 현존하는 사회 질서가 이주민들에 의해 초래될 수 있는 사회 적 위협이 제한되기를 기대했다.[6]

지배층은 이주민들에게 (일하지 않을 때 갈 수 있고 즐길 수 있는) 공공 분 수와 광장을 지어주고 축제와 불꽃놀이를 제공함과 더불어, 극장이 새로운 정신을 부여하는 주요 과제를 수행할 수 있는 장소가 되게 하였다. 이런 결 과로 극장의 공연은 엘리트들이 선호했던 고급예술보다는 모두가 즐길 수 있는 공연으로 변화하였다. 그런 공연들은 대부분 폭력적이었으며 잔인하 기까지 했지만 이해하기 쉬운 전개 방식으로 인해 호응이 높았다. 이런 반복 적인 공연은 '감성주의, 자신을 안정시키는 적절한 열정, 인간 해법의 방법 에 대한 종속, 그리고 문학적 빈곤…' 들과 결합되었다. 그리고 마침내 칼데 론Calderon의 인기를 압도했다.[7] 보다 더 많은 대중들의 호감을 사기 위해서 는 기술적인 연출법에 능력을 발휘해야 했다. 시연과 관객들의 반응을 토대 로 신중하게 점검된 화려한 공연의 최종 목표는 관객들로 하여금 경외심을 갖게 하고, 공연을 보는 그 순간에 전율을 주며, 그로 인해 그들이 느끼고 있 는 현실 세계에 대한 '의심과 불만 사항들을 잊게 만드는 것' 이었다.[8] 마지

---

5) Maravall, p. 89.
6) "interpellation," 에 대한 설명은 chapter on the Ideological State Apparatuses in Louis Althusser, *Lenin and Philosophy and Other Essays*, trans. Ben Brewster (New York: Monthly Review, 1971)을 참조.
7) Maravall, p. 90.
8) Joyce G. Simpson, quoted in Maravall, p. 143.

막으로 지적할 것은 이러한 공연이 미친 사상적 영향을 완전히 이해하기 위해서는, 우리는 공연되는 작품들 속에 단순한 텍스트를 넘어서야 하며, 우리는 모두와 공유되는 개별 예술을 넘어서서 바라보아야 한다. 한마디로 하자면, 우리는 공연의 의미를 획득하려는 그들의 통합된 노력을 평가해야만 한다.

3

만일 이런 시나리오가 익숙하다면, 이것은 17세기 스페인의 모습이 20세기 미국의 상황을 보여 주는 좋은 예로서 자리 잡고 있기 때문이다. 모두 같은 시기에 사회적 · 경제적인 분열의 움직임, 하층계급이 안고 있는 당황스러운 문제점들, 그리고 현존 질서를 위협하는 요소들을 가지고 있었다. 그리고 그 해결을 위해 대중들의 축제인 프로 스포츠 경기와 상업적으로 성공한 극장인 로페 드 베가Lope de Vaga를 본뜬 듯한 할리우드 영화들이 제공되고 있다.9 게다가 몇백 년이 지났지만 공연의 내용들은 크게 달라지지 않았다. 극중 캐릭터는 이해하기 쉬우며, 극중 상황은 이미 잘 알려진 이야기이고, 목소리는 대단히 감정적이고 첨단 기술이 넘쳐나며, 스타일은 전형적인 수준을 크게 벗어나지 않는다. 결국 이러한 공식은 모든 사람들에게 익숙하게 받아들여지게 된다.

여전히 '그게 뭐가 문제냐'고 할 수도 있을 것이다. 그렇다면 이 시점에서 엔터테인먼트의 개념을 명확히 집고 넘어갈 필요가 있을 것 같다. 어원을 볼 때, 이 단어는 프랑스어의 *entretenir*에서 왔다. 그리고 *entretenir*의 뜻은 '좋은 상태를 유지하다'로, 이는 특정 상태를 유지하기 위해 필요한 것을 제공하는 것이며, 어떤 우연한 시간에 불리한 상황이 생기지 않도록 대책을 강구하는 것을 의미한다. 따라서 이 개념은 상황의 유지, 나쁜 것으로부터 멀

---

9) 현대 생활에서 '스포츠와 게임의 승리'에 대한 연계는 '*The Dehumanization of Art*, José Ortega y Gasset 저, Helen Weyl 역 (Princeton: Princeton Univ, Press, 1968), p. 51에 의해서 이루어졌다.

리 떨어짐을 의미한다. 하지만 우리의 경우로 돌아와서, 과연 우리는 어떤 상황을 이야기하는 것인가? 대부분의 사람들은 직장이 있고 그들은 놀랄 것 없는 평범한 생활을 살아가고 있다. 사회의 경제적 구조와 정치적 신념에도 불구하고, 대부분의 직장은 다소 따분하고 반복적이며, 거추장스럽기 마련이다.[10] 다른 쪽을 보면, 생산 공정이 자동화되긴 했지만 여전히 과도한 육체적 노력을 요구하기도 한다. 일찍이 유명한 사회 과학자이자 (최초의 영화 이론가이기도 한) 휴고 뮌스터베르크Hugo Munsterberg는 프레드릭 테일러 Frederick Taylor와 그의 제자들이 제시한 사람들에 맞는 직업을 찾는 작업을 시도하였다. 하지만 "이는 정신적 메커니즘, 개인 성향, 연합, 그리고 반응이 명확할 때만 가능하며" 그리고 "이는 대부분의 경우에 고용주와 노동자에게 똑같이 불이익을 가져다 주었던 불만족과 충돌을 피할 수도 있다."[11]고 그는 제안했다. 뮌스터베르크의 연구에 따르면, 그는 특정한 직업에 적당한 사람을 배치시켰다.[12] 예를 들면, 단순 노동과 같은 일은 '항상 즐거우며 내면의 조화'가 있는 사람에게 권유하였다. 어느 날 그는 12년간 백열전구를 종이 상자에 포장하는 일을 해온 여성을 인터뷰하였다. 그녀는 42초 동안 25개의 백열전구를 포장할 수 있으며, 하루에 1만 3천 개의 전구를 포장해 오고 있었다. 그리고 이 여성은 자신의 일을 '대단히 흥미롭다'고 평가했으며, 이에 대해 뮌스터베르크는 그녀의 일상을 세심하게 지켜보는 특정 능력 때문이라고 했다. 그리고 고용주도 적합성을 알기 위해 비슷한 심리적인 형태의 실험을 하였다. 하지만 이에 대해 매튜 헤일 주니어Matthew Hale Jr.는 꽤 정확하게 다음의 사항에 이의를 제시했다.

---

10) 오늘의 불만족은 "더 많은 번영과 일자리들을 공급하여 손댈 수 없다. 왜냐하면 이것들은 처음에 이런 불만족을 야기한 바로 그것들이기 때문이다." Harry Braverman, *Labor and Monopoly Capital: The Degradation of Work in the Twentieth Century* (New York: Monthly Review Press, 1974). p. 14.

11) Munsterberg, Matthew Hale Jr., Human Science and Social Order (Philadelphia: Temple Univ. Press, 1980), p. 159에서 인용.

12) Hale, p. 152.

지루한 직업에 만족할 '내적 다양성' 감각을 지닌 충분한 남녀가 있는지 뮌스터베르크의 실험에서는 나타나지 않았다. 그는 또한 그녀에게 그 일을 천성적으로 흥미 있어 하는지, 아니면 12년간 일을 해 온 결과에 의한 것인지 그 정신적인 상태를 묻지 않았다. 그리고 뮌스터베르크는 그녀가 거짓말을 하는 것일지도 모른다는 가정은 염두에 두지도 않았다. 대신에 그는 천한 일을 하는 노동자들은 그들 정신의 특수한 특징 때문에 적어도 강도 높은 압력을 받는 전문가들이 그들의 의무에 대해서와 마찬가지로 노동자들의 세속적인 의무에 행복하다는 자기 위안적이고 검토되지 않은 신화를 과학수준까지 끌어올렸다.[13]

하지만 이런 선한 마음에서 비롯된 노력은 결국 가치가 없어졌다. 그리고 어제와 같은 오늘처럼 일상이 공장과 사무실에서 반복되자, 사람들의 몸은 가까운 장래에 노동에서 요구되는 정확한 몸짓을 수행하면서 끊임없이 훈련되었다. 〈어떤 여름의 기록Chronicle of Summer〉(Jean Rouch, Edgar Morin, 1961)을 보면, 르노 자동차 회사의 노동자는 인터뷰를 하면서 그의 아내가 매일 노동에 지쳐서 탈진되어 있다고 불평했다. 어떻게 사람이 이같은 상황을 다룰 수 있을까? 오스카 넥트Oscar Negt와 알렉산더 크루게Alexander Kluge는 손실을 막을 대책이 생존을 위해 필요했다: "노동자들에게 경험된 참기 힘든 현실의 상황은 소외된 현실의 충격으로부터 자아를 보호하기 위한 방어기제의 출현을 이끌었다."[14] 다시 말하면 그들의 노동이 그들의 완전한 개성을 부정하기 때문에, 노동자들은 그들 앞에 놓여 있는 직접적인 경험이 중요하지 않은 모든 심리적 기능들을 방어적으로 차단한다. 오직 일을 끝내고 난 후 또는 주말 동안에만, 개인은 심신의 조절과 감정을 회복할 수 있었다. 노동자들이 마침내 자신의 시간을 가지고서야 비로소 자신에 대해 생각해 볼 수 있다. 나는 무슨 일을 하고 있는 거지? 내 삶은 어디로 가는 걸까? 나의 꿈은 어떻게 되는 거지? 이 일을 그만 둬도 될까? 계속 이 일을 해야만 하는 것일까?

---

13) Hale, pp. 152-53.

14) Oskar Negt and Alexander Kluge, *Public Sphere and Experience: Toward an Analysis of the Bourgeois and Proletarian Public Sphere*, Peter Labanyi, Jamie Daniel, and Assenka Oksiloff 옮김 (Minneapolis: Univ. of Minnesota Press, 1993), p. 33.

문화 산업은 끊임없이 다양한 재미를 제공하여 불안한 현실 상황을 만족시켰다. 우선 한스 아이슬러Hanns Eisler는 이것의 역할을 "후기 산업적 기술에 의해 초래된 무자비한 후기 산업사회의 냉혹함을 감추는 것이며… 이는 영상과 관객 사이에 걸칠된 인간을 개입시킨다."[15]고 했다. 다시 말하면 엔터테인먼트는 하루 8시간 일하고 일주일에 5일 근무하는 '인간'의 환경에 의지한다. 비록 이러한 내용이 정신에 활력을 주는 것과는 거리가 있지만, 엔터테인먼트는 당면한 현실 사회의 문제점으로부터 주의를 돌리게 할 수 있다. 막스 호르크하이머Max Horkheimer와 테오도르 W. 아도르노Theodor W. Adorno는 『계몽의 변증법Dialectic of Enlightenment』에서, 사실 엔터테인먼트는 "그것의 지속적인 전망에 대해 소비자들을 속이는 것이며… [비록] 그것이 기계적인 노동과정으로부터의 탈출구로, 그리고 다시 지속되는 노동에 대처할 수 있는 힘을 비축하는 것으로 추구될지라도, 노동의 연장으로 [그것은 종결될] 뿐"[16]이라고 설득력 있게 주장하고 있다. 이와 마찬가지로 허버트 마르쿠제Herbert Marcuse는 엔터테인먼트 생산품들을 '진정되고 마취가 연장된 것 같은 휴식 같은 상태이며', 노동으로 만들어진, 현대 생활의 목로주점 Assommoir 같은 곳[17]이라고 묘사하였다. 이와 같이 훨씬 더 강한 치료약을 필요로 할 때 할리우드 영화가 약사의 처방처럼 제공된다. 이는 소외를 가져오는 일터로부터 피할 수 있는 참되고 긍정적이며 영원한 탈출구이다. 이는 이미 잘 알고 있는 사실이다. 오늘날 주목해야 할 사실은 문화 산업이 다른 대안이 들어 올 수 있는 틈도 두지 않고, 모든 영역을 지배하려고 한다는 점이다. 그런 점에서 상업 영화가 흥행에 실패했다고 할지라도 이와 관련된 다른 제품을 생산하고 홍보하고 관객들이 즐길 수 있다면 성공한 셈이다.

---

15) Hanns Eisler, *Composing for the Films* (New York: Oxford Univ. Press, 1947), p. 59.

16) Max Horkheimer and Theodor W. Adorno, *Dialectic of Enlightenment*, trans. John Cumming (New York: Continuum, 1993), pp. 139 and 137 (나는 내가 가진 목적에 적용하기 위해 텍스트를 재구성하였다).

17) Herbert Marcuse, *One-Dimensional Man: Studies in the Ideology of Advanced Industrial Society* (Boston: Beacon, 1964), p. 7.

그러므로 노동자들은 (블루칼라와 화이트칼라 계층을 모두 포함한) 그들의 생활상이 반영된 영상물을 보면서 여가시간을 보낸다. 문화는 "우리 일상을 이해하게 해 주는 대단히 본질적인 요소이며," 우리 삶으로 특징되어지는 것에 도움이 될 수 있는 등장인물, 상황, 갈등 요소들을 찾아 내지 않는 것은 친밀한 공동사회(가정, 친구, 교회 등)로부터의 도움이 감소될 때 관객들의 진정 가치 있는 후원을 빼앗는 것이다.[18] 따라서 문화 산업에 의해서 야기된 오락은 '비참한 현실'이 아니라 투쟁이라 말할 수 있으며, 호르크하이머와 아도르노의 말을 인용하면 "하지만 마지막으로 남은 저항의 사고이다. 즐거운 전망들에서의 해방은 [실제로] 관념과 부정으로부터의 자유다… 그리고 [영화 관람객들]은 그들이 안전하다고 확신하게 된다."[19] 문화 산업이 기존 사회와 정치적 상황들에 대해 의문을 품거나 반대하는 것보다 이를 당연하게 받아들이는 한, 관객들은 자신들의 운명을 편안하게 받아들일 것이다.[20] 이런 식으로의 이해는 영화를 비롯한 TV, 팝 음악 같은 다른 매스미디어들이 관객들을 속이고 있다고 생각할 수 있다. 이런 미디어들은 사람들에게 사회에 대해 어떠한 의문사항도 느끼지 않도록 그들을 완전히 구속한다. 폴 틸리히Paul Tillich의 관점에 따르면, 이런 문화 산업의 목적은 사람들을 '획일화'하는 데 있다고 보았다. 이는 사람들을 마치 기계화하는 것과 같다.[21]

---

18) Paul Willis, Graeme Turner, *British Cultural Studies: An Introduction* (Boston: Unwin Hyman, 1990), p. 1.

19) Horkheimer and Adorno, pp. 144 and 146.

20) 할리우드가 모든 종류의 사회 병폐를 다루는 영화들을 제공해 왔을지라도, 부정적 측면은 시스템과 함께이기보다는 개인들과 함께 시작되는 경향이 있다. '선한 사나이'가 모든 것이 다시 제대로 되게 하기 위해 '나쁜 놈'을 사회에서 제거하는 것으로 충분하다. 그런 종류의 작업이 'On the Waterfront'(Elia Kazan, 1954)에서 나타나는 전형이다. 이 주제에 대한 더 많은 것은 Steven J. Ross, *Working-Class Hollywood: Silent Film and the Shaping of Class in America* (Princeton, Princeton Univ. Press, 1998)을 참조.

21) Paul Tillich, *The Protestant Era*, trans. James Luther Adams 옮김 (Chicago: Univ. of Chicago Press, 1948), p. 263.

노동 시스템을 위해서, 엔터테인먼트는 뛰어나야 한다. 사실 현재 제작되고 있는 상업적인 엔터테인먼트 상품들에는 많은 노력과 뛰어난 재능을 가진 사람들이 참여하여 제작되고 있다. 일반적으로 각각의 영화들은 사람들의 관심을 독점하려 한다. 위대한 영화감독이었던 알프레드 히치콕의 경우도 마찬가지다. 예를 들어, 〈북북서로 진로를 돌려라〉(1959)의 서스펜스와 미장 센은 확실히 우리를 압도한다. 히치콕의 영화 속에서 보이는 시각적 위트와 서스펜스로 영화의 최고 경지를 보여 주는 면은 감탄할 만하다. 하지만 이런 영화들도 할 수 없었던 것은 영화 밖으로 가능성을 열어두는 것이었다. 다시 말하면 관객들에게 2시간 동안 철저히 실제 그들의 생활로부터 단절시키는 것이다. 영화는 관객들의 환상을 불러일으킨다. 우리는 어린아이들이 TV 프로그램과 비디오 게임을 보며 자신들의 상상으로 가공의 상황을 만들어 버린다는 것을 알고 있다. 그리고 이는 어른들도 마찬가지다. 이에 대해 넥트Negt와 크루게Kluge는 환상의 창조는 정신 건강을 위해 필요한 것이라고 주장했다. 상상하는 것은 "중재의 조직자이다. 이는 특별한 작업 과정인데, 리비도의 구조, 의식, 그리고 바깥세상은 다른 것들과 서로 연결된다."[22] 영화를 보는 것은 사람들의 공상 혹은 환상이다. 이는 지루한 일상으로부터의 생존과 다양한 이야기를 보여준다는 것을 의미한다. 문화 산업에 의해 생산된 제품들은 우리를 아이들 같은 상상력으로 세상을 보게 한다. 그리고 넥트와 크루게는 "인간이 지닌 리비도적 환상, 그들의 희망, 소원, 욕구는 그들을 더 이상 자유롭지 못하게 하며, 또한 이는 불규칙한 관심으로 인하여 그들 스스로를 더 이상 발현시키지 못하게 한다…"[23]라고 결론지었다. 따라서 '잘 만든' 영화일수록 관객들이 상상할 기회가 더 적다고 할 수 있다(다시 말해서 완벽하게 통제되고, 역동적이고, 닫힌 형식의 극은 사람들의 생각이 들어갈

---

22) Negt and Kluge, p. 37.
23) Negt and Kluge, p. 172.

여지를 거의 주지 않는다). 정리해 보면 엔터테인먼트는 중립적이지 않다고 할 수도 있을 것이다. 마치 자석처럼 상품화된 영상들은 관객들의 시선을 잡아당겼다. 특히 할리우드에서 좋은 영화란 모든 사람의 시선을 한 번에 사로잡는 영화를 의미한다. 그리고 훌륭한 쇼는 현실 세상을 잊고 관객들에게 환상을 선사하는 것이다. 문화 산업은 마치 진공청소기처럼 인간이 가진 염원과 열망의 조각들을 빨아들이고, 롤러코스터를 태우듯 관객들을 소진시키고 그들에게 남아 있는 힘을 없애버린다. 수년에 걸쳐 세대를 이어가며, 필름메이커들은 변화되는 관념들과 함께 할리우드로 가는 여행을 만들어 왔다. 이러한 시스템은 그들 모두를 좌절시켜 왔다.[24] 매번 엔터테인먼트의 핵심에서 이념적 전제는 이야기 요소들 혹은 기교를 통해 관객들이 반항적인 시각을 갖는 것과 사회에 저항하려는 가능성을 저지하는 것이었다.

5
....

반면 예술은 엔터테인먼트와는 반대적인 위치에 서 있다. 나는 예술이 역사를 통해 나타났다는 많은 해석들을 이곳에서 상기하고 싶은 의도는 없다. 단순히 말하자면 신, 관념적인 세상, 자연, 아름다움, 진실, 강렬한 친절, 혹은 숭고한 감정들과 어떤 관계를 맺고 있든 간에, 예술은 일상생활로부터 벗어날 수 있는 공간을 열어 주었다. 진실된 순수의 충격은 로쉬Rausch, 단절, 초월적인 상태를 불러일으켰다. 니체Niezsche는 이런 활동으로 이득을 보는 사람은 오직 예술가들이라고 언급했다.[25] 하지만 다른 사람들은, 이런 예술 작품들은 관객으로 하여금 그들 자신을 다시 한 번 생각해 볼 수 있는 충격을

----

24) 나는 확실히 여기에서 과장하고 있다. 영화들의 긴 목록은 내가 틀렸다는 것을 증명하기 위해 제공될 수 있다. 그것들 대부분은 주석 20에서 언급된 범주에 해당될 것이다. 여기에서 나의 관심은 그 시스템에 진입하려는 젊은 영화 제작자들에게 있다. 그들에게 있어 할리우드는 그들을 환영하는 장소가 아니다. 그들이 '너무 멀리' 가는 것을 막기 위해서 처음부터 거대한 압력이 작용한다.

25) On *Rausch* and Nietzsche's theory of art, Friedrich Nietzsche, *The Will to Power*, trans. Walter Kaufmann and R. J. Hollingdale (New York: Vintage, 1968), bk. 3, chap. 4, pp. 419-53.

줄 수 있을 거라고 했다. 이에 대해서 한스 게오르그 가다머Hans-Georg Gadamer
는 "예술 작품의 힘은 일상의 환경을 벗어난 경험을 하는 사람들을 갑자기
울게 할 수 있고, 그들의 존재를 과거의 그들과 연관시킨다. 예술 작품을 경
험한다는 것은 보이는 그 작품의 특별한 내용이나 대상뿐만 아니라 의미 있
는 우리의 삶 전체를 포함하는 당면한 의미의 충만함이다."[26]라고 언급하면
서 후자의 관점을 잘 표현했다.

　　오늘날엔 엘리트주의자가 아니라고 할지라도 예술에 대해 언급하는 것을
잘난 척 하는 사람으로 비춰지는 경향이 있다. 이에 대해 알라인 핀킬크라우
트Alain Finkielkraut는 우리가 사는 사회가 극단적으로 나갔다고 지적하며 "예
술을 받아들이고 그 의미를 부여할 수 있는 곳은 어디에도 없다. 그 결과 예
술은 좌표도 기준점도 없이 부유하게 되었다."[27]고 탄식했다. 사실 수수하고
쉽게 접할 수 있으며, 박물관에 전시되지 않고, 수많은 사람들의 박수갈채를
받지 않는 예술 작품도 있을 수 있다. 니체의 예를 먼저 들어보겠다. 예술 작
품을 만드는 것은 예술가들로 하여금 자기발견을 하게 한다고 니체는 언급
했다. 갑자기 일어나든 혹은 순차적으로 진행되든 자기 발견의 과정은 예술
가를 완전히 압도한다. 이 '폭발적인 상태'는 자신을 객관적으로 바라보게
하며 결여된 것을 갈망하게 하고 익숙하지 않은 생각과 형태로 되돌려 놓는
다. 왜냐하면 자기 발견의 여정이란, 답이 없으며 끊임없이 파내려 가야 하
고 최상의 결과물이자 창작 과정을 통해 새로 태어난 예술가 자신이기 때문
이다. 하지만 이런 모든 과정은 하이데거가 "예술 작품은 우선 예술가 자신
을 그 작품의 주인으로 인식하게 한다. 그 이유는 예술가가 작품을 창조했기
때문이고, 작품은 예술가에 의해서 만들어졌기 때문이다."[28]라고 우리를 상

---

26) Hans-Georg Gadamer, *Truth and Method*, 2nd rev. ed., Joel Weinsheimer and Donald G.
　　Marshall 옮김 (New York: Continuum, 1994), p. 70.

27) Alain Finkielkraut, *The Defeat of the Mind*, Judith Friedlander 옮김 (New York: Columbia
　　Univ. Press, 1995), p. 118.

28) Martin Heidegger, "The Origin of the Work of Art," in *Basic Writings*, ed. David Farrell
　　Krell, Albert Hofstadter 옮김 (San Francisco: Harper, 1977), p. 149.

제2장 ┃ 예술, 연예　61

기시키는 것처럼 모순적인 구조라고 할 수 있다.

창작의 의지는 다양한 결과를 가져올 수 있다. 다시 한 번 더 말하지만, 할리우드 상업 영화는 그럴듯한 작품을 만들기 위해 많은 노동력을 필요로 한다. 우주선 이륙의 장면을 만들기 위해서는 꼼꼼한 촬영과 무수히 많은 디지털 기술의 수정을 요구한다. 영화 제작이 다 끝날 때 즈음에 제작에 참여한 당신은 완전히 녹초가 되어 있겠지만, 당신이 했던 작업의 결과와 상관없이 당신의 인생은 변하지 않는다. 당신은 창의력을 발휘하여 동료들과 함께 일을 하고, 월급을 받기도 하지만 다음 작품에 참여하기 전까지 지금은 휴가를 가야 할 시간이다. 하지만 이와는 반대로, 예술 작품의 영향력은 심오하고 지속적이며 예전과는 다른 모습으로 예술가들을 재편성한다. 자신이 만든 작품이 스스로에게 도전해 온다면, 이제 더 이상 자신을 안다고 말할 수 없을 것이다. 자신의 내면 속 무언가가 스스로를 영원히 바꿔버린 것이다. 그런 점에서 "예술가들은 항상 자신이 지닌 재능의 피해자이기도 하다."[29]

이제 나타나는 것들은 매우 다른 양상을 띠고 있다. 예술 작품이 완성이 되었을 때 이는 그 전에는 존재하지 않았던 것이다. 그렇다면 그것은 무엇일까? 이는 형태로 만들어진 구조이다. 하지만 이런 형태는 우리 주변에서 보아온 것들과는 다르다. 새로운 작품들은 주목을 받는데, 왜냐하면 니체가 주장했듯이, '예술가는 관객들로 하여금 내용물의 '형태'를 '그것이 지닌 문제'로 경험하게 하기'[30] 때문이다. 예술 작품의 기묘한 모습이나 우리의 일상의 삶 한가운데로 튀어나온 구조 혹은 형태 때문에 작품들은 예술가에 의해서 해방되고, 스스로 도전을 받으며, 철저히 독립적이 된다. 예술 작품은 유용한 척 흉내를 낼 수 없다. 이것은 우리 삶에 꼭 필요한 가구나 기구처럼 분명한 목적으로 소용되는 것이 아니다. 하이데거가 그의 뛰어난 에세이인 '예술 작품의 기원'에서 써놓은 것처럼, 이것의 진정한 실재는 "모든 것이

---

29) Martin Heidegger, *Nietzsche*, David Farrell Krell 옮김 (San Francisco: Harper, 1991), vol. 1, p. 101.
30) Nietzsche, no. 811, p. 421 and no. 818, p. 433 (I have slightly altered the translation).

일상적인 것보다는 다른 개방성에 있어서, 공개된 장소의 문을 여는 것이다."[31] 그리고 예술 작품 속에서의 존재들은 은신처 밖으로 불려 나왔기 때문에, "이들이 다시는 예전같이 될 수 없을 것이기 때문이다."[32] 다시 말하면 당신은 당신이 친숙하거나 혹은 그렇지 않은 세상을 노출시키려는 그것의 능력을 통해서 예술 작업을 인식한다. 대부분의 업무는 단지 일상적인 체험일 뿐이다. 사람들은 해야 할 일을 할 뿐이다. 남자가 여자를 만나듯이 말이다. 도시는 항상 바쁘고, 밤과 낮은 계속 되며, 일상이 반복된다. 하지만 이렇게 평범해 보이는 일상의 모든 것도 착각일 수 있다. 평범해 보이는 일상 속에 어두움, 공포, 생각지도 못했던 일들이 발생하는 영화 〈블루 벨벳〉(David Lynch, 1986)을 생각해 보라. 요약하자면, 예술 작품은 새로운 세상을 보여 주는 것이다. 예술 작품들은 우리가 생각하지 못했던 현실의 양상을 보여준다. 이미 잘 알고 있는 것을 다시 보여 주는 주류 예술 상품과는 달리 (공상 과학 영화도 포함해서), 예술 작품은 만약 우리가 원한다면 이상적인 부분 등의 다른 영역의 경험도 불러일으킨다. 사람들의 끊임없이 계속되는 구체적인 경험을 열기 위해서, 예술 작품이 그들의 침묵 밖의 경험을 흔들 수 있다고 가다머는 지적했다. 왜냐하면 "현존하는 사회는 사람들의 정신과 의식뿐만이 아니라 감각마저도 재연…"하기 때문에, 마르쿠제Marcuse는 "믿음도 없고, 이론도 없고, 이유도 없는 것이 이 감옥을 부수고, 고정되지 않고, 개인의 '경직된' 감각이 완화되며, 새로운 차원의 역사를 열 수 있다…."[33]고 우리를 상기시킨다. 이는 개개인에 의해서 유지되고 있는 신뢰체계에서 급격하게 변화하는 세상을 예술 작품에서 관객이 감각적으로 목격하는 것을 의미한다.

---

31) Heidegger, "The Origin of the Work of Art," p. 184.

32) Heidegger, "The Origin of the Work of Art," p. 181 (I have altered the translation).

33) Herbert Marcuse, *Counterrevolution and Revolt* (Boston: Beacon, 1972), pp. 71-72.

행동의 전체적인 과정에 대해서 살펴보자. 프랑스 화가 폴 세잔Paul Cézanne이 파악하기 어려운 모양의 생트 빅투아르 산을 계속해서 그리고 있다고 상상해 보자. 그 풍경들은 계속 그대로 남아 있었지만 그는 오랜 시간 동안 꾸준히 그것을 응시했다. 그리고 마침내 세잔은 무언가를 이해할 수 있었고, 그의 캔버스에서 특이한 형태가 포착되기 시작했다. 그가 자신의 그림을 통해 표현한 것은 울퉁불퉁한 바위산을 모방으로 재연해 낸 것이 아니라 그 산 자체에 대한 호기심이었다. 과연 저 산은 무엇일까? 나는 왜 저 산에 매력을 느끼는 것일까? 나는 왜 저 산을 그릴 수 없는 것일까? 왜 나는 계속해서 저 산을 그리는데 실패하는 것일까? 그리하여 세잔의 작품들은 우리 눈에 보이는 사물 그 자체는 아무리 최선의 노력을 다해도 그려낼 수 없는 것이 있다는 사실을 상기시켰다. 세잔의 인식에서 비롯된 가치 있는 업적 중 하나는 우리가 사는 세상은 결국 우리가 포착할 수 없다는 것이다. 하지만 이 세상이 너무 멀리 있다는 것은 아니다. 따라서 우리는 이런 관점을 잘 전달한 앙리 베르그송Henri Bergson의 관념으로 돌아가야만 한다. "미술 작품은 예술가의 작업 과정의 영향을 받아 변화한다."[34] 여기서 말하는 '작품'은 완성된 미술 작품만이 아니라 창작에 의한 노동의 의미도 포함된다. 다시 말하면 세상에 대한 저항이 크면 클수록 예술가들의 변화도 더 확장된다고 할 수 있다. 만약 하이젠베르크Wegner Heisenberg가 말한 물리학자가 자신의 실험 대상을 항상 바꾸는 것이 옳다면, 이와 반대되는 논쟁도 사실이어야만 한다. 그가 하는 실험은 그것의 영향으로부터 벗어날 수 없다. 타협을 이루기 위해, 세상은 더욱 활발하게 작용하고 예술가들은 그 결과에 따라 모양을 고치게 된다. 따라서 예술가들은 결국에 전혀 다른 사람이 되어 버린다.

비록 작품이 완성되었다 할지라도 그 작품은 주변 환경과 그 작품이 태어난 시기로부터 단절되어 있다. 사실 오늘날 우리가 세잔의 전시회에 가면,

---

34) Henri Bergson, *L' Evolution créatrice* (Paris: Felix Alcan, 1908), p. 7 (저자 번역).

실제의 생트 빅투아르 산도 폴 세잔 자신도 볼 수 없다. 하지만 지난 세기부터 지금까지 미술계에 커다란 영향을 준 그의 작품들은 예술가의 고뇌를 상기시킨다.[35] 새로운 형태의 그의 미술 작품은 마치 작가의 고뇌를 구체화시켜 보여 주는 듯하다. 이 형태들(시/언어)은 우리에게 친숙한 다른 장면들과 같은 세계를 불러일으키지만, 그 광경 자체는 우리가 보는 것이 무엇이든 궁극적으로 우리의 흠을 찾아 헐뜯는 것으로 목격되기 때문에 우리를 불안하게 한다. 그것은 사물들에 대한 우리의 빈약한 이해력을 깨닫게 만든다.

예술 작품의 양상과 이를 본 관람객들에게 미치는 영향을 이끌어 내기 위해서는, 하이데거가 말한 반 고흐가 그린 신발 그림을 예로 들어주는 것이 가장 효과적일 것이다. 그가 그린 것은 낡고 초라했으며, 신발끈은 풀어져 바닥에 닿아 있는 한 켤레의 신발을 가까이서 묘사한 그림이다. 이 작품에서는 낡은 신발을 제외하곤 그림에서 볼 수 있는 것이라곤 아무것도 없었다. 하이데거는 왜 이 그림이 보는 사람으로 하여금 감동을 받게 하는지에 대해서 스스로에게 질문을 하였다. 신발은 우리가 매일 볼 수 있는 흔한 것인데 누가 신발에 관심을 기울일까? 하이데거는 그림 속의 신발이 농사짓는 여성의 것이라고 생각했다. 하지만 다른 사람들은 그림 속 신발을 화가 자신의 것이라고 생각했다. 그리고 최근에는 이 그림에 대해 추상적으로 생각하기보다는 하나의 신발 그림으로 보는 경향도 있다.[36] 이런 견해에 대해서는 논란의 여지가 있긴 하지만, 무엇이 작가에게 그 신발을 캔버스에 그리도록 영감을 주었는지는 더 이상 중요치 않았다. 화가는 그 신발을 자신의 기억을 토대로 그렸을 수도 있고, 아니면 그리면서 만들어 갔을 수도 있다. 이제 주목하는 것은 그 신발이 무엇으로 만들어졌냐는 것이다. 이러한 (일련의) 창

---

35) Heidegger를 위해, 이러한 보존된 힘은 시간에 묶여 있다. 예술 작품의 세계는 새로운 세대에게 말해지는 것이 중단될 때, 그것은 박물관의 예술이 된다.

36) 이 주제에 대한 탁월한 논의를 보려면, *The Reach of mind: Essays in Memort of Kurt Goldstein*, ed., Marianne L. Simmel 편집 (New York: Springer, 1968)에 있는 Meyer Schapiro, '개인적 대상으로서의 정물화—Heidegger와 Van Gogh에 대한 주석', Jacques Derrida 저, *The Truth in Painting*, Geoff Bennington and Ian Mcleod 역 (Chicago: Univ. of Chicago Press, 1987), pp. 255-382를 참조.

작 과정을 통한 결과가 무엇이든 이제 관객들에게는 하나의 예술 작품으로 받아들여진다는 것이다.

하이데거의 핵심 주장은 예술 작품은 '세계'와 '대지'의 투쟁을 만든다는 것이다. 이 둘은 동시에 존재한다. 우선 '세계'를 살펴보자. 고흐 그림에서 보여 주는 여성의 신발은 '관객들에게 익숙한, 바닥에 세워진 모습…'37을 보여준다. 오늘날 회화 작품들은 다양한 사물들과 함께 구성되며, 다른 사물과 조화를 이루기 위해 많은 노력을 필요로 한다. 비록 우리는 최종 작품의 결과물을 보고 작품을 해석하긴 하지만, 그렇다고 그것이 하이데거가 언급한 '세계'가 되는 것은 아니다. 예를 들면, 반 고흐보다는 유명하지 않은 시각화에 대한 교육을 받은 19세기 프랑스 화가인 장 피에르 앙띠냐Jean-Pierre Antigna가 같은 화재로 그림을 그렸다고 가정해 보자. 그는 시각을 확대하여 신발과 배경을 함께 그렸을 것이다. 그림을 보면, 신발은 침실 바닥에 가지런히 놓여 있을 것이고, 몸가짐은 단정하고 성격은 다정할 것이다. 19세기 부르주아들은 이 그림을 보고 감동을 받았을 것이며, 그림 속 가난한 주인공에 대해 동정의 말을 표명했을 것이다[오늘날의 영화 〈귀여운 여인〉(Gary Marshall, 1990)'을 생각해 보라]. 요약하자면, 이 그림은 그 당시에 유행했던 상상력의 전형이라고 할 수 있을 것이다. 아마도 주인공 소녀는 미술관에서 자주 볼 수 있는 소녀의 모습을 띠고 있을 것이며, 그림 속에 표현된 방도 다른 그림에서 보았음직한 모양일 것이며, 세부 묘사 또한 미술관이나 살롱에서 보아온 익숙한 표현들로 채워 있을 것이다. 이런 구성에 대해 독일의 철학자는 이런 장면들을 '가장하기'라고 명했다. "어떤 것이 비슷하게 제시되더라도 그것이 스스로 무엇이라고 자칭하든 사실적이지는 않다."38 우리가 보는 것은 모방된 것이다. 이런 그림은 절대로 그 실제에 도달할 수 없을

---

37) 이 부분은 Heidegger의 "The Origin of the Work of Art," p. 145에 앞서 David Farrell Krell'의 에세이에서 인용.

38) Martin Heidegger, *Being and Time*, John Macquarrie and Edward Robinson 옮김 (San Francisco: Harper, 1962), p. 51.

것이다. 이와는 대조적으로, '세계'는 예술 작품이 역사적인 특정 순간을 모으고 보여줄 때 나타난다.[39] 어떤 역사적 순간이 일어날 때, "모든 것은 느림과 빠름, 원거리와 근거리, 넓음과 제한을 얻는다."[40] 하이데거는 예술 작품의 우선적인 역할은 사람들에게 연결관이나 탯줄과 같은 역할을 제공하는 것이라고 했다. 그 연결관은 판테온처럼 거대할 필요는 없다. 작은 크기로도 충분하다. 따라서 하이데거가 예로 든 반 고흐의 신발 그림은 우리가 일상생활을 살면서 기능적으로 사용하고 있긴 하지만 특별한 관심은 두지 않는 것을 의미한다. 이 신발은 우리에게 꼭 필요한 것을 제공한다. 왜냐하면 그 신발의 존재는 다른 실제가 모일 수 있는 마디가 되었기 때문이다.

> 낡은 신발의 안쪽 어두운 틈새로부터 노동을 하는 발걸음의 힘겨움이 굳어 있다. 신발의 무게 속에는, 거친 바람이 부는 가운데 쭉 뻗어 있는 밭고랑 사이를 통과해 나아가는 느릿느릿한 걸음걸이의 끈질김이 채워져 있다. 가죽 표면에는 땅의 축축함과 풍족함이 묻어 있다. 해가 저물어감에 따라 들길의 정적감이 신발 밑창 아래로 밟혀 들어간다. 대지의 침묵하는 부름, 무르익은 곡식을 대지가 조용히 선사함 그리고 겨울 들판의 황량한 휴경지에서의 대지의 설명할 수 없는 거절이 신발 도구 속에서 울리고 있다. 빵을 안전하게 확보하는 데 대한 불평 없는 근심, 궁핍을 다시 넘어선 데 대한 말 없는 기쁨, 출산이 임박함에 따른 초조함, 그리고 죽음의 위협 속에서의 전율이 이러한 신발 도구를 통해 스며들어 있다. 대지에 이러한 도구가 귀속되어 있고 농촌 아낙네의 세계 안에 이 도구가 보호되어 있다.[41]

이는 그림 속 신발이 완전히 사실적이라서, 그것들이 일반화되거나 혹은 짧은 스케치로 다시 그릴 수 없기 때문이다. 신발은 다른 실제들이 자신을 알아갈 수 있게 해 주는 플랫폼이 되었다. 대지와 바람과 하늘은 다른 곳에서가 아닌 신발의 여주인과 우리의 공통점 속에서 의미를 나타낸다. 이제 이 신발은 스스로 의미를 가지고 있다.

하지만 이런 신발의 고립은 우리를 괴롭히기도 한다. 신발의 여주인공이

39) *Being and Time*, pp. 51-55 참조.
40) Heidegger, "The Origin of the Work of Art," p. 170.
41) Heidegger, "The Origin of the Work of Art," p. 163.

최근에 죽었다면? 그렇다면 그 신발은 이제 주인을 잃은 것일까? 이제 누구의 소유도 아니고, 신발 그 자체인 것일 것인가? 세계의 어느 한 장소에 남겨진 신발은 갑자기 불안해진 것은 아닐까? 신발의 실용적인 측면이 떠오른다. 신발이 우리를 향해 소리 없이 다가온다. 이는 물론 우리를 섬뜩하게 할 것이다. 잠시 후 우리는 소리치고 싶은 것이다. 바로 이것이 하이데거가 언급한 '대지'이다. 대지는 절대로 그림이 가진 '세상'을 포함할 수 없다. 이는 구원 없는 삶이고 의미 없는 삶이다. 더 나쁜 것은, '대지'는 우리에게 죽음을 떠민다. 왜냐하면 그려진 신발은 우리 곁을 떠난 사랑하는 사람의 진짜 신발을 기억나게 하기 때문이다. 그들은 신발뿐 아니라 우리도 언젠가는 사라질 것이라고 예견한다. 우리의 유한성이 그려짐에 따라 그 회화는 또한 한때 우리처럼 살았던 다른 사람들을 생각나게 할 것이며, 우리도 후손에 의해 대체될 것이다. 사람들과 환경의 변화를 '대지'는 지속한다. 어떤 것도 존재의 모든 가능성들을 실현할 수 없다.[42] 때문에 '대지'는 다른 말로 하면, '세상'이 되고 싶었지만 될 수 없었던 모든 것이다.

하이데거가 예술을 보는 관점은 확실히 자유롭다. 그는 관객들로 하여금 그림에 대한 전문지식을 확장하는 대신, 관객들 자신의 유한성을 기억하게 해 주었다. 그 효과는 즉각적이고 격렬하게 나타났다. '예술의 근접성에 대해' 하이데거는 "우리는 갑자기 우리가 익숙한 곳보다는 다른 곳에 있다…."[43]고 되풀이 한다. 예술 작품은 실존하는 공포로부터 우리를 보호하는 문화의 외관에 의해서 벗겨진다. 잠시 동안 관객들에게, 다시 사라질 '세계'의 회화에서 무엇인가가 떠오른다. 예술 작품은 누군가가 그 작품에 대해 새로운 재평가를 부여할 때 영광스러운 짧은 순간을 경험하게 해 준다.

요약하자면 예술가들은 우선 세상을 위해 일하고 숨 쉬며, 다른 재료를 받아들인다. 그런 후에 예술가는 자신의 내면적 감수성에 의해 특이하고 변

---

42) 나는 *Heidegger on Art and Art Works* (Dordrecht: Martinus Nijhoff, 1985), p. 152를 Joseph J. Kockelmans로 의역하였음.

43) Heidegger, "The Origin of the Work of Art," p. 164.

형되며, 재구성된 새로운 형태의 작품을 창조해 낸다. 변형이 일어난 것이다. 예술가는 흥분한다. 예술 작품은 관객들에게 그 동안 보지 못했던 새로움을 발산한다. 실제 '세계'의 충만함은 '대지' 밖으로 나오고, '대지'는 이미 있었던 것과 앞으로 생겨날 모든 것을 담을 수 있는 저장고가 된다. 이와 동시에 특정적이거나 보편적으로 재현된 사물의 불확실한 구성은 새로운 우려를 불러온다. 어느 면으로 보든 이것이 문화의 모든 것이다. 모든 과정을 통하여 예술은 이식되고, 교화되며, 수확된다. 그것의 파생적 결과는 지탱하는 동안 우리에게 충만함은 지속될 수 없고 그 주기는 재빨리 다시 시작할 것임을 상기시켜 주는 수확물이다. 현세의 가장 깊은 곳에 존재하는 예술가의 테크네techñe는 저항의 유산이며, 관객들의 의지와 힘을 일깨워 주고, 사람들의 모든 욕구가 포함되어 있으며, 모든 창조물을 지배하는 것이 예술 작품이지만, 예술 작품은 자기기만에 빠져 있다.

7
....

나는 이제 관점을 영화로 옮겨가서 예술 작품이 어떻게 그러한 매체의 전문성 속에서 작용하는지 알아보기로 하겠다. 동시에 똑같은 논쟁을 반복하기보다는, 나는 좀 더 범위를 넓혀 사례들을 중심으로 논의해 보도록 하겠다. 마야 데렌Maya Deren의 작품인 〈변형 시간의 의례Ritual in Transfigured Time〉(1946)의 장면부터 시작해 보자. 이 단편 영화의 중반부에 가면, 주인공이 사람들로 가득 찬 살롱에 들어선다. 그 장소는 특별한 게 없어 보이고 함께하는 사람들도 그렇다. 게스트들은 파티를 즐기고 있다. 하지만 우리는 이 영화가 평범하지 않다는 사실을 곧 발견하게 된다. 바로 이 영화는 파티 장소라는 설정에 맞지 않게, 소리가 나지 않는 무성영화라는 점이다. 데렌 감독은 배우들의 움직임, 그곳에서 강조되는 제스처, 그리고 배우들이 머리를 어느 쪽으로 돌릴 것인지 등을 신중하게 안무했다. 그녀는 마치 다른 파티 참석자들이 서로를 향해 팔을 뻗는 것처럼 자신의 팔들을 들어올렸다. 그리고 따뜻하게 포옹한 뒤 바로 자리를 뜬다. 파티 장소에 있는 남성과 여성은 몸짓으로

서로를 유혹한다. 그리고 춤을 추기 시작하면 새로운 등장인물이 보인다. 이 장면을 통해 카메라는 특정 인물들을 따라가면서 몇 초 동안 멈춰서 고정된 이지미를 보여준다. 파티의 외형성을 강조하기 위해서, 감독은 파티 장소에서 벌어지는 피상적인 인간관계를 보여 주고, 바로 이런 진정성이 없는 모습으로 인해 결국 파티는 엉망이 된다. 그녀의 영화 속에서 파티는 사람들이 자신을 위장한 채 서로를 유혹하는 거짓 공간이 된다. 어떤가? 사실 이런 이야기는 그다지 특별한 내용은 아니다. 우리는 얼마나 자주 영화 속 등장인물이 드나들던 현학적이고 시시껄렁한 행사장이나 저녁 파티 장소를 따라갔던가? 사실 우리들은 그 동안 그런 영화 속 주인공들을 보면서 우월감을 느꼈지만(우리는 보이는 것으로만 영화 속 캐릭터들을 평가해 왔다), 이 영화의 감독은 우리가 그런 가식적인 등장인물들과 다르지 않다는 것을 보여준다. 영화 속에서 보이는 행동은 우리의 모습, 특징, 그리고 우리가 흥미로워하는 모습들을 묘사한 것이다. 이런 허위적인 모습과 행동들을, 내가 앙띠냐를 귀착시킨 것들과는 달리, 마야 데렌 감독은 파티를 철저히 해부하여 그 허위성과 거짓을 보여 주었다. 그렇게 함으로써 감독은 우리들에게 자신과 타인과의 관계, 그리고 우리 자신을 잃어 버리는 그 순간을 통해, 관객들이 얼마나 많은 시간을 퇴락verfallen한 상태로 흘러 보내는지를 생각하게 해 주었다.44 마야 데렌 감독의 미학적으로 아름다운 이러한 영상은 관객들에게 마치 찌그러진 거울 속에서 살고 있는 우리를 교화시켰다. 그리고 우리는 그 뒤틀린 모습 속에 무언가가 결여되었다는 것을 깨닫게 된다. '세계'는 부재중이다.

다음으로 〈두 남자와 옷장Two Men and a Wardrobe〉(Roman Polanski, 1958)을 살펴보자. 내가 이 영화를 선택한 데는 몇 가지 이유가 있다. 첫째, 이 작품은 폴란드의 로찌 영화학교에서 학생들이 제작한 영화로 아주 젊은 시절의 로만 폴란스키Roman Polanski 감독의 작품이다. (감독 자신이 이 영화에 직

---

44) Heidegger, *Being and Time*, pp. 219-24 참조.

접 출연하는데 그의 유년시절 모습은 잘 생긴 편은 아니다.) 둘째, 이 영화는 소리가 없었고, 흑백 영화에, 오늘날 많은 학생들에게 주어지는 비싸고 좋은 카메라를 사용하지 않았다. 셋째, 이 15분짜리 단편 영화를 제작하는 데 오늘날 화폐 가치로 1천 달러도 들지 않았다. 나는 그 동안 이 영화를 몇 년 동안 여러 번 보아 왔지만, 이 작품에 대한 내 생각은 변함이 없다. 이 작품은 대단히 견고하며, 완벽한 걸작이자 하나의 예술 작품이다.

이 영화의 시작은 두 남자가 바다에서 낡은 옷장을 끌고 오면서 시작된다. 육지에 올라선 이들은 곧이어 도시를 향해 출발한다. 하지만 도시 사람들은 이들을 쫓아낸다. 왜냐하면 두 남자의 거추장스러운 옷장 때문인데, 그들은 이것을 전철 안, 식당, 호텔 등 모든 곳에 가지고 다녔기 때문이다. 동정심이 있는 한 소녀도 그 옷장 때문에 그들이 들어오는 것을 거절했다. 이후 옷장의 거울을 통해 불량배 중 한 명이 그 소녀를 덮치려는 것을 주의 깊게 보다가 이 두 남자는 그 불량배들에 의해 두들겨 맞는다. 어두운 기조가 도시의 허위 뒤로 흐른다. 대낮에 한 남자가 다른 사람을 껴안고선 그의 주머니를 턴다. 이후 방향 감각을 완전히 상실한 술주정뱅이는 계단을 오르내린다. 그리고 결국 한 남자는 얼굴이 돌멩이로 가격되어 살해된다. 결국 추방된 두 남자는 여전히 계속해서 옷장을 끌고 다니다가 결국엔 해변으로 다시 돌아가게 된다. 모래 언덕을 지나다가, 이들은 모래로 만들어진 들통 모양의 모래더미patés de sable를 뒤집어쓴 소년을 만난다. 신발도 없이 모래 위를 걷는 두 남자는 바다로 돌아가게 되고 빠르게 파도 속으로 사라져 버린다.

엄밀하게 말하자면 사실 이 영화는 대단히 단순하다. 대부분의 쇼트들은 직접적이며 눈높이에 맞춰서 촬영되었으며 표준 렌즈만 사용했다. 그리고 대부분의 장면들은 화면 정중앙에 위치했으며, 카메라의 움직임 없이 고정으로 촬영했다. 빛과 반사를 제외하곤 빛의 노출은 평범했으며, 편집 기법도 단순했다. 그리고 사운드는 최소한만 사용되었다. 몇 개의 효과음과 재즈 배경음악이 있었지만, 대사나 내레이션은 없었다. 이 영화는 전체적으로 흥미를 끌 만한 요소가 전혀 없었다. 오늘날 화려한 테크닉과 스타일을 표현해야 한다고 생각하는 학생 영화 제작가들과는 반대로, 폴란스키는 테크닉을 최소한으로 이용하였다. 하지만 그런 최소한의 사용은 피지스physis와 테크네에 집중하게 해 주었다. 하이데거에 따르면 그리스어인 피지스는 영어 의미인 자연을 지칭하지 않는다고 주장한다. 이는 오히려 그 개념은 '결코 강제되지 않는 스스로의 힘으로 번성하는 것, 스스로 되돌아가고 사라지는 것'45을 표현한다. 바로 이것이 우리가 영화에서 본 것이다. 바다, 모래 언덕, 거리, 집, 공원, 사람들은 그곳에 있었다. 보이는 모든 것은 호머식의 명쾌함이라 부를 수 있을 것이다. 장소, 사건, 그리고 등장인물들은 믿을 수 없이 평범했다. '세계'를 표현하는 반 고흐의 신발과는 달리, 영화 속의 아모르와 기타 주인공들은 미학의 발생 이전 그리스인들의 방식으로 제기되는 것으로 보인다.46 테크네는 기술과 어느 정도 연관이 있다(예를 들어, 컴퓨터 그래픽으로 화면을 변화시키는 모핑 기법은 몇 해 전 유행했었다). 테크네는 인간의 능력인 피지스를 대신하는 것을 의미한다. 그러므로 테크네는 지식의 한 형태 '밖으로 드러난 것들, 이를테면 지식을 의미한다.' 안다는 것은 '즉각적인 일상의 경험'47을 대신한다. 따라서 테크네는 존재하는 모든 것을 드러내게 하는 가운데 세상을 바라보는 관점이라고 할 수 있다. 비록 피지스가 급증하긴 하지만, 예술가들이 '무엇이 이미 실재에 도달하였는지'48 허용한다면, 혼란은 최소한으로 나타날 것이다. 사실 〈두 남자와 옷장〉은 '세상'을 가감 없이 있는 그대로 보여준다. 우리가 살고 있는 평범한 '세상'은 우리가 보지 못했던 분명한 증거를 가지고 나타난다. 하지만 오래지 않아, 우리가 잊고 있었던 중요한 것이 떠오른다. 폴란스키 감독은 관객들에게 예전에는 줄곧 존재했지만 이제 더 이상 볼 수 없는 것을 주었다. 어느 면으로 보든 이 영

45) Heidegger, *Nietzsche*, vol. 1, p. 81.
46) 세상의 원리를 비교하기 위해, 나는 Robert Bernasconi의 *Heidegger in Question: The Art of Existing* (Atlantic Heights, N. J.: Humanities Press Int., 1993), p. 113. On the birth of aesthetics, Heidegger, *Nietzsche*, vol. 1, pp. 77-91를 참조.
47) Heidegger, *Nietzsche*, vol. 1, p. 82.
48) Heidegger, *Nietzsche*, vol. 1, p. 82.

화는 성공적이었다. 왜냐하면 이 영화는 초기의 간결한 모습을 조화시키는 그 형태를 보존하고 있기 때문이다.

하지만 이 영화가 진정으로 말하고자 하는 것은 무엇인가? 확실하건대, 그들이 가지고 다녔던 옷장은 오랜 시간 바다를 항해하다가 도시에 정착한 그들이 가지고 있던 전통을 반영한다고 할 수 있을 것이다. 상징적으로 그 옷장은 관습과 도덕관이라 할 수 있으며, 사람들이 다른 전통들을 가진 사람들을 만났을 때 그들을 외부인으로 만드는 특성이다. 좀 더 일반적으로 말하자면, 이는 인종과 성적인 취향 (두 남자가 함께 춤을 추는 것) 등의 논쟁점들을 의미한다고 할 수도 있다. 이런 차별이나 편견에 대해 이야기한다는 것이 이 영화의 위대한 능력이라 할 수 있다. 하지만 어떻게 이 영화는 그런 호소력을 발산할 수 있었을까? 하이데거에 따르면, '진실'은 "절대 손에 있는 평범한 것으로부터 잡을 수 없다."[49]고 했다. 이 철학자가 말하는 바는 바로 사람들은 익숙한 것에는 거의 관심을 두지 않는다는 것이다. 우리의 일상 행동과 물질적인 것들은 매일의 노동으로 사라진다. 그리고 결국 보이지 않게 된다. 만약 그 남자들이 예를 들어 보따리나 옷가방 혹은 큰 가방을 들고 공항이나 기차역에 도착했더라면, 아무런 사건도 일어나지 않았을 것이다. 하지만 우리들은 일상생활에서 벗어나는 방법을 알지 못한다. 영화 속 주인공 남성들이 바다에서부터 계속해서 함께 가지고 다닌 옷장의 설정으로, 폴란스키 감독은 일상적인 상황들로부터 벗어났다. 이런 선택은 결국 우리를 영화가 내포한 주된 테마에 관심을 갖도록 해 주었다. 다시 말하면 영화가 일상적인 상황을 시적인 메타포로 변형시켰기 때문에, 모든 에피스드들은 그 후에 빛나는 새로운 풍경들로 보일 수 있었고 인식될 수 있었다.

마야 데렌의 영화처럼 특이한 관점을 가진 영화는 그 동안 우리가 편안하게 보아온 영화와는 다른 불편함을 준다. 우리들은 모든 사람들과는 다른 두 남자를 보고 싶어 하지 않는다. 하지만 사실 우리는 외부의 어떠한 위험으로

---

49) Heidegger, "The Origin of the Work of Art," p.183.

부터 우리의 세상을 항상 보호해 주는 것만 보는 문화적 장님임을 인정하지 않았다. 이제 평형 상태는 역전되었다. 그 영화 속의 '세계'는 우리를 유심히 관찰하게 했으며 영화에 대해 생각하게 만들었다. 우리가 사는 세상이 관찰의 대상이 되어감에 따라, 우리는 너무도 잘 적응해서 살고 있는 이 사회가 결국 어두운 면을 가지고 있고, 바다에서 이주한 순수한 이방인들보다는 일상생활 속에서 좀 더 영화 속의 폭력배들처럼 행동하고 있다는 걸 인식하게 된다. 이 영화는 우리의 세상 속으로 '말할 수 없는 그런 것들을' 가지고 온다.[50]

그 영화는 어려운 환경 속에서 제작되었다. 폴란스키가 영화를 찍었던 50년대 후반의 폴란드는 세잔의 생트 빅투아르 산보다 더욱 혼란스러운 모습이었다. 폴란드의 공산화는 소비에트 연합에 의해 더욱 강화되었으며, 제2차 세계대전 이후 폴란드의 경제, 사회, 정치는 칼 마르크스와 앵겔스보다는 공산당의 독점적인 지배와 더욱 관계가 깊었다. 표면적으로 모든 제품은 공동의 소유이며, 일상의 모든 양상은 노동자의 이름으로 취급되었고, 계급 간의 갈등은 지나간 일처럼 보였다. 모든 사람은 직업을 가졌고, 국가는 당신과 당신의 가족을 돌봐줄 거라고 했다. 하지만 공산당은 마치 거만한 새로운 엘리트 계급처럼 기능했고, 관료들은 개인 기업들의 목을 졸랐으며, 발언의 자유는 더 이상 존재하지 않았다. 특히 장밋빛 이상주의와 노동자들이 살고 있는 칙칙한 현실과의 괴리를 언급하는 것은 생각할 수도 없는 일이었다. 예를 들면, 체슬라브 밀로즈Czeslaw Milosz의 가장 독창적인 저서인 『사로잡힌 영혼』[51]처럼 말이다. 이런 상황에서의 저항을 당신은 어떻게 생각하는가? 도덕적 확신이 결여된 세상에서 당신은 어떻게 진실을 말할 것인가? 그도 아니면, 말하지 못하는 것이 무엇인지를 어떻게 확신할 수 있겠는가? 그 결과 대부분의 폴란드 감독들은 그 당시 일어나는 상황을 독창적이고 재치 있게 표현하는

---

50) Heidegger, "The Origin of the Work of Art," p. 185.
51) Czeslaw Milosz, *The Captive Mind*, Jane Zielonko 옮김 (New York: Vintage International, 1990).

방법을 찾아야만 했다. 마침내 안제이 바이다Andrzej Wajda 감독은 〈재와 다이아몬드Ashes and Diamonds〉(1958)로, 크르지스토프 자누시Krzysztof Zanussi 감독은 〈위장Camouflage〉(1977)으로, 크르지스토프 키에슬로프스키Krzysztof Kieslowski 감독은 〈아마추어Camera Buff〉(1979)로, 그리고 아그네츠카 홀란드Agnieszka Holland 감독은 〈피버Fever〉(1981)를 통해 폴란드의 상황을 보여 주었다.

위의 영화들과 비교해 보아도 폴란스키의 영화가 가장 대담하게 당시 상황을 표현했다고 할 수 있다. 한편으로 보면, 이 영화는 궁지에 몰린 권위를 지키려는 메타포로 볼 수 있다. 하지만 어떻게 누구도 영화 속의 두 남자가 당시 1956년 폴란드 정부에 대항하는 노동자들의 모습이라는 것으로 주장하지 않을 수 있었을까? 하지만 꼭 그런 뜻만을 가진 것은 아니다. 옷장은 그저 옷장일 뿐 자유가 아니기 때문이다. 하지만 다른 면으로는 이 영화 속에서 보여지는 것은 실제로는 '말할 수 없는 것'을 표현한다는 것을 영화를 보는 관객은 누구나 알 수 있을 것이다. 이미지나 (언어)를 계속해서 찾아내서 관객들로 하여금 자신의 상황을 직면하게 하고 무슨 일이 일어나는지를 묻게 하는 것이 바로 예술가의 역할이다. 〈두 남자와 옷장〉은 억압된 현실 속에서 당시의 상황과 가치의 회복을 보여준 작품이다. 문화를 억압했던 가운데에서 이와 같은 작품의 탄생은 기적이다. 마르쿠제는 다음과 같이 언급했다.

> 소설은 그것들의 이름과 지배의 붕괴에 의해서 사실을 불러낸다. 소설은 일상의 경험을 파괴하고 그 경험이 절단되고 허위라는 것을 보여준다. 그러나 예술은 부정의 힘으로서만 이 마법의 힘을 갖는다. 예술은 확립된 질서를 거부하고 반박하는 이미지들이 살아 있는 한에서만 그것이 가진 자신의 언어로 말할 수 있다.[52]

폴란스키는 이러한 강렬한 이미지들을 발견했다. 이런 영상은 사람들에게 그들의 삶을 다시 찾아 주는 것뿐만 아니라 그들 스스로를 변화시킬 수 있는 기회도 주었다. 이 영화를 통해서 폴란스키는 예술이 그 동안 배제시켰던 정치적 영역도 끌어들였다. 두 방랑자에 의해 발견되는 '세상'은 일상의 선전

---

52) Marcuse, *One-Dimensional Man*, p. 62.

에 의해서 설명되는 인간유대와는 전혀 다른 타락되고 위선적인 것으로 보인다. '대지'는 영화의 후반부에 (아무것도 보이지 않는 바다) 하나의 정치 제도가 다른 것들을 대신해도 괜찮을 거라는 우리의 생각에 의문을 심어주었다. 물론 민주주의가 만병통치약은 아니다. 한때 막강한 힘을 가졌던 공산주의에 대해 실망을 한 사람들을 생각해 보라. 최선의 계획과 최악의 기대는 우리가 할 수 있는 모든 것이다.

오늘날 40살 먹은 학생이 계몽적인 명쾌함으로 우리 사회를 바라보고 유사한 탐험을 계속해 나아가자고 우리에게 부탁한다. 이런 겸손의 말은 돌비 사운드를 사용하여 35mm 영화에 5만 달러의 예산을 쓰는 학생들을 부끄럽게 한다. 그들이 만든 영화들은 할리우드 영화를 표방하는 영화로 제작될 뿐이다. 그렇게 해서 영화 학교 학생들은 상업 영화로 다가가기 전에 자신의 고결성과 타협을 한다. 하지만 그들은 정말 이런 것을 원하는 것일까? 1780년대에 프랑스에는 궁정 요리사가 되고 싶어 하는 연습생들이 많았다. 그들은 편하게 살게 해 준 마리 앙투아네트Marie-Antonette에게 몹시 고마워했다. 하지만 요리사들이 맛있는 크림과 달콤한 먹거리를 만드느라 바쁜 사이 프랑스의 식량은 점점 줄어들었다. 이와 대조적으로 젊은 폴란스키 감독과 그의 작품은 예술가들에게 대안이 없다는 것을 확실히 보여 주었다. 사실 이 논쟁에 타협하는 것은 창작을 무력하게 만들고 우리의 영혼을 질식시킨다. 장 폴 사르트르Jean-Paul Sartre는 정체성은 결정된 것이 아니라, 우리 자신이 누구인지 알고 세상을 살아가면서 형성된다고 했다. 특정 상황과 관계를 맺고, 저 길이 아닌 이 길을 선택하는 이유는, 우리가 다른 이들과 구별되는 자기 자신으로 태어났고, 우리가 저 사람보다는 이 사람으로 되기 때문이다. 결국 우리는 스스로 자유롭거나 혹은 스스로 '나쁜 운명'에 빠지기도 한다.[53] 어떤 운명의 사람이 되고 싶은지는 우리의 선택에 달려 있다.

---

53) bad faith는 Hazel E. Barnes가 번역한 Jean-Paul Sartre, *Being and Nothingness* (New York: Pocket Books, 1956), pt. 1, chap. 2, pp. 86-116를 참조. 또한 *What Is Literature? And Other Essays*, no trans. (Cambridge: Harvard Univ. Press, 1988), p. 66를 참조.

3

영화학교

영화학교

1

학생들은 영화를 만들고 싶어하며, 전문대학이나 4년제 대학에서 영화교육을 받는 것이 꿈을 이루는데 가장 효과적인 방법이라고 믿고서 영화학교에 들어간다. 그 대부분의 학생들이 경제 무대에서 꿈을 실현하지 못하는 것은 영화가 고정된 학문분야와 동떨어져 있는 데다가 영화 만들기는 경제 영역과 마찬가지로 문화의 현장이기 때문이다. 또한 학생들은 짐 자무쉬Jim Jarmush의 영화와 스티븐 스필버그Steven Spielberg의 영화가 근본적으로 다르다는 것을 막연히 인정하면서도 영화학과가 그런 갈등들을 반영하고, 그 역시 고려할 경쟁 학교들 사이에서도 노력해야 할 분야라는 것을 의심치 않는다. 자크 데리다Jacques Derrida는 이를 아주 명쾌하게 만들고 있다. 그는 주장하길, "가르침이 이루어지는 곳에서는 어디서나 경쟁력, 전복적인 것들과 마찬가지로 우세한 것을 의미하는 영향력이 있다."는 것과 그 결과 "겉으로 드러나지 않을 수 있지만 … 대립과 반박이 있을 수 있다."[1]고 주장한다.

---

1) Jacques Derrida, "Où commence et comment finit un corps enseignant", *Politiques de la philosophie*, ed. Dominiqie Grisoni (Paris: Graaet, 1976), p. 74 (저자 번역).

아주 기본적인 차원에서 보자면 오늘날 영화 교육에서 여전히 갈등을 빚고 있는 관점의 차이는 미국 대학 정신에서 전통적인 인본주의자들과 개혁주의자들의 19세기 방식의 논쟁을 반영하고 있다는 것이다. 당시 자유로운 교육을 지지하던 이들은 교과 과정을 독일식 교육 시스템으로 만들어야 한다고 생각했다. 물론 하나의 모델로서 빌헬름 폰 훔볼트Wilhelm von Humboldt의 베를린대학교의 선택 문제가 없는 것은 아니다. 그것의 근간이 되는 원칙은 행정 엘리트, 즉 새로운 단일민족 국가의 위임 통치를 완수할 수 있는 시민 모델의 특별한 계급을 만드는 데 '문화'를 사용해야 했기 때문이다.2 한정되기는 했지만 독일의 교과과정의 특징은 대서양 지역에서도 나타나고 있다. 제임스 모건 하트James Morgan Hart의 견해에서 결정은 "그것이 학생들에게 과학 원리에서의 깊이 있는 통찰력을 부여하고, 그들이 조심스럽게 생각한 이론으로부터 멀어지듯이 실행을 추론하지 못하게 만듦으로써 간접적인 것이 됨에도 불구하고 실무에 알맞은 인재를 성공적으로 키우려는 시도를 하지 않는다는 것이 문제이다."3 하트는 결론짓기를 "독일의 대학은 오로지 하나의 목적, 말하자면 사상가를 양성하는 것이 목적이다." 그래서 "누구나 무엇을 어디서 공부할 수 있다는 것은 중요한 것이 아니다. … 그것은 그 자체를 이론적인 것으로 만족시키고, 다른 교육기관에 실무적인 것과 기술적인 것을 맡기도록 한다."4 그 당시 학생들은 "교양과목을 통해 실증적 지식의 내용을 배운 것이 아니라 사고의 규범을 배웠다."5 따라서 독일에 등장한 고전적인 교육과정은 좀 더 영역을 확장하기 위한 직접적인 준비로서가 아니라 정신적으로 훈련하는 분야로 구성되어 있었다. 그리스어와 라틴어, 고전문

---

2) Bill Reading, *The University in Ruins* (Cambridge: Harvard Univ. Press, 1996) 참조.

3) James Morgan Hart, *American Higher Education: A Documentary History*, ed. Richard Hofstadter and Wilson Smith (Chicago: Univ. of Chicago Press, 1961), vol. 2, p. 577.

4) James Morgan Hart, *American Higher Education: A Documentary History*, vol. 2, p. 572.

5) Readings, p. 67.

학과 같은 교과들, 특히 학생들의 '정신훈련과 지식'을 증진시키는 데 적합하다고 생각했기 때문에 교육되었다.[6] 특히 그런 지적 구성이 필요했고 이러한 것이 고려되어 단지 이것을 위해 큰 사회적 변혁기에 변화를 통해 사회를 알아볼 필요가 있는 '성직자보다 오히려 신학자, 변호사보다 오히려 법학자'와 같은 일류급의 인물들이 양성될 수 있었다.[7] 그런 논거는 개혁주의자들과 함께 마련되는 것이 아니다. 이를 위해 존 듀이John Dewey는 "인간의 권위를 위해 이런 대립의 세계에서 진리가 무엇인지, 그것은 어떻게 교육될 수 있는지 결정할 필요성이 변하지 않는 영속적인 제일의 진리의 모든 주장에 내재되어 있다."[8]는 것을 곧바로 지적하기에 이르렀다. 달리 말하자면 고대 언어와 고전문학들은 그 자체로 전형적인 규범이 된 것이 아니고, 누군가가 그것을 그렇게 공헌한 것이다. 더 실제적인 차원에서 개혁주의자들은 대학에서 가르치는 주요 교육 과정이 극단적으로 시대 현실과 조화되어 있지 못하다는 것과 연관이 있었다. 사실은 사회의 산업적 변화로 인해 그것은 대학이 과학적 교육 과정과 사회과학, 현대 언어에 대한 연구의 토대를 마련하는 데 대처하고 있는 그런 관점에서 꼭 필요한 것이 되었다. 적어도 그리스어와 라틴어, 고전문학들은 새로운 학문 분야의 장을 마련하는 데 통합되어야 마땅하다. 학생들 역시 선택된 집중 분야에 스스로 몰두할 수 있도록 일찍이 전공이 허용되어야 마땅하다. 찰스 윌리엄 엘리어트Charles William Eliot는 "교육을 잘 받은 18세 젊은이는 스스로 ─ 어떤 젊은이나 가짜 대학생이 아니라 혼자 힘으로 ─ 어떤 대학의 학부보다 더 좋은 학과를 선택할 수 있고 또한 자기 자신과 자기 조상, 이전의 자기 삶을 알지 못하는 어떤 영리한 체 하는 사람도 스스로 선택하는 것이 가능할 수 있다."[9]고 결론지었다.

'선거 시스템'의 지지자들이 승리한 이후 필요한 지식의 부문화가 결과를 생각하지 않을 수 없다는 것이 명백해지게 되었다. 그것을 간단히 생각하면,

6) 1828년 예일 리포트, *American Higher Education*, vol. 1, p. 252.

7) James Morgan Hart, *American Higher Education*, vol. 2, p. 573.

8) John Dewey, *American Higher Education*, vol. 2, p. 952.

9) Charles William Eliot, *American Higher Education*, vol. 2, p. 705.

그 과정은 취업으로부터 대학이 아주 무관한 것으로 위협하고 있는 것이다. 이것은 로버트 M. 허친스Robert M. Hutchins가 '대학의 급유소 개념' 10으로 일컫게 된 것이다. 과정은 이제 학생들이 직접적으로 학교 졸업 후에 더 나은 직업을 얻고, 더 많은 돈을 버는 준비를 할 수 있도록 마련되고 있다.11 허친스와 다른 학자들에게 있어서 적은 분명히 다른 교육 과정으로 귀를 솔깃하게 만들었던 직업 교육의 개념이었다. 지식 자율 선터로서 대학의 아이디어를 포기하게 되면서 그런 프로그램은 사실 직업과의 연계를 강조해서 학생들은 전적으로 산업을 위한 훈련으로 유도한다. 우리는 선택의 여지가 없지만 해리 D. 지디온스Harry D. Gideonse는 반대로 "우리는 자신의 조건으로 현재를 맞아야 한다."12고 피력하였다. 그는 많은 생각을 표명하면서 "실제로 참여하는 데는 특별한 훈련이 요구되는 것이 아니며, 기술자들 밑에서 잠깐 동안의 도제 훈련으로 더 높은 학문의 이론적 성과를 내는 뛰어난 종사자로 만들기에 충분할 것"13이라고 하였다. 현대 사회는 너무 복합적이고 기술적으로 편향되어 있기 때문에 당장 자기 일에 몰두할 것을 요구하고 있다.

당시 몇 년 동안 논쟁은 보편적인 고전 교육의 장점에 대한 논쟁으로부터 오로지 학생에게 주어지는 전문 학위에 초점이 맞춰진 것으로 바뀌게 되었다. "문제는 전문화가 필요한 시스템에서 일반 교육과 그 가치를 어떻게 축적할 것인가에 있다."14라고 주장할 때, 1945년 일반 교육에 대한 하버드 보고서는 이런 결과에 직면하게 된다. 달리 말하자면 임무는 인문학적 환경에서 위탁으로 배울 수 있는 실용적인 것과 더 나은 도제를 구별해 보는 것이었다. 그런 운용의 어려움이 오늘날에도 여전히 남아 있다는 것은 의심할 여지가 없다. 대학이 주로 비즈니스에 용이한 직업 훈련의 장으로 이용되거나,

---

10) Robert M. Hutchins, *American Higher Education*, vol. 2, p. 927.
11) Robert M. Hutchins, *American Higher Education*, p. 932.
12) Harry D. Gideonse, *American Higher Education*, vol. 2, p. 946.
13) Harry D. Gideonse, *American Higher Education*, p. 945.
14) 1945년 일반교육에 관한 하버드 리포트, *American Higher Education*, vol. 2, p. 965 (my emphasis).

혹은 더 넓은 문화적 관점에서 직접적인 상업적 필요에 초점을 맞춤으로써 특수 프리즘을 통해 실용교육을 변질시키고 있는 것은 아닐까?

3

그런 의문이 나중에 영화 현장에 바로 투입될 수 있는 최초의 고등교육기관으로 서던캘리포니아대학교에 설립된 영화-TV학교가 될 수 있다는, 1929년에 만든 헌장에서 간파되는 것은 아니다. 아주 정반대로 그런 자료가 산업과 아카데미의 협력이 긍정적일 수 있다는 것을 확인시켜 주고 있다.[15] 그런 프로그램은 어떻게 구성되어 있는가? 주로 영화예술과학 아카데미와의 제휴로 서던캘리포니아대학교의 자유예술대학은 3, 4학년에 일련의 전공 교과를 도입하고 있다. '일반 학생에게 엔터테인먼트 부분을 폭넓게 구성한 사진을 더 잘 평가할 수 있도록 디자인된' 일반 교양 교과 외에 '산업의 문학적이고 기술적인 분야에서 정확한 작업을 위한 실질적인 준비 과정을 전공하는 데 적합하도록 한정된 과목으로'[16] 영화·쓰기·예술 지도에 관한 일련의 강의들이 있다. 이런 강의들이 영화의 연구, 즉 화학·시각렌즈·인지심리학·드라마 기술 등을 포함할 것이라는 인식에 고무되어 대학의 학장은 캠퍼스에서 영화 만들기가 허용된 것에 대한 부차적인 생각을 하지 못했던 것 같다. 사실 그는 "영화학교는 (…) 채광이나 일반공학·건축학교와 비교될 수 있다."[17]고 주장했다. 그래서 그가 지지하는 바는 '윤곽이 확실한 교과과정으로 훈련된 사람들을 선호하게 될 것'[18]이라는 대학의 기대로 확고해졌다.

우리가 학문의 중심으로서 영화학교의 시작에서 갖게 되는 것은 후원과

15) Victor O. Freeburg는 1915년 초와 마찬가지로 컬럼비아대학교에서 극영화 각본 강좌를 개설했다.

16) William Stull, A.S.C., "The Movies Reach College", *American Cinelatographer* (June 1929), p. 16.

17) Karl T. Waugh, Stull, p. 16.

18) Stull, p. 16에서 인용.

목표의 결합이다. 우선 프로그램은 학교에서 준비하게 된다. 그 이유는 무엇인가? 산업은 그런 연합으로부터 무엇을 얻어내야 하는 것일까? "지난 몇 년 동안 영화 산업이 불경기를 겪었다는 것이 판명되었다. 매표 수입은 전세계가 놀라울 정도로 떨어져서 그 결과 영화 산업에 종사하는 사람들도 고통을 겪었다. 유성 영화는 영화 산업에 뜻하지 않은 행운이 되었지만, 더 좋은 영화에 대한 요구에 부응하지는 못했다."[19] 요컨대 영화는 가치 없는 것이었고, 관객은 영화를 외면하기에 이르렀으며, 이어서 동업조합원들에게 고통을 주게 되었다. 할리우드 자체가 아이디어가 없고 창조할 수 있는 역량이 고갈되었음을 인정하는 것은 무엇을 의미하는가? 적어도 몇몇 영화사들은 그들의 문제를 드러내지 않았다. 예를 들면, 1927년 영향력 있는 배우 밀턴 실스Milton Sills는 영화에 대한 느낌이 좋지 않다는 것을 표현할 때 솔직히 역설하기까지 했다. 그는 하버드 경영대학원 강연에서 이렇게 주장하고 있다.

> 영화산업이 시작부터 평범한 이들을 그런 부류에 편입시키면서 값싼 산업으로 일정 기간 계속된 것은 불행한 일이다. 영화 산업이 살아남기 위해서는 이제 더 명석한 머리와 더 좋은 문화적 배경, 더 많은 에너지와 사업 능력, 더 훌륭한 시적 창조력을 겸비한 사람들을 뽑는 것이 필요하다. 개인적으로 나는 카메라맨 · 감독 · 슈퍼바이저 · 시나리오 작가들 … 이 육성될 수 있는 영화기술학교들이 발전되는 그날을 기대하고 있다.[20]

1929년 대공항의 위기에 처했을 때, 할리우드는 그런 부류와의 신선한 경쟁을 다시 생각하기에 이르렀다. "영화 산업을 활발하게 지속시킬 신선한 피를 충분히 계속해서 수혈하는 것과, 일자리가 없을 수 있는 이들을 위해 노동자 집단을 이용하여 그것을 타개하는 방식으로 이상적으로 균형을 맞추면서도 여전히 심각한 경제적 문제를 안고 있었다."[21] 서던캘리포니아대

---

19) Stull, p. 29.
20) Milton Sills, *The Story of the Films: As Told by Leaders of the Industry to the Students of the Graduate Schooll of Business Administration George F. Baker Foundation Harvard University*, ed. Joseph F. Kennedy (Chicago: A. W. Shaw, 1927), p. 194.
21) Stull, p. 16.

학교의 학생들에게 할리우드의 전면적인 초대는 곧바로 하나의 결과로서 취소되고, 대학의 목표는 거의 동시에 교과과정에서 또 다른 것을 강조하는 방식으로 제한되기에 이르렀다. 목표를 확장하는 영화의 평가 교과는 '관객의 정신적 수준'[22]을 높이는 데 도움이 되었다. 정말 더 좋은 영화들은 '그것을 기대하는 적절한 시장이 있다는 것이 확실하게 드러나지 않는 한'[23] 결코 만들어질 수 없을 것이다. 여기서 아이디어는 다른 학교에 보급될 수 있는 교과 과정 모델을 새로이 만드는 것이었다. 그리고 그것이 비현실적이거나 비용이 너무 많이 드는 것으로 판명되었다면, 항상 이런 학교들에는 서던캘리포니아대학교에서 스피커를 사용한 강의의 '축음기(바이타폰)를 이용한 재생'으로 되돌아갈 가능성이 있다. 여하튼 간에 이런 학생들이 언젠가는 일반 대중에게 잠입해서 더 좋은 영화를 위한 요구를 높이고, 가능하다면 영화관에 아주 새로운 관객을 끌어들임으로써 졸업 후 빛을 발할 수 있을 것으로 기대된다. 이런 식으로 영화 교육대학 인구는 '대중 전체에게 영향을 미칠 수 있는 하나의 작은 효모 덩어리'[24]와 같은 역할을 할 수 있을 것이다. 더 많은 것을 요구하는 관객에 대해 영화 산업은 더 좋은 상품을 만들어 내어 더 많은 재정적 보상을 받고, 따라서 그곳에 종사하는 노동자들의 노동조건을 개선하는 입장에 놓이게 된다.

아카데미를 위해 서던캘리포니아대학교와의 거래는 한편으로 이익인 것이지 손실이 아닌 것으로 판명되었다. 한편 영화 평가 관련 강의들은 긴 안목에서 새로운 부류의 관객에게 교양의 영역이 되었고, 다른 한편 '대학졸업자'를 고용하겠다는 약속을 어기는 구실로 이용되었듯이 대공항을 피할 수 있는 것은 아무것도 없었다. 이 모든 것이 의미하는 바는, 밀턴 실스Milton Sills의 희망적인 말에도 불구하고 할리우드는 다른 부류의 사람들의 고용에 문호를 개방하는 것에 대해 아주 신중한 입장이 아니었다는 사실이다. 동족

---

22) Stull, p. 29.
23) Stull, p. 29.
24) Stull, p. 29.

등용이 예전처럼 계속 이루어지고, 동업조합은 50년 동안 영화를 전공한 학생들에게 닫힌 상태로 남아 있었다. 시장과 무관하게 이루어진 기술 관련 수업은 학생들을 거의 끌어들이지 못해 10년 전보다 더 늘어난 것도 아니었다. 그래서 16mm 영화는 결국 스튜디오에서 만들어지던 것을 소규모로 만드는 데 익숙해졌지만, 교과 과정은 거의 전해지지 않는 경험의 기본 강의로 남았다. 강의의 이런 면이 가르치는 감각을 빈약하게 만들었다. 1922년 피터 밀른Peter Milne은 연출에 관한 책에서 이미 "책으로 기교를 가르치는 것은 통신 학교를 통해 직업에 맞는 수리공을 교육하는 것과 마찬가지로 성공이 불가능하다."[25]라고 경고한 바 있다. 기술 수업에 등록된 모든 학생이 개인의 단편 영화를 완성하는 것은 아니다. 단지 한 사람만이 어떤 프로젝트로 영화가 촬영될 때마다 직책을 바꾸는 행운을 얻을 수 있을 뿐이다. 나중에 졸업생들은 영화 산업과 무관한 곳, 즉 주로 교육 영화 만들기, 대중 관계 영화, 산업 영화에서 일자리를 찾는다.

4

이런 식으로 영화학교에서 일어난 현상은 전체 교과 과정을 개발하기에 이른 50년대 말, 60년대 초까지 기다려야만 했다. 다른 세 가지 상황이 진보를 불가피하게 만들었다. 첫째, 그 시기에 소통의 의미로서 영화에 대해 특히 유사성을 느꼈던 학생들의 유입이 있었다. 구세대가 인쇄 매체의 위력에 여전히 매어 있는 데 반해 신세대 그룹은 동영상의 마력에 도취되어 있다. 조지 루카스George Walton Lucas Jr.는 이것에 대해 명확한 입장을 보이고 있다.

우리가 이야기하는 것들 중 하나 — 스티븐 스필버그나 내가 아니라 60년대 태어난 세대 — 는, 우리가 지적 세대의 출신이 아니라는 것이다. 우리는 마음으로 느끼는 세대의 출신이다. 우리는 영화에서 얻은 감정적 도취를 즐기고, 당신은 그 세대들이 영화를 더 문학적인 매체를 취급할 때 관객이 행하게 되는 것을 넘어서 동등한 방식으

25) Peter Milne, *Motion Picture Directing: The Facts and Theories of the Newest Art* (New York: Falk, 1922), p. 5.

로 아드레날린을 높일 수 있다.[26]

둘째, 반문화 운동은 이 학생들에게 할리우드 모델을 탈피하는 것을 갑자기 가능하게 만들 수 있다. 관습적인 영화 제작보다는 오히려 영상과 사운드를 가지고 행하는 개인적인 실험이 가능한 어떤 것이 되었다. 캠퍼스나 정규 극장의 야간무대 쇼에서 그런 영화의 대중적 상영은 할리우드가 호되게 몸부림치고 있을 당시에 큰 성공을 맞게 되었다. 셋째, 영화 제작의 이런 새로운 접근은 학생들에게 최소한의 제작비로 여러 편의 단편 영화를 만드는 것을 재정적으로 가능하게 만들었던 슈퍼 8mm 영화의 등장으로 확실히 도움이 되었다. 이 모든 것이 대체되었듯이 직업적인 영화 제작은 그 영광을 약간 잃게 되었다. 연출·촬영·편집은 결국 조합이 강조하는 일종의 훈련을 요구하지 않는 것으로 판명되었다. 카메라를 개발할 수 있기 전 왜 매거진에 필름을 넣는데 수년이 걸렸을까? 더 보편적으로 말해, 당신은 왜 당신 자신의 프로젝트를 쓰고 편집할 수 없는 것일까? 거의 하룻밤 새에 할리우드는 아무도 원하지 않는 상품을 생산하는 시대에 뒤떨어진 공장으로 전락했다. 학생들이 자기 자신을 시스템을 활용하는 진짜 영화 제작자로 생각할 수 있는 것은 당연하다. 영화학교 자체를 위한 것처럼 그들의 정책이 수년에 걸쳐 바뀔 수 있지만, 그들은 학생들과의 이어지는 성공으로 대학에서 진정한 학교, 비전 있는 학과로 발전시킬 수 있기 때문에 결코 망설이지 않는다.

5

서던캘리포니아대학교의 헌장으로 돌아가 보면 기술 교과의 강사들을 '산업과 대학에서의 최고의 석학들'[27] 중에서 모셔오도록 되어 있다는 것을 알 수 있다. 이런 식으로 처음부터 영화 강의는 두 유형의 교수, 즉 젊은 관객을

---

26) Patrick Goldstein, "The Force Never Left Him", *Los Angeles Times*, 매거진 섹션, 1997년 2월 2일자, p. 26.

27) Stull, p. 29.

관련시켜 설명하는 데 두 편의 영화 프로젝트 중에서 망설이는 사람들과 새로운 연구 분야에 흥미를 느끼기에 충분한 진취적인 대학 교수로부터 교육이 이루어졌다. 두 유형의 교수들은 여전히 오늘날에도 연단을 공유하고 있다. 먼저 수년 동안 크게 변하지 않은 이전 세대의 그룹을 보기로 하자. 그들은 일정이 잡힐 때마다 정기적으로 강의에 초청되거나 출강이 불가능하면 아마도 그들의 최근 영화가 개봉되었을 때 객원교수로 초청되는 전문가들로 구성된다. 스타들과 마찬가지로 할리우드의 이런 영웅적 인물들은 잠시 실제 영화 제작에 매력을 느끼고 책임을 지게 됨으로써 산업의 분위기를 강의실로 끌어들인다. 이런 그룹에 추가해서 일부 은퇴한 촬영감독과 편집자·교육영화 제작자, 제도권에서 벗어나 있는 독립 영화인들, 수입을 프로젝트 중에 보충할 필요가 있는 다큐멘터리 감독과 같은 세미프로를 찾기도 한다. 정규직이든 비정규직이든 후자의 그룹은 교육과정에 정면으로 맞선다. 진짜 전문가들보다도 마음이 열려 있는 그들의 생존에도 불구하고 그들은 실습 영화에서 시작한다. 대개 영화 만들기는 그들이 막 시작한 것이다. 그때부터 그들은 '대학'이나 현장이 암시하고 있는 학문적 측면을 정확하게 설명하고 있다고 할 수는 없다. 그들은 가르치는 것이 현재 그들의 주된 직업이라는 측면에서 '교수'로서 역할을 한다.

미첼 W.블록Mitchell W. Block과 같은 경우, 그것은 적절치 못하다. 그의 관점에서 이런 교육자들은 검열을 통과하지 못한다. 학교들이 학생들에게 현장에서 실질적인 경력을 효과적으로 쌓을 수 있도록 해 주지 못한다면, 그것은 '그들이 너무나도 이해하기 어려운 산업을 논의하면서 수준 이하의 교수단에게 시간을 배당하기'[28] 때문이다. 여기서 논의는 이런 사람들이 3군의 선수들과 같은 존재들이고, 또 시대의 흐름에 따라가지 못하고 있고, 초일류 전문가들만이 예술의 훌륭함을 인식하고 있다는 것이고, 따라서 그들만이 학생들을 가르쳐야 한다는 것이다. 미첼 W.블록은 여기서 보는 바와 같이

---

28) Mitchell W. Block, "The Training of Directors: From School to Screen", *Journal of the University Film Association*, vol. 32, no. 4 (Fall 1980), p. 35.

너무나 정직한 존재이다. 왜냐하면 그는 그리 많은 돈이 되지 않음에도 15주 동안 열정을 바치는 저명한 전문가가 되는 것의 어려움(거의 불가능함)을 알고 있었기 때문이다. 더구나 영화학교에서 종종 어떻게 해서든 전문가를 고용하는 데서 입증되었듯이, 현장에서의 훌륭함이 반드시 가르치는 능력으로 환원될 수 있는 것은 아니다. 블록의 입장과 상반되게 이런 세미프로들이 비난받을 수 있다면, 그것은 그들이 관습적인 영화 만들기에서 대안을 열심히 찾지 않았기 때문이라고 말할 수도 있을 것이다. 그들 자신의 취미가 종종 신선하게 절충적이라고 하더라도 결국 그들은 일반적으로 할리우드의 기준에 동의해서 따르게 될 것이다. 학문적 관점에서 영화 만들기에 대해 더 폭넓고 다양한 접근을 하기는커녕 그가 가지고 있는 지식은 산업적 관례로 규정된 그대로이다. 결과적으로 미국 영화의 핵심의 이데올로기적 규범은 주로 검증되지 않고 있다. 모든 것이 이야기되고 행해질 때 제작을 가르치는 두 그룹 사이에 본질적으로 차이는 없다.

6

영화에서 배우는 것은 무엇인가? 가르치는 것의 이면의 철학은 무엇인가? 가르치는 목적은 무엇인가? 학교마다 교과 과정이 약간 다르게 구성되어 있기 때문에 야심 있는 영화 제작자가 실제로 강조해야 할 교과가 무엇인지 판단하는 최선의 방법은 해당 학교의 학생들의 영화를 훑어보는 것이다. 이따금 각 학과에서 돋보이는 것은 예외적인 영화가 아니라 수준이 보통인 영화이다. 그들이 말하는 스토리는 무엇인가? 그들은 그것을 어떻게 말하고 있는가? 그들이 사용하고 있는 기술은 무엇인가? 등등. 30년 전 학부와 학생 모두가 시스템이 바뀔 수 있다고 믿고 있을 때 영화들은 그들의 종속적 문제, 영화적 접근, 편집 스타일과 그 밖의 것에 대담해지는 경향이었다. 그 당시 학생들은 그들의 작업이 언젠가 기준이 될 것으로 기대하고 있었다는 것을 기억할 필요가 있다. 결과적으로 그들은 대안 영화를 시도해 보고, 그것을 계속 요구하는 것을 두려워하지 않았다. 아이디어는 분명히 학교 당국을 만족시키지는 못하였다. 잠시 동안 데이비드 톰슨David Thomson이 지적했듯이 새로운 산업에 대한 그들의 희망은 호평을 받을 뿐만 아니라, 흥행에도 성공한 많은 색다른 영화들에 의해 반영되는 것 같다. 그런 부류의 영화들로는 〈보니와 클라이드Bonnie and Clyde〉(Arthur Penn, 1967), 〈와일드 번치The Wild Bunch〉(Sam Peckinpah, 1969), 〈파이브 이지 피시스Five Easy Pieces〉(Bob Rafelson, 1970), 〈맥케이브와 밀러 부인McCabe and Mrs. Miller〉(Robert Altman, 1971), 〈대부The Godfather〉(Francis Ford Coppola, 1972), 〈도청The Conversation〉(Francis Ford Coppola, 1973), 〈차이나타운China town〉(Roman Polanski, 1974), 〈시차적 관점The Parallax View〉(Alan J. Pakula, 1974), 〈택시 드라이버Taxi Driver〉(Martin Scorsese, 1975), 〈뻐꾸기 둥지 위로 날아간 새One flew over the cuckoo's nest〉(Milos Forman, 1975) 등을 꼽을 수 있다. 톰슨의 주장대로 스타일로 보면 이런 부류의 영화들은 아주 개인적일 뿐만 아니라 '국가의 담론과 소동을 부가하고' [29] 있다. 잠시 동안 모든 것이 가능한 것처럼 보였던 것이다. 그때 〈스타워즈Star wars〉(George Lucas, 1977)가 등장하면서 그것은 종말을 고하게 되었다.

점차 60개의 교육 실체들은 계속 오르는 장비와 시설 비용을 문제 삼았던 대학 당국뿐만 아니라 루카스나 스필버그 같은 여러 인물들을 통해 영화를 발견하고, 그들의 작품들과 겨루고 싶어 했던 새로운 세대의 학생들[30]과 어울리지 않는 것을 알 수 있다. 몇 년 전 캘리포니아대학교 로스앤젤레스 분교에서 막판에 갈등이 분출되어 교수단 중 마지막 남은 과격론자들이 무차별적으로 해고된 바 있다. 곧 바로 산업의 일선에 있는 사람들로 그들의 자리가 채워지게 되었다. 아마 극적이지는 못했지만 많은 다른 학교들도 대세에 따르게 되었다. 그들의 자금 조달 능력 대신 새로운 학부 리더들은 최근

---

29) David Thomson, "Who Killed the Movies?", *Esquire* (December 1996), p. 59.
30) '나는 정말 교수를 원하고 과목은 오늘날 산업과 보다 더 연관이 있어야 한다는 것' 이 신세대 학생들의 전형적인 불평이다. *Spotlight*, UCLA 연극 영화 텔레비전학과 동창회보(특별호, 1997년 가을).

산업적 관례에 따라 더 밀접한 교과 과정을 자유롭게 마련할 수 있게 되었다. 상업적 필요성의 경쟁이 예술적 실험, 즉 과거 경계 하에의 정책을 대신하게 되었다. 1929년 교육기관은 현장에서 '결정적인 작업'이 마침내 이루어지도록 '적극적인 준비로' 서둘러 신입생을 구성하기에 이르렀다.[31] 앞으로 주요 영화학교들은 실행하는 과정에 상당한 자금을 비축하면서 산업훈련의 장으로서의 역할을 하게 된다.

"교육을 조정해라, 그러면 스타일을 조정할 수 있을 것이다."[32]라는 19세기에 미술학교의 설립원칙이 오늘날의 영화학교에 그대로 남아 있다. 여기서도 학생들의 실력 향상은 전문지식의 향상으로 평가된다. 학생들은 학습과 프로듀서들과 대행자 등에게 시스템 안에서 작업하는 그들의 의지와 마찬가지로 그들의 능력을 보여줄 수 있는 30분짜리 포트폴리오 작품으로 제작에서 다른 기교로 무엇인가 행하는 기계적 방법을 통해, 초기에 (그들이 매체를 이용해 실험할 수 있을 때) 영화 제작의 순수한 즐거움을 감소시킬 수 있는 교육 방향을 억지로 따라가게 된다. 대부분의 교사들은 성심성의껏 이런 철학에 동의한다. 일반적으로 학생들은 만드는 것을 더 이상 예술가로 인식하는 것이 아니라, 그것이 좋든 싫든 산업 현장에서 일하기로 되어 있는 사람으로 인식한다. 본래 그들의 의향이 무엇이든 대부분의 학생들은 그런 개념에 동의하는 것으로 끝이다. 학생들의 학자금 융자금 상환이 확실히 이루어지기 시작했다. 당신이 교육을 받는 3년 동안 과도하게 7만 달러를 빚지게 되었을 때, 많은 학생들 자신이 엄청난 압박을 느끼며, 하게 될 일이 무엇을 필요로 하는지 개의치 않고 가능한 한 빨리 고액 연봉의 직업을 찾는 것을 보면 정말 이해하기 어렵다. 대학의 학부를 위한 것처럼 전문 기술로의 진행이 교육영화의 비즈니스에 관심을 갖는 작은 특수학교들의 출현으로 악화되고 있다는 것은 의심할 여지가 없다. 그런 학교들 때문에 대학들은 이

---

31) Stull, p. 16.
32) Albert Boime, *The Academy and French Painting in the Nineteenth Century* (London: Phaidon, 1971), p. 4.

제 전면에서 학생의 달러를 위해 경쟁해야만 하는 상황에 이르렀다. 거창한 스모르가스보드 코스 요리(스칸디나비아의 요리로 오르되브르, 고기, 생선 요리, 치즈, 샐러드 따위 곁들인 요리 - 역주)가 있는 메인주 영화 워크숍, 지방 횡단 여행과 '앞선 영화 제작 경험도 거의 없이 개인들을 위한 8주 집중 훈련 프로그램' 이 마련되어 있는 뉴욕 영화 아카데미가 있다. 그리고 어딘가 다른 곳에서의 더 전통적인 교육과정과 비교해 요긴하고 값싼 교육을 표방하는[33] 도브 S-S 시멘스의 '할리우드 영화 전문학교' 도 있다. "우리는 실제를 가르치지만, 그들은 이론을 가르친다. 우리는 교육비가 비싸지 않지만, 그들은 비싸다. 우리는 정확히 이틀이지만 그들은 그렇지 않다." 그리고 이 것 역시 마찬가지다. "당신은 국제적으로 인기 있는 영화들의 연출, 제작, 제작비조달, 촬영, 홍보, 배급의 전 과정을 주말 하루 동안에 배운다. 모든 것을 이틀 동안에 배운다."[34] 누가 막을 수 있겠는가?

영화 교육은 이제 어디서든 활발하게 직업적으로 상당히 이바지하고 있다. 그것은 대학원에서도 아주 활발하게 이루어지고 있다.[35] 이것은 그것이 직업으로 행해지는 방법이다. 모방할 필요성이 있는 학생들의 기술들도 있다. 모든 말과 제스처를 동원해 학생들은 전문 기술뿐만 아니라 그 이면에 숨겨진 이데올로기를 통합하고자 한다. 영화 산업에서 대본을 파는 데 필요한 모든 구성 요소들은 시나리오를 쓴 학생에게도 역시 있어야 한다. 마침내 계획이 '성과가 있으면', 즉 그것이 학생이 졸업 후에 산업 현장에서 좋은 직

---

33) 그들의 비용은 하루 단위의 교육이 아니라 절대적 기간 동안에 내려간다. 훨씬 더 많은 재정적 분배가 영화교과가 마련되어 있는 주립대학교에서 이루어질 수 있다. 더구나 창조적인 영화 제작은 주말 학교 수업에서 접근하기 어려운 긴 자아발견 과정을 필요로 한다.

34) 할리우드 필름 인스티튜트 홍보 팜플렛(1996년 가을), p. 4.

35) 물론 화인 아트 영역에서 운영되고 있는 영화학과들이 많다. 예를 들면, 시카고 예술학교의 홍보책자를 참고해 보면 다음과 같다. "영화 제작학과에서는 학생들이 개념에서부터 프린트에 이르기까지 영화 제작의 모든 단계를 도전 관례의 기회와 창작과정의 입문으로 포용할 수 있도록 용기를 북돋아주고 있다." 나는 더 이상 이에 동의할 수 없다. 그렇지만 실제로 학생들은 독립적인 예술가로서 제역할을 하고 있다. 학생들은 좋을 대로 하는데 매체를 사용할 것을 권유받고 있다. 이런 학교들은 할리우드 제작방식에서 대안의 실행 가능한 세부마무리에 활용될 수 있는 대등한 프로그램을 제공하지 못하고 있다.

업을 보장받게 된다면 '강한' 캐릭터들, 중대한 액션, 선형성, 명료함이 생기게 된다. 그리고 촬영과 편집을 통해 전문 교육은 같은 이유에서 계속 이루어져야 한다. 전체적으로 영화는 질적인 면을 입증할 수 있을 것이고 산업은 그 자체 과시, 즉 잘 꾸민 드라마, 훌륭한 배우 연기 지도, 역동적인 보조에 의존하게 된다. 실험, 즉 영화 제작에 실제적인 다른 접근은 억압받지 않으면 신통치 않아 보이고 의기소침해지게 된다. 특별 보너스 점수는 할리우드의 특수효과를 싸게 모방할 수 있는 학생들에게 주어진다. 예를 들면, 플로리다주립대학교의 팜플렛에서 학생 영화에서의 50피트 높이의 폭발, 다른 영화에서의 자동차와 기차의 충돌, 세 번째 영화에서 소년과 함께 등장한 300파운드 무게의 벵갈의 호랑이를 격찬하고 있다. 1년에 한 번 영화학교는 제각기 자랑스럽게 최근 졸업자들을 훑어볼 수 있도록 에이전트며 프로듀서, 다른 스튜디오 대표를 초청하고 있다. 학생들은 독자적으로 선댄스의 학생 아카데미상과 공공방송프로제공협회와 케이블 방송에서 그들의 영화를 선보이려고 경쟁한다.

시스템에 대한 비판으로 그런 독창성 없는 리허설은 법인 조직의 스폰서의 필요에 '젊음을 도구화' 하는 것과 다를 바 없다.[36] 오늘날 영화과 학생들은 국내 축구 리그에서 고용 경쟁을 하는 체육대학과 다를 바 없다. 이것은 분명하다. 더 불길하게도 오늘날의 교과과정은 '비정치적이고 가치 없으며, 비행동주의적인 학생의 육체를 인도하는 성취가 훈련될 수 있는 이데올로기와 거리가 멀고, 기술적인 면에 방향이 맞춰진 센터의 발달'[37]을 촉진하는 것으로 비칠 수도 있다. 특히 영화에서 하버드 보고서가 특수학교 교육에서 보호하기를 바라는 '일반 교육' 의 요구는 싸워 보지도 않고 포기한 것과 다를 바 없다. 그것은 매던 새럽Madan Sarup의 문서에서 이렇게 요약되고 있다.

---

36) Theodore Roszak, *The Making of a Counter Culture: Reflections on the Technocratic Society and Its Youthful Opposition* (New York: Doubleday, 1968), p. 16.

37) Richard J. Barnet and Ronald E. Muller, *Global Reach: The Power of the Multinational Corporation* (New York: Simon and Schuster, 1974), p. 117.

"지금 학생이나 정부 대학이 제기하고 있는 의문은 이제 '그것이 진실이냐?'가 아니라 그것이 '무슨 소용이 있느냐?'이다. 지식의 상업화 맥락에서 이런 의문보다 더 자주 '그것의 값어치는 적정한 거야?'라는 질문과 동등한 가치를 갖는다."[38] 산업 현장에서만 위대한 영화인, 때로는 감독이기도 한 해스켈 웩슬러Haskell Wexler는 영화 교육에 대한 이런 실용적 관점을 비난하기도 했다. 그는 넌지시 말하길, 대본이나 영화의 모든 아이디어는 이제 "그것이 내가 직업을 갖는 데 도움이 될까?"라는 문제의 경쟁이다. 영화학교의 선택이 "내가 거기서 적절한 사람을 만날 수 있을까?"로 결정될 수도 있을 것이다. 그래서 그렇게 계산된 계획은 학생들에게 영화학교에서 여러 해 동안 시간을 보내는 것을 금하고 있다. 그것은 학생들에게 '사물을 바라보는 새로운 방법'을 모색하는 것을 방해한다. 마지막 분석에서 그런 작업은 결국 명맥을 이어간다는 것이 틀에 박히지 않은 재능을 필요로 하는 한에 있어서는 산업에서조차 생산에 역행하고 있는 것이다. 그리고 웩슬러는 결론짓기를, "당신이 학생일 때 경험할 수 없다면 그것을 잊어라. 왜냐하면 당신은 실제로 남은 생에 계속 경험해야만 하기 때문이다."[39]

7

가장 유명한 영화학교는 직업 정신을 장려하고 있다는 것을 당연히 거부할 것이다. 그들의 제작부장들은 우리는 학생들에게 무엇인가 행하는 방법을 말하지 않으며, 학생들 자신의 목소리를 찾도록 돕는 거라고 응수할 터이다. 그러나 영화학교들은 온갖 방법을 동원해 분명한 메시지를 보내고 있다. 예를 들면, 서던캘리포니아대학교 영화 제작사 건물에 조지 루카스의 이름이 붙여지고, 사운드 믹싱 설비에 스티븐 스필버그의 이름이 붙여지기도 했다.

---

38) Madan Sarup, *An Introductory Guide to Post-structuralism and Post-modernism* (Athens: Univ. of Georgia Press, 1989), p. 125.

39) Haskell Wexler, *Getting Started in Film*, ed. Emily Laskin (New York: Prentice Hall, 1992), p. 97.

복도는 흥행에 성공한 할리우드 영화들의 포스터로 장식되었다. 이익이 생기는 모든 집단은 귀한 이미지, 즉 미국의 고전 영화로부터 수백 개의 기억할 만한 자투리 자료를 편집한 척 워크만 필름을 선보인다. '여기서 현실은 그만'을 표방하는 학과의 모토는 사회적·역사적 세계, 즉 본질적으로 반리얼리즘적이고 반다큐멘터리적인 입장을 취하는 세계를 거부하자는 것처럼 보인다. 이런 조건에서 모든 종류의 영화 만들기가 환영받는다고 말하는 것은 오히려 위선적이다.

그리고 제작 강좌들을 행하는 것은, 사실 수천 편의 시나리오와 수백만 개의 이미지(귀중한)들에 대한 기억에 부담을 느끼지 않는 어느 날 학생들이 눈에 띄게 된다는 믿음이 아닐까? 학생들이 그런 모든 자료에 영향을 받지 않을 것이라고 생각하는 것은 솔직히 어불성설이다. 세상에 빛을 보고, 세상의 문화에 노출되는 것은 우리가 성장하듯이 관례와 관습을 결합시킨다는 것을 의미한다. 영화가 관련되어 있는 한에 있어서 피할 수 없는 결과는 산업에서 균형을 이루지 못하게 됨으로써 가치가 하락하게 된다. "서던캘리포니아대학교나 캘리포니아대학교 로스엔젤레스 분교, 컬럼비아대학교 출신의 많은 영화인들에게 결코 나쁜 일이 일어난 적이 없다."고 프랭크 피어슨 Frank Pierson은 불평을 늘어놓는다. 그들은 27세이고, 그들이 알고 있는 모든 것은 그들이 "갈채를 보낸 영화들과 조지 루카스 영화들에서 보았던 것이다. 그들은 삶의 모방의 모방의 모방작을 만들고 있다.…"[40] 달리 말하자면 학생들은 머릿속에 너무나도 많은 영화들을 넣고서 영화학교에 들어간다. 그들은 이야기할 만한 개인적인 이야깃거리가 없다. 인간의 삶보다 정형화된 사고가 오히려 스크린을 채우고 있다. 모든 것이 이미 사라진 장르를 뒤틀리게 만들면서 주변을 맴돌고 있다. 대조적으로 크리스 하트 Chris Hart 가 〈시대 초월 Timeless〉(1997)의 대본을 쓸 수밖에 없었다는 것에 대해 귀를 기울일 필요가 있다.

----

40) Frank Pierson, *Getting Started in Film*, p. 10.

나는 LA에서 트럭을 몰고 있었다. 나는 번잡한 LA 거리에서 기뻐하며 무의식 중에 두들겨 맞고 있는 한 여인을 목격했다. 나는 사람들의 시선을 끌기 위해 경적을 울리기는 했으나 그 여인을 돕기 위해 트럭에서 내리지 못하였고, 다른 어느 누구도 행동에 옮기지 않았다.[41]

하트가 동기부여받게 된 것은 그가 조치를 강구하도록 요구받은 상황임에도 불구하고 아무것도 못했다는 사실이리라 추정하며, 그 일을 공개한 것만으로도 나는 그를 대단히 존중한다. 달리 말하자면 그는 시험에 떨어졌다. 누군가의 일시적 단점을 인정하는 것은 어려운 일이지만, 한 인간으로서나 한 예술가로서 성장하도록 만드는 것 또한 분명히 어려운 일이다. 따라서 나는 피어슨의 주장에 전적으로 동의한다. 당신이 삶을 좀 더 영위하고, 어느 정도 관계를 형성하고, 노동현장을 경험하고, 사랑하는 사람을 잃어보고, 얼마간의 시간보다 더 많이 심하게 당해 보기 전에 영화학교에 들어가는 것은 별 의미가 없다. 이런 경험들은 당신에게 말할 이야기와 그것을 말할 내면의 목소리를 부여해 주는 것이다.

그 외에도 영화학교들은 영화 만들기의 여러 가지 스타일을 비교해 보게 하는 것으로 신진영화인들을 양성하는 데 도움이 될 수 있다. 〈소이 쿠바I am Cuba〉(Mikhail Kalatozov, 1964), 〈적과 백The Red and the White〉(Miklós Jancsó, 1967), 〈석류의 빛깔The Color of Pomegranates〉(Sergei Parajanov, 1968)과 같은 영화를 보아라, 그러면 당신은 보편적으로 포괄적 영역으로 고수하고 있는 상업적 압박과는 무관한 내러티브 형식을 발견할 수 있을 것이다. 불행하게도 너무 자주 독립적이거나 이질적인 내러티브 접근과 다큐멘터리, 영화적 실험들이 주류 영화 교육에서 제외되었다. 피터 그리너웨이Peter Greenaway가 그의 영화에 담고 있는 일종의 상상의 보상을 위한 여지는 어디에도 없다. 그는 "제재를 구성하는 선형적 내러티브와 다른 방법들이 있기도 하다."고 주장하며, 그런 방법들은 '그런 종류의 이해 가능한 유형에

---

41) *Entertainment Today*, October 10-16, 1997, p. 8.

존재의 혼란을 포함시킬 수 있는 모든 것, 즉 격자, 숫자 체계, 색채 암호화'[42]
를 포괄하는 것이다. 그는 또 이어서 다음과 같이 언급하고 있다.

> 영화에 유일하게 주어진 것은 평면 스크린이다. 그것이 세상에 열린 창일 필요는 없
> 다. 우리는 D.W. 그리피스D.W. Griffith 이래 행해지고 있는 동일한 방식으로 스토리를
> 이야기하도록, 즉 공간과 시간을 조작하도록 강요받지 않는다. 지배적인 영화의 환영
> 은 영화의 제재들과 창작자가 인위적 가공품 자체가 되는 것으로 생각되지 않는다는 것
> 과, 그것들이 어떤 전통적인 스토리 이면으로 숨겨진다는 것이다. 영화는 구성되는
> 것이다. 나의 영화에서 관객들이 편집·음악·드라마에 주목해 주기를 바란다.[43]

많은 교수들에게 이것은 저주이다. 교과 프로그램이 탐구하도록 허용될 때
조차 그는 아마도 근본적으로 독특한 영화나 다큐멘터리, 영화학교에서 선
호하는 '보통의' 영화 제작 방식으로 만드는 실험 영화에서 볼 수 있는 가치
들과 과정들을 상기시키고 통합할 수 없게 될 것이다. 예를 들면 〈이마 베프
Irma Vep〉(Olivier Assayas, 1996)와 같은 영화에 대해 믿어지지 않는 것은 그
런 영화가 이런 접근방식들을 하나의 패키지로 잘 묶고 있다는 것이다. 요약
하자면 이런 모든 논의 실습이 다시 한 번 학교의 교과과정에 제시될 필요가
있다. 그런 노출은 학생들에게 불가능할 수 있는 할리우드의 영화 제작의 보
존적 필요 조건이 기초가 확실한 영화 원리에서 유래하는 것이 아닐 수 있다
는 것을 이해시키려면 필요하다. 그런 필요 조건들은 오히려 미지의 것에 대
한 공포를 드러낼 수 있다. 즉 '논쟁의 여지가 없는 것'은 머지않아 합의된
영화 제작의 혜택을 받을 수 있는 모든 사람들에게 무엇인가 행하게 된다는
것이다. 영화의 그런 모든 것을 포함한 관람 방식을 택하는 것은, 당연히 되
돌릴 수 있는 정도까지 더 조속한 시기에 영화학교의 근본적인 방향 변화를
요구하게 될 것이다. 하지만 양자택일은 아니다. 하나는 신기하게도 학생들
의 머리에 떠오르는 신선하고 이상한 관점을 단순히 기다리고 기대할 수 있

---

42) Peter Greenaway, Kirstine McKenna, "Greenaway's Way", *Los Angels Times*, Calendar
section, June1, 1997.
43) Peter Greenaway, *Millimeter* 인터뷰(June 1997), p. 128.

는 것은 아니다.

8

영화 제작의 모든 형식의 세계적인 인정 이상으로 강의 자체에서 환경을 조성하는 데 요구되는 것이 무엇일까? 교육을 존중하는 존 듀이의 몇 가지 아이디어로 돌아가보는 것이 도움이 될지 모른다. 그의 글들은 대부분 초 · 중등 교육에 집중되어 있기는 해도 더 높은 고등교육, 특히 교육과정이 학생들을 정말 아주 잠깐 속박시킬 수 있고, 그의 생각이 아마 오늘날에도 거의 유익할 수 있는 영화학부에 유용하다.

듀이는 세기의 전환기에 사회적 · 경제적 큰 변화를 목격하면서 살아남은 민주주의적 능력을 염려하였다. 그가 보기에 현실의 민주주의는 자신을 단련시켜 정적인 상태가 되려면 사회의 자연스러운 경향을 거부하는 능동적 시민의식을 필요로 한다. 이것은 젊음이 일반적 가치들을 통합할 뿐만 아니라 만인의 이익을 위해 가치들을 시험하고, 결국 변화시키는 것을 허용하기만 하면 성취될 수 있다. 사회적 이해 당사자들의 창조의 핵심은 다른 종류의 교육에서 발견되어 왔다. 듀이는 확실히 전통적 학교 교육에 대한 공감이 거의 없었다. 그에게 어린아이를 기존의 학교 교육의 모델에 맞추려한다는 것은 무엇이든 무의미했다. 이것은 미래에 순응 정신을 양산할 게 뻔하다. 누구나 대신에 학생들에게 직접적 관심이 있는 것을 활용해야 한다. 왜냐하면 듀이의 주장대로 개개인은 '충동, 진취적 경향, 행위의 타고난 절박함의 근본적 능력을 확실히 가지고 있기'[44] 때문이다.

영화로 표현된 이것은 교사들이 학생을 맨 먼저 강의실로 이끌 수 있는 동인을 이용할 수 있다는 것을 암시하는 것이다. 또한 이것은 남녀가 영화를 만들고 그 과정에 참여하고, 배우들을 만나고, 조명을 이해하고 사운드로 작업할 때 일어나게 되는 것을 보고, 편집하면서 여기저기로 옮겨 보고 싶어한

---

44) John Dewey, *On Education*, ed. Reginald D. Archambault (New York: Random House, 1964), p. 133.

다는 것을 의미한다. 듀이는 이런 면에 대해 의례적이다. 말하자면 "어떤 화제가 금방 시선을 끌게 될 때 그것이 유익한가 물어볼 필요가 없다."[45] 교사는 적절한 맥거핀을 붙잡고 비행해야 한다. 한 가지밖에 없기 때문에 이런 수준 교육의 곤경에 빠질 수 있다는 위험이 있다. 듀이는 '유쾌하면서도 재미있는 분위기'가 교실에 충만한 미술수업에 참관했던 것을 상기시키고 있다. 여전히 그는 망설임 없이 '거기에는 능력과 사실적 결과 성취의 점진적 발전이 없었다.'[46]고 언급한다. 흥분과 재미, 게임, 어떤 종류든 활동들은 학생의 시선을 끄는 데 도움이 될 수 있다. 그렇지만 누구든 현재 상태에서 물질의 단순한 향유로부터 그 효용성과 연관된 결과에 대한 보다 더 추상적이고 더 지적인 이해로 옮겨가지 않는 한 효과적인 교육은 성취될 수 없다.

우리는 관점을 하나의 예로 삼아 볼 필요가 있다. 듀이가 거부한 바 있는 전통적 관념에서 교사가 F/스톱 · 앵글 · 심도 등의 렌즈의 특성을 포괄하듯이 어느 날 화젯거리가 나타날 수도 있을 것이다. 교사는 〈시민 케인Citizen Kane〉(Orson Welles, 1941)과 〈헤어Hair〉(Milos Forman, 1979)에서 대조적인 클립들을 보여 주는 것으로 관점을 설명할 수도 있다. 〈시민 케인〉에서 아주 넓은 광각렌즈는 주인공의 사회적 고립뿐만 아니라 개인적 고립을 확실하게 보여준다. 〈헤어〉에서 아주 긴 망원렌즈는 전차, 이 경우에는 수송헬기에 의해 문자 그대로 쑥대밭이 된 베트남 국경부대를 보여 주고 있다. 당치도 않은 소리라며 혁신주의자 듀이는 이렇게 반박하고 있다. 당신은 학생의 자기 계발을 가지고 문맥에서 벗어난 관점을 이야기하고 있다. 아마도 그 순간에 이 학생은 배우들을 잘 다룰 수 없기 때문에 실패하게 된다. 어쩌면 다른 학생도 그의 음향트랙에 대해 생각하게 될지 모른다. 관점 왜곡의 전형적인 순간을 보여 주는 것은, 그들이 아마도 장면의 스토리 측면에 사로잡히게 될지도 모르는 것처럼 학생의 주의를 끌지 못할 수도 있다. 결국 아주 적

45) John Deway, *Democracy and Education: An Introduction to the Philosophy of Education* (New York: Mcmillan, 1916), pp. 283-284.
46) John Deway, *On Education*, p. 150.

절한 장비를 가지고 작업하는 학생들은 스크린에 투사된 결과를 조화시키는 힘든 시간을 갖게 되기 때문에 이런 강의는 학생들에게 나중에 큰 실망을 안겨줄 수도 있다.

듀이와 비슷한 혁신주의자들에 의하면, 학생들은 교사가 고정된 프로그램(교과 과정)을 따르도록 하는 대신에 화젯거리가 학생들 자신의 영화에서 나오게 될 때의 관점을 소개한다면 더 좋은 제재를 간직할 수도 있을 것이다. 그 이상의 쇼트를 볼 수는 없는 것일까? 글쎄, 당신의 스토리가 관계가 소원해진 두 사람에 대한 것이라면 당신이 중간에 일어난 일을 강조하기 위해 점점 더 넓은 광각렌즈로 나머지 장면을 찍게 될 때 어떻게 될까? 그리고 영화의 끝부분에서 다른 장면에서 그들이 서로 받아들이는 것을 알게 될 때 당신은 보는 사람들에게 중요 포인트를 가져다주기 위해 더 긴 렌즈를 사용할 수는 없지 않을까? 달리 말하자면 학생들은 그들 자신의 작업에서 직접 부딪치게 되는 문제들을 통해 관점의 중요성을 이해할 수 있을 것이다. 다른 학생들에게 있어서 교실에서도 역시 동료 학생이 찍은 장면은 그리 전문적인 것으로 보이지 않기 때문에 학생들은 스토리로 인해 주위가 산만해지거나, 화려하게 보이지만 아직 미완성 상태의 트리트먼트로 인해 주의를 집중하지 못할지도 모른다.

그것은 토론의 듀이식 첫 번째 실습을 대비한다. 그렇지만 우리는 어떻게 두 번째 작업을 하게 될까? 우리는 어떻게 접근해서 더 개념적 수준에서 관점을 이해할 수 있을까? 아마도 그것은 그와 같이 그럭저럭 이루어질 수도 있다. 첫째, 구별은 인간의 영속되는 경험적 관점과 그 결과와 연관될 수도 있고 그렇지 않을 수도 있는 예술의 취급 사이에 이루어져야만 할 것이다. 예를 들면, 우리 모두가 같은 방식으로 세상을 볼 수 있을까? 과거 문명이나 다른 문화권에 사는 사람은 어떤가? 로마인들은 어떤가? 그리고 토착민들은 어떤가? 어느 정도의 지리적·문화적 암호화가 세계에 대한 우리의 견해에 전면적으로 확산될지라도 대부분 '우리는 물고기가 물에 의지하며 물에 몸을 맡기고 물을 생각하지 않고 물에서 사는 식으로 정확한 지각력으로 살아갈 수도 있는 것' 47 같다. 결과적으로 M. H. 피렌M. H. Pirenne에게 있어서 "인간의 시각의 본질적 특성은 역사의 흐름이나 선사시대에 바뀌었다고 생각할 이유가 거의 없다."48

그렇지만 예술의 취급은 전혀 다른 문제이다. 여기서 누군가는 공간에 대해 근본적으로 다른 취급을 설명해야 할 것이다. 예를 들면 고대 이집트의 벽화에서도 다양한 관점이 육체와 사물을 그릴 때 가장 잘 보이는 각도에서 그리는 것처럼 하나의 그림에서도 구현되고 있다. 이런 점에서 누군가는 넬슨 굿맨Nelson Goodman을 떠올리며, 그림들은 특별한 문화를 공유하며 그 약호를 배우는 사람들에게 많은 감각을 느끼게 할지도 모르는 상징적 구조라는 것을 암시한다.49 우리가 어떻게 지나칠 정도로 큰 민족이 아주 작은 민족과 고깃배를 공유하는 그런 다른 이집트의 이미지들을 이해하겠는가? 그런 특성은 여전히 여기에 남아 있지만, 그들은 그 크기의 차이를 설명하지 못한다. 작은 사람은 가시적으로 모두 성인이기 때문에 클 수 없다. 대신에 여기서 우리가 발견할 수 있는 것은 공간적 재현이 그런 사회의 정치적 계급화에 의해 결정된 그림이다. 그 집단에서 가장 중요한 사람은 그림에서 가장 식견이 넓은 사람이고, 노예처럼 일하는 사람들은 가장 식견이 좁은 사람이다. 대체로 이런 그림들은 누군가의 전망을 모방하려고 하지 않는다는 것이 분명하다. 아무도 이것을 보지 못했다. 사실 파라오를 다른 누군가와도 다른 시각의 주체로 만든다는 것은 신성을 모독하는 것일 수 있다. 이미지는 확실히 무엇인가에 대한 진술, 소통이다. 그것은 사물이 존재하는 방식에 대한 긍정, 선언이라는 편이 더 낫다.

---

47) John M. Kennedy, *A Psychology of Picture Perception* (San Francisco: Josey Bass, 1974), p. 15.

48) M. H. Pirenne, *Optics, Paintting and Photography* (Cambridge: Cambridge Univ. Press, 1970), p. 183. 양자택일의 관점은 다음과 같은 책에서도 발견된다. John P. Frisby, *Seeing: Illusion, Brain, and Mind* (Oxford: Oxford Univ. Press, 1980), Marshall H. Segall, Donald T. Campbell, and Melville J. Herskovits, *The Influence of Culture on Visual Perception* (Indianapolis: Bobbs-Merrill, 1966) 참조.

49) Nelson Goodman, *Languages of Art: An Approach to a Theory of Symbols* (Indianapolis: Bobbs-Merrill, 1968) 참조.

중국과 페르시아 · 일본 등지에서 다른 그림들을 보면서 우리는 이미지에 작용하는 다른 개요들, 즉 소규모의 중국 경관 여행자들, 페르시아 회화의 꽃무늬에서 인간의 크기, 헤이안 후지와라 시대의 유명한 겐지 모노가타리 삽화에서 보이지 않는 천창을 통해 내부 공간을 바라보는 신기하고 고상하게 강조된 관점을 주목하게 된다. 이런 예들 모두에서 실제로 보이는 세계에 대한 인상은, 당시에 남자나 여자에게 유용한 격자나 도식의 존재만큼 예술가에게도 중요한 것이 아니다. 노만 브라이슨Norman Bryson은 "주체와 세계 사이에는 그런 문화적 구성을 정리하고 시각으로 심상을 다르게 만드는 담론의 전체 개요가 삽입된다."[50]고 언급하였다. 사실상 에른스트 곰브리치Ernst Gombrich는 "도식이 존재하는 특색만이 실제로 이미지로 나타나게 될 것이다."[51]고 결론 내렸다.

그렇지만 그것이 이런 점에서 다른 콰트로첸토 모델에서 파생된 우리 자신의 관점 체계는 아니지 않은가? 그것이 우리가 실제로 본 것 같은 세계를 보여 주지는 못하는 것일까? 실제로 르네상스 회화에서 모든 선은 공간에서의 유일한 점, 즉 수평선, 소실점, '먼 곳에 움푹 들어간 체스판 같은' 느낌을 주는 '점점 더 가까워지면서 커지는'[52] 횡단선에서 예술가의 실제적 경험을 복제하도록 존중되어 있다. 그리고 우리가 뒤늦게 그런 작업에 직면하게 될 때 우리 역시 색칠된 공간이 우리 앞에, 더 일찍이 제작자 앞에 행해진 것같이 적절하다는 것을 목격하게 된다. 그래서 전체 체계는 현장에서 한 개인, 즉 이것을 본 누군가의 현존에 좌우된다. 그런 시각적 격자가 르네상스 시기에 출현하게 된 것은 우연히 합치된 것이 아니다. 사실 그 당시 부여된 모든 권위, 특히 교회를 흔들리게 한 것은 사회적으로 지적인 심오한 대변동의 표명 중 하나이다. R. A. 세이스R. A. Sayce가 이야기한 바와 같이 모든 것이 의문

50) Norman Bryson, "The Gaze in the Expanded Field", in *Vision and Visuality*, ed. Hal Foster (Seattle: Bay Press, 1988), p. 91.

51) E. H. Gombrich, *Art and Illusion* (New York: Pantheon, 1960), p. 85.

52) Samuel Y. Edgerton, Jr,. *The Renaissance Rediscovery of Linear Perspective* (New York: Harper and Row, 1975), pp. 45-46. 내가 보기에 Edgerton의 책이 이 주제에 관한 한 최고이다.

스럽다. "과학·의학·법학뿐만 아니라 어쩌면 특히 우리가 세계를 파악할 수 있다고 믿게 만드는 논리적인 분류와 정의의 체계도 의문시되고 있었다."[53] 달리 말하자면 대개 이런 점까지도 세계의 운명일 수 있는 모든 유의 중재뿐만 아니라 규칙들이며 교훈·법령들은 개인에 대한 직접적이고 개인적인 참가 방식의 연루로 거부되었다. 나는 그것을 훑어보면서 거기에 있는 것을 보게 될 터이다.

충분히 논의된 문제인 만큼 상세한 부분까지 살피려고 하지 말고 르네상스 시대의 투시화법의 개요에 대한 두 가지 변별적인 특징에 초점을 맞춰볼 필요가 있다.[54] 첫째, 그림에서 볼 수 있는 장면이 예술가가 경험한 사실에 근거한 것이 아닐 때 어떤 일이 벌어질까? 흔히 시야는 무엇인가 있는 것이 아니라 조작된 광상곡이다. 단 한 가지 예만으로 충족될 수 있을 것이다. 산드로 보티첼리Sandro Botticelli의 〈동방박사의 경배Adoration of the magi〉(1475)에서 우리는 원위치에서 화가가 관찰한 것처럼 보이는, 즉 순회하는 유력자들에게 아기 예수의 알현을 목격할 수 있다. 그럼에도 불구하고 분명한 상식으로 묘사는 화가의 다큐멘터리적 기록이 아니라 이런 특별한 표현에 선행되는 수많은 다른 탄생에 기초한 예수탄생의 상상적 재연일 뿐이라고 언급된다. 많은 문제들, 즉 의상들은 진품으로 보이지 않고, 참가자들은 셈족의 특징이 없으며, 보티첼리 자신이 그림의 오른쪽 구석에 서 있는 일은 지구상에 있을 수 있는 것일까? 인정하기 어렵겠지만 코시모 메디치Cosimo de Medici는 이 세상에 온 아기 예수를 환영한 부자왕으로 인정받고 있다.[55] 어떤 왕자가 우연히 화가의 후원자나, 그림의 '제작자'가 된다고 말할 때 훨씬 더 곤혹스럽긴 할 터이다. 다른 말로 표현하자면 그리스도 성탄의 더 앞선 번역들(중세)이 그 장면(예수 그이야기의 동의임에 틀림없는)을 구체화하는 어떤 증거를 신

53) R. A. Sayce, *The Essays of Montaigne* (Evanston: Northwestern Univ. Press, 1972), p. 317.

54) Bill Nichols, *Ideology and the Image* (Bloomington: Indiana Univ. Press, 1981)의 앞 두 개의 장참조.

55) While Botticelli는 500년 후 미래의 우리와 눈을 맞추고 있고, 코시모는 1,500년 전의 과거로 여행하고 있다. 그래서 이 그림은 시간여행의 아주 좋은 예가 되고 있다.

뢰하지 않는 데 반해, 새로운 도식은 그 사건을 실제로 관찰자가 보는 앞에서 벌어지고 있는 과정 중에 상상이나 거짓 증거로 되돌려 버린 것처럼 받아들이게 만든다. 동시에 역설적으로 (우리에게 어떤 식으로든) 텍스트는 독창적 내러티브와 경쟁하여 모순들을 소개하는 것으로 그 자신의 노력을 손상시키는 것처럼 보일 수 있다. 그렇지만 그런 부조화들이 현대의 관람자들을 당황스럽게 만드는 징후들은 아니다. 이것은 바로 몇 년 전 〈쉰들러리스트 Schindler's List〉(Steven Spielberg, 1996)가 이 나라 전역의 학교 어린이들에게 홀로코스트의 정직한 재현으로 제공된 것을 우리가 상기하는 것처럼 보이는 만큼 매혹적이지 못하다. 비록 그 제목이 스크린에 현역 배우들의 출현과 보이지 않는 곳에 있는 할리우드의 기술진들을 확실하게 인정한다고 할지라도 영화는 제작의 역사처럼 조직자들에 의해 묘사되고 있다. 이제 더 잘 알고 있을 어른들까지도 할리우드의 영화 제작 불빛을 통해 아우슈비츠를 연상케 된다.

둘째, 어떤 그림이 보이고 있든 상관없이 15세기 원근법의 도움으로 관객 자신의 현존과 사물들의 도식 안에서 남자든 여자든 그들의 중요성이 확인된다. 같은 방향을 가리키는 (관찰자 각자에 대해) 모든 기호로 후자는 그들을 이해하고 인정하고 확증하며 정당화하기 위해 극도의 억압에 노출되어 있다. 주체의 자존심은 즉각적인 후원을 얻게 된다. 세계는 나에게만 의지하지 않고 자연은 과정 중에 의미심장해진다. 곧 나 자신은 모든 사물의 척도를 믿게 된다. 직접 관찰자를 부를 수 없는 다른 시각적 접근과 달리, 르네상스 시대의 원근법적 체계는 관찰자를 그들이 존재하는 주체로 만들면서 기호들의 조직망에 그들을 금방 사로잡는다.[56] 달리 표현하자면 시각적 격자 구조 때문에 글자 그대로 당신은 당신의 자리에 놓이게 된다. 이런 처리는 다음과 같은 방법의 이론적 용어로 필립 로젠Philip Rosen에 의해 요약되고 있다. "그것은 의미 체계를 활용하는 주체가 아니라 주체를 정의하는 의미 체

---

56) Jacques Lacan, *The Four Fundamental Concepts of Psycho-Analysis*, Alan Sheridan 옮김 (New York: W.W. Norton, 1981), chaps. 6 and 8.

계이다."[57]

우리가 단지 하나의 신을 잡는 렌즈를 사용하면 관찰자의 구체화에 도움이 된다. 쇼트의 연결로 시각의 형성은 관찰자들을 다시 완전하게 만드는 데 기여한다. 결과로서 우리는 적어도 어느 정도까지 오늘날 사회의 만족의 유지를 필요로 하게 된다. 광학 렌즈와 필름 준비, 부르주아 사회의 연결을 논하는 것은 전체 논제의 충분한 조사를 필요로 한다.[58] 그렇지만 이런 논제들은 비판적 연구를 하는 경험이 없는 학생들에 의해 제기될 것 같지는 않다. 존 듀이는 우리에게 "정신적 삶에는 자발적 발생이 없다."[59]고 상기시킨다. 그것은 항상 외형적 원인의 결과이다. 따라서 그것은 학생들에게 예술적 연출을 포괄하는 더 폭넓은 지적 논쟁에 참여를 허용하면서 그런 점들을 전면에 배치하는 교사에 달려 있다. 대체로 효과적인 영화 교육은 학생의 작업과 정확히 동조하지 않는 교사가 제시하는 정보파일로 이루어지는 것이 아니다. 그러나 주체는 스타일의 어떤 형태가 마치 단순한 개인적 선택, 즉 역사적·문화적·정치적 논쟁과 연관되지 않는 문제인 것처럼 드러나지 않는다. 교과과정은 '원인, 역동적 과정, 어떤 논제를 좌우하는 힘을 발견할 수 있도록 흥미를 끌게 만들'[60] 필요가 있다. 존 듀이는 이것에 대해 특별하다.

9

존 듀이의 교육철학의 또 다른 관점은 영화 교육에도 동일하게 적용될 수 있다. 듀이는 독일에서 요한 프리드리히 헤르바르트Johann Friedrich Herbart가 가장 먼저 개발한 아이디어를 개조함으로써 과거와 현재의 관계를 다시 생각

57) Philip Rosen, in *Narrative, Apparatus, Ideology,* ed. *Philip Rosen* (New York: Columbia Univ. Press, 1986), p.163.

58) Jean-Louis Comolli, "Technique and Ideology: Camera, Perspective, Depth of Field", Diana Matias 옮김, in *Movies and Methods II,* ed. Bill Nichols (Berkeley: Univ. of California Press, 1985).

59) John Dewey, Herbert M. Kliebard, *The Struggle for the American Curriculum 1893-1958,* 2nd ed. (New York: Routledge, 1995), p. 152.

60) John Dewey, Kliebard, p.136.

하게 된다. 그는 이렇게 쓰고 있다. "현재는 과거 다음에 오는 바로 어떤 것이 아니고 (…) 과거 뒤에 남겨진 것이 어떤 삶인가이다." 따라서 과거를 연구하는 것은 "과거가 현재에 접어들 때 큰 의미를 갖는 것이지 다른 것이 아니다."[61] 예를 들어, 오늘날의 영화에서 무대 뒤에 무엇이 있는지 이해하는 것은 그것으로 유도하는 것을 이해하는 데 유용할 것이다. 우리는 이것을 어떻게 성취할 것인가? 듀이는 "학생이 행동을 배우게 될 때 정신적으로나 육체적으로 인류에게 중요해 보였던 약간의 경험을 다시 체험하게 되고 독창적으로 이런 일들을 행하는 사람들처럼 동일한 정신적 과정을 겪게 된다."[62]고 여겼다. 그런데 우리는 그리피스의 영화를 보고 초기의 영화 제작처럼 인지하는 것으로 지루해하는 대신에 비디오 카메라로 무대에서 물려받은 그리피스의 독창적 상황과 그의 창조적 해결책을 왜 재창조할 수 없는 것일까? 이것은 듀이가 양초 만들기로 유도한 전 과정을 재구축하도록 교사들에게 조언할 때 마음속에 두고 있었던 것이다. 그에 따르면 "조명을 얻는 전과정은 양초의 심지와 촛농을 만드는 데 동물 도살과 비계 추출로부터 힘든 긴 과정에서 드러나게 되었다."[63] 이것은 가스와 전기로 이미 아주 간단하게 조명을 할 수 있게 된 시기에 조명의 초기 형태에 대한 향수는 아니다. 그것은 젊은 세대에게 인간의 생존으로 밤에 대한 점진적인 정복에 필요한 인지적 공격과 육체적 실험을 되살아나게 만드는 것이었다. 마찬가지로 스테이징의 표준방식이었던 것을 가지고 그리피스의 조급함을 구체화하는 것은 재현이라는 것의 전체적 논점에 직면하게 되어 당시에는 어떤 이유 때문에 실행이 불가능해서 포기되었던 것을 아마 양자택일로 인지하게 될지도 모른다. 그런 실천이 영화사를 살아있게 만들고, 과거를 웅장한 무덤이 아니라 능동적인 연구센터로서 다시 돌아올 수 있게 만든다. 그리피스가 행할 수 있

61) John Dewey, *Democracy and Education*, p. 88.
62) John Dewey, Henry J. Perkinso, *Two Hundred Years of American Educational Thought* (Lanham, Maryland: Univ. Press of America, 1987), p. 223.
63) John Dewey, Herbert M. Kliebard, p. 68.

는 것은 당연히 에이젠슈테인Eisenstein · 웰스Welles · 고다르Godard · 얀초
Janczó · 아케르만Akerman · 그리너웨이Greenaway, 매체의 한계를 결과로 확장
시킨 재공식화를 제시하면서 그것이 그들의 활동시기에 행해진 것과 같은
연출로 만족할 수 없게 된 다른 감독에게 적용할 수도 있다. 그런 재창조에
서 과거는 현재로 다시 돌아오게 되고, 새로운 통찰력이 영화의 발전으로 이
어질 수 있다. 연출의 현재 방식은 완벽함의 절정이 아니라 계속 발전하는
것을 억제하는 일시적 구조로 경험될 수 있다.

10

듀이 철학에 대한 마지막 관점은 우리를 영화학교와 영화 산업의 관계로 돌
아가게 만든다. 앞서 언급된 바와 같이 듀이는 그 자체를 쇄신하는 민주적
양상의 역량과 연관되어 있다. 그래서 그는 학교를 전통, 관습, 또 모든 종류
의 믿음이 설명되고 그것들에 대한 개선의 관점에서 토론될 수 있는 장소로
주시했다. 일자리를 갖게 하려면, 마음속에 품고 있는 학교는 아웃사이더의
세계에서 운영하는 전형적인 계급 제도가 경솔하게 되풀이되지 않는 새로
운 종류의 공동체를 키울 필요가 있다. 같은 방식으로 영화학교들은 작은 스
튜디오들처럼 운영되어서도 안 되고, 정해진 산업적 규정들을 복제해서도
안 된다. 통상적으로 할리우드식 촬영을 조정하는 운영상의 배열에 실제로
할애된 것은 아무것도 없다. 영화학교는 학부 차원에서 만든 프로젝트들을
따기 위해서 학생들에게 서로 경쟁하도록 결코 강요해서도 안 된다.[64] 이것
은 함께 배우고 나누며 발전할 수 있는 유일한 동료들의 공동체를 만들 수
있는 기회를 무너뜨릴 수 있다. 둘째, 촬영 진행요원(그립)으로 일하는 사람
이 촬영하는 동안 어떤 점이든 감독에게 방향을 바꾸도록 약간의 조언을 하
지 못할 이유가 없다. 요컨대 영화학교에서 존재의 아름다움은 사실 아무도

---

64) 여기서 서던캘리포니아대학교를 생각하게 된다. 다른 영화들에서는 종종 다른 배열방식이 사용
된다.

다른 사람보다 더 많은 것을 알지 못한다는 것이다. 전문화는 여전히 모든 사람에게 가능할 수 있다. 붐맨은 조명에 대해 말할 수 있고, 짐을 싣는 사람은 사운드 녹음기사에게 제안을 할 수도 있다. 그렇게 누구나 참여할 수 있는 경쟁에서 본래의 조직적인 훈련의 부족은 프로젝트에서 모든 사람의 순수한 관심으로 훨씬 더 많이 보완된다. 동료들과 영화를 촬영하는 것은 전체 구성원이 아마추어, 즉 영화를 사랑하고 창조적 과정을 도울 수 있는 일을 행하는 사람으로 구성되어 있기 때문에 실제로 기분을 들뜨게 만들 수 있다. 우리는 이런 방식을 고수할 필요가 있다. 그리고 또한 영화학교는 항상 안전한 곳, 즉 실패도 용인되는 장소이다. 당신이 코를 박고 앞으로 넘어졌다고 하더라도 동료들은 당신을 버려두지 않을 것이다. 당신은 여전히 그들의 친구로 남게 될 것이다.

그와 반대로 전문가들, 고용된 총잡이가 산업을 지배한다. 기술자들은 한 가지 일, 즉 그들의 전문분야의 일만 하려 들고, 그것을 의심할 여지없이 잘 해 낸다. 하지만 그들이 겪는 곤란한 일, 즉 돌리의 매끄러움, 포커스의 예민함, 와이어의 엄격한 디지털방식으로 이동과 같은 일들은 그들 자신의 일로 한정된다. 그들은 영화가 전체적으로 나쁘든, 영화의 메시지가 애처롭든 문제삼지 않는다. 극소수의 촬영 진행요원이며 전기기사, 조감독, 작업세트를 정리하는 아랫사람들이 작업이 끝났을 때 자신들이 찍은 영화를 보는 걸 귀찮아하는 것은 산업에 대해 뭔가를 말해 주는 대목이다. 그런 산업 방식으로 촬영하는 것은 당신이 가지고 놀 수 있는 더 큰 장난감이 있음을 의미한다. 일은 더 많은 것을 요구하고, 당신은 더 잘 고용될 수 있다. 그러나 전 과정은 또한 제지되기도 한다. 촬영은 전체적으로 구분되고, 다수에 의해 행해진다. 그것은 공공의 창작 환경에서 보통 나타나는 동업자의 감정을 억제하는 기계적인 작업이 된다. 유감스럽게도 영화학교에서 학교장과 교사들은 이런 유해한 가치들을 영속시키면서도 그 잘못들을 눈치 채지 못한다. 수업을 시작하면서 학생들에게 모험과 실험을 허용할 때조차도 그들은 머지않아 올가미 같은 시스템에 얽히게 되고, 기준에 따라 스튜디오 훈련을 실행하도록 강요받게 되는 것이다. 듀이의 경우 이 모두는 잘못된 것이다. 실제로 직업을 부흥시킬 수 있는 어떤 기회를 마련하려면 영화학교들은 그들의 역할을 재고할 필요가 있으며, 또한 할리우드의 유혹을 뿌리칠 수 있는 동업자 정신을 촉진시키고, 전혀 다른 종류의 영화 제작자들의 양성을 도울 수 있는 전략을 따라잡을 필요가 있다.

11
·······

비록 미첼 블록이 그들의 이름을 낱낱이 열거하지 않을지라도 누군가는 단체를 가르치는 비평 수업이 당연히 "산업과 너무 동떨어져 있다."[65]고 생각하는 것들 중에 포함되어 있을 것으로 의심하기도 한다. 실제로 대학 출신의 교사들은 서던캘리포니아대학교의 영화학교 헌장에서 이리저리 생각되는 진정한 학자가 된 것으로 볼 수도 있다. 이런 경우에 문제는 학자들이 결국 어떤 유형이나 형식으로 영화 제작에 영향을 미칠 수 없는 프로덕션으로부터 거리가 멀어지게 된다는 사실이다. 처음에 이런 교사들은 숫자상으로 볼 때 거의 찾아보기 어려웠다. 그들의 대다수는 유명한 중세 역사가들(서던캘리포니아대학교의 아더 나이트Arthur Knight와 같은)이나 영화에도 관심이 있는 다방면에 정통한 사람들(UCLA의 휴 그레이Hugh Gray가 그 좋은 예가 될 수 있다)을 포함한다. 대부분 그들은 영화사나 영화미학을 모든 제작전공 학생들이 선택하게 되는 일반교과의 일부로 가르친다. 그렇지만 1960년대에 교과 과정이 바뀌기 시작했다. 감독들에게 쏠린 갑작스런 비판적 시선을 따르면서 예전보다 훨씬 더 진지하게 영화를 취급하고, 문학작가들을 위해 일찍이 확보되어 있던 일종의 배려로 영화 제작자들을 연구하도록 대학 내에서도 압력이 가해지게 된 것이다. 릭 쥬얼Rick Jewell은 "대중들은 흥행영화가 대학에서 연구할 가치가 있다는 것을 대학 당국자들에게 납득시키는 방법을 기대하고 있다. 그들은 [영화가] 과거에 예술 형식이었지 공동 제작의

---

65) Mitchell W. Block, p. 35.

기획이 아니었고, 모든 일을 담당하는 고독한 예술가, 즉 감독의 작업이라고 논쟁하기에 이르렀다."[66]고 주장했다. 왜냐하면 그런 과정들은 대체로 과거 캠퍼스에서 수용되었기 때문에 그것들은 교과과정에서 표준이 되는 특징이 된다. 그것들은 곧 우리가 당장 제대로 틀이 잡힌 학과에서 당연한 것으로 생각하는 모든 교과과정, 즉 무성 영화사, 미국 영화, 국제적인 영화, 다른 장르 등으로 이어지게 된다. 강의와 성숙한 교사의 수처럼 그들 모두를 학과 안에, 독특한 훈련에 끌어들이는 것은 의미가 있다.

그 당시에 제작이나 비평 연구나 학과의 개편을 별개로 받아들인 것은 아니다. 비평 연구의 역할은 제작하는 학생들에게 제작을 도와주고, 골라 선택할 수 있도록 폭넓은 교과 과정들을 아직 제공하지 못하고 있다. 10여 년 이 지난 뒤 상황은 근본적으로 변하게 되었다. 후기 구조주의의 영향으로 영화 이론은 갑자기 예측하기 어려운 패션처럼 폭발적으로 전개되었다. 과거에 행해지던 바와 같이 영화 제작 관행에서 실마리를 마련하기보다는 오히려 이론은 이제 기호학, 문학연구, 정신분석, 마르크시즘, 급진적 페미니즘 등의 최근 사상에 영향을 받게 되었다. 이런 과정에서 박식한 원로 영화연구가들은 이런 분야를 더 잘 알고 있는 새로운 부류의 교육자들에게 자리를 넘겨주게 되었다. 영문학과 출신의 대부분의 학자들처럼 신진학자들은 영화 제작 훈련을 거의 거치지 않았거나 전혀 거치지 않았다. 그들은 아주 논리적으로 영화 제작의 특성을 무시하고, 텍스트의 의미 있는 변화에 오히려 초점을 맞추고 싶어했다. 그들은 일반적으로 문화계에서 일어났던 일에 아주 무감각한 상태로 남아 있는 제작 과정에 이른 사람들에 대해 인내심을 거의 보여주지 못했다. 그들은 제작 과정에서 배운 더 관습적인 방식의 영화 제작을 포기하고 근본적 아방가르드를 지지했다. 그리고 이것이 충분한 것은 아니지만 새로운 이론적 시나리오 쓰기에서 사용된 언어는 초보자가 아니라 하더라도 자료에 접근할 수 없는 전문용어를 사용했다. 놀라울 것도 없지만 두

---

66) Robert W. Welkos, "Hey, He Only Imported the Theory", *Los Angeles Times*, Calendar Section, June 30, 1996, p. 27.

측면은 서로 별개로 발전한다. 선생님들은 서로 더 이상 소통할 수 없다. 오늘날 제작 교사단은 비평적 연구단의 거만함을 숨죽여 비웃는다. 반면에 후자는 전자를 오히려 하위 계급처럼 계속 주시하고 있다. 같은 지붕 아래 공존하는 두 부류는 그들이 소유한 것이 아무것도 없고, 특히 영화를 가지고 있지 못하더라도 공통적으로 행동한다.

이런 상황은 유럽이나 오스트레일리아에서 찾을 수 있는 더 전형적 시스템을 초월한 미국 영화 교육의 상당한 장점을 상실하고 있기 때문에 혼란스러울 수 있다. 그래서 영화의 실제는 그 영역이 영화 이론이나 영화사 등과 상반되는 기술 제도에 속하고, 합법적으로 대학의 학부나 학과에 속해 있는 직업 활동으로 간주되었다. 이런 자의적 분할은 영화전공 학생들을 편의상 독립된 교과 과정, 다양한 건물, 분교, 때로는 다른 도시로 들어가게 만들기도 한다. 그런 상황에서 학생들은 영화 제작 과정의 현실이나 연습 과정에 의문을 제기하는 비평적 사고를 행하는 것이 부족하다. 한때 교내에서 대등한 관계였고, 여전히 가능한 상태의 미국에서 두 분파의 분리는 다른 측면에서 생기는 혜택을 입는 것을 학생들에게 똑같이 어렵게 만든다. 예를 들면, 각 분반은 비평적 연구의 전공학과들은 슈퍼 8mm 교육과정을 거친 뒤 어떤 제작 교과를 택하는 데 방해가 될 정도로 자신들의 요구 사항 때문에 학생들에게 부담을 준다. 그래서 제작 과정의 학생들은 그들의 연구 목표를 이루기 전, 말하자면 너무 늦어서 그들의 영화에 크게 영향을 미칠 수 있을 때 이론을 탐구한다는 것이 거의 불가능하다는 것을 깨닫게 된다. 전문화는 현장에서 배우는 것이 훨씬 더 낫다는 구실로 강조되고 있다. 이런 주장은 학원에서 종종 있는 일이어서 앨런 블룸Allan Bloom과 같은 미국 교육의 보수적 비평가를 납득시킨다는 것은 불가능하다. 그런 부류는 거기에 속하기 때문에 학부의 포화 상태는 실제로 "학생들에게 관례적으로 존경할 만한 인물과 거리가 멀게 유도할지도 모를 매력을 느끼지 못하게 만든다."[67] 달리 말하자면

---

67) Allan Bloom, *The Closing of the American Mind* (New York: Simon and Schuster, 1987), p. 338.

각 분반은 '그런' 학생들을 유혹하기 위해 타인의 능력을 두려워하는 것처럼 비칠 수 있다.

이것은 얼핏 보아도 우스꽝스럽다. 특히 제작 과정의 학생들은 과정 중에 속는다. 그들의 대부분(학부생과 마찬가지로 대학원생들)은 지난 10년간의 문화적 잠식에 대한 자각 없이 영화학교에 들어간다. 그들이 종종 강의실에 들어간 것은 부적절한 교육의 낌새가 될 수도 있다. 예를 들면 편집을 에이젠슈테인의 언급 없이 배우게 되는 것과 같다. 이것은 오늘날 편집을 가르치는 전문가들이 자신들의 작업을 제대로 알지 못하고 있거나, 책을 읽지 않거나, 현대에 부적절할 것 같은 영화와 사고를 가볍게 여기고 있기 때문이다. 이것은 무의미한 생각이다. 이 모든 것은 학생들이 자기 본위의 영화를 만들도록 자극하는 도전적인 자료에 접근이 허락되지 않는다는 것을 의미한다. 영화 이론(제럴드 그레이프Gerald Graff가 문학 이론에 대해 이야기하는 것을 적용해 보면)은

> [예술의] 몇 가지 양상, 즉 그것의 본질, 역사, 사회에서의 위치, 제작과 수용의 조건, 일반적으로 의미하는 것, 혹은 특별한 작업의 의미가 더 이상 없고 일반적으로 논의되는 문제일 때 정립되는 것이기 때문이다. 이것은 일단 당연한 것으로 생각되는 [영화적] 관습과 비평적 정의가 일반화된 논의와 논쟁의 대상이 되었을 때 피할 수 없이 정립되는 것이다.[68]

그리고 대개 이론을 의식하게 되는 것은 학생들로 하여금 그들이 당시의 문화적 논쟁에 활동적인 참가자들처럼 성장하는 것과 마찬가지로 영화 제작자들처럼 행동하는 것을 도와 의문을 품게 만든다. 1937년 해리 D. 지디언스Harry D. Gideonse는 자유로운 교육의 목적을 논평한 바 있다. 그는 그런 학교 교육을 "항상 실제에 유용한 이론적인 것을 만들고, 실제에 의해 이론적인 것을 수정하고 보완하는 데 지배적인 관심을 가지고 이론과 실천 두 가지 모두를 목표로 삼아왔다."[69]고 쓰고 있다. 오늘날 영화학교보다 더 긴급히 필

---

68) Gerald Graff, *Professing Litterature* (Chicago: Univ. Press, 1987), p. 252.
69) Harry D. Gideone, *American Higher Education*, p. 945에서 인용.

요한 이런 철학은 어느 곳에도 존재하지 않는다.

12

60년대 이전에 감독들은 영화학교에 간 적이 없었다. 그들은 어떻게 했을까? 그래 여러분이 B급 영화에서 노하우를 발휘할 수 있는 스튜디오라는 훈련의 장이 있었다. 일반적으로 영화 제작에서 일어나는 일은 그 모든 것을 느끼기에 충분한 것처럼 보일 수 있다. 자칭 유망한 사람을 확실하게 지키는 것은 값비싼 제안이었다. 일단 정부가 스튜디오에게 전국에 산재해 있는 극장 체인에 대부분의 흥밋거리를 팔도록 강요하게 되면, 그들은 기술을 배우는 사람들에게 급료를 지불할 여력이 더 이상 없다는 것을 알게 된다. 경비 절감이 필요하다. 그렇기 때문에 스튜디오들이 가능성 있는 재능을 발휘할 수 있는 곳이 될 수 없게 된 바로 그 순간 영화학교들이 할리우드에 꼭 필요하게 되었다는 것이 이치에 맞는 것은 아니다. 결국 글자 그대로의 의미에 앞서 일종의 독점화는 유능한 인재를 찾아내고, 영화 산업에 미래의 고용을 위해 최고의 신입생들을 훈련시키는 역할을 하는 현재의 대학과 함께 제지되었다.

오늘날 영화학교가 연줄이 없는 이들에게 영화 산업에 종사할 수 있는 유일한 방법으로 비칠 수 있다. 하지만 그들이 정말 존재할까? 실제로 그들은 무엇을 준비할 수 있을까? 표면상 학생들은 영화를 만들기 위해 필요한 여러 가지 기술들, 즉 배우 지도며 카메라 작동, 세트 조명, 편집, 사운드 녹음 등을 배우고 있었다. 실제로 영화학교가 당신에게 줄 수 있는 유일한 것은 당신의 재능을 연마시켜 주는 시기이다. 정말 시간은 대본에서 작업할 것과 작업할 필요가 없는 것을 계산하는 데 누구에게나 필요하다. 역할에 적절한 배우가 누구일 것인가를 인정하는 것도 시간이다. 다른 조명 설계로 제공된 분위기의 세밀한 변화를 쉽게 느낄 수 있는 것도 시간이다. 특별한 영상을 동반하는 정확한 사운드를 얻어내는 것도 시간이다. 실제로 모든 영화학교는 학생들에게 다시 한 번 그들의 재주를 발견해서 발전시킬 수 있는 캔버스를 마련해 주는 곳이다.

그 나머지는 그리 중요하지 않다. 아마도 당신은 이미 대학의 학위가 영화 비즈니스에서는 아무 의미가 없다는 것을 알고 있을지도 모른다. 늘 그러했 듯이 그들이 노조에 의해 더 이상 비난받지 않을 수 있기는 하나 당신에게 해 줄 수 있는 것은 아무것도 없다. 학위에 대해 우려할 필요가 없는 것은, 당신이 영화학교가 제공해 주는 것을 모두 받아들였다는 믿음이 있으면 언제든 그곳을 떠날 수 있다는 것을 의미한다. 최소한 그곳에 머물도록 하라. 결코 부채를 크게 늘리지 마라. 당신이 학교가 도움이 될 것이라고 절대적으로 믿는다면, 어딘가에 공개강좌를 열고 메인주 워크숍에서 몇 주를 보내라. 그렇지 않으면(천만에!) 도브 에스 에스 시멘스Dov S-S Simens 세미나를 기다리기라도 하라. 다른 면에서 장비가 중요하다는 것을 잠시도 생각하지 않도록 하라. 당신이 전문가와 이야기할 때 이해할 수 없는 말, 즉 HMI 조명, 아비드 편집시스템, DAT 녹음기, 당신이 가지고 있는 것에 감동을 받고, 당신이 영화를 진행시켜서 촬영에 들어갈 수 있기 전에 이런 장비가 사전 필수품이라고 생각하는 것은 쉬운 일이다. 그렇지만 과장된 도구는 전혀 필요없다. 그리너웨이는 분명하게 "최고의 영화는 값싸게 만들어지고 … 그것이 보잘것 없다 하더라도 그 과정을 중요시한다."[70]고 주장한다. 주안점은 낡은 구식의 장비를 가지고도 정말 걸작을 만들 수 있다는 사실이다.

일단 당신이 영화학교(그 이전에는 스튜디오)가 실제로 제공하는 것이 관례라는 것을 이해하면, 양자택일의 생각을 해볼 수 있다. 누군가는 행동하면서 배우고, 또 다른 누군가는 실수를 하면서 배운다. 당신이 어느 정도 감성이 있다면 조만간 한 장면으로 작업할 수 없다는 것도 인지하게 될 것이고, 다시 같은 함정에 빠지지 않는다는 확신을 가질 수 있다. 당신은 촬영을 하면 할수록 이런 종류의 노하우를 더 많이 축적할 수 있다. 당신은 당연한 결과로 몇 편의 영화(처음에는 단편 영화, 다음에는 50분짜리 영화, 최후에는

---

70) Peter Greenaway, *Millimeter*와의 인터뷰 (June 1997), p. 128.

걸작)를 만들어 봄으로써 알게 되는 모든 것을 배우게 될 것이다. 오늘날에는 비디오나 DVD에 감사해야 한다. 당신은 5천 달러도 안 되는 제작비로 걸작을 만들 수도 있다. 릭 슈미트Rick Schmidt와 같은 저예산 영화 전문가들이 편집 비용을 최소한으로 낮추라고 말할 수밖에 없던 이유를 알 필요가 있다.71 하지만 탐험영화를 만들지 말고 박진감 있는 영화를 만들어라. 당신이 최선을 다하고 싶다면 가능한 한 각각의 계획을 최대한 밀고 나가라. 또한 촬영한 작품의 개봉을 잊어라. 그것은 친구들에게만 보여줄 수 있는 스케치일 뿐이다. 서두르지 마라. 준비도 되기 전 조급하게 행동하지 마라.

로베르토 로셀리니Roberto Rossellini가 엉뚱하게 진술하고 있는 바와 같이 교육의 라틴적 뿌리는 거세의 개념을 필연적으로 수반한다.72 요컨대 당신이 영화학교에 등록하기로 결정을 했으면 원하는 바를 소중히 여겨라! 물론 영화 제작자가 되는 것은 쉽지 않지만 그 과정에 참여하는 것만으로도 타인의 속박을 받지 않을 수 있다. 그것은 해볼 만한 가치 있는 여행을 홀로 하는 것이다.

71) Rick Schmidt, *Feature Filmmaking at Used-Car Prices* (New York: Penguin, 1988).
72) Roberto Rossellini, Eric Sherman, *Directing the Film: Film Directors on Their Art* (Boston: Little Brown and Co., 1976), pp. 304-305.

4

시나리오
쓰기

SCENE

TAKE

DATE

PROD.CO.

DIRECTOR

시나리오
쓰기

1

영화는 글로 쓴 것으로부터 시작된다. 말이 우선이고 이미지는 그 다음이다.
거의 초기 단계부터 영화에 제기된 문제는 다른 매체로 넘어가는 최선의 방
법이었다. 영화는 쓰기의 초기 과정에서 사소한 아이템으로 고안되는 것인
가, 아니면 시나리오가 제작 단계에서 생기는 중요한 창조적 노력으로서의
초안에 불과하다는 것을 의미하는 것인가? 연루된 사람들이 시종 같은 사람
이어야 하는가, 아니면 각기 전문가들에 맡겨져야 하는 것인가? 오늘날 어
느 누구도 할리우드를 지배하는 정교한 시스템에 의문을 제기하지는 않는
다. 아직까지도 그런 방법들과 가이드라인들이 여전히 중립적이지 못하고
공개토론으로 이용되고 있을 뿐이다. 예를 들면 시나리오 작가들과 감독들
사이에 실제 서로 도움이 되는 타협이 현실적으로 관심을 끌지 못하고 있다
는 것이 나의 주장이다. 그것은 시스템이 영화를 일괄적인 계획으로 제작되
어 세계적으로 배급되는 상품으로 정의하고 있다는 것을 지지하고 있기 때
문이다. 이런 신사적 동의로 적어도 내러티브에 대한 우리의 아이디어를 확
장시키거나 삶과 문화와 역사에 대한 이해를 촉진시키는 개인적이고 혁신
적인 영화가 탄생될 것 같지는 않다. 그래서 나는 이 글에서 그런 영화의 발

전에 방해의 원인이 되는 세 가지 장애 요인 (1) 시나리오 작가와 감독 사이에 억압적이고 지나치게 억제하는 작업의 분리, (2) 시나리오 작가들이 반드시 사용해야만 하는 필수적인 포맷, (3) 성공적인 프로젝트의 '확고한' 방법처럼 할리우드의 변절자들에 의해 어디서나 이제 얽매일 수밖에 없게 된 정형화된 극적 구조에 집중하게 될 것이다.

2

영화의 스토리텔링은 대부분 필요에 의해 개발되었다. 영화들이 길어지고 스토리들이 복잡하게 전개되었기 때문에 스토리텔링을 '감독이나 카메라맨, 배우, 공식 스태프들로 만드는 것'[1]은 이제 더 이상 의미가 없다. 결과적으로 각 스튜디오는 계속 팽창하는 시장이 요구하는 수많은 볼거리들을 기계적으로 만들어 내는 것을 돕기 위해 그들 자체의 시나리오 부서를 서둘러 확장시켰다. 그 후 곧 조직 내의 시나리오 작가들은 촬영 중에 부주의로 생기는 문제들을 스스로 막을 수 있다는 것이 분명해지게 되었다. 예를 들면, 당시의 비평가들은 빈약한 콘티뉴이티에 대해 많은 불평을 토로했다. 그런 경우는 "빈손으로 모자도 쓰지 않고 멀리서 배회하는 길 잃은 어린애를 필요로 하고, 나중에 그가 언덕 사이에 보였을 때 그가 발견된 상태로 상당히 중요한 역할을 하는 모자를 가지고 있다."[2] 자넷 스테이거Janet Staiger가 주장하고 있듯이 "나중에 무대세트나 재촬영으로 일하는 사람들 전원에게 일을 시키는 것보다 대본을 준비하고 [초기] 단계에서 콘티뉴이티 문제를 해결하기 위해 작업하는 몇몇 사람들에게 돈을 지불하는 것이 더 싸다는 것"[3]이 분명해지게 되었다. 헨리 포드Henry Ford에게 할리우드의 답이라는 토마스 하퍼

---

1) Benjamin B. Hampton, *History of the American Film from Its Beginning* (Now York: Dover, 1931년판 1970년 재판), p. 30.

2) *New York Dramatic Mirror* (1912)에서 Janet Staiger의 인용. "Tame' Authors and the Corperate Laboratory: Stories, Writers, and Scenarios in Hollywood", *Quarterly Review of Film Studies*, vol. 8, no. 4 (Fall 1983).

3) Janet Staiger, "The Hollywood Mode of Production: The Construction of Divided Labor" (박사학위논문), Unv. of Wisconsin-Madison, 1981, p. 154.

인스Thomas Harper Ince는 작업하러 가서 핵심 프로듀서의 후원 아래 영화 제작의 전체 관행을 성공적으로 잘 성문화하고 표준화했다. 산타 모니카 산속에 있는 '인스빌'에서 영화를 위한 시나리오 쓰기는 처음으로 정말 효율적인 작업이 되었다. 그것은 체계적인 작업에 반드시 필요한 핵심으로 발전했다. 예를 들면, 마지막 순간에 임시 해결하고 둘 중 어느 것이라도 잘 편집되지 않았거나 어느 한 장면(신)의 '효과'를 내는 데 실패했던 쇼트들을 가지고 논의하는 감독들의 문제를 해결하기 위해 그런 장면(신)은 시나리오를 쓸 당시 특별한 쇼트들로 분류되어 분할된다. 따라서 드라마는 미리 시각적으로 명확히 표현되고 카메라의 역할은 이런 쇼트들의 중복에 제한된다. 그런 시나리오의 어떤 편집자는 설명하길, "우리의 시스템에서 대본은 감독에게 완벽한 형태로 전달된다. 그는 당장 작업에 들어갈 수 있을 정도이다. 우리의 스태프의 4~5명의 전문가들이 읽고 대본의 모든 면을 논의해서 온 힘을 다해 구조의 어떤 결점을 제거할 수 있게 된다."4 〈빅 퍼레이드The Big Parade〉(King Vider, 1925)의 시나리오는 이런 영역의 모범이 될 만한 사례이다. 그것은 영화 초창기에 깃발을 들고 악대를 동반한 거리 퍼레이드가 롱쇼트로 촬영되었다는 것을 사례로 보여 주고 있다. 이 장면은 주인공의 클로즈업 왼쪽을 바라보는 주인공 짐의 클로즈업에 이어진다. 다음에 그들이 강한 리듬 음악에 움직이듯이 주인공의 발의 클로즈 쇼트, 그가 오른쪽으로 돌듯이 그의 얼굴의 클로즈업, 그리고 그것이 거리에서 벌어지고 있는 것처럼 베이스 드럼의 미디엄 쇼트가 이어진다. 그때 우리는 미소짓는 것 같은 짐의 얼굴로 컷해서 돌아간다. 그리고 음악리듬에 맞춰 움직이는 그의 발로 돌아간다. 사실 시나리오는 감독에게 실행을 위해 전해지는 상세한 촬영대본이 되었다.

여기서 이런 아이디어는 어떤 장면을 시각화하는 데 시나리오 작가들이 반드시 감독보다 더 훌륭하다는 것이 아니라 일반적으로 실질적 방법이 '스

---

4) Janet Staiger, "Blueprints for Feature Films: Hollywood's Continuity Scripts" in *The American Film Industry*, ed. Tino Balio (Madison: Univ. of Wisconsin Press, rev. ed., 1985), p. 191에서 인용.

릴 있고 유효한 제재' 5로 행동을 미리 예고하는 데 체계적으로 적용되었다는 것을 의미한다. 인스 자신은 '노련한 플롯 구성 전문가'로 알려졌다. 그는 재가를 위해 제출된 대본을 요약하는 것뿐만 아니라 대본을 적절하게 일련의 쇼트로 나누는 데 아주 익숙했다.6 톰 스템펠Tom Stempel의 경우 결과 자체가 말해 주듯이 "대본, 그 곳에 적힌 메모, 필름의 편집 이 모든 것이 스토리를 분명하고 명확하게 말해 주는 영화가 되는 것이다."7 영화가 이런 과정을 거치듯이 다른 전문가들은 무대세트, 소품, 타이틀, 필름 비축량, 기타 등등에 관해서 제작팀이 요구하는 것이 무엇인지 결정하기 위해 대본을 점검한다. 대체로 상세한 콘티 대본은 전체 영화 제작 계획의 공학적 청사진이 되었다. 영화 제작에 비능률이 상당히 감소되었을 때 영화는 예전보다 더 유리하게 촬영될 수 있다. 자넷 스테이거Janet Staiger는 대량생산에 포함된 다른 산업들과의 유사성을 지적하면서 콘티 대본을 '영화 제작에 참여하는 많은 사람들을 유도하는 획일성과 규칙성' 8을 제공하는 필요한 도구로 설명하고 있다. 사실상 산업적 '장점'의 조절은 특별한 프로젝트에 관계없이 전체 생산고나 관계된 개인들에게 유지될 수 있다. 감독들은 이런 시스템에 대해 어떻게 생각했을까? 피터 밀른Peter Milne에 의하면, "개인주의자들은 인스에 반대하고 그의 방법을 경시했다는 것이다. 그는 영화 제작 계획에 기꺼이 참여하는 감독들을 고용하기 때문에 그들에 대해 신경을 쓰지 않으며 대부분 충분한 보답이 이루어졌다."9 말할 필요도 없이 스튜디오의 경우처럼 그들은 상세한 시나리오 쓰기의 형식 입문의 가장 많은 혜택을 받았다.

5) Ince, Edward Azlant, *The theory, History, and Practice of Screenwriting 1897-1920* (Ann Arbor, Michigan: Univ. Microfilms International, 1982), p. 165.
6) Edward Azlant의 인용. *Dramatic Mirror* (New York, 1913), p. 164. Ince의 관행을 더 알고 싶으면 Edward Azlant의 글 pp.159-172 참조.
7) Tom Stempel, *Framework: A History of Screenwriting in the American Film* (New York: Continuum, 1988), p. 48.
8) Staiger, *Quarterly Review of Film Studies*, p. 39.
9) Peter Milne, *Motion Picture Directing: The Facts and Theories of the Newest Art* (New York: Falk, 1922), p. 143.

3

이런 상황은 무성영화가 토키영화에 자리를 넘겨주게 됨으로써 종말을 고하게 되었다. 시나리오 작가들과 스튜디오들이 직면하게 된 문제는 이전의 시나리오 형식을 새로운 유성영화의 유일한 요구조건에 어떻게 맞출 것인가와 같은 귀찮은 것이었다. 이전의 대부분의 시나리오 쓰기는 주인공이 실제로 쇼트에서 행동하는 것, 혹은 그들이 다른 인물에게 어떻게 반응하는가와 같이 인물들의 행동과 연관되어 있었다. 그것은 그들의 시선을 분명하게 만들고 그들의 감정에 대해 이야기하는 것이었다. 1911년과 같은 초기에 에페스 윈드롭 새전트Epes Winthrop Sargent는 이런 설명들이 단순하게 지속된다는 것을 암시한 바 있다. 그는 주장하길, 스토리는 "이야기되기보다는 오히려 스스로 말하는 것처럼 보일 수 있다. 그것은 과거 사건들의 내러티브보다는 해프닝으로 비칠 수 있다."[10] 그래서 행동은 시나리오의 핵심 제재를 형성하게 되고 쇼트의 분할과 스크린에 나타나는 중간 사이 자막에 의해서만 중단된다. 전형적으로 이런 타이틀은 페이지로 구분되었다. 그것은 서술적이거나 설명적('산들이 사막의 속삭임에 몸을 구부리는 곳')일 수 있지만 1920년대를 지나면서 점점 더 그것은 인물들이 상대방에게 말하는 것, 예를 들면 "메리야, 나로서는 이게 끝이야."[11]라고 우리에게 말하는 배우의 사라진 목소리의 대체물이 되었다.

배우들의 동기화된 목소리가 초기 유성영화의 인기 요소가 되었기 때문에 대사는 시나리오 쓰기 형식의 재정리를 강요하게 됨으로써 시나리오에서 지배적 요소로 등장하게 되었다. 대사 전문작가들은 시나리오 작가들의 새로운 작업을 돕도록 뉴욕으로부터 종종 부름을 받았다. 그리고 대사(타이틀이 익숙해졌듯이 오늘날 당연히 들어가 있는)에 자리를 넘겨주게 되면서 주인공의 행동에 대한 묘사는 점점 최소한으로 줄어들게 되었다. 예를 들

---

10) Edward Azlant, p. 252에서 인용.
11) 두 가지 예는 Edward Azlant의 책에서 *Selfish Yates*를 위한 C. Gardner Sullivan의 재판에서 따온 것이다.

면 〈남자는 **싸워야 한다** Men Must Fight〉(1932)의 시나리오에서 인스 회사의 최고의 시나리오 작가 중 한 사람이었던 C. 가드너 셸리반 C. Gardner Sullivan은 클로즈업, 미디엄 쇼트로 나누어 할당하고 무대세트와 인물 묘사를 통해 일상적 방법으로 대본을 시작한다. 그렇지만 신 5에서 방의 설정 쇼트는 어떤 부가적인 묘사나 카메라 위치의 변화 없이 인물들 사이에 대사를 아홉 번 교환하고 있다. 이어지는 두 신 호텔의 침대방 신에서는 재치 있는 대답이 열 일곱 번 사용되고 있다. 신 12(아마도 설정 쇼트로 '병원 진료소')에서는 대사가 열 여섯 줄이고 신 47(쇼트 묘사 없는 '도서관')에서는 대본에서 여러 페이지를 차지하는 대사 교환이 마흔 네 번 사용되었다.

행동 묘사에서 주로 대사 라인으로의 치환이 갑자기 이루어진 것은 아니다. 왜냐하면 시나리오 작가들은 기술의 변화를 통해 그들의 방법을 찾아야 했기 때문이다. 그들을 버틸 수 없는 상황으로 만든 것은 어떤 작가 그룹(할리우드의 본래의 스토리텔러와 마찬가지로 새로운 대사 전문 작가)도 갑자기 주변 사람들 아무에게나 명령하는 방송에서 끌어들인 사운드 기술진이 지시하듯 전하는 요구사항들을 분명하게 이해하지 못하고 있었다. 무대장치를 위한 그들의 충고 중에는 배우는 숨겨진 마이크로부터 일정거리에 있으면서 동시에 하나같이 말하고 마이크에서 몸을 돌려서는 안 된다는 것 등이 있었다. 그런 제한사항에 직면하게 되자 감독들은 양손에 무엇인가를 들고 있었지만 시나리오 작가들은 그 고리에서 모두 벗어날 수 있게 되었다. 이야기 장면들은 촬영 중에 잘려나가게 되었을까 아니면 계속 진행되도록 남겨지게 되었을까? 인물의 대사를 중단시키고 카메라를 새로운 위치로 이동하는 것이 옳았을까? 사운드 입문을 둘러싸고 흔히 일어나게 된 혼란의 결과로써 시나리오 작가들은 인스회사가 그들에게 덧붙이도록 했던 것, 즉 신을 여러 개의 쇼트로 아주 상세한 분류를 시나리오에서 제외하도록 강요받게 되었다. 그래서 장 폴 토록 Jean-Paul Torok이 영화의 실행을 위해 가장 중요한 것처럼 전환을 지적할 때 절대적으로 옳았다.[12] 이런 강조점에서 영화의 콘티뉴이티는 쇼트에서 벗어나 오로지 행동의 최소한의 묘사와 어떤 카메라의 방향에서라도 거의 묘사가 이루어지지 않는 것, 즉 '분절된 이미지의 혼란 대신에 모두 포함하는 무대장치의 개괄적인 광경을 모두 포함하는'[13] 대사가 도중에 끊어지지 않는 러시필름으로 다시 정의되었다. 따라서 의미는 이제 더 이상 이미지와 편집을 통한 이미지의 연결로 전달되는 것이 아니라 대사와 유도 신으로 전달되었다. 1930년대 초 영화 대본은 본질적으로 상대방과 대화하는 군중을 포함하는 일련의 신으로 구성되었다. 오늘날 직업으로 대본을 읽는 전문가들은 대사 라인을 대충 읽지만 나머지 정보에 대해서도 대충 읽는 경향이 있다.

4

인스 시스템이 시나리오에 영화의 본질을 부여하고 있는 데 반해 새로운 포맷은 표면상 적어도 시나리오 쓰기와 그것의 실행이라는 별개의 두 순간, 즉 분리된 두 작업 사이에 그것을 분담하고 있다. 다시 한 번 표면상으로 행동을 각색하는 방법과 카메라를 위치시킬 장소를 결정하는 것은 감독의 몫이다. 즉 시나리오가 더 이상 영화의 정확한 청사진은 아니지만 내부적으로 많이 변하게 된 것은 아무것도 없다. 여전히 본질적으로 스토리에 좌우되는 것이 영화이다. 시각화 과정은 여전히 대본에 묘사된 드라마에 보조적인 것으로 남아 있다. 스템펠이 주장하고 있는 바와 같이 "관중을 스토리로 붙잡고 관객을 스토리를 통해 사로잡는 것"[14]이라는 인스가 기여한 핵심은 전복되지 않았다. 여하튼 시나리오 쓰기의 방식은 그 자체로 비주얼의 특수성과 연관되어 있지 않다. 즉 그 안에서 조명, 구성, 무대화, 모션 등 영화의 아주 작은 부분까지도 그 자체 방법으로 각각 우리에게 말해 줄 수 있는 특별한 방법이다. 감독의 작업은 스토리 제재에 더해진 중요하지 않은 뻔히 들여다보

---

12) Jean-Paul Torok, *Le Scenario: histoire, theorie, pratique* (Paris: Henri Veyrier-Artefact, 1986), p. 41ff.

13) Richard Walter, *Screenwriting: The Art, Craft and Business of Film and Television Writing* (New York: New American Library, 1988), p. 120.

14) Stempel, p. 48.

이는 겉치레 형식처럼 바꿀 수 없는 것으로 대부분 남아 있다. 프랑수아 트 뤼포François Truffaut의 말을 빌리자면, 편안하고 예측 가능하며 상상력이 필요 없는 '우수한 전통'은 이런 상태의 개인적인 일에서 연유한다.[15]

그런 영화의 단조로움을 피하기 위해 감독이 다른 방법으로 진부한 제재 로 반향과 경향을 부여할 수 있고 사소한 상세한 것에 1950년대 비평적 관심 이 쏠렸다. 프랑수아 트뤼포에 따르면 『카이에 뒤 시네마Cahiers du Cinema』의 비평가들은 미국 감독들이 드러내는 '어떤 순환적 특성'을 당시 일관되게 분리시켜 칭찬하고 있었다. 미국에서 변절자로 분리는 앤드류 새리스Andrew Sarris는 그들의 생각을 이렇게 요약하고 있다.

> 영화가 주시하고 움직이는 방법은 감독이 생각하고 느끼는 방법과 다를 바 없는 관계 이다. 이것이 미국 감독들이 일반적으로 외국 감독들보다 우수한 영역이다. 많은 미 국 영화들은 권한을 위임받았기 때문에 감독은 제재의 문학적 내용을 통해서보다는 오히려 제재의 시각적 처리를 통해 그의 개성을 표현할 수밖에 없다.[16]

새리스가 생각하는 것은 어떤 종류의 처리일까?〈운명의 박차Naked Spur〉(Anthony Mann, 1952)의 엔딩에서 하나의 예를 들어보기로 한다. 이 영화의 마지막 장면에서 시나리오 작가 샘 롤프Sam Rolfe와 해롤드 잭 블롬 Harold Jack Bloom은 현상금을 노리는 사람 켐프가 말에 도망자의 시체를 싣게 한다. 죽은 사람은 주인공에게 많은 돈, 즉 캘리포니아에서 다시 출발할 수 있는 기회를 의미한다. 두 시나리오 작가는 행동을 다음과 같은 방법으로 보 여 주고 있다. "그는 시체를 껴안고 개척지를 향해 걸어간다." 그의 여자친 구 리나는 시체를 돌려주면서 켐프가 정착하는 것을 거부당했지만 그는 다

---

15) François Truffaut는 1950년대 프랑스 영화에 이런 특별한 비평을 신랄하게 했지만 미국 영화, 즉 거대 자본의 영화에 똑같은 사랑이 있는 것은 아니었다. François Truffaut, "A Certain Tendnecy of the Frencch Cinema", in *Movies and Methods*, ed. Bill Nichols (Berkeley: Univ. of California Press, 1976), pp. 224-237.

16) Andrew Sarris, "Notes on the Auteur Theory in 1962", *Film Theory and Criticism: Introductory Readings*, 4th ed., Gerald Mast, Marshall Cohen and Leo Braudy (New York: Oxford Univ. Press, 1992), p.586.

음과 같이 말하는 것으로 자신을 방어한다. "맹세하건대, 나는 그에게 돌아가고 있는 중이다. 나는 돈을 받고 그를 파는 중이다. 나는 …하는 중이다." 그 무렵

> 그의 목소리가 눈에 넘쳐흐르는 눈물처럼 터진다. 그는 매몰차게 그녀에서 몸을 돌려 시체를 앞에 두고 처음 본 듯이 그것을 노려보고 서 있다. 미움과 긴장이 서서히 그에게서 사그라진다. 리나가 벌벌 떨며 지켜보고 있을 때 켐프는 조용히 벤의 시체를 말에서 내려 [땅바닥에] 내려놓는다. 그는 말의 짐에서 삽을 뽑는다. …

이 장면을 대본에서 보여준 방식은 카메라가 먼저 리나의 관점에서 보여준 다음 그가 그녀에게서 몸을 돌리듯이 반대 방향에서 켐프의 얼굴을 계속 보여준다는 것을 암시한다. 이런 식으로 우리는 인물이 얼굴을 보이면서 빠져나가는 변화를 알 수 있게 된다. 하지만 대신에 앤서니 만Anthony Mann은 말이 있는 쪽으로 시체를 당기도록 만들고 켐프의 뒷모습에서 강한 자기반성의 순간을 느끼도록 촬영했다. 다시 말해 영화에서 우리는 켐프의 얼굴을 가까이서 볼 수 없다. 우리는 오로지 온몸에 흐르는 감정으로 몸부림치는 방식을 통해 그의 절망을 목격할 수 있을 뿐이다. 우리는 계속 일어나고 있는 일이 무엇인지 생각해야만 할 뿐 그것을 볼 수는 없다. 이것은 앤서니 만이 시나리오의 마지막 장면에서 바꾼 유일한 부분이기는 하지만 카메라 파인더를 좀 더 세밀한 묘사 스타일에 접근시킬 수 있다는 점에서 보면 그것은 결정적이다. 정말로 앤서니 만이 여기서 실현하고자 한 것은 모든 것이 항상 카메라 파인더에 접근하기 쉽다는 것을 가정하는 내러티브 방식으로부터의 출발이다. 대신에 묵상의 공간이 행동과 관객 사이에 삽입되어 있다. 그 결과 예기치 못한 카메라 앵글은 전혀 근거가 없는 것은 아니고 『Cahiers du Cinéma』의 비평가들이 이와 같은 업적을 목격했을 때 기뻐했던 것도 놀랄 일은 아니다. 그런 화려한 순간들로 인해 실제로 상업영화의 상투적 관례, 반복되는 단조로움, 탁상공론의 계획이 무너지게 되었다. 그렇지만 인스의 포맷이 계속 잘 통용되고 있지만 프랑수아 트뤼포와 제작사가 대신에 유능한 시나리

오 작가를 저작자로 간주해야 한다고 생각한 것은 부담스러운 일이다.[17]

5

감독들은 이제 미국에서 시나리오 작가들의 놀라움과 원망에도 그들이 연출한 영화의 저자로 어디서나 인정받게 되었다. '오토 프레밍거Otto Preminger가 〈황금팔을 가진 사나이The Man with the Golden Arm〉를 '오토 프레밍거'의 영화로 광고하는 무모함을 보이게 되었을 때' 벅찬 감격은 절정에 이르게 되었다. "소설가 넬슨 앨그렌Nelson Algren과 시나리오 작가 조합은 감정을 상하게 하는 제안이 제거되었다고 소리 높여 항의했다."[18] 그 후 상황은 호전되지 않았다. 예를 들면, 감독조합 소식지에서 존 카펜터John Carpenter의 시나리오 작가에 대한 근간의 악의적 공격을 주목해 보면, "감독으로서 나는 내 영화의 저자이다. 시나리오 작가가 그가 저자라고 생각한다면 그에게 그의 시나리오를 영사기에 걸어 보도록 해라. 그리고 우리는 그것을 잠깐만이라도 보도록 하자."[19] 시나리오 작가에 관해서 해리 브라운Harry Brown은 "대대수의 감독들이 병든 밍크 같은 스토리 감각을 가지고 있다고 불만을 토로할 때에도 조심스럽게 말하지 않았다. … 나는 소위 포트사이드(수에즈 운하의 지중해쪽 항구 – 역주) 항구의 매춘부의 감수성을 지닌 특무상사와 같은 정신의 소유자가 아닌 극소수의 사람을 악평했다."[20]

우스꽝스러운 해학이지만 영화의 확실한 저자로서 감독의 지위 상승은 그 자체로 기대하기 어려운 결과를 낳는다. 외견상 대본이 미국의 시나리

---

17) 당시에 논의된 바대로 저자로 인정하는 것에 대한 논의 쟁점에 관해서 *Cahiers du Cinéma*, Vol., 2, 1960-1968: *New Wave, New Cinema, Re-Evaluating Hollywood* (London: Routledge and Kegan Paul, 1986) 참조.

18) Film Theory and Criticism, 2nd ed., p. 658-659에서 감독과 시나리오 작가의 싸움에 관한Sarris의 논문 전문참조.

19) Ted Elrick, "화재… 홍수… 폭동… 지진… 존 카펜터John Carpenter! LA의 암흑을 거둬낸 할리우드의 왕자", *DGA Magazine* (July-August 1996), p. 29.

20) Richard Corliss, *The Hollywood Screenwriters* (New York: Film Comment, 1972), p. 247, p. 249에서 인용.

작가 조합의 도움으로 내면적으로나 실질적으로 여전히 영화로 이해되고 있기는 하지만 대사 유도 내러티브는 이제 대행사에 의해 최고입찰자에게 경매로 팔리는 별개의 구체적 '자산'으로 차츰 인식되고 있다. 이것이 당장 작품이 높은 가격에 팔릴 수 있는 많은 작가들에게 도움이 된다고 할지라도 시나리오 작가들과 감독들 사이에 생긴 논쟁의 결과가 반드시 영화에 도움이 된다고 단정하기는 어렵다. 사실 나는 우리의 근대를 담고 있는 시나리오가 영화보다 앞서 더 많은 관심을 끌게 된다고 주장하고 싶다. 시나리오 작가의 주요 관심사는 피칭하는 동안에 대본으로 대행사와 독자, 제작자의 관심을 끄는 데 있다. 확신할 수 있는 것은 '지금' '여기'라는 사실이다. 시나리오 작가의 목표는 뜨는 시나리오, 즉 잘 이야기된(피칭된) 제재가 논의의 대상이 되는 것이다. 무시당하고 사랑받지 못하고 분개한 시나리오 작가들은 그들이 원해서 일하던 많은 매체를 포기한다. 그들은 스크린에서 일어나는 것에 더 이상 관심을 갖지 않는다. 그들은 그들 자신의 영역으로 도피한다. 계약을 맺은 뒤에 일어나는 일은 무엇이든 더 이상 그들의 책임이 아니다. 결과물을 가지고 무엇인가를 하는 것은 감독의 손에 달려 있다. 할리우드의 상업적 조건이기는 하지만 우리가 여기서 목격할 수 있는 것은 인스의 기본 철학으로부터 비열하게 물러나는 것, 즉 완전히 탈바꿈하는 것이다. 각본은 이제 긴 안목에서 제작과정에 도움이 되는 것으로 더 이상 인식되지 않고 시나리오 작가에게 유일하고 당장 필요한 것, 즉 재정적 목적으로 이용된다.[21] 오늘날 시나리오 작가 협회는 '각자 단독 시나리오를 가지고'라는 새로운 모토를 발표하고 있다.

6

나는 긴 안목에서 그렇게 적의가 있고 자멸적인 방책에 반대해서 영화를 위

---

21) Scott Frank는 고백하길, "그들은 돈을 위해 쓰고 있다." Benjamin Svetkey, "누가 할리우드의 시나리오를 죽이고 있는가", *Entertainement Weekly*, October 4, 1996, p. 39.

한 시나리오 쓰기의 전체적 절차를 다시 훑어보는 것을 좋아했던 것 같다. 빅터 O. 프리버그Victor O. Freeburg는 1918년에 출판된 『극영화 제작의 기술The Art of Photoplay Making』에서 내러티브가 영화가 되는 과정을 제시했다. 그는 그 작업을 제재의 선택과 그것의 순차적 배열, 마지막으로 촬영 중에 상연이나 실행22이라는 변별적인 세 가지 과정을 거쳐 이루어지는 것으로 보았다. 내 관점에서 보면 이런 전제는 논의해 볼 만한 가치가 있다. 바로 언급된 바와 같이 오늘날은 제작에서 앞의 두 단계를 맡고 있는 시나리오 작가를 지켜주고 감독에게는 마지막 단계만을 맡기는 경향이다. 나는 이런 임의적 역할 분담이 더 다양한 종류의 영화를 제작할 수 있는 기회를 박탈하기 때문에 그것이 결정적 실수라고 생각한다. 우선 그것이 감독을 단순한 기술자 수준, 즉 배우들을 다루고 다른 기술 분야를 통합하는 역할을 하는 사람으로 지위를 다시 한 번 떨어뜨리는 것이다. 둘째, 더 교활하게 그것은 글로 쓰인 스토리가 완벽해진다는 것과 만족스러운 영화가 되려면 시각화가 필요할 뿐이라는 것을 의미하는 영화 프로젝트의 핵심에 시나리오의 가치를 정착시킨다. 그래서 이런 시스템은 그 본질이 대부분 행동과 대사를 통해 표현되는 드라마에 고착될 수밖에 없다. 셋째, 단독으로 블록버스터 영화의 각본을 파는 데 필요불가결한 것은 활력 넘치는 액션, 극적인 놀라움, 생기발랄한 인물이 있는 묵직한 플롯을 갖춘 영화의 운명을 미리 정해 주는 것이다. 그런 각본에서 2분마다 점점 약해지는 것으로부터 보조를 맞출 수 있는 실마리가 마련된다. 오늘날의 시나리오 작가들은 완성 작품과 관계가 없기 때문에 보다 극적으로 만든 그들의 시나리오가 암시하는 바가 많은 것도 아니고 관객을 사로잡는 것도 아니다. 이와 같이 나는 그것이 혁신적인 감독에 의해 사려 깊은 설명이 확충되고 받아들여지는 열린 텍스트로 인식되지 않으면 좋겠다. 반면에 그 작업은 결과에서 원인으로 거슬러 올라가는 전제와 가치와 결말이라는 일련의 전 과정을 포함하는 것이다.

---

22) In Azlant, p. 35.

고다르의 방식과 얼마나 다른가! 프랑스의 유명한 시나리오 작가 장 클로드 카리에르Jean-Claude Carrière는 감독의 접근을 다음과 같이 상기시키고 있다. "그는 몇 가지 이유에서 그에게 무엇인가 의미하고 그의 머리에서 떠나지 않는 몇 가지 이미지, 즉 풍경, 배우의 얼굴, 신문에서 오려낸 사진을 모으겠지. 그때 그는 나에게 이런 것들을 보여 주며 보나르Bonnard의 그림을 가지고 '이런 장면이야?'라고 예를 들 듯이 나에게 물었을 거야."[23] 내가 보기에 하나의 이미지를 고다르가 카리에르에게 제안한 것이든, 아니면 카리에르가 고다르에게 제안한 것이든 중요하지 않다. 상호보완적인 역량을 가진 두 사람, 즉 영화를 사랑하는 두 사람, 함께 능력을 발휘함으로써 잘 만든 영화가 탄생될 수 있을지도 모른다는 그런 영감을 소유한 재능 있는 두 사람이 함께 출현한 것이 어떻다는 말인가. 우선 두 사람의 관심을 끌게 한 것은 초기의 아이디어로부터 최종의 완성에 이르기까지 영화의 조화로운 솜씨이다. 전형적으로 루이 뷔니엘Luis Buñuel은 카리에르에게 와서 러시필름을 보고 그것에 대해 논평해 줄 것을 요청했을 것이다.[24] 그래서 우리는 시나리오를 쓰는 것을 도와주는 감독뿐만 아니라 편집하는 감독을 돕는 시나리오 작가에 대해서도 이야기하는 것이다. 시나리오 작가와 영화 제작자가 어떻게 함께 일할 수 있을까? 시나리오 작가 장 루 다바디Jean-Loup Dabadie는 클로드 소테Claude Sauter 감독과의 만남을 이렇게 기억하고 있다.

먼저 우리는 서로를 조금은 알게 된다. 내가 말하려는 것은 감독과 내가 만나고 전화 통화를 하고 함께 점심이나 저녁을 먹는다는 것이다. 우리는 술을 마시고 웃는다. 우리는 함께 있을 때 서로 편안해진다. 어느 날 우리는 아이디어를 내놓는다. … 우리는 많은 이야기를 나누고 여기저기 거닐며, 순서도 없이 거의 자동으로 여러 가지 이야기를 나눈다. … 우리 둘 다 동의하는 것은 무엇인가, 즉 우리가 스토리에 담고 싶은 의미가 무엇인지를 명확하게 빨리 알 필요가 있지만[25]

---

23) Jean-Claude Carrière et Pascal Bonitzer, *Exercice du scenario* (Paris: Femis, 1990), p. 66 (저자 번역).

24) Jean-Claude Carriere, "Lea Aventures du sujet", *Cahiers du Cinéma*, no. 371-372 (May 1985).

25) Christian Salé, *Les Scénaristes au travail* (Paris: Hatier, 1981)(저자 번역).

내가 묘사하고 있는 상황이 너무나도 프랑스적이라고 말할 수 있다. 하지만 실제로 그럴까? 1917년 이 나라에서 제스 래스키Jesse Lasky는 스튜디오에 "감독들이 각자 시나리오 스태프를 데리고 있고 [시나리오 작가]는 영화가 편집되고 있을 때에도 감독 곁에 있으면서 영화가 종결될 때까지 제작의 모든 작업을 실질적으로 계속하게 될 것이라고 발표했을 때 분명히 같은 아이디어가 있었다."[26] 오늘날 작가들의 '자산'이 어떤 방식으로든 에이전시에 의해 감독과 주요 스타들과 함께 패키지로 묶이게 된 이후 감독과 시나리오 작가의 창작 능력 사이에 더 일찍이 우호적 접근이 촉진되지 못하는 이유가 무엇일까? 또한 에이전시들을 활용하지 못하고 각각의 에이전트에게 성공한 사실만 제시하는 이유가 무엇일까? 시나리오를 쓸 당시의 감독과 더불어 플롯은 갑자기 더 탁월하지 못할 수도 있다. 누군가 방금 목격한 사건으로 스토리를 시작하지 않는 이유는 무엇일까? 소유물에서 풍겨 나오는 강한 일시적 기분은 어떨까? 그리고 먼저 인물을 생각하지 않는 이유가 무엇일까? 예를 들면 오즈 야스지로와 그의 시나리오 작가는 부차적 인물을 찾아내고 남성 인물이나 여성 인물로 무엇을 할 수 있는가를 알아보기 위해 이전 영화의 각본을 다시 읽곤 했다. 이미지뿐만 아니라 제스처와 카메라의 움직임도 간단히 적어둘 수도 있다. 그리고 아이디어는 도처에 널려 있기 때문에 사운드의 사용에 대한 결정적 아이디어도 몇 가지 생길 수 있다. 주로 각본은 오디오와 이미지를 통해 두 방향에서 동시에 추진될 수 있다. 따라서 모든 영화의 잠재력은 프로젝트의 초기 단계에서 예측될 수 있다.

7

시나리오 쓰기의 포맷 역시 도움이 될 수 있다. 프랑스와 많은 다른 나라에서 시나리오를 독특한 형식으로 제시하는 것이 특별하다고 할 수도 없다. 시나리오 작가 개인의 취향과 습관에 달려 있기 때문이다. 미국에서는 공교롭

---

26) Staiger, "Tame Authors …", p. 36에서 인용.

게도 누구나 각본을 반드시 정해진 포맷으로 제출해야 한다. 그렇지 않으면 그것은 검토조차 되지 않는다. 그렇지만 이것이 시나리오는 그런 방식으로 반드시 써야 한다는 것을 의미하지는 않는다. 다른 모델이 작업을 전개하는 데 더 효과적이라고 판단되면 그것을 사용할 수 있다. 나중에 각본은 에이전트와 제작자를 위해 관례적 모델로 되돌아갈 수 있다. 그런 타협으로부터 얻을 수 있는 것은 말과 이미지가 여하튼 창조적으로 상호작용할 수 있다는 재발견이다. 하나 골라본 유명한 예(영화과 학생이 진지하게 참고할 수 있는 예)로 칼 메이어Carl Mayer의 영화 〈일출Sunrise〉(Friedrich Murnau, 1927)의 시나리오를 들 수 있다. 한 부분을 뽑아 인용해 보면 다음과 같다.

현재 :
요부가 등장한다.
아주 짧은 실내복 차림으로 팔다리를 드러낸 채.
대도시의 전형적 피조물.
아름답고.
날씬하고.
요염하게?
타고 있는 촛불에 막 담뱃불을 붙이고 있다.
이제 미소를 지으며 주변을 살핀다.
그녀는 무엇을 입어야 할까?

아주 짧은 문장, 시적 느낌, 예기치 못한 의문, 이 모든 것이 단순한 도해를 넘어 각색을 필요로 한다. 주인공이 난파당한 그의 아내를 위해 물을 찾고 있는 영화의 마지막 장면에서의 다른 경우를 인용해 보자.

앤드르를 찾고 있다.
천천히 카메라가 위로 향했다가 아래로 향한다.
잠깐 시간 경과.
하지만 결과는 없다.
신호도 없다.
하지만 지금 :
아주 먼 거리에 물 위에 떠있는

하나의 시체?

카메라 쪽으로

점점 더 가까워진다.

그건 그렇고! 설마!

앵드르!

표면상으로 알아챌 수 없게.

그녀는 큰 갈대에 덮힌 채

표류하고 있다.

파도 때문에 괴로워하는

애처로운 모습.

안개.

불빛.

여러 척의 배.

물을 가로질러 큰 소리로 외친다.

메이어의 접근에 바탕이 되는 것은 여하튼 그가 특별한 행동을 암시하는 것과 동시에 시를 읽는 듯한 방식을 찾는 것이었다. 그의 손을 거치면 시나리오는 정말 훌륭한 도구가 된다.

　다른 포맷들이 국제적인 영화적 관례에 우위를 차지하고 있다. 페이지를 수직 2단으로 나눈다. 왼쪽 부분에서 쇼트 분할, 행동의 묘사, 스크린에 나타날 수 있는 그 외의 것들을 발견할 수 있다. 오른쪽은 대사뿐만 아니라 신에서 필요한 특수 효과 음향, 아마 음악의 곡명까지 적어놓는 오디오 부분이다. 피터 그리너웨이Peter Greenaway는 지나칠 정도이다. 그는 인터뷰에서 말하길, "나의 각본은 공기나 사람 냄새와 같이 사용이 불가능할 것 같은 정보를 종종 포함할 정도로 많은 것들로 넘쳐난다."[27] 언뜻 보기에 두 개로, 세로 부분은 같은 정보를 배열하는 다른 방법인 것처럼 비칠지도 모른다. 실제로 그렇지만 나란히 해놓은 배열은 플롯과 대사를 절대적으로 우위에 두는 것과 달리 프로젝트에 대한 시나리오 작가의 생각에 도움이 될 수 있다. 간단히 말해 두 트랙을 나란히 배열하는 것은 선택이다. 즉 정보가 이런저런 방식으

---

27) *Film & Video* (June 1997), p. 54.

로 전해지고 있는 것일까? 펠리니Fellini와 안토니오니Antonioni의 시나리오를 썼던 토니노 게라Tonino Guerra는 다음과 같은 방식으로 자신의 창작과정을 설명하고 있다. "우선, 신을 모두 대사로 구성한다 … 그리고 나서 말은 인물의 제스처와 움직임을 위해 차츰 제거한다. 바꿔 말하자면 스토리는 시각적인 것으로 바뀐다. 작업의 마지막에는 처음에 아주 좋다고 느꼈던 가장 좋은 대사까지도 제거하기도 한다."[28] 토니노 게라가 우리에게 이야기하려는 것을 다른 방법으로 표현하자면 그것은 창작과정을 페이지의 오른쪽에서 왼쪽으로의 이동으로 본 것이다. 제스처나 몸짓언어를 위한 이런 시나리오 쓰기의 혁신적인 압축방식은 〈자전거 도둑Bicycle Thief〉(Vittorio de Sica, 1949)의 마지막 장면, 즉 누군가 아버지의 자전거를 훔쳐감으로써 잃게 될 수 있는 일터로 다시 돌아가기 위해 자전거를 훔치는 아버지의 무모한 시도를 소년이 목격하게 되는 장면에서 발견할 수 있다. 아버지가 구경꾼들에 의해 경찰에 넘겨졌지만 소년은 아버지의 손을 꼭 잡고 있다. 어른의 수치와 소년의 고통은 결국 군중에 의해 누그러지게 되고 그들은 풀려난다. 구경꾼들은 흩어지고 아버지와 아들은 손을 잡고 군중 속으로 사라진다. 이런 극적인 장면이 펼쳐지는 동안 아버지와 아들은 서로 한 마디도 하지 않는다. 그 장면의 감동은 오로지 행동에서만 일게 될 뿐이다. 우리의 상상은 인물 각자의 내면에서 일어난다. 이것은 감독과 시나리오 작가가 영화를 위한 최선의 것을 만들어 내기 위해 협력할 때 상상될 수 있는 순간이다. 자만하지만 능력이 부족한 감독의 지위 남용에 반대하여 자기의 솜씨를 열성적으로 옹호하는 시나리오 작가 에벤 토록Even Torok은 "[훌륭한] 감독과 합작하는 것은 글로 된 텍스트와 그것의 이미지로의 재현을 새로운 토대 위에 융합하는 것이기 때문에 상승효과일 수 있다는 데 동의한다. 어떤 파트너의 문학적 상상력과 다른 파트너의 형식에 대한 관심 사이에는 상호적 발전이 일어날 수 있다."[29] 만

---

28) Suso Cecchi d'Amico, "L'Ecrivain du cinéma", *CinémAction*, no. 61 (1991), *L'Enseignement du scénario*, p. 17에서 인용.
29) Torok, p. 113.

약 영화가 플롯과 대사 유도의 제재를 탈피하는 방법을 다시 찾는 것이라면 영화를 시각의 트랙과 오디오의 트랙의 시작으로 생각하는 것은 다시 한 번 영화 창작자의 목표가 되어야 한다.

세 번째 방법은 알렉상드르 아스트뤽Alexandre Astruc의 카메라 만년필 기법의 개념을 포함하고 있다. 40여 년 전에 쓴 미래지향적인 에세이에서 프랑스의 시나리오 작가/감독은 오늘날에도 잘 들어맞는 관찰로 토론을 이끌어냈다. 그는 이 글에서 "늘 세상에 싫증나고 틀에 박힌 모습을 보여 주는 매일 개봉되고 있는 영화들로 인해 우리의 감각은 무뎌질 위험이 있다."[30]고 쓰고 있다. 아직까지도 영화 언어는 대부분의 영화들이 이해되는 단조로운 체계를 무너뜨릴 수 있는 것을 보여 주고 있다. 말에서 이미지를 끌어내기 보다는 오히려 영화 자체를 활용해 생각을 끌어내는 것이 당시 가능했던 것이다. 아스트뤽은 이어서 다음과 같이 쓰고 있다.

> 우리는 무성영화가 이미지 자체, 내러티브의 전개, 인물들의 제스처 하나하나, 대사 한 줄 한 줄, 물체와 물체, 인물과 물체를 연관시키는 카메라의 움직임에서 존재하게 만들고자 했던 상징적 조합을 실현하기에 이르렀다. 모든 생각은 모든 느낌과 마찬가지로 사람들이나 만물의 일부에 속하는 어떤 사물과의 관계이다. 이런 관계를 분명하게 밝히고 그것을 계속 참고하게 됨으로써 영화는 실제로 그 자체를 생각의 전달 수단으로 만들 수 있다.[31]

아스트뤽이 여기서 말하고자 했던 것, 즉 당시 알고 있었지만 오래 잊혀있었던 메시지는 영화는 그 자체의 표현(리듬, 카메라 앵글, 조명, 필름의 입자 등을 통해)으로 말한다는 것이고, 영화를 예시된 요소들의 실례에 불과한 것으로 계속 본다는 것은 영화의 영향력을 충분히 이용하지 못한다는 것을 의미한다. 그에게 있어서 '각본 작가가 그 자신의 각본을 관리하는 것'은 중요한 일이었다. "그렇지만 오히려 이런 종류의 영화 제작에서 시나리오 작가

---

30) Alexandre Astruc, "The Birth of the New Avant-Garde: La Caméra-stylo", *The New Wave*, ed. Peter Graham (New York: Doubleday, 1968), p.17. 필자는 번역을 약간 수정하였다.
31) Astruc, p. 20.

와 감독을 구별하는 것은 더 이상 의미가 없기 때문에 대본 작가가 존재하지 않는다는 것이 정설이 되었다. 연출은 더 이상 하나의 장면을 표현하거나 재현하는 것이 아니라 글로 표현된 진정한 행위를 표현하거나 재현하는 것을 의미한다."[32]

아스트뤽이 제안하는 바를 제대로 이해하려면 영화 제작 과정을 프리버그가 세분화하고 있는 것(제재의 선별, 순서대로 배열, 촬영 중에 연기)을 러시아 형식주의자들이 파불라Fabula, 수제syuzhet, 스타일이라고 지칭하는 것과 연관시켜 보는 것이 유용할 수도 있다.[33] 파불라는 사실을 떠나 재구성되고 지어낸 이야기의 첫 번째 사건에서 마지막 사건에 이르기까지 인물에게 일어난 모든 것을 포함하는 선형적이고 연대기적 스토리로 구성된다. 반면에 수제는 영화의 실질적 전개, 즉 장면들의 선택된 순서이고 어쩌면 관점의 기법들을 통한 조작이기도 하다. 예를 들어, 〈시민 케인Citizen Kane〉(Orson Welles, 1941)의 시작 부분을 생각해 보자. 이 부분은 우리에게 케인의 어린 시절의 눈 뭉치 장면보다는 오히려 그의 죽음을 보여 주고 있다. 케인의 일생을 이야기하기 위해 복잡한 플래시백 구조를 사용한 결정은 영화의 잠재력에 분명히 중요한 것이었다. 원근법적인 시각을 통해 이 부분은 또한 근본적으로 스토리의 파악을 어렵게 만들 수 있다. 〈라쇼몽Rashomon〉(Kurosawa Akira, 1950)을 참조해 볼 필요가 있다. 마지막으로 스타일은 수제를 '실현하는' 것, 영화에서 여러 가지 변화, 예를 들면 하이앵글, 롱 쇼트, 로우 키조명, 컷 수 등으로 해석될 수 있다.[34]

많은 해설자들은 세 단계 중 가장 중요한 것 같은 수제에 초점을 맞추고 있

---

32) Astruc, p. 22.

33) 이런 개념들에 대한 최고의 논의는 Meir Sternberg에서 발견할 수 있다. *Expositional Modes and Temporal Ordering in Fiction* (Baltimore: Johns Hopkins Univ. Press, 1978).

34) 이런 개념에 대한 다른 좋은 입문서로는 David Bordwell의 *Narration in the Fiction Film* (Madison: Univ. of Wisconsin Press, 1985), 4장. '실현'의 개념은 Seymour Chatman의 *Coming to Terms: The Rhetoric of Narrative in Fiction and Film* (Ithaca: Cornell Univ. Press, 1990), pp. 125-126.

다. 그것은 이를 통해 형식이 없는 무수한 사건들이 이해할 수 있고 보는 사람에게 말을 거는 스토리의 형태를 갖게 되기 때문이다. 따라서 파불라의 역할은 수제가 제재로 이용할 수 있는 것을 최대한 활용하는 것으로 끝나게 된다. 일반적으로 아스트뤽 같은 영화학자들은 스타일을 단지 '영화 장치의 체계적 사용'[35]에 지나지 않는 것으로 간주한다. 이런 경우에 다시 한 번 감독이란 직업은 이미 그 자체로 완성된 텍스트에 단지 시각적 기술을 적용하는 것으로 설명될 수 있다. 그렇지만 나의 주장은 누구든 한 사람은 영화의 착상으로부터 후반 제작에 이르기까지 영화를 제작하는 동안 언제라도 세 가지 구성 중 어느 것에라도 반드시 참여해야 한다는 것이다. 일단 각본이 완성되면 파불라를 금지된 영역으로 생각하는 것이 아니라 누군가 한 사람은 대신에 파불라를 애매한 영역, 즉 예기치 않은 사람이 갑자기 폭로할 수 있는 포기된 어떤 영역으로 생각할 수도 있다. 예를 들면 프랑수아 트뤼포의 영화 〈피아니스트를 쏴라Shoot the Piano Player〉(1960)에서 카메라는 대리인을 만나러 가듯이 주인공을 따라간다. 카메라가 사무실에 가까워졌기 때문에 우리는 독주로 연주하는 바이올린 소리를 들을 수 있다. 잠시 후 젊은 여인이 바이올린을 들고 사무실에서 나온다. 그때 카메라는 방으로 들어가듯이 주인공과 함께 정지해 있지 않고 여인과 함께 돌리로 후진해서 외부로 뒤따라간다. 그때 우리는 주인공이 연주하는 피아노 소리를 들을 수 있다. 이러는 사이에 트뤼포는 부차적인 인물까지도 상세히 묘사하는 것을 피하지 말라는 발자크Balzac의 조언을 따르고 있다. 여기서 중요한 것은 따라가는 카메라의 움직임이 특별한 인간을 머리가 꽉 찬 인간으로 변화시키게 된다는 것이다. 또한 파불라에 이러한 덧붙임은 아마도 촬영하는 동안에 이루어질 것이다. 하나의 예로 〈옛날 옛적 서부에서Once Upon a Time in the West〉(Sergio Leone, 1967)의 시작부분에서 활용하고 있는 바와 같이 우리를 의자에서 꼼짝 못하게 하는 것이 수제라고 주장하게 되고, 실제로 그 사람들이 누구인지, 그들이 원하

---

35) Bordwell, p. 50.

는 것이 무엇인지 등을 알고 싶어 한다면 우리가 진지해질 수 있을까? 레오네의 억제된 페이스와 깜짝 놀랄 만한 와이드 스크린의 구도와 대신에 의도한 바를 드러내는 자극적인 사운드의 사용이 모든 사람에게 거슬리는 것은 아닐까? 달리 말하자면 아스트뤽이 분명히 밝히고 있는 것은 영화 창작이 잘 정돈되지 않은 상자나 직업들, 순간들로 나누어지는 것이 아니라 영화의 수단 전체가 항상 영화의 창작자에게 유용한 것이어야 한다는 것이다. 이런 방식으로 이해된 **파불라**와 수제와 스타일은 개개의 창조적 가능성의 구성요소이다. 그것들은 언제나 서로 뒤섞일 수 있는 요소들이기도 하다.

확실히 누벨바그 시기(아스트뤽의 생각과 가장 잘 어울리는 영화학교)에 과도함이 있었다. 아스트뤽은 새로운 종류의 영화, 즉 단어보다는 오히려 이미지에 기초한 영화의 시작을 알렸다. 그렇지만 영화적 실천의 10년 동안 어느 누구도 단어를 완전히 우회적으로 접근할 수 없다는 것이 입증되었다. 결국 몇몇 감독들의 오만으로 영화사에서 아주 자극적인 동향이 사라지게 되었다. 그 결과 누군가 미래에 그런 실수를 피할 것이라면 서열과 자아는 드러나지 않게 될 수도 있다. 영화가 시나리오 작가와 함께 작업하는 감독의 덕을 보게 된다는 것은 자명한 이치이다. 감독은 뜻밖의 만남으로 스토리의 모든 가능성에 눈이 번쩍 뜨이게 되기도 한다. 시나리오 작가는 그들의 제재를 다르게 보여줄 수 있는 것이 감동일 수 있다. 예를 들면, 카리에르는 '개인적 취향 때문이 아니라면 필요에 의해 각본 작가는 작가보다는 영화 제작자에 훨씬 더 가깝다는 것'36을 암시한 바 있다. 여기서 핵심이 되는 것은 시나리오 작가가 다시 한 번 그들의 제한된 임무 대신에 완성된 영화에 관심을 가져야 한다는 것이다. 영화를 이미 존재하는 스토리의 단순한 삽화 정도로 계속 생각하는 시나리오의 최근의 체계를 영화가 넘어서고 있고 창작 과정이 시나리오 작가와 감독 사이에 끔찍할 정도로 분명한 노동 분업과 마찬가지로 자의성을 떠나 재조정되는 것이라면 내가 믿고 있는 것을 다시 생각해

---

36) Carrière et Bonitzer, p. 12.

볼 필요가 있다.

8

시나리오 쓰기는 영화학교들이 존재하기 훨씬 이전에 이미 자포자기 상태의 산업을 새로운 창작품의 산업으로 키우기 위해 온갖 종류의 논리적 근거를 가지고 교육되고 있었다. 영화를 위한 글쓰기의 강좌는 컬럼비아대학교에 개설된 하나의 강좌를 포함하여 61개가 1915년 초와 마찬가지로 개설되었고 1920년대에 그런 주제로 정확히 90권의 책이 출판되었다.**37** 홈 코레스폰던스 스쿨Home Correspondence School, 포토플레이 클리어링 하우스Photoplay Clearing House, 폭스 포토플레이 인스티튜트Fox Photoplay Institute, 팔머 인스티튜트 오브 오더십Palmer Institute of Authorship, 어빙 시스템Irving System, 엘리노어 글린 시스템 오브 롸이팅Eleanor Glyn System of Writing 등이 있었다. 실제로 이런 강좌들에서 배우는 것은 분명하게 드러나지 않고 그런 강좌들이 실제 시나리오 쓰기에 미칠 수 있었던 영향도 평가하기 어렵다. 그렇지만 20세기 초 한때는 시나리오가 하루에 스튜디오에 200~400편씩 들어올 정도였다.**38** 몇편은 스토리의 잠재성 때문에 스튜디오에 팔렸다. 그때 더 많은 경험을 쌓은 시나리오 작가는 영화화하기에 적절한 제재로 인스 스타일의 시나리오 형식을 갖추게 됨으로써 스튜디오에서 일할 수 있게 되었다. 이것은 시스템에 익숙한 누군가가 1922년 쓴 바와 같이 '콘티뉴이티는 쓰기 훈련을 받은 바 있는 내막을 잘 알고 있는 사람들에 의해서만 쓸 수 있는 것이고 외부인은 그것이 불가능하기' 때문에 필요하다. "콘티뉴이티가 있는 영화를 준비한다는 것이 사실상 영화 스튜디오의 내부 규정과 규칙에 익숙하지 않은 플롯 구성자에게는 불가능하다."**39**

그 후에 중요한 다른 책이 여러 권 출판되었다. 예를 들면 존 하워드 로손

---

37) Azlant, p. 131, p. 209 참조.
38) Azlant, p. 134.
39) Janet Staiger, "Tame Authors", p. 40에서 인용.

John Howard Lawson의 『극작과 시나리오 쓰기의 이론과 기술Theory and Technique of Playwriting and Screenwriting』과 같은 책을 들 수 있으나 결정적으로 더 많은 진전을 보여준 것은 사이드 필드Syed Field이다.[40] 『시나리오: 시나리오 쓰기의 기초 Screenplay: The Foundations of Screenwriting』[국내에서 『시나리오란 무엇인가』(유지나 옮김, 민음사, 1999)라는 제목으로 출판된 바 있다-역주]가 1979년에 출판된 타이밍은 비판적이다. 1977년 〈스타워즈Star Wars〉(조지 루카스George Lucas)의 세계적인 대성공으로 실제로 오랜 계획 끝에 미국 영화가 세계 각국의 스크린을 점령하는 계기를 다시 맞게 되었다. 더 중요하게도 〈스타워즈〉가 이전의 영화학과 학생이 연출한 영화였다는 사실이 영화 교육을 하는 전문대학이나 4년제 대학에 입학을 늘어나게 만드는 계기가 되었다. 그렇지만 새로운 신입생들은 60대의 그들의 선배들과 많이 다르다는 것을 알았다. 그들은 시스템을 거부하기보다는 그것을 포용하고자 했다. 사이드 필드는 올바른 메시지를 제때에 알기 쉽게 전달했다. 그의 방식은 상업적 성공이 배가될 수 있고, 영화를 위한 글쓰기가 진부한 캐릭터와 모델이 되는 극적 구조가 있는 사용이 간편한 형식으로 단순화될 수 있다는 것을 기대하는 할리우드를 말해 준다. 그 후 린다 세저Linda Serger, 리처드 웰터Richard Walter, 로버트 맥키Robert McKee, 드위트 V. 스웨인Dwight V. Swain, 존 트루비John Truby 등과 같은 많은 모방자들이 그의 뒤를 이었다. 이스트 스타일Est-style(자기 발견과 자기실현을 위한 체계적 방법으로 미국의 기업가 워너 에랄드Werner Erhard가 1971년 시작한 에랄드식 세미나 훈련-역주)로의 주말 세미나는 엄청난 요구라는 것을 입증해 주었고 물론 실행자에게 매체는 상당한 강점이었다. 수백 명의 관객이 한때 대형 강당을 꽉 메울 수 있었기 때문에 베테랑 시나리오 작가들은 단지 몇 주 작업을 하고 100만 달러의 연봉을 올릴 수 있었다. 사이드 필드나 로버트 맥키, 리처드 웰터 등과 같은 시나리오 작가들은 그후 미국을 벗어나 외국으로 활동영역을 넓히게 되었다. 미국의 문화제국주

---

40) Syd Field, *Screenplay: The Foundation of Screenwriting* (New York: Dell, 1979) 참조.

의의 그린 베레 대원과 같이 할리우드 문화의 헌신적인 전도사인 그들은 지금 어디서나 심지어 대표적인 적지라고 할 수 있는 파리의 소르본느대학교에서까지도 찬사를 보내고 있다.

최근에는 다른 종류의 교육방식이 컴퓨터 소프트웨어로 가능해지게 되었다. 블록버스터는 '성공한 할리우드의 시나리오 작가들의 비밀무기'의 전달을 약속해 준다. 설사 당신이 당신만의 방법을 상실한다 할지라도 '트루비의 스토리 마차는 당신의 영화 시나리오의 상업적 잠재 가능성을 근본적으로 높일 수 있는 조언과 도구로서 단 한 번의 클릭 방식이다."[41] 그리고 드라마티카와 같은 프로그램은 훌륭한 시나리오로 발전시키는 모든 필요한 단계를 통해 풋내기 작가를 인도할 수 있다고 공언한다. 광고에서 보는 바와 같이 그 소프트웨어는 시나리오 작가를 "스토리[원문 그대로]의 기초적인 각본이나 '깊은 구조'에 초점을 맞춰놓고 있다. 드라마티카는 작가들이 그들의 확고하면서도 모호한 주장을 분명하게 만들어 줌으로써 고착화된 스토리 문제를 해결해 줄 수 있고 캐릭터와 주제를 강화시켜 줄 수 있다."[42] 내가 보기에 카리에르는 불쾌하지만 정확하게 이런 기계적 접근을 요약하고 있다. "시나리오뿐만 아니라 영화를 총체적으로 모두 성문화하려는 것이야말로 미국의 열망을 표출하는 것이다. 말하자면 이것은 콘텐츠를 각기 분류하는 방식으로 글쓰는 사람의 수를 줄이는 조치를 취한다는 것을 의미한다."[43] 베테랑 시나리오 작가들과 드라마티카라는 프로그램은 인스가 살아있는 동안 공존하고 있었다. 인스는 그것들을 포용하고 있었을 뿐만 아니라 그것들을 표준으로 삼도록 해 주었다.

9

사이드 필드와 그 동료들이 줄곧 권유했던 이런 고전적 모델은 무엇인가?

41) John Truby의 *Blockbuster*라는 소프트웨어의 광고전단.
42) *Dramatica* Pro-2 model 광고.
43) Carrière, Salé, p. 47.

누군가는 무엇인가를 원하고 있다. 여러 가지 장애물(관객, 여러 가지 상황, 어떤 것이든)이 목표를 방해하고 있다. 몸부림이 계속된다. 흔히 주인공은 과정 중에 그 자신/그녀 자신에 대해 가능한 한 무엇인가를 배우면서 결말에 승리하게 된다. 여정은 3막, 즉 계획, 만남, 결말로 구성된다. 그리고 플롯 포인트(적어도 사이드 필드의 버전에서는)는 시나리오의 특정 분량이 되는 부분에 나타난다. 유행에 맞는 특수용어를 사용하고 있는 이런 패러다임은 요즈음 아놀드 슈왈츠제네거Arnold Schwarzenegger와 같은 사람도 〈엔터테인먼트 투나잇Entertainment Tonight〉의 관객들에게 세세한 부분을 설명하는 데 문제가 없을 만큼 너무나도 잘 알려져 있다.

당연히 상투적 수법으로 간주된 핵심요소는 캐릭터들이 그들 자신을 충분히 잘 알고 있는 남성과 여성이라는 사실이다. 우리는 이것에 대해 이야기해 볼 필요가 있다. 영화 속의 주인공들은 정말로 실물과 꼭 닮아 있을까? 그들은 두 요소인 유전인자와 환경의 영향을 받고 자란 인간이 아닐까? 영화의 캐릭터들은 이런 이중적 유산의 징후를 거의 보이지 않는다. 아주 오래전에 에밀 졸라Emile Zola는 다음 세대에 성적 결합의 부정적 충격을 추적하는 20권 정도의 작품을 썼다. 그렇지만 다른 작가들이 느꼈던 것처럼 금방 시들해진 프란시스 갈톤Francis Galton의 우생학에서 흥미로운 것은 너무 자연으로의 환원주의적이고 훌륭한 문학을 위해서는 너무 제한적이었다는 것이다. 오늘날 대부분의 과학자들이 우리의 성격 형성에 유전인자들이 부분적으로 영향을 미친다는 데 동의한다고 할지라도 그런 영향은 영화 시나리오 쓰기에 결코 거의 활성화되지 못하고 있다. 아마도 그것이 자율적인 개인의 개념에 전혀 어울리지 않기 때문일 것이다. 장소나 환경의 영향 때문에 그런 것처럼 우리는 오노레 드 발자크Honoré de Balzac에게 돌아가는 것과 다를 바 없다. 발자크는 안으로 들어가서 방 안을 디테일하게 기술하고 어떤 한 인물, 그리고 다른 인물, 또 다른 인물의 표정과 옷차림으로 최소한 돌아오기 전에 이웃과 지방의 거리와 특별한 집에 대한 철저한 묘사를 하는 것으로 소설 세계를 연 작가로 알려져 있다. 헨리 제임스Henry James의 말에 의하면, 정

말로 프랑스 작가의 경우 "사건이 일어난 장소는 사건 자체와 동일한 순간의
… 장소이다."[44] 발자크의 경우, 인간은 총체적 환경, 좁은 거리, 방의 벽지,
창밖의 경관, 가구의 스타일과 시대, 의상의 재질과 색깔 등으로 정리된다.
이렇게 강조되는 사항은 영화에서도 아마도 영화와 패션과 제품의 세계화
에 부응해서 중요시되지 않는다. 영화적 환경은 캐릭터의 구성에 도움이 된
다기보다는 오히려 남의 이목을 끄는 풍경[〈대부The Godfather〉(Francis Ford
Coppola, 1972)에 등장하는 이탈리아계 미국인 이웃]을 마련해 주는 경향이
있다.

　　우리는 엉뚱하게도 조상의 유산과 사회적 질서로 개인심리학과 멀어지게
된다. 오늘날 시나리오 작가들은 자라는 과정에서의 우연이나 개인을 고독
하게 만든 환경을 소중하게 여긴다. 〈에덴의 동쪽East of Eden〉(Elia Kaazan,
1955)에서 칼렙은 형에 대한 아버지의 편애를 분개하고 있다. 〈워터프론트
On the Waterfront〉(Elia Kaazan, 1954)에서 존은 형의 공갈 협박을 위해 복싱
이력을 숨겨야 했기 때문에 더 비통함을 느끼게 된다. 대개 인물의 두드러진
특징은 어떤 설명 없이 이미지로 표현될 수 있다. 〈폭력탈옥Cool Hand Luke〉
(Stuart Rosenberg, 1967)은 이 점에 있어서 대표적인 작품이다. 이 영화는
주차요금 징수기를 하나씩 차례로 분해하는 술 취한 주인공으로 시작한다.
이 짧막한 시퀀스는 기성사회를 거역하는 젊은이, 루크를 60대의 반 영웅으
로 간략하게 묘사하고 있다. 이런 점에서 덧붙여지는 것은 아무것도 없다.
실제로 우리는 루트가 그러는 이유를 결코 정확하게 이해하지 못한다. 어딘
가에 소속되어 있지 않다는 것은 사람을 이해하고 그의 모든 행동에 동기 부
여하는 것이라 생각된다.

　　우리가 캐릭터에서 발견하게 되는 것은 모든 것이 행동 그 자체에서 기인
한다. 예를 들면 리처드 웰터는 성별과 사회문화적 역할로서의 성을 제외하
고 시나리오에서 어떤 인물의 특징이나 문제를 알려 주는 것은 중요한 것이

---

44) *The Art of Criticism: Henry James on the theory and Practice of Fiction*, ed. William Veeder
　　and Susan M. Griffin (Chicago: Univ. of Chicago Press, 1986), p. 75.

아니라고 주장한다.[45] 달리 표현하자면 이것은 보여 주기와 말하기의 문학적 논쟁에서 영화는 연극을 본보기로 삼고 있다는 것을 의미한다. 퍼시 러복 Percy Lubbock이 주장하는 바와 같이 "인물은 도움이 없이도 자기 역할을 해야만 한다. 인물이 범죄를 꾸밀 생각을 품고 자포자기한 사람의 역할을 부여받았다면 그는 저자에게 무대의 측면에 나타나 관객에게 사실을 알려 주기를 기대하며 기다릴 수 없다. 그는 말과 행동, 시선과 말투로 그것을 스스로 표현해야만 한다."[46] 영화를 위해 단순화시킨 아이디어를 웰터는 다음과 같이 표현하고 있다. "인물의 육체적 감정적 특징은 그들이 말하고 행동하는 것으로 발전해야 한다. 그들은 행동과 대사로 정의된다. 그들이 행동하고 말하는 것이 그들의 성격이다."[47] 그렇지만 이런 유형의 제시는 자수성가한 남녀와 그들이 영위하는 행동 사이의 합리적 연결, 관객을 위해 명확하면서도 의미 있는 논리적 연계를 암시한다. 여기서 새로운 것은 아무것도 없는 것일까? 즉 아리스토텔레스Aristotes는 이미 비극과 '행동하는 인간'을 연계시킨 것이 아닐까? 그는 또한 "행동이 인물과 생각까지 뚜렷이 구별되는 어떤 특성을 불가피하게 보여 주는 행위자로 바뀐다는 것을 말한 것이 아닐까?"[48] 『시학Poetic』은 오늘날 강한 영화 케릭터, 즉 어떤 일을 일으키는 사람에게 타당성을 부여하기 위해 여러 번 정리된 바 있다. 결과적으로 우리는 영화에서 '누군가의 의도, 믿음, 욕구 등을 언급해서 그의 행동'[49]을 설명하는 것을 배웠던 것이다. 내 생각에 이런 혈기 왕성하고 스스로 결정력이 있고 인식능력이 있는 인물들은 평범한 인간보다 슈퍼맨Übermenschen처럼 훨씬 더 울림이 있다. 개인의 의지와 결과를 연결하는 직선에 관해서는 마땅히 의문을 제기할 만하다.

45) Richard Walter, p. 79.

46) Percy Lubbock, *The Craft of Fiction* (New York: Charles Scribner's Sons, 1921), p. 157.

47) Richard Walter, p. 79 (his emphasis).

48) *Aristotle Horace Longinus: Classical Literary Crticism*, T.S. Dorsch 옮김 (Baltimore: Penguin, 1965), in Poetic 2 and 6, p. 33, p. 39.

49) James Hopkins, in *Philosophical Essays on Freud*, ed. Richard Wollin and James Hopkins (Cambridge: Cambridge Univ. Press, 1982), p. x.

현대의 많은 이론가들은 다른 가정 하에 작업을 하면서 개인의 정체성이 신뢰할 수 있는 난공불락의 근원에서 시작되는 것이 아니라 필연적으로 문화의 상실과 분열, 영향으로 손상된다고 생각했다. 분명히 사람은 매일 같은 육체를 자기의 것으로 소유하고 있다고 생각한다. 그래서 결과적으로 독특하고 자율적이고 한결같은 자아를 갖는다는 것이 쉬운 일이다. 그렇지만 자의식은 합리적이거나 일관성이 있거나 변하지 않는 정체성을 반사적으로 느끼지 못한다. 대신에 자기 자신은 도가 지나친 것, 즉 핵심에서 드러나지 않는 것(무의식), 언어습득을 통한 상징적 정체성의 전제, 사회적으로 젠더, 종족, 계급 등의 제도를 통해 우리에게 연결되는 한 이데올로기의 끊임없는 영향으로 한계를 드러낼 수도 있다.[50]

우선 우리가 자유롭다는 것, 즉 무의식이라는 것은 종종 일반적으로 대중문화와 특별한 할리우드 영화에서 아무튼 적절한 순간에 배달되지 않고 사라진 짐 꾸러미의 종류처럼 묘사된다. 개요에 들어 있는 정보의 부족 때문에 인물은 끊임없이 변한다. 그렇지만 적절한 권위와 노력으로 남자든 여자든 누군가와 꼭 닮게 만듦으로써 놓친 정보를 되찾고 주제를 완성할 수 있다. 〈보통사람들Ordinary People〉(Robert Redford, 1980)에서 거의 마술에 가까운 개인의 변신이 완벽하게 드러난다. 미국 정신분석학회에 따르면 "자아의 이해능력을 능가할 수 있는 진짜 신비, 본질적 무지는 존재하지 않는다."[51]

수년 동안 이런 무의식에 대한 이런 아주 단순한 해석은 다양한 방식으로 수정, 보완되었다. 한 예로 조르주 바타이유Georges Bataille는 무의식이 사실 치료요법으로 접근이 가능하다고 생각하지 않았다. 그는 "우리에겐 말할 수

---

50) Freud, *The Interpretation of Dreams*, James Strachey 옮김 (New York: Discus, 1965). Lacan, *The Four Fundamental Concepts of Psycho-Analysis*, Alan Sheridan 옮김 (New York: W.W. Norton, 1981). Louis Althusser의 주된 아이디어는 *Lenin and Philosophy* [Ben Brewster (New York: Monthly Review, 1971).

51) Edward Edinger, in Don Fredericksen, "Jung/Sign/Symbol/Film Part 1", *Quarterly Review of Film Studies*, vol. 4, no. 2 (1979), p. 181.

없고 억제되어 있고 이해할 수 없는 부분이 남아 있다."52고 쓰고 있다. 그들은 건물의 토대처럼 대저택을 방문하거나 그곳에 서있을 때 보이지 않는 곳에서 정독으로 접근할 수 없는 지하를 남겨 놓는다. 자크 라캉Jacques Lacan도 그라알Graal이나 단 하나의 목표에 대한 좋은 아이디어나 하나의 특별한 장소에 유용한 구성요소에 의문을 제기한다. 그는 무의식이 오히려 어디선가 나타났다가 시야에서 사라지고 나중에 어디선가 또 다시 나타나는 신기루와 같다는 것을 안다. 테리 이글턴Terry Iagleton이 설명하고 있는 바와 같다.

> 말하자면 무의식은 우리의 '내면'보다는 오히려 '외면'에 존재하거나 우리의 관계가 형성되듯이 우리들 '사이에' 존재한다. 그것은 우리의 마음속에 깊이 묻혀 있기 때문이 아니라 우리를 둘러싸고 우리를 통해 그 자체를 엮고 있어서 결코 고정되지 않고 얽혀 있는 거대한 그물이기 때문에 파악하기 어렵다.53

여기서 무의식은 개인의 치료요법을 통해 파악하는 것을 불가능하게 만드는 비개인적이거나 개인의 한계를 초월한 것으로 이론화되고 있다. 다른 관점, 즉 이번에는 하이데거의 관점에서 누군가는 우리의 무의식이 인성에 있는 것이 아니라 존재성, 즉 모든 실존을 둘러싸고 있는 더 근본적이고 존재론적인 배경에 있다고 주장할 수도 있다.

이런 관점을 벗어나 의문은 마음의 구분과 그 부분들의 진행 중인 구성으로 옮겨가게 된다. 세상에 무감각한 부류들도 있을까? 모든 구성요소들이 의식의 발코니에 똑같이 접근할까? 예를 들면, 도널드 데이비드슨Donald Davidson에게 있어서 프로이트의 유산은 합리적인 마음이 전 영역을 소유하고 있는 것이 아니라 통치권을 벗어난 미개척 분야로 남겨 놓는다는 것을 내포하고 있다. 어쩌면 치료 요법을 통해 되찾을 수도 있는 '개인의(프로이트의) 무의식'을 벗어나 우리는 '도중에 (합리적 마음과의) 교차로 인정되거나

52) Georges Bataille, *L'Experience intérieure*, in *Oeuvres complètes*, vol. 5 (Paris: Gallimard, 1973), p. 27(저자 번역).

53) Terry Eagleton, Literary Theory: An Introduction, 2nd ed. (Minneapolis: Univ. of Minnesota Press, 1999), p. 150.

설명될 수 없는 거의 독립적인 구조'[54]를 발견하게 된다고 도널드 데이비드슨은 쓰고 있다. 정확하게 설명하자면 그것은 몇몇 휴면상태의 구조가 살아남아있고 때로는 주제에 영향을 미칠 수 있다는 것을 의미한다. 예를 들면, 몇 가지 구성은 초기 모델을 제거하지 않고도 발전될 수 있다. 실제로 우리의 내면에는 어린애의 마음이 흔적조차 없는 것일까? 그것은 특별한 환경에서도 다시 나타날 수 없는 것일까? 그러면 통상적인 주제의 확장에서 벗어나 어느 누구도 알랭 레네Alain Resnais의 〈미국에서 온 삼촌My Uncle from America〉(1980)의 시작부분에서 앙리 라보리Henri Laborit의 주장을 생각해 볼 수 없는 것인가. 우리의 선조들의 발달된 두뇌가 단순히 진화의 순환구조에 따라 다른 것을 대신하는 것이 아니라 차례로 그 자체를 보충했다. 이런 식으로 가장 빈약한 '인간의' 능력, 말하자면 우리의 내면에 잠재해 있는 파충류의 두뇌를 위해 위기의 순간에 빠르게 대처할 가능성을 열어놓는다. 데이비드슨의 경우, 이 모든 것이 우리가 자신과 타인을 바라보는 방식을 바꾼다는 것이다. "한때 한 사람의 마음이었던 것이 적대 세력과 싸우고 다른 사람을 기만하고 정보를 숨기고 전략을 세우는 갈등의 장으로 변하게 된다."[55] 이제 슈퍼맨과는 거리가 먼 인간은 늘 전적으로 억류되어 있지 않고 합리적 요인을 가진 근본적으로 분열된 존재로 다시 정의된다. 그래서 놀랍게도 행실이 좋은 것 같은 성격을 보인다는 것은 오점을 발견하지 못하게 될 수도 있을 뿐만 아니라 우리 자신에 대해 인도주의적 환상을 영속시키는 데 도움이 될 수 있다. 따라서 어린애 같은 반응이나 기괴한 행동이 누군가의 생각과 매번의 행동을 '정상적으로' 연결하는 데 상당한 역할이 될 수도 있다.

둘째, 페르디낭 드 소쉬르Ferdinand de Saussure의 언어학의 저작에서 힌트를 얻은 자크 라캉은 언어학에서 주제로 들어가는 구조를 멋지게 바꾸어 놓았다. 생후 얼마 동안 직접 처해 환경에서 자기 자신을 구별할 수 없는 행복한

---

54) Donald Davidson, "Paradoxes of Irrationality", in *Philosophical Essays on Freud*, ed. Richard Wollheim and James Hopkins, p. 300.
55) Davidson, p. 291.

순간을 보낸 인간은 누구나 필연적으로 라캉이 '상징계'라고 부른 단계로 들어가게 된다. 그의 상대적 배열에서 내가 직접 경험하고 다른 것으로 전환하고 싶은 것은 반드시 말이란 여과기를 통과해야만 한다. 그래서 말은 신뢰할 수 없다. 말은 항상 이 말과 다른 말 중에 선택하는 것, 다른 것을 희생하여 어떤 뉘앙스를 더 좋아하는 것, 말의 문법적인 명쾌함보다 문장의 흐름에 더 많은 주의를 기울이는 것 등으로 전락하게 된다. 말은 또한 진실로 우리가 말하고 싶은 것을 왜곡하는 이차적이거나 숨겨진 의미를 전달할 수도 있다. 억압된 개인의 연결고리는 언제라도 슬그머니 연결될 수도 있다. 우리의 언어능력은 근본적으로 "파악하기 어렵고 모호하기 때문에 … 우리는 말하는 것을 결코 정확하게 전달할 수 없고 또한 우리가 전달하려는 것을 정확하게 말할 수도 없다."[56] 언어는 타인들과 솔직하게 소통하기 위해 '나'를 감안한 중립적 도구라기보다 우리가 말하고 있는 것이 무엇인지 조건 짓는 이전부터 존재하고 있는 격자가 된다.

우리는 이런 상징계를 통해서 자의식의 발달을 배우게 된다. 그리고 여기서 우리는 미리 준비된 정신적 영역을 통해서 우리 자신과 타인을 구별하는 것을 배우게 된다. 실제로 결과적으로 '나'는 누구인가는 확실하게 인지될 수 없다. 그 대신에 중요한 것은 '나'가 어떻게 기존의 문화적 가능성에 적응할 수 있는가이다. 예를 들면, 나는 남성이고 중산계급 가정의 셋째 아들이고, 나는 네브래스카의 작은 소도시 출신이고, 나의 아버지는 백인이고 어머니는 아메리카 미국인이며, 나는 침례교도이고, 나의 스포츠 장학금은 스탠퍼드대학교에 있고, 나는 의사가 되기 위해 공부하는 중이고 나는 명랑하면서도 사려 깊은 편이다. 밝아 보이는 개인은 독특한 분별력이 있는 자아의 표현이라기보다는 기존의 영역이나 유형에 따라 개선되기도 한다.

필리프 로센Philip Rosen은 이 모든 결과를 명쾌하게 두 개의 명문장으로 열거할 수 있었다. 즉 "그것은 의미체계(언어)를 사용하는 주제가 아니라 주제

---

56) Eagleton, p. 146.

를 정의하는 의미체계이다. 그것은 의미하는 것을 '말하는' 주제가 아니라 주제를 '말하는' 알리는 사람이다."[57] 그래서 인간은 한 걸음 한 걸음 모두 언어에 의해 삶이 영위된다. 고로 언어는 우리 자신을 표현하는 데 사용하는 완전한 것이 아니라 잠재의식 속에 있는 의도가 우리 의식 속에 겉으로 드러나게 만들기 위해 취하게 되는 청사진으로 제시된 길이다. 우리는 언어의 조건형성을 통해 세상에 접근한다. 우리의 정체성조차도 깊거나 개인적이거나 유일한 어떤 것의 정확한 지적이라기보다는 오히려 당시에 우리에게 유용할 수 있는 일련의 선택의 자유일 뿐이다. 우리가 말하는 어떤 것, 즉 우리는 누구인가라는 말은 언어능력을 꿰뚫어 조직화하는 체계에서 벗어날 수 없다. 대체로 사회는 우리와 우리 각자의 말을 후원한다.

셋째, 루이 알튀세르Louis Althusser는 의미를 재생하기 위해 사회가 받아들이는 의미를 우리에게 상세히 설명한 바 있다. 제일 먼저 우리는 학교, 가정, 결혼, 텔레비전, 그리고 다른 매스미디어를 통해 세상의 체계적 모형을 받아들인다. 그 후 매번 우리는 일어나는 일들, 즉 그것들이 초기에 우리에게 제시되었던 방식을 보고 "그래! 그것은 있는 그대로이고, 그것은 실제로 진실이야!"[58]라고 소리치면서 그 사실을 인정한다. 일단 기본 모델에 우리가 내면적으로 익숙해지면 보이는 지점의 양자택일의 가능성을 생각하는 것은 정말 어려워진다. 그래도 이러한 입장들이 우리에게 경제적 생존에 필요한 근본적 노하우, 즉 고정된 일자리, 자제력, 순응, 타인에 대한 존중, 재산을 가르쳐 주기도 한다. 성인이 된다는 것(실수가 없다는 가정에서)은 주체 자체에게는 전체적으로 파악되지 않을 만큼 체계적인 프로그램의 수준을 받아들여 소화할 수 있는 것을 의미한다.[59] "그것은 정말로 우리가 인정하지 않을 수 없는 명백함을 위압하는 (그것들이 '명백해진' 이후 줄곧 그렇게 보이

57) Philip Rosen, *Narrative, Apparatus, Ideology* (New Yok: Columbia Univ. Press, 1986), p. 163.
58) Althusser, p. 139.
59) 많은 주석자들은 Althusser가 표현한 이데올로기적 기계의 절대론을 반대했다. 그의 결정적 관점에 반해 문화적 연구의 비평은 헤게모니를 잡기 위한 몸부림과 매일 인간의 습관과 대중문화에서의 저항의 가능성을 강조하기를 선호했다. 다른 한편 Thomas Frank는 '동등한 문화의 경향

지 않고) 이데올로기의 특징이다."라고 알튀세르는 쓰고 있다. 그러므로 우리는 상상의 표현 속에 있을 만큼 사로잡혀 실존의 실제 조건들을 결코 전할수 없다. 다시 한 번 누군가는 투표를 하고 운전을 하고 소비를 하고 세금을 납부하고 결혼을 하고 텔레비전을 시청하는 등등을 하는 시민처럼 '질문을 받게 된다'. 우리가 사회의 어느 곳에 서있는가에 대한 '우리의' 이해를 확인하는 것은 이런 부단한 조언이다. 사무엘 베버Samuel Weber는 요약해서 말하길, "정체성은 반복에 달려 있다. 그렇지만 그것은 차례로 [사회적] 정체성처럼 무엇인가를 가정하는 것이다."[60] 그리고 그런 모든 것을 통해 우리는 '정치적 무의식'이 우리 삶의 여러 가지 양상, 예를 들면 가족, 법, 재산 정리 등을 결정짓는 방법에 주의를 거의 기울이지 않거나 전혀 기울이지 않는다.[61]

마지막으로 누군가 성취하고자 하는 것과 실제 행동의 결과로 도출될 수 있는 것 사이에는 차이가 있다. 많은 우려를 보이며 이런 주제를 연구했던 앙리 베르그송Henri Bergson은 다른 종류의 원인과 결과의 상황, 즉 당구공을 치는 당구채, 화약을 터뜨리는 불꽃, 우리에게 멜로디를 들려주는 낡은 축음기의 용수철을 구별했다. 첫 번째 예로 공의 궤도와 충돌은 경기자의 특별한 손놀림으로 결정된다. 두 번째로 폭발은 늘 일어나지만 정확히 파괴되는 것은 앞선 전체적 정밀도로 결정될 수 없다. 세 번째로 우리가 목소리를 얼마나 오래 들을 수 있는가는 굵음에 달려 있을 것이다. 아직도 멜로디의 품질

과 변화와 복잡함을 못 본 체 하기 위해' 그런 관점의 순진함과 이를 신봉하는 경향을 공격했다. 예를 들면, 광고는 사회, 소비옹호론 등을 재미있게 만듦으로써 가장 오랫동안 사회정치적 비평을 선점해왔다(Thomas Frank, The Conquest of Cool[Chicago: Univ. of Chicago Press, 1997], p.18). 여러 해가 지난 뒤 로스앤젤레스에서 나 역시 할리우드가 관련되어 있는 한 시스템은 내부로부터 도전받게 되어 있다고 믿는 것이 너무나도 어리석다는 것을 느끼게 되었다. 아프리카계 미국인 감독이나 라틴계 미국인 감독, 여성 감독들이 지배적인 문화에 흡수된다는 것을 쉽게 생각해라. 결국 저항의 개념은 패배자, 즉 상업영화의 가장 매혹적인 도구 중 하나에 잘 어울린다.

60) Samuel Weber, *Mass Mediauras : Form, Technics, Media* (Stanford: Stanford Univ. Press, 1996), p. 138.

61) Frederic Jameson, *The Political Unconscious: Narrative as a Socially Symbolic Act* (Ithaca: Cornell Univ. Press, 1981) 참조.

은 그것과 별개로 남아 있다. 부조화와 가변성으로 언제든 기대한 결과가 바뀔 수도 있다. 요컨대 프랑스 철학자 앙리 베르그송은 우리에게 팔이 작은 쇠구슬로 꽉 채운 상자에 들어갈 때 일어나는 일을 생각해 본 적이 있는지 묻는다. 팔이 덩어리를 통해 그 길에 영향을 미치듯이 쇠구슬의 이동이 그것을 둘러싸고 있는 모든 것의 위치를 바꿔 놓는다. 여하튼 전체의 결과가 예측된다고 할지라도 아무도 본래 행동의 결과로 일어날 수 있는 모든 개개의 반응을 정확히 생각할 수 있는 방법이 없다. 이 모든 것이 의미하는 것은 "누군가의 의도를 계속 전달하는 동안 현재의 새로운 행동 자체는 이미 지나간 무엇인가를 쇄신하거나 재정리하는 것을 목표로 삼는 의도와는 다르다는 것이다."[62] 우리는 조작이 성공이든 실패든 주목하면서 방금 행한 것에 대한 기대 결과에 주의를 기울일 수 있다고 할지라도 우리의 행동은 '예측될 수 없는 모든 종류의 결과', 즉 그 당시에 대부분 주목받지 못한 채 남아 있을 수 있는 결과를 낳는다.[63] 따라서 인물이 행하는 것과 그(그녀)의 행동의 결과로서 생긴 일은 규제되고 완전히 통제된 상황으로 재현될 수 없다. 예측할 수 없는 결과, 즉 인물뿐만 아니라 인물의 주변의 것들, 가능하면 나머지 세계까지도 모든 방법을 동원해 영향을 미칠 수 있는 결과가 초래될 수 있을 것 같기도 하다. 그 반면에 영화의 스토리들은 일반적으로 행동, 역사(그들의 목표를 성취하려는 인간적 시도에 대해 더 재미있고 가능한 한 더 타당한 묘사)에서 예측 가능한 것에 초점을 맞추고 '일이 잘못되어 갈' 때 일어나는 일을 종종 명확하게 제시한다.

내적 기능부진으로 손상되지 않고 문화적 성문화로 주목받지 못하고, 관념적 추론을 떠나 모든 법적·사회적·경제적 구조와 무관하게 만들어진 인물들을 고수한다는 것과 그런 인물들을 그럴듯한 결과의 창작자로 만든다는 것은 많은 도움이 된다. 그렇지만 인물들이 하나의 거푸집 같은 존재가 되어서는 안 된다. 누군가의 개성의 어떤 면들은 타인들에게 모순이 될 수도

---

62) Henri Bergson, *L'Evolution creatrice* (Paris: Felix Alcan, 1908), p. 51 (저자 번역)
63) Bergson, p. 56.

있다. 다양한 내면의 목소리가 존재할 수도 있지만 그 모든 것이 동시대적이 거나 마음에 들지 않을 수도 있다. 인물들은 언어의 이질성으로 망가질 수 있고, 타인의 정체성은 사회적으로 형성된 것처럼 드러날 수도 있다. 결국 계획되지 않은 모든 종류의 결과들은 누군가의 행동과 관계없이 파문을 일으킬 수 있다. 그것은 등을 돌릴 때 부메랑처럼 스쳐지나가거나 보복일 수도 있는 결과이다. 이런 식으로 인간은 그려질 수 있고, 인물은 베르그송의 고상한 비유에서 '함께 진주를 꿰고 있는 실'[64]처럼 묘사된다. 그렇지 않으면 페이라벤드Feyerabend의 언어를 사용해서 인물들을 "꿈, 생각, 감정, 신성한 간섭[까지도]과 같이 똑같이 대충 연결된 사건들에 변화가 일어나는 것과 같이 [기능하는] 대충 연결된 부분…[65]처럼 보일 수도 있다. 달리 말하자면 사실상 우리가 살고 있는 방법을 조정하는 실제 존재의 조건들을 규명하는 쪽으로 전보다 더 많은 노력이 필요하다. 그래서 우리는 우리의 영화에 등장하는 남녀의 개성에서 벌어진 틈과 결핍, 깊은 모순을 명확하게 만들 필요가 있다. 마침내 이것은 우리에게 더 풍부한 인물들과 더 넓고 더 복합적인 캔버스를 제공해 줄 수 있다.

11

흔히 우리는 말하길, 캐릭터는 행위이고 "행위는 행동이다."[66] 온갖 종류의 행동이 이론적으로 가능할지라도 시나리오의 모델은 갈등에 초점을 맞춘다. "액션 스토리는 싸움에 참여하는 것에 대한 것이다."[67] 달리 말하자면 주인공은 적대자와 필사적으로 싸운다. 패러다임이 사람들 사이에 '불변의 적대 행위'의 양상을 보인다고 지적하는 것은 라울 뤼즈Roul Ruiz와 같은 아웃사이더를 받아들일 만큼, 그리고 "대부분의 캐릭터들이 오늘날의 영화에서

64) Bergson, p. 4.
65) Paul Feyerabend, *Farewell to Reason* (London" Verso, 1987), p. 139.
66) Field, p. 35.
67) "Working Writer", 트루비의작가 스튜디오의 광고전단, 1996년 여름, p. 3.

행동하는 것에 의해 기준이 어떤 특별한 문화(미국 문화)에서 모사될 만큼 우리는 이제 이런 식의 사건 제시에 너무나도 익숙해지게 된다."[68] 따라서 우리는 뤼즈가 주장하는 본보기의 보편성에 작용하는 문화적 추정이 있다는 것을 상기하게 된다. 공격성과 경쟁과 방해가 되는 사람들을 제쳐놓는 것이 이런 나라에서 사업을 하는 보편적 방식으로 당연하게 여겨질 수 있으나 스웨덴이나 싱가포르, 말리에서도 그렇게 행동하는 방식이라고 말할 수는 없다. 〈터미네이터 2: 심판의 날Terminator 2: Judgment Day〉(James Cameron, 1991)에 출연한 슈왈츠제네거처럼 행한 것을 얻게 된 누군가에 공감하면서 분명히 본질적으로 시각적이고 극적이며 궁극적으로 자유로워지는 무엇인가가 있지만 누군가는 사실 자신이 저자보다는 그런 흥분상태의 희생자가 될 것 같다는 것을 쉽게 망각한다. 더군다나 다른 문화의 경우 미국 영화에서 극적으로 표현된 난폭한 개인주의는 드물지만 이런 사회가 갈등을 다루는 방식으로 존재하기도 한다. 단지 그것은 지역적인 관습에 거역하는 것이 아니라 쇼가 끝난 뒤에도 계속 간직하는 것이 어려울 수 있는 스릴(감동)을 만끽시켜 줄 수 있는 한 잠재적으로 그들에게 해를 끼치기도 한다. 당시 뤼즈의 경우 미국의 시나리오의 패러다임은 위험하고 '약탈 성향을 보이는 이론'이었다. 왜냐하면 그것은 '활동을 막을 수도 있는 다른 아이디어를 자기 것으로 만들어 예속시키는 아이디어 시스템'[69]을 확실해 보이도록 만들었기 때문이다. 달리 말하자면 뒤에 남겨진 것은 다른 종류의 캐릭터, 관계, 행위, 목표이고 우리가 재발견할 수 있는 세계이다.

12

결국 시나리오 모델은 또한편 우리에게 내러티브에 시작, 중간, 끝이 있다는 것을 말해 준다. 그리고 앞서 새전트에서 인용된 바와 같이 스토리는 "이야

---

68) Raoul Ruiz, *Poetics of Cinema, Part 1: Miscellanies*, Brian Holmes 옮김 (Paris: Editions DisVoir, 1995), p. 15, p. 21.
69) Ruiz, p. 14.

기되기보다는 오히려 그 자체로 말하는 것처럼 보이고 과거 사건의 내러티브보다 해프닝에 더 가까울 수 있다는 것이다."[70] 따라서 이런 기초적인 내러티브의 선택은 플라톤과 아리스텔레스가 미메시스(시인이 캐릭터를 통해 말하게 할 때)를 디제시스diegesis(시인이 남자나 여자의 이름으로 말하게 할 때)와 대비되는 것으로 지칭했던 것과 더불어 고전적 시나리오 쓰기와 보조를 같이 하게 된다. 그것은 스토리와 담화의 차이를 만들기도 한다. 전자에서 프랑스의 언어학자 에밀 방브니스트Emile Benveniste는 주장하길, "실제로 '내레이터'가 더 이상 존재하지 않는다. 사건은 스토리와 수평적으로 일어나듯이 연대기적으로 기록된다. 말하는 사람은 아무도 없다. 사건이 스스로 말하는 것처럼 보일 뿐이다."[71] 누구나 아는 바와 같이 방브니스트가 사용한 말은 새전트의 주장에 거의 정확한 상대가 될 만하다. 이런 글쓰기 방식에서 플롯이 종종 캐릭터의 자유와 캐릭터의 행동의 자유를 중복해서 결정하기도 한다. 그와 반대로 담론에서는 실질적 내러티브든 은연중의 내러티브든 존재한다. 중재가 무시될 수 없는 누군가가 존재한다. 표준이 되는 모델과는 대조적으로 그런 접근은 역설적으로 캐릭터의 자율성과 그들의 행동의 범위를 넓혀주는 양자택일의 내러티브를 구축할 수 있다.

예를 들어, 스토리를 쓰는 데 있어서 다른 방식의 내레이션에 우리의 주의를 끌게 했던 하이든 화이트Hayden White의 주장에 귀를 기울여볼 필요가 있다. 첫째, 그는 "'실제로 세계가 핵심 주제와 적절한 시작, 중간, 끝이 있는 잘 짜여진 스토리의 형태로 인지와 우리에게 모든 시작에서 '끝'을 알 수 있도록 해 주는 일관성을 제시한다는 것"[72]에 의문을 제기하면서 표준이 되는 스토리의 내러티브의 가정에도 의문을 제기했다. 그는 그런 뻔한 글쓰기에 반대하여 연보와 연대기라는 양자택일을 마련하고 있다. 전자는 단지 사건

70) Azlant, p. 252에서 인용.

71) Emile Benveniste, *Problems in General Linguistics*, Mary Elizabeth Meek 옮김 (Coral Gables: Univ. of Miami Press, 1971), p. 208.

72) Hayden White, *The Content of the form: Narrative Discourse and Historical Representation* (Baltimore: Johns Hopkins Press, 1987), p. 24.

의 리스트로 특성이 드러나게 되고 연대기적으로 정리되지만 '핵심 주제, 잘 드러나는 시작과 중간과 끝, 사건의 반전, 동일함을 증명할 수 있는 내러티브의 목소리'[73]를 포함하지 않는다. 화이트의 한 예에서 732년은 이런 문장으로 특징이 드러나게 된다. "샤를 대제는 어느 토요일 푸아티에에서 사라센 족을 맞싸웠다."[74] 기록해둬야 할 정도로 중요한 사건이 일어났지만 역사가는 전투가 사건, 즉 무엇이 침략으로 이어지는지, 걸려 있는 것이 무엇인지, 샤를 대제의 대항세력이 누구인지 등의 웅대한 계획에 얼마나 적합한가를 알려 주지 않았다. 그리고 더 흥미롭게도 전투가 토요일에 발발했다는 짤막한 뉴스가 아무튼 그 경기에서 이긴 사람이 누구인가를 언급하는 것보다 작가에게 더 중요했다. 다른 한편 연대기에서 제재는 '핵심 주제'를 중심으로 더 일관성 있게 구성되고 '몇 가지 위대한 기획'을 포함할 수도 있다. 그래서 역사적 사건에서의 변함없는 목적을 인정하게 된다. 연대기는 분명한 시작이 있고 "작업은 플롯을 펼치는 것처럼 보일지 모르지만 주로 사건의 도중에 끝나게 됨으로써 그 자체의 출연이 거짓으로 드러나게 된다."[75] 달리 말하자면 내러티브는 통상적 스토리와 같은 역할을 더 많이 하지만 스토리에 변하지 않거나 적어도 만족할 수 있는 결말을 내려주지 않고 사건이 벌어지는 중간에 끝나게 된다.

나는 연보와 연대기의 개념이 사이드 필드나 그와 같은 부류의 작가들이 사건의 공식적인 재현을 파악하도록 도와줄 수 있다는 믿음 때문에 화이트의 주장을 설명하는 데 어느 정도의 시간을 할애했다. 사이드 필드는 질문하길, "당신의 시나리오를 시작하는 데 가장 좋은 방법은 무엇인가? 당신의 결말을 아는 최선의 방법을!"[76] 달리 말하자면 플롯은 당신의 캐릭터의 움직임을 말해 준다. 이와 반대로 〈파이자Paisa〉(Roberto Rossellini, 1946)의 네 번

---

73) White, p. 6.
74) White, p. 7.
75) White, pp. 16 and 17.
76) Field, p. 56

째 세그먼트를 살펴볼 필요가 있다. 이 부분에서 독일인과 그들의 파시스트 동맹은 피렌체의 거리에서 연합군에 대항해 후방 경계 활동을 펴고 있는 중이다. 미국인을 위해 일하고 있는 간호사는 그녀의 남자친구, 즉 전투 중에 부상당했을지도 모르는 열성 지도자를 찾으러 간다. 그녀는 그의 가족과 다시 만나고 싶어 하는 친지들과 협력한다. 그들은 도시를 통과하면서 도중에 다른 사람들을 만난다. 그들은 목적지에 거의 도착했을 때 그녀의 동료가 갑자기 거리를 가로질러 돌진하는 바람에 열성당원이 총격을 당하게 된다. 책임이 있는 세 명의 파시스트 당원이 즉결 처형되는 동안 그녀는 부상당한 남자를 치료한다. 이런 일이 일어나고 있을 때 그녀는 부상당한 당원으로부터 찾고 있던 남자가 얼마 전에 죽었다는 것을 알게 된다.

사실은 이 시퀀스에 대한 나의 요약이 텍스트에 있는 것보다 더 내러티브의 콘티뉴이티를 잘 요약하고 있다. 우리는 실제로 그들의 삶이 그들이 가고 싶은 곳을 마련할 가능성이 있다는 것을 중요하게 생각한다는 것 이외에는 두 명의 주요 캐릭터에 대해 아는 것이 아무것도 없다. 다른 캐릭터들은 나타났다가 사라져 다시 소문도 없다. 예를 들면 영국군 장교의 모습이 잠깐 보인다. 그는 독일군의 소재지를 파악하기보다는 오히려 피렌체의 건축의 돋보이는 부분을 훑어보기 위해 쌍안경을 사용하는 고질적인 버릇이 있다. 지배자들에게 일어나는 일은 결국 이야기조차 되지 않는다. 예를 들면 그녀의 동료는 거리를 가로질러 건너간 뒤 다시 모습을 보이지 않는다. 그가 그 후 가족에게 돌아갈 수 있었는지, 그들이 무사한지 그렇지 못한지, 그가 당원의 죽음의 원인을 제공한 것 때문에 죄책감을 느끼고 있는 것은 아닌지 알 수 없다. '여주인공'을 위한 것처럼 영화는 그녀가 남자친구의 죽음(그 결과 모든 노력은 부질없는 것이 되고 만다)의 진상을 알게 되는 사건이 벌어지는 중간에 끝난다. 피렌체를 위한 전투의 결심도 명확하게 드러나지 않는다. 여러 가지 사건(허구적일 뿐만 아니라 역사적인)이 일어난다 할지라도 그것은 연보와 연대기를 암시하는 독특한 방식으로 설명된다. 군대는 행군 중이지만 캐릭터의 경험이 이탈리아를 해방시키는 데 아무것도 할 수 없는 전장에 있다. 그들의 목표는 아주 한정되어 있어서 상황의 극단적 변화가 거리의 모퉁이에서 어떤 일이 우연히 일어날 수도 있다는 것을 분명하게 만든다. 이탈리아 해방을 위한 연합군의 전략은 우연이지만 개인적으로 중요한 뜻밖의 만남(연보의 '토요일')에 묻히게 된다. 죽음은 리듬이나 이유 없이 우연히 일어나기도 한다. 사람들은 플롯에 위임받았기 때문이 아니라 포격으로 죽게 된다. 달리 말하자면 카메라는 전지적인 것이 아니다. 그것은 마치 시나리오 작가와 감독이 최후의 만족한 결말을 전혀 모른 채 설명하듯이 사건을 발견하고 있는 것과 같다. 따라서 〈파이자〉의 이 부분은 다른 종류의 영화적 글쓰기, 즉 더 넓은 맥락에서 일어나는 것을 재구성할 수 있는 사람이 아무도 없지만 사건이 일어나는 바로 그 순간 '실제로 사건 자체가 말해 주는' 내러티브의 좋은 실례이다. 동시에 위치 바꿈이 스타일, 즉 예외적인 내레이터의 오점으로 경험되기도 한다.

13

이런 관점에서 나는 할리우드의 패러다임이 사실 슈퍼 장르로서의 기능을 한다고 생각하고 싶다. 그것은 누구나 일정한 형태로 구성된 어떤 제재를 쉽사리 인지하는 한 하나의 장르이다. 데리다에 의하면 여기서 핵심은 "장르 자체가 알려지자마자 누구든 기준을 존중하고 경계선을 넘어서는 안 되고 부도덕이나 변칙이나 무도한 행위를 저질러서는 안 된다."[77] 그런데 오늘날 예외나 다름을 거의 인정하지 않는 기준으로 미국의 영화 시나리오의 경계가 구분된다. 시스템 안에서 작업하는 시나리오 작가의 경우, 조금이라도 읽히고, 쓸 기회를 얻기 위한 양자택일은 아니다. 말하자면 당신은 말이 들리듯 써야 하고 포맷이 존중되어야 하고 공식이 적용되어야 한다. 제작자와 스튜디오 중역의 경우 기준이 있기 때문에 잘못된 질적 기준에 반대해 시나리오의 가치를 판단할 수도 있다. 짐 베다Jim Wedaa는 불평하길, "그것은 잘못된

---

77) Jacques Derrida, "The Law of Genre", *Glyph*, no. 7 (1980).

부분이다. 그로 인해 사람들은 실제로 행동하지 않을 때 자신들이 무슨 일을 하고 있는지 생각할 수 있다."[78] 그들은 시나리오 쓰기의 문제가 무엇인지 안다고 생각하기 때문에 작가의 작업을 토론하고 제안하기를 거부한다.

패러다임 역시 이전의 모든 장르를 대신하기 때문에 초월 장르이다. 영화가 서부극이든 스릴러든 러브스토리든 공상과학이든 전혀 중요하지 않다. 본질적으로 각본은 비주얼이 아닌 구조를 따른다. 모든 영화는 같은 모델에 따라 끝을 맺기 때문에 조합으로 별 감동이 없는 영화가 만들어질 수 있다. 예를 들면 고다르가 지적한 바와 같이 이런 영화들에서 모든 것이 항상 일정대로 정확히 진행되는 데 반해 그 자신의 영화에서는 "약간 이르거나 늦게 진행되는 것이 재미있다는 것을 발견했다."[79] 여러 번 구사된 바 있는 전문가적 내러티브로 관객은 서로 다른 창작품을 구별하는 데 도움을 주는 특수효과를 기대하며 기다릴 수 있다. 고다르는 이어서 "무언가를 복제한다는 것은 전혀 감동이 없다. 그래서 프로젝트의 아주 지독한 단조로움을 탈피하려면 그것에 번쩍이는 수백만 달러의 베일을 씌워야 한다."[80]

초월적 장르가 모든 구성요소보다 우세하다. 결과적으로 캐릭터는 그들이 억지로 입게 된 의상을 피할 수 없다. 그들은 같은 기질에서 삭제되었기 때문에 똑같은 소리를 낸다(이것을 존 카사베츠John Cassavetes의 초기 영화에서 캐릭터들이 말하는 것과 비교해 볼 것). 그리고 참가자들보다 오히려 플롯이 캐릭터들이 실제로 행하는 것을 구술하게 된다. 이런 종류의 내러티브에서 이야기, 즉 주인공에게 일어나는 이야기는 안에서, 인물들의 만남, 그들이 서로 참여하는 방식에서부터 전개되지 않는다. 대신에 그들의 만남은 각본의 가장 중요한 구조에 의해 미리 결정된다. 이런 모델의 시나리오 쓰기에서 올리비에 아세이아Olivier Assayas는 주장하길, 플롯은 "어떤 여지도 남기

---

78) Todd Coleman, "The Story Structure Gurus", *The Journal of the Writers Guild of America, West* (June 1995), p. 20.

79) Jean-Luc Godard, *Introduction à une véritable histoire du cinema* (Paris: Albatros, 1980), p. 44 (저자 번역).

80) Godard, *Introduction*, p. 57.

지 않을"[81] 만큼 압도적이다. 재미있는 대화체와 다중음의 갈릴리 사람은 다른 사람들과 개인적으로 의견을 교환하기보다는 보여 주는 것으로 캐릭터들을 같은 여행에 다시 참여하게 만들고, 신선한 느낌이 없는 행동을 되살리게 만들고, 같은 부분의 글을 말하게 만든다.[82] 여기서 놓치고 있는 것은 무엇인가? 10대 전반에 발표한 바 있는 『영화각본의 기술Technique of the photoplay』에서 이프스 윈드롭 새전트Epes Winthrop Sargent는 현대 영화에 주목할 만한 것을 남긴 일화를 이렇게 전하고 있다. "아마도 당신은 극장의 고양이가 무대에서 순회공연을 하는 약간 극적인 퍼포먼스를 기대했을지도 모른다. 아마도 공연장의 큰 무대가 무너지지 않았다면 손상되었을지도 모른다. 순간은 긴장되고 극적이지만 고양이는 새로운 놀라움이고 잠시 동안 스타의 연기보다 더 강한 것일 수 있다."[83] 새전트가 옳다. 다시 말해 고양이는 하나의 성공이었다. 그것은 그 장소를 모르고 있었기 때문이다. 연극의 관습을 인지하지 못한 고양이는 단순히 비즈니스를 하려고 애쓴 것이다. 그래서 관객들은 고양이가 믿기 어려울 정도로 놀라운 공중 매달리기를 깼다는 사실을 좋아하게 된다. 새전트의 해결책은 기본적인 것이다. 말하자면 쇼를 되살리기 위해 "고양이는 무대에 설 자리가 없다."[84] 고양이는 시들어가는 예술 형식에 신선한 생명력을 불어넣기 위하여 영화에서와 마찬가지로 시나리오에서도 자루에서 나와 있어야 한다는 것이 내 생각이다.

---

81) Olivier Assayas, "Du Scénario achevé au scénario ouvert", *Cahiers du Cinéma*, no. 371-372 (May 1985)(저자 번역).

82) 'dialogic'이란 용어는 Mikhail Baktin이 만든 말이다. Mikhail Baktin, *The Dialogic Imagination*, Caryl Emerson and Michael Holquist 옮김 (Austin: Univ. of Texas Press, 1981). David Bordwell은 'Galilean'을 *Narration in the Fiction Film*에서 다수의 연설자의 목소리를 정의하는 데 사용한 바 있다.

83) Azlant, p. 254.

84) Azlant, p. 154.

5

연출

연출

1

영화를 촬영하는 건 쉬운 일이 아니다. 잉그마르 베르히만Ingmar Bergman 같은 거장들도 촬영의 어려움을 느끼면서 "촬영은 쉴 수 없는 일이고, 관절을 뻣뻣하게 만들고, 눈을 흐리게 만들고, 분장, 조명, 땀 냄새와 긴장, 이완을 동시에 느껴야 하고, 현실, 책임감, 비전과 게으름에 싸움이라고 생각한다."1고 말했다. 감독은 매일 영화를 진행해야 한다. 촬영을 하기 위해 배우들과 스태프들에게도 계속 지시해야 하고, 중요한 디테일, 그리고 일상의 디테일들까지 하나하나 모두 연출해야 한다. 결정도 빨리 내려야 하고 잘못된 결정일 경우 타협을 통해 수정해야 한다. 또한 육체적, 정신적으로 힘들 때 잘못된 결정이 많아지게 되지만 이럴 땐, 어느 정도 성공적인 결정도 성취되었다고 생각하며 때론 겸손하지 않아도 된다. 성공이든 실패든, 촬영은 퍼포먼스를 통해서 새로운 것들이 탄생되므로 단지 영화의 한 부분이라고 생각해서는 안 된다. 세르게이 에이젠슈테인Sergei Eisenstein은 "작가와 감독의 생각이 똑같아서는 안 된다."2고 주장한 바 있다. 작가는 '영혼의 침묵'을 만들고,

1) Ingmar Bergman, *Film Makers on Film Making: Statements on Their Art by Thirty Directors*, ed. Harry M. Geduld (Bloomington: Indiana Univ. Press, 1967), p. 184.

감독은 이를 '형상화' 해야 하며 영화를 시작하려면 시나리오를 다시 상상해야 한다. 이런 과정을 거쳐야 모든 게 새롭게 보이고 또한 움직임, 제스처, 색, 조명, 영상, 카메라의 구도를 모두 렌즈 안에 담을 수 있다. 이것이 아이디어와 설명의 변환된 모습을 하나의 상황으로 만드는 것이다. 감독은 이런 것들을 뛰어넘어 사람과 작품을 만드는 것임을 기억해야 한다. 연출staging을 할 때는 언어만이 아닌 무대 안에서 연기하고 알아내고 어떻게 전환하느냐가 중요하다. 모리스 메를로 퐁티Maurice Merleau-Ponty는 언어의 세상이란 "머릿속에 생각으로 말을 하는 게 아니라 육체와 언어가 함께 하는 것이며 마치 투명한 실로 꿰매어 말하는 것과 생각 하는 게 같아야 한다."3고 말했다. 그래서 영화를 감독하는 것은 배우의 연기만을 연출하는 것이 아니라 세상이 대답을 한다는 걸 이해하고 받아들여야 한다. 이런 과정 속에서 감독의 생각은 계속 바뀌게 된다. 또한 세트장에서 감독은 특히 그 환경에서의 장애물, 벽, 그리고 방해가 동시에 나타날 수 있다는 것을 대처해야 한다. 즉 연출하는 것은 받아들일 뿐만 아니라 내보내는 것이며 주변의 모든 것과 모든 사람들과 뒤섞이는 것이다. 촬영한다는 것은 무엇인가를 창출하기 위해 세상과 소통한다는 것을 의미한다.

2

스튜디오에 들어가면 조명 스위치 몇 개를 켜고 한번 돌아보면서 무언가를 들어보아라. 그곳은 신비하다. 엄청난 크기에 높은 천장, 좁은 통로, 그리고 이상한 장비들이 보인다. 〈미녀와 악당The Bad and the Beautiful〉(Vincente Minnelli, 1953), 〈선셋대로Sunset Boulevard〉(Billy Wilder, 1950), 〈저주의 카메라Peeping Tom〉(Michael Powell, 1959)와 같은 영화들은 이런 스튜디오에서

---

2) Sergei Eisenstein, *Selected Works: Writings 1922-34*, Richard Taylor 옮김 (London: BFI, 1988), p. 13.

3) Maurice Merleau-Ponty, *Signs*, Richard C. McCleary 옮김 (Evanston: Northwestern Univ. Press, 1964), p. 19.

촬영되었고, 알프레드 히치콕Alfred Hitchcock, 막스 오퓔스Max Ophüls, 그리고 윌리엄 와일러William Wyler는 이런 곳에서 작업을 했다. 당신이 보고 듣는 것은 감독들 역시 마찬가지로 반응하는 것이다. 그것은 세상 너머의 사운드 스테이지의 표시인 텅 빔, 침묵, 정적이다. 프랑스의 마르셀 카르네Marcel Carné과 독일의 프리츠 랑Fritz Lang은 이런 것들을 경험할 수 있었다. 이를 통해서 상상력을 키울 수 있고 꿈을 키울 수도 있다. 비어 있는 스테이지에는 당연히 방해하는 것이 아무것도 없다. 그냥 빈 통이라고 생각할 수 있다. 하지만 상상력으로 그 빈 통을 채울 수 있는 것이다. 또한 하룻밤 동안에 세트장을 어느 장소랑 똑같이 만들 수도 있다. 예를 들어, 오늘 아침 노스다코타에 눈이 올 것이다. 그리고 오늘 오후는 날씨가 아주 좋은 1930년 캘리포니아 밤이다. 스튜디오에는 이런 이미지를 다 담을 수 있다. 그곳에서는 에코가 울려 퍼지고 아주 큰 피라미드 안이 된다. 그곳은 또한 아주 캄캄하고 고요함이 있으며 죽은 사람들이 묻혀 있고 그들의 묘지와 같은 아이콘들이 여러 군데 있다. 감독, 연기자, 그리고 스태프들에게 생명력을 갖게 해 준 사람들은 아직도 있다. 즉 그들의 영혼이 아직도 그곳에 있다고 생각할 수 있는 것이다. 또한 옛날엔 그들의 명예를 위해 밤낮으로 계속 불을 태웠다. 들어보아라! 주목하라! 그들이 아직도 있다! 그리고 이곳에서 우리는 개척자들이 했듯이 지금도 똑같이 하고 있다. 우리는 그들처럼 그 영혼들을 다시 불러오기 위해 이렇게 외친다: "카메라!" "액션!" "컷!" 그리고 우리는 촬영을 진행하면서 왔다 갔다 이동식 달리에 기대어 걸어 다닌다. 똑같은 신을 계속 반복하고 오케이가 날 때까지 계속 찍게 된다. 오케이가 나오면 드디어 신비적으로 찍힌 것으로 생각할 수 있다.

묘지, 그리고 기념비로서 스튜디오는 아주 좋은 영화역사문화의 저장소이고 모든 영화 제작 실습의 현주소인 것이다. 이곳에선 과거들이 지배되는 곳이고 상징적인 구조들이 영화작가들을 압도하게 하는 곳이다. 선조들 앞에서 우리들은 언제든지 존경하면서 또한 비평하게 된다. 그러나 이젠 우리가 촬영을 하려면 이곳을 벗어나야 하고 자유롭게 진행할 수 있는 곳에서 촬영을 해야 한다.

3

이것은 로베르토 로셀리니Roberto Rossellini, 비토리오 데 시카Vittorio de Sica, 지우세페 드 산티스Giuseppe de Santis가 제2차 세계대전이 끝난 뒤 이탈리아에서 행했던 것이고, 프랑수아 트뤼포François Truffaut, 장 뤽 고다르Jean-Luc Godard, 아그네스 바르다Agnes Varda가 프랑스의 누벨바그 초기에 가려고 선택했던 곳이다. 확실한 것은 역사적인 상황들 때문에 로케이션을 갈 수밖에 없었지만 또한 다른 이유들도 있었다. 스튜디오에서는 세트가 실제처럼 보일 수 있지만 우리 눈은 이 모든 것이 인공물이라는 것을 바로 실감하게 된다. 알프레드 히치콕은 세트 디자이너가 시나리오 작가처럼 더 많은 생각을 해야 할 필요가 있다는 것을 제안하면서 이 점을 참조하고 있다. 그는 이를 통해 대신에 이 방에서 생활하는 실제 인간이 가구를 배치하여 그것을 자기의 것으로 어떻게 만들 것인가를 생각하며 세트 디자이너가 일반 가구가 아닌 특수효과를 활용해야 한다는 것을 의도한다. 불행하게도 그는 "그 자신은 그렇게 하지 않으면서 당신은 인공물로 보이게 하는 것이 많은 영화를 보는 이유이다."[4] 어떤 것은 스튜디오에서 제 모습을 갖지 못한다. 공간이 넓기 때문에 거기서 만들어진 방들은 그런 환경에 살 것으로 추정되는 사람들에게 너무 크다. 〈나의 계곡은 푸르렀다How Green Was My Valley〉(John Ford, 1941)에서도 넓은 거실을 볼 수 있다. 가난한 광산 노동자들이 그렇게 큰 공간에 산다는 게 믿어지지 않을 수 있다. 게다가 조명까지 넣으면 그림이 너무 아름답기 때문에 더욱 진짜라고 보기 힘들다. 그 아름다운 조명을 비추는 화면에서는 가난한 일군들로 보이지 않고 멋진 연기자들로 보이기 마련이다. 일하는 모습도 보이지 않고 그들은 먹지도 않는다. 아침에 일어날 때도 아주 멋지게 보이게 된다. 대사들도 너무 평범해서 배경음악을 깔아야 한다. 하지만 스튜

---

4) Alfred Hitchcock, Eric Sherman, *Directing the Film: Film Directors on Their Art* (Boston: Little Brown and Co., 1976), p. 143.

디오는 감독들을 유도하는 데 문제가 없다. 그들은 언제나 성공적인 영화, 예쁜 그림을 찍고 싶어 하기 때문이다. 스튜디오 안에서는 기술을 통해서 모든 걸 가능하도록 믿게 만들고 싶다면 모든 걸 다 만들어 낼 수 있다고 생각하게 만든다. 마틴 하이데거Martin Heidegger는 모든 소품들이 '준비되어' 있다고 말하면서 필요한 게 있다면 언제든 가지고 올 수 있다고 주장했다. 하지만 "소품들은 진짜와 다르기 때문에 의미를 잃게 된다."5는 것이다. 결정적으로 이런 것들 때문에 열정과 상상력을 잃게 된다. 즉 시네마에서 진짜는 이제 아무것도 없다.

우리는 장소의 중요함을 깨달을 수 있다. 블레즈 상드라르Blaise Cendrars는 이와 관련해 〈몽블랑Mont Blanc〉의 한 장면을 보면서 연기자들이 스튜디오 안에 있는 산모양의 그림 앞에서 연기하는 장면을 비교하였다. 상드라르는 비슷한 장면을 찍을 때 직접 산에 가서 찍은 것과 스튜디오에서 찍은 것을 보게 하였다. "관객들은 비슷하다고 볼 수도 있고 두 장면의 차이점을 느낄 수도 있지만 적어도 연기자들은 그 장소에 직접 가면 추위를 느끼면서 더욱 살아있는 연기를 할 수 있다."6는 것이다. 제작팀도 그런 환경에 적응해야 한다. 그리고 실제 조용한 장소라도 그곳은 작품에 방해가 될 수도 있다. 왜냐하면 장소의 자연적인 소리들이 연기자 목소리를 가릴 수 있고 방해가 될 수도 있기 때문이다. 에르만노 올미Ermanno Olmi는 이런 비슷한 상황을 이렇게 설명했다.

"스튜디오 촬영을 하면 조명은 처음부터 마지막까지 똑같다. 똑같은 장면은 수백 번 찍을 수 있지만 조명은 계속 똑같을 것이다. 하지만 진짜 나무를 찍으면 시간이 지날수록 그림자가 생기고 다른 것들도 달라지면서 원하는 대로 찍기 힘들 수 있다. 하지만 그런 것들도 아름답다. 첫 테이크에서부터 네 번째, 그리고 다섯 번째 테이크의 달

5) Martin Heidegger, "The Question Concerning Technology," in *Basic Writings*, ed. David Farrell Krell (San Francisco: Harper, 1977), p. 298. Samuel Weber, *Mass Mediauras: Form, Technics. Media* (Stanford: Stanford Univ. Press, 1996), p. 72.
6) Blaise Cendrars, Siegfried Kracauer, *Theory of Film: The Redemption of Physical Reality* (New York: Oxford Univ. Press, 1965), p. 35.

라짐을 볼 수 있고 계속 변하기 때문이다."[7]

어느 장소를 선택해도 특별해진다. 어느 한 도시의 아파트 방이며 그 동네의 분위기나 느낌은 자연스럽게 나타나게 되지만 다시 페인트를 칠하고 고쳐서 그곳을 촬영장소로 바꿀 수도 있다. 할리우드에서는 외부의 규모가 더 큰 장소라 하더라도 촬영을 위해서는 이같이 바꾸기도 한다. 〈스턴트맨The Stunt Man〉(1980)의 한 전쟁장면에서도 이를 발견할 수 있다. 그곳에선 트럭, 트레일러, 큰 장비들, 조명, 크레인, 그리고 제너레이터들이 있다. 또한 스타들은 자기들만의 공간도 있고 감독의 의자도 보인다. 분장 대기실, 스태프들, 스턴트맨, 스턴트 기술자들, 요리사, 그 장소를 사용하기보단 그곳을 차지한다고 볼 수 있다. 그들은 그곳을 '분장'하면서 더 아름답게 보이게 한다. 그 장소의 모든 걸 다 빼면 남는 것은 스토리, 연기자들, 그리고 기술뿐이다.

하지만 앙리 재롬Henry Jaglom은 직접 장소에 가서 촬영을 많이 했다. 가끔씩 허가 없이도 촬영을 하곤 했다. 만약 허가증을 보여 달라고 하면 보조스태프 한 명을 있지도 않은 서류를 가지러 모텔로 보냈다. 그 시간에 필요한 장면들을 찍고 다른 곳으로 이동했다. 이런 것들은 제작팀의 규모가 적을 때 가능하다. 보다 전문적인 촬영 때는 이런 문제들 때문에 동시촬영이 불가능하다는 걸 알게 된다. 그래서 실제 장소에서는 엑스트라를 활용할 수 없기 때문에 할리우드에 있어야 한다. '엑스트라들은 엑스트라처럼 해야 되는데!' 그들이 실제장소에서 촬영하게 되면 많은 부분이 오염될 수 있다. 왜냐하면 "엑스트라들은 자신이 연기자고 이제 일반인이 아니라고 생각하기 때문이고 또한 카메라감독은 갑자기 큰(대작의) 규모의 영화를 찍고 있다고 생각하기 때문이다."[8] 이렇게 되면 도미노효과가 생긴다. 할리우드의 요소들에 대해 조심하지 않으면 모든 걸 잃게 될 수도 있고 나머지들도 문제가 될

7) Ermanno Olmi, Ellen Oumano, *Film Forum: Thirty Five Filmmakers Discuss Their Craft* (New York: St. Martin' s Press, 1985), p. 146. 저자에 의해 번역이 약간 수정되었다.
8) Henry Jaglom, Oumano, p. 150.

것이다. 하지만 재롬의 생각은 달랐다. 직접 장소에서 촬영하면 많은 자연적
인 기술들이 나타나고 장면의 콘셉페이퍼도 필요 없이 촬영이 가능하며 분
장과 조명도 필요 없게 된다고 말했다. 하지만 이렇게 촬영을 하게 되면 항
상 긴장하며 조심스럽게 촬영을 해야 하고 시나리오에 맞춰 연기자들을 빨
리 움직이게 만들어야 한다. 즉 촬영을 빨리해야 한다. 많은 사람들은 잘 모
르겠지만 현장에 직접 가서 촬영하는 것은 거의 선택권이 없다. 즉 편리함과
예산문제보다는 전자(할리우드식)의 방법 또는 후자(재롬식)의 방법 중에서
선택은, 감독 자신의 철학에 달려 있다.

4

촬영을 할 때 세트촬영을 하든 실제장소에서 촬영을 하든 방법은 여러 가지
가 있다. 방법에 따라 좋은 결과가 나올 수도 있지만 안 좋은 결과가 생길 수
도 있다. 그러므로 한 가지 방법만을 택해야 한다고 생각하면 안 된다. 무엇
보다도 중요한 건 유연한 생각을 해야 한다는 것이다. 예를 들어, 관객으로
가득 찬 극장을 상상해 보자. 한 남자가 극장을 들어서면서 친구를 찾으러
돌아본다. 친구를 찾은 후 그 남자는 친구 옆에 앉는다. 그리고 대화가 이루
어진다. 첫 번째는, 감독이 어떤 곳을 향해야 하는지 위치를 잡고, 연기자들
을 연출해야 하며 어떤 조명을 사용해야 그림이 잘 나오는지 알아야 한다.
만약 처음에 마스터 쇼트master shot를 찍고 나서 클로즈업 쇼트close-up shot를
찍는다면 여러 카메라와 여러 렌즈를 동시에 사용해야 한다.9 또한 "클로즈
업 쇼트는 카메라를 멀리 자리 잡고 롱 렌즈를 끼워야 어두워지지 않는다."10
그러므로 대부분 처음부터 쇼트의 한계성을 알게 된다. 즉 클로즈업 쇼트에
서 깨끗한 쇼트는 볼 수 없고 마스터 쇼트하고 별로 다를 게 없을 것이다. 비

---

9) Robert Aldrich, 두 대의 카메라를 동시에 사용하여 더 많은 장면을 찍었다고 주장했다. Sherma, p.
117 참조.
10) Peter Milne, *Motion Picture Directing: The Facts and Theories of the Newest Art* (New York:
Falk, 1922), p. 46.

평가들이 말하는 것처럼, "촬영은 진보되는 게 없다."[11] 또 그 장면은 전혀 생동감 없게 보일 것이다.

연기자들은 계속 같은 장면의 연기를 반복한다. 그럴 경우 시간이 많이 걸리는 것과 비용이 많이 드는 것을 제외하고는 — 여러 가지 각도를 잡을 수 있다. 윌리엄 드 밀레William de Mille는 "연기자들이 계속 똑같은 연기를 하지만 그 전에 찍었던 장면에 비해, 몰입하는 정도가 같지 않기 때문에 연기가 힘들어지고 그 기분과 감동이 한번 사라지면 그 장면에 '진실'을 잡을 수 없다."[12]고 했다. 하지만 극장에서, 배우들은 같은 감정으로 이어지기 때문에 문제가 없어 보인다. 그래서 배우들은 연기를 할 때 기술적인 것을 뛰어넘어 더 잘해야 한다. 그래야만 같은 장면을 여러 번 찍어도 똑같은 느낌과 감정이 표현된다.

영화의 장면이 가지고 있는 커버리지Coverage에 대한 가설은 많다. 첫째, 제일 큰 가설은 모든 액션들이 카메라 안에서만 보인다는 것이다. 그래서 감독은 관객들이 쉽게 이해할 수 있게 촬영을 해야 한다. 둘째, 커버리지는 시점들의 모임이라고 볼 수 있다. 네스터 알멘드로스Nestor Almendros는 이런 현상을 말하길, 여러 쇼트를 찍으면 제일 좋은 장면이 한 번이라도 찍힐 거라고 믿었다.[13] 연기의 중요함과 절정은 마지막에 편집할 때 보일 수 있다. 여러 각도를 보면서 어떤 장면이 제일 좋은지 알 수 있기 때문이다. 셋째, 커버리지는 연기의 잘못, 실수, 그리고 영화의 연속성continuity을 계속 진행할 때 그 중요성을 알 수 있다. 앙드레 테신André Téchiné은 "이런 것에 너무 의식하면 계속 촬영하게 된다."[14]고 경고했다. 넷째, 커버리지는 연기자의 클로즈업 쇼트를 찍어야 한다는 부담이 크다. 이렇게 보면 커버리지는 장점보다 단점이 많다고 볼 수 있다. 똑같은 장면을 계속 찍는 건 비용도 많이 들고 시간

---

11) Frances Taylor Patterson, *Scenario and Screen* (New York: Harcourt, Brace and Co., 1928), p. 93.
12) William de Mille, Patterson, pp. 91-92.
13) Nestor Almendros, Oumano, p. 87.
14) André Techiné, Oumano, p. 108.

도 많이 걸리지만 촬영은 이런 것들을 다 받아들여야 한다. 그래서 커버리지는 촬영의 기본이며 영화문화 산업에서는 받아들여질 수 있다.

커버리지에 대한 아주 중요한 것은 연속성과 물질성objectivity이다. 앞에서 말한 것처럼 화면에 보이는 스토리는 관객들이 이해할 수 있어야 한다. 이를 위해선 쇼트에서 쇼트로shot-to-shot의 이어짐이 실수 없이 진행되어야 한다. 장면은 컷에서 컷으로 이어질 때 튀면 안 되고 모든 각도에 의해 촬영된 장면들은 똑같이 이어져야 한다. 또한 세트, 장비, 분장, 포지션, 움직임의 속도들 모두다 일관돼야 한다. 담뱃불씨 하나를 맞추기 위해 전체 촬영을 다시 하는 제작팀도 있었다. 심하게 말하자면 연속성은 세트에서 모든 사람들을 지시하는 악몽이 될 수도 있다. 데니스 호퍼Dennis Hopper는 그런 상황을 이렇게 설명했다.

> 예를 들어 스크립터가 쇼트를 기록한다고 가정해 보자. 나는 담배를 피우면서 상대방과 얘기를 나누고 있다. 스크립터는 내가 얼마 만큼 담배를 피웠다는 걸 알고 있다. 그리고 이제 카메라를 어깨에 걸고over-the-shoulder 장면을 찍어야 하는데, 어떡하지!, 난 담배를 쥐고 있는 손으로 그쪽을 향해 움직이고, 담배를 보면서 내 손도 봐야 하잖아! 그러는 동안 난 당신한테 이렇게 말하지, "밖에 날씨가 어떨까? 어, 눈이 오네! 비행기가 도착하지 못할 것 같은데… 그럼 거래 못해! 무슨 말인지 알겠지? 응?" 그러면서 당신에게 손가락질 할 거야. 그럼 스크립터는 이런 사항을 모두 적는다.[15]

이런 것들이 영화를 숨 막히게 한다는 상상이 될 것이다. 하지만 할리우드에서는 비연속성discontinuity을 중요하게 생각하고, 또한 피하기 위해 많은 시간을 투자한다. 반면에 해결하는 방법은 쉽다. 같은 장면을 안 찍으면 이런 문제는 생기지 않는다.

할리우드의 물질성을 한번 살펴보자. 예전엔 특별한 기술을 사용해 관객들에게 180도의 선을 눈에 맞추게 했다. 카메라를 여러 각도로 위치하고 무슨 일들이 일어나는지 보이게 한다. 이것이 잘 이루어지면 누구의 시점인지

---

15) Dennis Hopper, John Andrew Gallagher, *Film Directors on Directing* (New York: Greenwood, 1989), p. 131.

문제없이 이해할 수 있게 된다. 하지만 클래식한 영화언어의 역설은 모든 시스템을 균형하게 할 수 있는 위험요소를 가지고 있다. 반면에 사진은 시점을 정확하게 잡을 수 있고 그 장면에서 관객들이 정확히 볼 수 있게 한다. 여기서 두 가지 기술은 다른 사람들의 시점을 보게 하는 데 효과적이다. 첫째, 여러 시점들을 찍게 되면 그 커버리지는 빨리 움직이는 피사체를 사람의 의식으로 따라가기 힘들게 된다. 둘째, 니체Nietzsche의 표현에 의하면, 모든 시점들은 자연스럽게 균형 잡혀야 하고, 연결되는 것들이 때로는 끊길 수 있다는 걸 이해해야 한다고 했다. 남는 건 바로 똑같은 시점들이다. 영화에서는 특이한 인간의 시점들을 볼 수 있으며 그 관점들은 평범하게 된다.[16] 다른 점을 설명하기 위한 관점 쇼트Point Of View는 인간의 관점을 지리학적으로 잡게 된다. 주인공이 걷고 있는 걸 보여 줄 때는 카메라가 약간 흔들리는걸 보여 줄 수 있고 이런 시스템을 통해서 필요 없는 '오염contamination'을 피할 수 있다.

요약하자면, 두 가지 이미지는 기본적인 촬영이라고 할 수 있다. 차이점을 보여 주기 위해 메를로 퐁티Merleau-Ponty의 관점을 언급해 보면, "세상에서 내가 하느님의 관점을 가질 수 없고 나만의 관점을 가질 수는 있다."[17]고 했다. 즉 관점 쇼트POV는 인간 관점의 한계성을 보여 준다. 이와 반대로 이런 한계성을 뛰어넘는 이미지는 하느님의 관점처럼 보이게 하는 할리우드 영화들이 많다. 예를 들어 주인공은 물질적 가치Faustian deal에 대해서 모르고 있으며 카메라에 다 찍히고 있다는 걸 모르면서 연기한다.[18] 그렇기 때문에 그들은 렌즈 속을 안 보게 되고 저절로 자연스러워진다. 간단히 말하자면 커버리지는 연속성과 물질성이 같이 연결되어 있고, 둘 다 없이는 진행하기가

16) Friedrich Nietzsche, *On the Genealogy of Morals*, Walter Kaufmann and R. S. Hollingdale 옮김 (New York: Vintage, 1967), and *The Gay Science*, Walter Kaufmann 옮김 (New York: Random House, 1974).

17) Maurice Merleau-Ponty, *Phenomenology of Perception*, Colin Smith 옮김 (London: Routledge and Kegan Paul, 1962), p. 304.

18) 이 현상에 대한 최상의 토의는 파트 1에 나와 있다. Christian Metz, The Imaginary Signifier: Psychoanalysis and Film, Celia Britton, Annwyl Williams, Ben Brewster, and Alfred Guzzetti 옮김 (Bloomington: Indiana Univ. Press, 1982).

힘들다.

5

영화 제작방식에는 커버리지와 다르게 데쿠파지Découpage가 있다. 불어에서 온 데쿠파지의 어원은 종이 같은 재료를 잘라서 모양을 만드는 것이다. 그 종이 자체는 백지이며 아무것도 없고, 물고기, 나무 아니면 사람이 될 수도 있다. 이 방법은 감독이나 작가가 카메라 위치와 액션을 미리 볼 때 사용한다. 그 움직임은 앵글에 의해 보이게 되고 주인공의 클로즈업도 있다. 그리고 나서 변칙적인 시점이나 습관적인 시점을 강조하기 위해 카메라를 창문 밖에서 찍는다. 이를 'Objective' 쇼트라 부른다. 이 쇼트는 직접 보여지기보다는 영화에 대해 이야기하는 시점의 주관적인 쇼트로 보게 된다.[19] 이렇게 대본을 준비하게 되면, "앞으로 찍을 영화장면의 설명과 이미지들은 액션과 대사만 있는 게 아니고 음악과 소리까지도 포함되어 있게 된다. 또한 쇼트의 목록을 만들면 영화의 제작기간과 리듬을 알 수 있다."[20] 데쿠파지를 설명하자면, 장면들은 각자 쇼트로 쪼개면서 커버리지(똑같은 액션을 여러 각도로 여러 번 촬영) 방식에 대해 거부한다. 하지만 이 정리도 정확히 맞지는 않다. 데쿠파지가 그림을 그릴 때 만들어지기 때문에 카메라의 관점을 정확하게 볼 수는 없다. 그 두 가지는 이미지되면서 만들어진다. 이들은 프로젝트의 시작부터 같이 만들어진다. 이 장면이 대본에서만 보이는 이유는 카메라가 어느 한 각도에서 그림이 보이기 때문이다. 〈막시안 수퍼스트럭처Marxian Superstructure〉에서는 이런 장면을 외부현실의 존재로 분류한다. 카메라는 모든 촬영의 절대적인 기초가 된다.

---

19) 영화 내레이터에 대한 개념은 Tom Gunning에 의해 필름 전 단계(카메라 앞에 자리한 모든 것), 프레임에 담긴 영상(관점, 포커스, 앵글, 카메라 또는 렌즈의 움직임), 그리고 편집을 포함하여 기술되었다. In Tom Gunning, *D. W. Griffith and the Origins of American Narrative Film: The Early Years at Biograph* (Urbana: Univ. of Illinois Press, 1994), chap. 1.

20) Charles Ford, *On Tourne lundi: Ecrire pour le cinéma*, (Paris: Jean Vigneau, 1947), p. 121 (저자 번역).

데쿠파지는 좋은 영화 제작(평범한 영화는 이 방법으로 제작되었다)을 보장하지 않더라도 진지한 영화 제작자를 위한 불가피한 도구이다. 모든 선택은 편집 과정까지 열려 있으면서 영화기술은 이야기의 처음부터 관점을 발생하게 한다. 데쿠파지는 또한 감독이 관객의 이해를 개조한다고 말할 수 있다. 단순하게 자급자족하는 전통방식과는 달리 모양과 내용 사이에 전통적인 관계가 기술에 의하여 뒤집힌다. 이에 관련해 수잔 손탁Susan Sontag은 "외부에 내용과 주제가 있고 스타일은 안에 있다."[21]고 얘기했다. 보다 더 정확하게 이 두 가지 혼선을 푸는 것은 불가능하게 된다. 루이 뷔니엘Luis Buñuel의 예를 들면, "데쿠파지의 무엇이든 내가 250개의 쇼트를 찍는 경우에 촬영이 끝나면 필름은 250개의 쇼트들이 있을 것이다. 여기에는 낭비도 없고 사치품도 없다."[22] 이런 식의 접근은 감독들이 원하는 어떤 것이든 프로젝트의 처음부터 알 수 있다. 이 방법은 촬영을 끝마치는 데에도 중요한 방법이고, 기술 또한 생산적인 제작을 만드는 요소이다.

그러나 물론 어려움은 발생된다. 미켈란젤로 안토니오니Michelangelo Antonioni가 말하길, "천 가지 이상의 방법으로 배우가 방에 들어갈 수 있지만 한 가지 적당한 방법이 있다면 다른 것은 모두 아니게 되고, 적당한 방법을 찾기 위한 사전의 방법인 것이다."[23] 기억하라. 데쿠파지의 방법에서 만일 당신의 직관이 실패하면 처음으로 가게 될 것이다. 그럼 "적당한 방법은?" 예를 들어, 회의장에 들어가는 남자의 등을 미리 보기 위해서는 카메라 위치를 높게 잡을 것인지, 아니면 스테디캠Steadicam을 아래에 위치하고 그의 입구에서 계속 따라가야 하는지[접근방식의 예: 왜? 데이비드 마멧David Mamet은 비유하길, Uzi(이스라엘 기관총) 식의 촬영기술로 칭했는가?][24] 그렇다면 차

21) Susan Sontag, *Against Interpretation and Other Essays* (New York: Octagon Books, 1986), p. 17.
22) Luis Buñuel, Dominique Villain, *L'Oeil a là caméra: le cadrage au cinema*, (Cahiers du Cinéma/Editions de l' Etoile, 1984), p. 155 (저자 번역).
23) Michelangelo Antonioni, Geduld, p. 206.
24) In David Mamet, *On Directing Film* (New York: Viking, 1991).

이점은 무엇인가? 먼저 배우 앞에 일정한 거리를 두고 우리 앞에 더 가까이 세팅을 하면 독특한 느낌으로 연기는 달성될 것이다(비록 우리가 배우를 걱정하지 않더라도 우리는 공간에 있는 그의 육체적인 움직임에 본능적으로 반응할 것이다). 주요 질문은 이렇게 된다. 정말 실제의 장면은 무엇이고, 무엇을 하는 건지, 감독은 그것을 통해서 얻고 싶은 게 뭔지, 관객들은 여기에서 같이 동요하고 있는지, 간단히 얘기하면 이 방법은 현상된 필름 자체의 장면일 뿐이고, 관객은 무관심하게 그 장면으로부터 보일 뿐이다.

〈400번의 구타The 400 Blows〉(Francois Truffaut, 1959)의 한 시퀀스의 순서를 보면, 첫 번째 장면에서 젊은 주인공은, 그날 오후 결석편지를 학교에 제출하기 위해 그의 어머니의 글씨체를 흉내 내려고 거실에 앉아 있다. 다음은 복도에 있는 그의 아버지를 만난다. 우리는 아버지와 아들이 부엌에서 계란으로 요리하는 소리를 듣고 그들의 밥 먹는 소리를 듣게 된다. 대화하는 소리를 통해 우린 어머니와 아들의 관계가 좋지 않다는 것을 알아낸다. 다음 장면은 아버지와 아들이 없어진 책에 관하여 말다툼하는 거실의 한 장면이다. 마지막으로 우리는 밤에 소년이 간이침대에서 취침하기 위해 복도로 가는 것을 알아낸다. 또한 아버지는 화장실로 갈 때 집 앞에 멈추는 차 소리가 들리고 곧 어머니는 아파트 입구로 들어와서 침실로 간다. 아버지는 침실로 들어가서 어머니의 사장과의 관계를 추궁한다. 논쟁은, 일 저편에서 빨리 퍼진다. 없어진 책, 거짓말쟁이인 소년을 추궁하는 어머니, 자기 아이가 아니라는 아버지의 주장, 기숙학교에 아이를 보내기 위한 말 등등 …

각각으로 구성된 하나의 앵글은 일반적으로 미디엄 쇼트로 이루어져 있고 어떠한 커버리지도, 클로즈업 또는 컷 어웨이cut-aways는 없다. 한 개의 앵글일 뿐이고 각각의 장면은 다른 방에서 일어나기 때문에 연속성은 조금도 걱정할 필요가 없다. (캐릭터들이 착용하고 있는 의상을 제외하고) 이어지는 연결, 제스처, 또는 위치도 없다. 마지막으로 만일 첫 번째, 네 번째 장면이 데쿠파지의 관념적인 쇼트라면 어머니가 침실에 오르면서 그들이 다투는 풀 쇼트full-shot 또는 쇼트/리버 쇼트shot/reverse shot로 연속 촬영하기보다는 트뤼포의 카메라는 모든 걸 다 듣고 있는 소년의 얼굴 전체에 머무른다. 아버지가 없는 자신, 어머니가 그를 사랑하지 않는다는 것, 학교에서 징계를 받을지도 모른다 등. 그것을 진행하기 위해서는 편집에 의한 결정이 아니었다. 오히려 트뤼포는 장면의 깊이가 소년의 얼굴에 있었다는 것을, 그리고 카메라가 그 외에 어디에 있어도 중요한 포인트는 없다는 것을 처음부터 이해했다. 즉 데쿠파지는 장면을 연출하기 전부터 무엇을 해야 하는지 알게 된다.

어떤 액션을 촬영하는 데는 천 가지 이상의 방법이 있을 수 있다. 그러나 당신이 편하게 느낄 수 있는 한 개의 해결책을 찾아내는 것은 노력으로 가능한 것이다. 관객들에게 어떻게 진실된 이미지가 보일 것인가가 중요한 관건이다. 영화적인 해설자의 느낌, 경험 등을 위해 마지막으로 감독은 할 일이 있다. 발전된 연기와 장면 그 자체가 가지고 있는 잠재력, 복합성 및 진실을 일련의 특정한 카메라 앵글에 느낄 수 있게 담아야 한다.

6
·········

데쿠파지를 스튜디오에서 촬영하기는 쉬운 편이다. 그러나 실제 장소가 외부의 세트촬영이라면 뜻밖의 일들이 발생될 수 있다. 폴 세잔Paul Cézanne과 메를로 퐁티는 외부촬영에 대해 이야기하기를, "의도한 '개념'은 '실행'되기 힘들 수 있고, 이런 실행을 완성할 수 있도록 무대미술가artist가 필요하다."고 말했고, 그는 "이제까지 과학에서 배웠던 모든 것을 잊어야 한다."[25]고 주장했다. 프랑스의 예술가들은 미술이 가지는 고유한 틀을 떠나서 그의 눈이 실제로 세계의 무엇을 보고 그것을 그대로 그의 화폭에 가져오는 것을 시도하고 있었다.[26] 예를 들어, 그는 학교에서 배운 집과 나무의 그림이 아닌 오후 4시경에 비춰지는 그림자와 함께 집과 나무를 앵글로 가져와야 하는 것

25) Maurice Merleau-Ponty, *Sense and Non-Sense*, Hubert L. Dreyfus and Patricia Allen Dreyfus 옮김 (Evanston: Northwestern Univ. Press, 1964), pp. 18-19, 17.
26) For the notion of schema, E. H. Gombrich, *Art and Illusion* (Princeton: Princeton Univ. Press, 1969), pp. 93-178 참조.

을 염려했다. 유사한 방법으로 몇몇 감독들은 촬영을 위해 미리 실제적인 세트 또는 위치를 보고 느낄 필요가 있다고 했다. 왜냐하면 특정한 순간에 그 느낌대로 촬영하기가 어렵기 때문이다. 이와 관련해 안토니오니는 "내가 텅 빈 페이지의 앞에 있는 것처럼 느낀다. 또 나는 어디서부터 시작해야 하는지 모른다."[27]고 고백했다. 이 상황을 취합하기 위해서 그는 독자적으로 오로지 실제적인 세트와 위치를 보고 돌아온 후, 배우 및 스태프들에게 무엇을 해야 한다고 말했다. 장 르누아르 Jean Renoir도 이에 동의했다. "하지만 촬영 중에 두려운 현상이 발생 한 것이다. 미리 생각했던 그림과는 다르게 원하지 않는 그림으로 촬영된다는 것을 깨달았다. 그래서 대본을 비롯해 작품 콘셉페이퍼가 수포로 돌아갔다."[28] 에르만노 올미Ermanno Olmi의 반응은 훨씬 뚜렷했다. "특정한 환경에서 나는 현재의 일어날 모든 사건 및 환경에 대하여 생각한다. 장소, 조명, 사람들, 색깔, 나는 내가 필요로 하는 허구를 건설한다. 내가 이 허구를 느낄 때 나의 필요조건에 대응한다. 나는 카메라로 롱 쇼트의 촬영을 진행하지만 클로즈업 쇼트를 할 수도 있다는 점을 계획 없이 상황에 따라 진행한다."[29] 이런 감독들이 우리에게 말하고 있는 그 무언가를 다양한 양상으로 보여 줌으로써 세계의 훌륭한 영화 제작자들의 질의응답에 영향을 준다. 이 방법에서 제일 좋은 계획은 상황의 현실 앞에 고개를 숙이는 것이다. 즉 계획대로 현실이 맞춰질 수는 없다는 뜻이며 현장의 여건에 따라 약간씩 조정되고 변형될 수 있다는 의미이다.

촬영현장에서 계획한 허구를 보며 작게나마 조정된 세부사항을 앞에서 전하고 있다. 대니엘 휠렛Danielle Huillet은 "일반생활에서 항상 일어나는 자연스러운 장면을 필름으로 꼭 가져와야 된다고 주장했지만 어려운 일이라고 했다. 배우의 서투른 제스처, 아무것도 의미하지 않는 작은 움직임, 특별한 보행자세, 서로 다른 배우들의 평범하지 않은 얼굴의 매너리즘, 사람들은 갑

27) Michelangelo Antonioni, Geduld, pp. 203, 206.
28) Colin Crisp, *The Classic French Cinema: 1930-1960* (Bloomington: Indiana Univ. Press, 1993), pp. 311-12.
29) Ermanno Olmi, Oumano, p. 96.

자기 쇼트 안에서 배우와 이런 것을 포함하기 위해 카메라를 주변으로 이동하는 것을 결정한다."[30] 준비가 잘된 감독일지도 모르지만 많은 사람들을 예상하지 않았을 것이다. 누벨바그New Wave에 대해, 피터 브룩Peter Brook은 이전의 낡은 영화와 새로운 운동의 차이를 정확하고 노련하게 지적했다. "프랑스인이 시작한 것은…, 각종 다른 직접적인 설화, 외부의 참고사항들, 초현실적인 행동과 관념을 타파하는 기회를 현실의 구체적인 표정을 위해 〈줄앤짐Jules and Jim〉에 있는 그 괴상한 조각 등을 소개할 것이다."[31]라고 했다.

이 괴상한 조각은 1960년에 프랑스인에 국한되지 않았다. 약간의 장비와 알려지지 않은 배우들과 함께한 촬영 장소는, 오히려 프랑수아 트뤼포와 그들에게 현대 생활의 유연성과 영화 제작 사이의 제한된 갖가지 불연속성을 알게 해 주었다. 전임자들의 손에서 나오는 '서두른 제스처'를 거절 대신에 기회로 받아들일 줄 알아야 한다. 르느아르의 제자인 트뤼포의 철학은 훨씬 앞서갔다. "우리는 하나의 영화 대본에 반대하여 촬영을 해야 한다."[32]고 그는 선언했다. 이에 관련해, 그는 그가 촬영 전에 구상했던 데쿠파지에 현실화하면 안 된다는 것을 의미했다. 즉 다른 요소들은 영화 제작 단계 동안, 진행에 있어 필요 없고 현재 가지고 있는 상황들을 가지고 영화를 만드는 것이 감독의 일이라고 했다. 말할 필요도 없이, 대부분의 감독들은 압력이 가해지는 것을 피했다. 그리피스D.W. Griffith에 대해, 피터 밀레Peter Milne는 감독들의 이런 차이점을 아주 잘 표현했다.

> "보통 감독들은 여행을 시작하기 전에 주의 깊게 지도를 몇 번이고 살펴보고 미리 여행 동안에 있을 상황을 운전자와 같이 가보고 특히 올 때는 가로질러 오기도 한다. 하지만 그리피스는 결코 지도를 사전에 답사하지 않는다. 그는 다만 여행을 시작할 때

30) "Entretien avec Jean-Marie Straub et Danielle Huillet," *Cahiers du Cinema*, no. 223, Jean-Pierre Geuens 옮김 (August 1970), p. 48 (저자 번역).

31) Peter Brook, *Interviews with Film Directors*, ed. Andrew Sarris (Indianapolis: Bobbs-Merrill, 1967), p. 41.

32) Francois Truffaut, Jean-Claude Carriére et Pascal Bonitzer, *Exercice du scenario* (Paris: Femis, 1990), p. 101.

뛰어들고 시작한다. 그가 가로질러 올 때 그는 단지 그에게 잘 보이는 도로를 따라간다. 때때로 이 도로는 틀릴 것이다. 그렇지만 수시로 맞다."[33]

이것은 연출의 제3의 접근을 함축한다. 감독들은 즉각적인 환경의 구체적 형상을 위해 충동적으로, 그러나 효과적으로 반응하는 그들 자신의 기능을 신뢰한다. 즉 필름으로 매 시간 창조된 데쿠파지는 점진하는 것이다.

7

선택된 연출 방법에 관계없이, 감독은 주된 스태프와 배우를 다룰 수 있어야 한다. 또한 그들은 감독의 필요에 따라 만들어 줄 수 있는 팀이 되어야 한다. 하지만 그것은 불행하게도 항상 좋은 경우만 생기는 것은 아니다. 몇몇 촬영감독의 예를 들면, 영화를 통제하기에 성가실 수 있는 장비들을 사용하라고 주장하기도 한다. 고다르는 한 번 사용했던 카메라의 촬영결과를 도표로 만들었다.[34] 그의 도표에서, 파나플렉스Panaflex 카메라는 아주 가까이 있는 장면을 묘사하거나 액션장면을 촬영할 때 사용했다. 하지만 카메라가 크기 때문에 운반하기도 불편하고 실용적이지 못하므로 가까운 거리의 촬영을 위해서는 최근에 많이 사용되고 있는 아톤Aatton 35mm 카메라가 촬영하기에 훨씬 용이하다고 주장했다. 이러한 문제들 때문에 첫째, 주요한 스태프들은 남녀에 상관없이 감독의 일급 대원이 되어야 하고 둘째는, 친한 친구도 되어야 한다.

재롬은 부피가 큰 카메라는 스태프들에게 규모가 큰 '영화'를 제작하는 것을 깨닫게 해 주는 데 어울린다고 생각했다. 하지만 많은 수의 스태프들이 필요하게 된다. 단편영화감독이었다가 할리우드에 입성한 2명의 영화감독의 예를 들어 보자. 마틴 스콜세지Martin Scorsese는, "큰 카메라와 이에 따른 장

33) Milne, p. 75.
34) *Jean-Luc Godard par Jean-Luc Godard* (Paris: Cahiers du Cinéma/Editions de l'Etoile, 1985), p. 532.

비들 때문에 감독인 나조차 못 움직일 정도야!"[35]라고 불평을 했고, 아서 펜 Arthur Penn 역시, 〈체이스The Chase〉(1966)을 촬영할 때도 이와 같은 추가적인 문제가 있었다.

> "감독은 촬영감독과 상의하고 있었는데, 말론 브란도Marlon Brando가 '왜! 첫 밤 장면을 찍는 데 새벽 1시까지 기다려야 하는가?' 라고 외쳤다. 그래서 아서 펜은 '내가 아니고 촬영감독이다.' 라고 하며 이상하게 쳐다봤다. '그럼, 걔 없애!' 라고 말하는 말론 브란도를 감독은 이해 못했던 것이다. 큰 카메라와 장비들, 그리고 많은 스태프들은 이렇듯 어이없는 복잡함을 초래할 수 있다."[36]는 걸 깨달았다.

즉 부피가 큰 장비들과 많은 스태프들은 영화촬영을 하는 데 일을 쉽게 하기보다는 오히려 방해가 될 수 있다는 하나의 대표적인 일화이다.

이에 관련해, 마틴 하이데거는 망치로 예를 들었다. 망치는 무언가를 박을 때 사용되는 도구이다. 하지만 위와 같은 사례들로 비추어 볼 때, 망치는 해야 되는 목표에서 사라지고 손을 다칠 수도 있다는 걱정을 함으로써 그 자체의 본질이 벗어나므로 방해가 된다고 했다.[37] 즉 망치는 망치로서의 역할만 하면 되는 것처럼, 카메라 역시 카메라의 역할만 하면 되고 불필요하게 많은 장비가 필요한 큰 카메라는 오히려 방해를 줄 수 있다고 했다. 이 같은 현장에서 스트레스를 해소하기 위해 고다르의 해결책은 매우 독특했다. 그는 〈인생Everyman for Himself〉(1980)을 촬영할 때 팀에게 말하길,

> "햇빛 속에 나가서 잠시 동안 쉬고, 음악도 듣고, 친구도 데려오세요! 이러한 활동들도 당신들에게 대가를 치를 것입니다. 다만 햇빛 변화에 주의하고 그것에 관하여 저에게 말해 주십시오. 예를 들면, 낮에 가장 밝은 태양에서 특히 좋았던 빛 네 가지 중 하나를 설명해 주십시오."[38]라고 말했다. 고다르의 지시에 스태프들의 반응은 오히려 놀라웠다.

---

35) Martin Scorsese, Oumano, p. 300.
36) Arthur Penn, *Projections 4: Film-Makers on Film-Making*, ed. John Boorman, Tom Luddy, David Thomson, and Walter Donohue (London: Faber, 1995), p. 134.
37) 목전존재와 유용존재의 차이점을 알기 위해서는 Martin Heidegger를 참조. Being and Time, John Macquarrie and Edward Robinson 옮김(San Francisco: HarperCollins, 1962), chap. 4.
38) Jean-Luc Godard, Oumano, p. 209. 저자에 의해 번역이 약간 수정되었다.

재롬은 오손 웰스Orson Welles에게 좋은 충고를 얻었다. 그는 재롬에게, 만일 촬영감독이 당신에게 "이건 필요 없는 쇼트입니다. 이해도 안 되고 중요한 건 당신의 대본에도 나와 있지 않습니다."라고 말한다면 당신은 이렇게 대답 하세요. "그것은 단지 꿈 장면이야!"라고, 그러면 촬영감독도 더 이상 규칙의 필요성을 느끼지 않을 것이라고 충고를 했다.[39] 이와 같은 일화들은 교훈을 남긴다. '규모가 큰 제작팀은 감독에게 많은 성가심을 주지만 반면에 적은 제작팀(10명 미만)은 감독의 지휘와 집중을 성가시게 하지 않을 것이고 영화는 성공하게 될 것이다.'

8

여전히 가장 다루기 어려운 게 배우들이다. 세실 B. 드 밀레Cecil B. De Mille는 한 가지 일화로 이를 설명 할 수 있었다. "장면은 책상에 앉아 신중하게 생각하며 파이프 담배를 피우는 장면이다. 그러면 배우는 아마추어스럽게 파이프 담배를 취급할 수도 있다. 그에게 단지 담배만 피우게 한다면 진행은 매끄럽겠지만 그 밖에 생각해야 할 문제들도 있다."[40] 사람의 일상에서 내부와 외부에 대해 메를로 퐁티Merleau-Ponty의 철학을 빌어 인용해 보면

> 정신은 내 스스로만 느낄 수 있고 외부에 보일 수 없다는 편견을 버려야 한다. 나의 '정신'은 내가 아닌 다른 누군가에게 보여 주기 어렵다. 그렇다고 준엄한 '의식'은 아니다. 나의 의식은 1차적인 세계로 돌아가서 세상 속의 관계인 것이다.[41]

"사랑, 혐오, 화…, 이런 본능적인 감정들이 사람의식의 바닥에 숨어 있는 심적인 것은 아니다. 그것들은 행동의 유형 또는 외부에서 보이는 행위이고 그들의 얼굴에 숨겨지지 않은 제스처에서 존재한다."[42]고 표현했다. 장 폴 사

---

39) Henry Jaglom, Oumano, p. 211.
40) Cecil B. De Mille, Milne, p. 52.
41) Maurice Merleau-Ponty, *The Primacy of Perception and Other Essays on Phenomenological Psychology, the Philosophy of Art, History and Politics*, William Cobb 옮김 (Evanston: Northwestern Univ. Press, 1964), p. 116.
42) Merleau-Ponty, *Sense and Non-Sense*, pp. xii-xiii (his emphases).

르트르Jean-Paul Sartre 역시 같은 맥락으로, 얼굴 표정, 제스처, 신체언어에서도 보일 수 있고(예를 들어 우리가 어떻게 서있고, 걷고, 고개를 돌리고…등), 또 다른 상호작용이 될 수도 있다고 했다. 우리가 보고, 느끼고, 반응하는 것도 마찬가지이다. 때때로 하나의 말은 그 말 자체일 수도 있지만 그 사람 전체를 표현하는 신체언어일 수도 있다는 것이다. 가끔 우리는 두 가지 표정형태 사이의 불협화음을 경험하고 그 결과로 차이를 둘지도 모른다.

소설, 극본, 또는 시나리오의 캐릭터들은 일어나고 있는 어떤 일에 관하여 작가가 배우에게 좀 더 말하지 않는 한, 그냥 글로 쓰여 있을 뿐이고 그 대본들은 문학작품일 뿐이다. 연극, 영화에서 대본 역시 살아 있지는 않다. 그러나 배우들에 의해 살아 있을 수도 있다. 그래서 배우들의 연기가 중요한 것이다. 만일 감독이 여배우에게 '사랑해요!' 라는 표현을 지시했을 때 "배우가 요염하고 허영심이 가득 찬 표정과 말로 '사랑해요!' 라고 한다면 그건 진정한 사랑의 표현이 아닐 것이고, 입술이 떨리고 눈물과 함께 '사랑해요!' 라고 하는 것이 진짜다."[43]라고 할 것이다. 문학이 연기예술화되는 데 있어 대본 자체는 깊이가 없다. 퍼포먼스와 같이 어우러져야 완성이 되고 관객들로 하여금 동요를 일으켜야 한다. 샤르트르Sartre는, "공연이 완성되려면 배우와 캐릭터는 하나가 되어야 한다."[44]고 말했다. 그 배우가 관객들에게 동요되게 하려면 대사만 외워서도 안 되고 연기가 같이 따라와야 한다. 배우는 무대에서나 영화스크린에서 살아나야 하고 그 배우는 캐릭터 몸속으로 들어가서 대사를 해야 한다. 이렇게 행동하기 위해서는 캐릭터를 내포해야 한다.

그리스 비극 배우No Performer에서부터 현대 배우까지, 기본적인 의문점은 다른 사람의 인격화를 공공연히 따라 한다는 것이다. 에드먼드 벌크Edmund Burke의 말을 빌리면, 다른 사람을 모방하는 것은 어렵지 않다고 했다. "화날 때, 평화로울 때, 두려워할 때 또는 대담한 남자의 모습과 제스처를 흉내 낼

---

43) Denis Diderot, *Dorval et moi, ou Entretien sur le fils naturel* in *Oeuvres complètes*, vol. III (Paris: Le Club Francais du Livre, 1970), p. 141 (저자 번역).

44) Jean-Paul Sartre, *The Psychology of Imagination* (New York: Citadel, 1961), p. 91.

때 관찰해 보면 무의식적으로 배우는 그의 외관을 모방하기 위해, 내가 알고 있는 유명한 배우의 일부 장면을 떠올리며 따라야 한다."[45]는 것을 깨닫는 다. 즉 당신이 신체언어의 누군가 다른 사람을 모방하는 것을 노력하는 경우에는 당신은 그 사람의 전반적인 특성과 개성 또한 가지고 갈 것이다. 그 인물을 가져오기 위한 이런 경우에는 그들은 당신의 연기에 있어 필요한 모든 것을 제공해 주고 있다. 햄릿Hamlet과 안티그네Antigne에 주의를 경청해 보라. 그런 다음 그 사람이 되어서 특성에 관한 몇몇 질문을 가지고 응답하여야 한다. 이 사람은 누구인가? 그는 무슨 상황에 처해 있나? 상대인 그녀는 어떻게 반응을 하는가? 그는 무엇을 원하는가? 그의 장애물은 무엇인가? 일단 이 질문들의 응답이 되면, 배우는 안으로 들어갈 수 있고 캐릭터의 몸과 말을 준다. 그리고 그 인물이 되어 상상할 수 있을 것이다. 로렌스 올리버 Lawrence Olivier는 "이와 같이 연기하고 디테일을 연구해야 외부에 직·간접적 경험으로 쌓인 모든 상황을 가져올 뿐만 아니라 조립한다."[46]라고 말했다. 리처드 3세는 히틀러의 세부적인 디테일을 만든 것이 아니고 위와 같은 것들을 모두 끌어왔다. 이렇게 가져온 디테일은 '무기'가 되어 충분한 '탄창' 이 된다. 이 탄창은 연극, 영화를 이끌고 만들 수 있게 한다.[47] 이렇게 되면 캐릭터 안에 연기자가 숨겨져 있는 것이 아니고 캐릭터 안에 연기자가 있다는 걸 깨달을 수 있다. 즉 배우 자체로는 그 캐릭터가 될 수 없다. 배우의 목표는 그 캐릭터의 몸과 목소리까지 표현되어 생명력을 불러일으켜야 한다. 그렇지 않으면 그냥 대본일 뿐이다.

9

금세기 초에, 러시아 연극 연출자들은 위와 같은 연기법을 반대했다. 그것은

45) Edmund Burke, William James, *The Principles of Psychology* (Cambridge: Harvard Univ. Press, 1981), vol. 2, p. 1078.
46) Lawrence Olivier, Ronald Hayman, *Techniques of Acting* (London: Methuen, 1969), p. 31.
47) Jerzy Grotowski, *Towards a Poor Theatre* (New York: Simon and Schuster, 1968) 참조.

가짜 같고, 너무 기계적이며 진짜 같지 않다고 했다. 또한 연기자들은 그냥 평범하게 보이고, 다른 사람인 척을 한다고 했다. 이와 관련해, 장 르누아르는 말하길, "어느 특별한 상황에서 여배우가 작은 서랍을 여는 장면을 가정한다면, 배우들이 수백만 가지의 연기한 것들 중에서 4~5가지 표정을 찾아내고 그냥 평범한 방법의 아이디어로부터 의존한다."[48]고 했다. 이런 상투적인 연기법에 반하여 러시아의 극작가 콘스탄틴 스타니슬랍스키Konstantin Stanislavski는 배우와 역할 사이의 관계에 대해 획기적이고 전형적인 변화를 제시했다. 그의 결정적 아이디어는 '자기 자신처럼'[49] 해야 한다는 주장이었다. 그것은 다른 사람(실제이건 상상 속이건)의 디테일, 감정, 캐릭터를 사용하기보다는 자기 자신에게 의존하라는 것이다. 즉 "연기자는 영혼을 다른 사람의 몸에 넣을 수 없고, 배우 자신의 영혼은 자신만 사용할 수 있다."[50]는 것이다. 이 방법은 연기자들이 누구를 따라 해야 한다는 굴레에서 벗어나올 수 있다. 또한 스타니슬랍스키는 배우의 정신과 연결해서 말하길, "어떤 캐릭터가 강한 힘을 가지고 있었다면 어떻게 행동했을지, 그 사람이 당신한테 뭐라 했으면 어떻게 느꼈을지 등, 이럴 때 배우는 캐릭터랑 연결할 수 있는 자신을 찾게 된다. 이렇게 되면 장면에 대한 문제들은 자연스럽게 다른 문제점으로 바뀐다."고 했다. 그럼 내가 갖고 있는 것 중 무엇을 사용해 그 캐릭터를 만들까? 여러 가지 상황들을 어떻게 내 것으로 만들까? 배우는 극적인 특성과 혹은 그의 감정적인 기억장치를 열어서 필요한 반응을 빼낼 수 있다.

여기서 우리는 스타니슬랍스키(러시아식)의 방법에서 스트라스버그Strasberg(미국식)의 방법으로 움직인다.[51] 마크 라이델Mark Rydell은 이 방법을

---

48) Jean Renoir, Sherman, p. 89.
49) Constantin Stanislavski, Sonia Moore, *The Stanislavski System: The Professional Training of an Actor* (Harmondsworth, England: Penguin, 1976), p. 72.
50) Constantin Stanislavski, *An Actor Prepares*, Elizabeth Reynolds Hapgood 옮김 (New York: Theatre Arts Books, 1936), p. 188.
51) Stanislavski와 Strasberg의 차이를 알기 위해서는 Paul Gray를 참조. "From Russia to America: A Critical Chronology," in *Stanislavski and America*, ed. Erika Munk (Greenwich, Conn.: Fawcett, 1966). 또한 Stanislavski의 체계와 Strasberg의 방법론에 대한 *Tulane Drama* 리뷰 (1964)를 참조.

아주 잘 설명했다. 배우는 인간으로서 연결되고 이해하게 되면서 당신은 자유롭게 움직일 수 있다…. 그것이 진짜다. 만약에 한 배우가 "나의 아버지는 돌아가셨습니다. 내 머리의 빗을 잃어버렸어요."[52]라며 무대에서 울면서 걷고 있으면 그가 뭘 말하든지 관객들은 믿게 될 것이다. '진짜' 눈물이 어느 '가짜'를 교체했기 때문에 그 캐릭터에 대한 모든 것이 진짜 같은 것이다. 그리고 그 배우의 모든 행동과 말은 이제부터 진실로 느껴진다. 관객들은 선택의 여지없이, 똑같은 '인간'에 대해 반응하고 현실적인 고통마저 느끼게 된다. 미묘하지만 방법은 효과적으로 실행된 것이다. 비록 관객들 눈에 없거나 안 보이겠지만(배우가 그들의 정서기억을 사용할 때) 바로 관객들은 현재의 상황에 따라서 캐릭터와 공감할 수 있다. 그 두 종류의 사람을 융합하면 [몸은 보여 주지만 영혼은 보이지 않는(배우), 다른 사람은 안 보이지만 연극의 특성을 지배하는(캐릭터)] 이 '방법'은 무대나 필름에서 멋있는 순간을 일으킬 수 있다.

연기는 문화적인 활동이다. 그러므로 전통(역사)적인 아이디어와 소재들은 작품 안에서 지배된다. 그런데 스트라스버그의 접근은 동시대의 역사적인 소재는 비현실적이고 시대적 차이를 불러일으키며 또한 너무 미국적이라고 강평을 받기도 했다. 이런 공격적인 비평은 내부의 동기부여에 적합한 '메소드' 연기법의 배타성에 집중했다. 우타 하겐Uta Hagen 메소드의 강론 중 하나인 배우의 역할을 준비하는 여섯 가지 단계를 예로 들었다. 나는 누구인가? 나는 무슨 상황에 처해(시간, 장소) 있나? 나는 상대방에 대해 어떻게 느끼는가? 나는 무엇을 원하는가? 나의 장애물은 무엇인가? 나는 내가 원하는 걸 얻기 위하여 어떻게 해야 하는가?[53] 이 준비는 하나의 캐릭터가 연극연기를 할 때에 이유가 되겠지만 영화촬영의 실제 장소에서는 뜻하지 않게 마주칠 요소가 많이 발생할 수도 있기 때문에 이상할 수 있었다.

젊은 남자가 차를 타고 여자 친구의 집에 가서 헤어지는 장면을 상상해 보

---

52) Mark Rydell, in Gallagher, p. 217.
53) Uta Hagen, *A Challenge for the Actor* (New York: Charles Scribner's Sons, 1991), p. 134.

자. 많은 감독들과 마찬가지로 하겐 역시, 싸움에 초점이 맞춰질 것이고 그 긴장감을 강조할 것이다. 그에 따른 배우는 동기부여를 위해 어떻게 운전할 것인가를 생각하게 될 것이고, 엘리베이터를 올라가는 것, 벨을 누르는 순간 등등 상황에 맞게 만들어질 것이다. 하지만 영화의 똑같은 다른 상황에서 그 남자는 운전하면서 배가 고파 먹을 것을 찾고, 지나가는 개 때문에 차를 급히 세우고, 어렸을 때 키웠던 개를 그리워하는 순간이 떠오르며, 여자 친구 집 앞에서 추위에 덜덜 떨고 있는 할머니를 보며 살짝 놀라면서 불쌍하게 여긴다고 가정하자. 그리고 드디어 여자 친구가 문을 열어주며 밝게 반기는 모습을 보면 헤어질 마음은 사라진다. 여기서 우리는 하겐의 방법(캐릭터의 장소, 목표, 사람들과의 연결고리)이 틀렸다는 것이 아니다. 다만 그가 생각하는 '메소드 연기(스타니슬랍스키 이론에서 가져온)'로 인해 하나의 목표 자체가 다른 상황을 지배할 수도 있다는 것이 틀렸다는 것이다. 대부분의 많은 영화들의 대본은 '그는 여자 친구의 집으로 간다'고 쓰여 있으며 그 목표 하나에 집중하게 된다. 하지만 대본을 조금씩 바꿀 생각이 있는 감독들은 운전하면서 생길 수 있는 상황은 캐릭터의 행동과 생각을 조금씩 바꿀 수 있다고 한다. 그런 상황(대본에 있건 없건)에서는 배고픔, 차로 지나가는 개, 불쌍한 할머니 등이 캐릭터에게 현실적으로 반응하게 될 것이다. 이와 반대로 하나의 목표만을 지킨다면, 메소드 연기는 하나의 장면이나 영화 전체에 조금도 변화를 주지 못할 것이다. 즉 정서기억으로 훈련된 메소드 연기에, 그때그때 바뀔 수 있는 상황들에 대해서도 반응을 하게 된다면 연기와 연출이 하나로 움직이고 그 목표가 이루어지면서 관객들은 더욱 감동스러워진다. 즉 스타니슬랍스키식의 메소드 연기는 우리가 보이는 주위세계의 현실이 사람들이나 배우들한테 많은 영향이 미친다는 것을 보여준다. 원래의 '메소드 연기' 자체가 위대한 연기론이지만 스트라그버그식의 추가적인 메소드 연기는 보다 현실적이고 실제적인 방식이다.

후기 구조주의의 영향으로, 실제 인물의 캐릭터 개념과 실제 사건으로서의 연극도 검토 대상이 되었다. 이 자연화 과정(극 안에서 상영의 수단과 대화(장치)를 숨기는 것)은 부르주아 예술Bourgeois Art에 있어서 당연한 것으로 여겨졌다. 하지만 다른 연기이론들은 우리에게 다양한 대안들을 제공해 왔다. 모든 배우를 무無에서 시작하도록 강요하고, 배역을 맡기 전에 백지상태가 되도록 강요한 자크 코포Jacques Copeau란 사람도 있다. 더 나아가 배우들에게 황홀의 경지에 이를 때까지 종용慫慂한 앙또넹 아르또Antonin Artaud란 사람도 있고 또한 동료에게 다양한 고 난이도 몸 재주를 보여 주도록 강요한 브세볼로트 메이어홀드Vsevolod Meyerhold란 사람도 있다. 또 한 사람 베르톨트 브레히트Bertolt Brecht는 연기의 기술을 혁신화했을 뿐 아니라 무대에서 배우의 역할과 기능에 의문을 제기했다. 간단히 말해서 전통적이고 규정된 연출방식으로 등장인물을 형성하고 상황을 실제처럼 하려는 기존의 방식과 비교하여 또 다른 목적을, 배우들에게 명확한 조건과 동기부여를 제시해 주었다. 다시 말해 등장인물과 배우 사이의 거리를 어떻게 해서든 변화시키고, 극의 연출과 독자 사이의 거리를 재고(再考)하여 다른 방식으로 사람들을 일반화 하였다. 그러므로 연기를 설명하는 현대적 방식은 배우의 역할을 재고하길 원한다. 누구에게나 배우와 역할 간의 거리감이 없도록 확실하게 다른 인물을 표현해 내는 것이 아니라 그들의 역할을 전달하고 알리는 것이다.

연출과 관객들 간의 관계를 다시 생각하는 것뿐 아니라 등장인물과 배우의 거리를 급진적으로 변화시키는 것으로써 이런 이론들을 일반화할 수 있다. 연기를 개념화하는 새로운 방법은 배우의 역할을, 즉 다른 사람의 존재(등장인물)를 너무 설득력 있게 구체화하여 그들 사이의 차이를 잃어버리는 게 아니라 배우가 대화하기 위해 표현한다는 말 등이 캐릭터의 역할에 더 필요하다. 필립 B. 재릴리Phillip B. Zarrilli는 "배우의 과제(목표)는 목소리와 몸으로 표현을 창조하는 것이다."54라는 설득력 있는 주장을 내세웠다. 이와 같은 관점으로 보면 배우는 표현하는 책임을 맡은 '표현자'가 되는 것이다. 한 예로서 브레히트Brecht는 자신의 역할을 잃어버리면 안 된다는 것을 강하게 여겼다. 실제로 스타니슬랍스키 방식으로 연기하는 배우가 등장인물을 곤란하게 하는 것과 정서적으로 상응하는 것을 찾기 위해 내면을 탐구하는 경우, 그 근본적인 문제는 무차별하게 내재되어 있다. 다른 말로 해서 그들(스타니슬랍스키 방식으로 연기하는 배우들)은 "모든 것이 선천적으로 피할 수 없게 등장인물에게 일어난다."[55]고 여겼다. (극 중) 모든 사건이 이치에 맞는 것뿐만 아니라 관객들은 무대 위의 등장인물의 갈등이 정서적으로 동일시된다. 브레히트는 이런 것을 전혀 원하지 않았다. 먼저 그는 연극의 중심이 등장인물들의 자기 자신으로부터 등장인물들에게 어떤 일이 발생하는지로 옮겨지기를 주장하였다. 여기에서의 전형적인 논리 게스투스Gestus(개인적인 행동을 결정짓는 사회적 관계까지 포함하는 상호주관적이고 사회적인 개념을 뜻하는 브레히트의 연기 기술 – 역주)는 단지 인간 개인의 동작에 불과한 것임을 내포하고 있다. 게스투스는 연기 본연의 의미를 되찾기 위한 극단적으로 받아들일 수 있는 사회적 행동이다. 예를 들어, 사람 앞에서 머리를 숙이는 것은 전 세기 유럽에서는 흔한 행동이었다. 사실적으로 본다면 관객들은 그걸 악수처럼 '안녕' 하는 인사와 같이 받아들일 것이다. 하지만 보다 넓은 의미에서 머리 숙이는 행동은, 한 사람이 다른 사람보다 높은 계급임을 나타낼 수 있다. 브레히트는 배우들이 자신들의 대본뿐만 아니라 그것의 의미, 즉 관객들의 고찰을 위해 보다 넓은 장면을 만들어 내기 위한 대본의 문맥도 연구해야 한다고 주장하였다. '낯설게 하기' 또는 '소외효과' 이론인 독일 극작가 브레히트에 의한 이 개념은, 단지 현실에 동조할 수 있는 리처드 3세가 아니라 그 당시의 사회적 그리고 정치적 현실에 맞서 자신의 의지를 관철해나가는 한 명의 영국 군주로서 관객들에게 표현해야 한다고

---

54) In *Acting (Re)Considered: Theories and Practices*, ed. Phillip B. Zarrilli (London: Routledge, 1995), p. 17.

55) Duane Krause, "An Epic System," in *Acting (Re)Considered: Theories and Practices*, p. 271.

얘기한다. 예를 들어, 배우는 등장인물이 소비하는 모습을 그 사회 작용에서 더 큰 이념적 모순을 밝히기 위해 확실하게 알아내야 한다. "실제로 브레히트(게스투스) 개념을 따르는 배우는 (이러한 모순들이) 발달되는 내부의 결정요인들을 밝히기 위해 노력한다."[56] 등장인물의 운명으로 받아들일 수 있는 인생의 한 부분 대신에, 논쟁이 될 수 있는 의미적인 상황을 목격함으로써 관객들은 사회구조가 언제나, 누구에게나 닥칠 수 있다는 가능성을 점점 더 알게 될 수 있다. 그들 자신이 당면한 인생에 대한 최대 중요성을 계시한 것이다.

따라서 브레히시안 시스템Brechtian System(브레히트적 방법)에서는 배우가 그들의 등장인물에서 막힐 수가 없다. 그들은 그것, 또는 그들을(등장인물들) 현실세계에서만큼이나 공연에서 오히려 그 당시나 현재, 극장 밖의 보다 넓은 현실을 지적하기 위해 사용한다. 이에 관련해 브레히트는 자신의 요점을 이렇게 정리하였다. "견해와 목적이 없다면, 그 누구도 아무것도 표현할 수 없다."[57] 당연히 이와 같은 관점은, "작품 또는 등장인물, 그 환경, 그 상징, 그 메시지들에 대한 비평을 리허설과 공연 모두(배우들은 반드시) 해야 한다는 미국 방식의 지지자들이 갖고 있는 가치관과는 반대된다."[58] 확실히 작품을 그냥 즐기지 못하게 하는 성가신 소외효과 이론과 지루함, 건조함, 교육적 극문학의 브레히트 정치적 접근을 하는 이 기술記述은 많은 이들이 극작가를 선망하며 본받기를 바라는 욕구를 떨어지게 한다. 하지만 이러한 특징이 브레히트의 의도를 올바르게 반영하는 것은 아니다. 예를 들어, 그는 그의 배우들이 연속되는 이해심의 순환으로 등장인물에 접근해야 한다고 주장한다. 먼저, 그들은 맡은 배역의 특징을 찾고, 맡은 배역이 갖고 있는 역사적 환경(배경지식)을 알아내야 한다, 그런 후에 두 번째 단계로서, 그러

---

56) Bertolt Brecht, John Rouse, "Brecht and the Contradictory Actor," in *Acting (Re)Considered: Theories and Practices*, p. 231.

57) *Brecht on Theatre*, ed. by John Wilett 옮김 (New York: Hill and Wang, 1964), p. 196.

58) Uta Hagen, *Respect for Acting* (New York: Macmillan, 1973), p. 218.

한 것들(특징과 배경지식)과 함께 어떻게 느끼는지를 이입하고 경험할 수 있도록 해야 한다. 바로 이 단계에서 배우가 "맡은 배역과 동일시될 수 있고, 주관적 감각에서 맡은 배역만의 진실을 찾아낼 수 있다."[59]고 한다. 그러고 나서 그들은 어떻게 맡은 배역 인물이 그 시기의 사회적 · 정치적 결정요소에 갇히게 되었는지를 한 발짝 물러서서 넓은 그림으로 되돌아 볼 준비가 되는 것이다. 그가 감독할 때도 마찬가지이다. 브레히트는 관객들의 즐거움, 공연의 즐거움을 선사하는 것에 굉장한 관심을 가졌다. 일방적으로 현학적으로 되는 것이 아닌, 그는 그의 무대를 내재적diegetic 행동과 주로 노래로 가장한 외재적non-diegetic 비평 사이에서 교대로 움직이는 신나는 시이소오와 같다고 보았다. 연극에서 멀어진 순간에도 별개의 기쁨을 관객들에게 느끼게 할 의도였다.

브레히트가 제안한 연기와 연출의 접근은 상업적 요소로 찾기 힘든 종류이다. 우리는 기껏해야, 영향력을 가진 기법들과 불일치되는 의견들을 만날 뿐이다. 예를 들어, 안토니오니는 "감독은 영화에서 인물의 아주 일반적인 성질을 제외하고는 배우들에게 설명을 할 필요가 없다."[60]고 주장하였다. 1957년 작품인 〈울음 The Cry〉에서는, 이러한 접근법 때문에 좀 더 전통적인 감독 방법에 익숙해져 있는 배우 스티브 코크란Steve Cochran은 자기를 애완동물 다루듯 한다며 크게 불평하며 감독과 끊임없는 마찰을 빚었었다. 하지만 그리고 나서도 안토니오니는 1960년 작품인 〈라 노떼La Notte〉의 촬영 당시, 교양 있고 절충주의 여배우인 제인 모러Jeanne Moreau하고도 갈등이 있었다. 배우들은 자신들이 연기해야 할 대사와 행동들이 어디서부터 나오게 됐는지를 알지 못하면 버려진 것 같은 기분이 들기 때문이다. 이렇게 이탈리아 감독이 배우들과 함께 맡은 배역에 대해 상의하는 것을 거절하는 것은 베르톨트 브레히트의 이념보다 데이비드 마멧David Mamet의 이념과 더욱 상통한다. 현재 컬럼비아대학교에서 행해지는 유명한 세미나에서 마멧은 자신의

59) Bertolt Brecht, Rouse, pp. 239-40.
60) Michelangelo Antonioni, Geduld, pp. 195-96.

학생들에게 "연기에 의지하지 말고 내용을 전달하는 편집에 의지하라."[61]고 말하였다. 간단히 말하면 배우들은 각본에 대한 자신들의 총체적인 이해를 사용하여 영화의 한 장면이라도 조절하도록 되어선 안 된다는 것이다. 그들은 한 쇼트를 촬영하는 데 필요한 연기활동 중에는 그 이외의 것을(시계를 본다는지, 수업을 간다는지) 절대 하면 안 된다는 것이다.

이와 같은 관점을 더 알아보기 위해, 우리는 자신들의 영화에서 항상 일관되게 다른 관점의 연기를 보여 주는 감독들인 로베르트 브레송Robert Bresson과 장 뤽 고다르를 찾을 수 있다. 브레송은 분명히 모든 연기활동에 거스르는 것을 주로 한다. 브레송의 〈시네마토그래피의 노트 Notes on Cinematography〉에서 그의 선택에 대해 이렇게 설명한다. "(배우의 연기로) 보이는 것 대신에 직접 (모델이) 그 역할이 된다. 인간 모델: 외부로부터 내부로의 이동(배우: 내부로부터 외부로의 이동). 중요한 것은 그들이 나에게 보여 주는 것이 아니라 그들이 나에게서 어떤 것을 숨겼냐는 것이다. 결국 그들이 알아차리지 못한 것은 바로 그들 안에 있다."[62] 그의 출연자들을 '모델'이라고 칭함으로써 브레송은 안타깝게도 이러한 일들을 자주 혼동시킨다. 미국에서처럼 프랑스에서도 그 단어는 최고로 모방하고 싶은(닮고 싶은) 가치를 나타내기 때문이다. 브레송의 '모델'은 진짜 조각을 하기에 앞서, 떠보는 석고 모형에 완성되지 않은 모습을 변경하는 역할을 하는 것과 같다. 그러므로 그의 '모델'은 완성된 배우라기보다는 인간의 견본을 제시하는 것이다. 하지만 이것 역시 모든 내용을 전달할 수는 없다. 그의 '모델' 역시 보통의 사람들과 마찬가지로 제대로 행동될 순 없기 때문이다. 그들은 조화 속에 움직이고, 절대 웃지 않으며 배열은 하지만 제한된 범위에서 감정을 배열한다. 그들의 발언은 충분히 자제되어 있다. 이에 브레송은 그들에게 충고하길, "자기 자신에게 얘기 하는 것처럼 하라.", "대화 보다는 독백으로… 네가 무슨 말을 하는

61) Mamet, op. cit.
62) Robert Bresson, *Notes on Cinematography*, Jonathan Griffin 옮김(New York: Urizen, 1977), p. 2.

지 생각하지 마라, 네가 뭘 하는지 생각하지 말라."[63]고 했다. 전형적으로 배우들은 대부분의 배우들이 인정하는 기본적인 정보들을(내가 누구인지, 내가 여기서 무엇을 하고 있는지, 내가 무엇을 원하는지, 내가 갈 길에 무엇이 서있는지 등) 사용하지 않으려 한다. 즉 보통 사람들로 하여금 스크린 위의 창조물을 향하여 노력하기 보다는 '존재와 사물들이 따로 있는 것'을 보고 싶어 했다. 그래서 그는 '각자가 밖에 나와 있는 모델'의 모든 것을 브레송에게 설득시킬 때까지, 그의 모델들에게서 관습적인 인간 특성을 제거했다.[64] 브레송의 생각은 그의 앞에서 존재하는 것으로부터 '부패(부식)를 의미하는 것'을 비틀어 맞추면서 우리의 시각을 받아들이지 않게 하였다. 이로 인해 등장인물의 인생을 흡수하는 데서 다른 종류의 이상이 발생하였다. 다소 우리는 그의 '모델들'을 보면 알츠하이머 환자 alzheimer patients가 옆에 있는 것과 같은 경험을 하게 된다. 그들은 아무것도 모르는 세계에서 외부와 연락이 두절된 상태로 지낸다. 그리고 마찬가지로 우리가 우리를 인간으로 만들어주는 것이 무엇인지 모른 채 우리의 삶을 두려워한다. 대체로 브레송의 '모델들'은 인간이라기보다는 영혼으로서 행동한다. 이런 경험은 사물에 의존하는 지에 따라 개발되기도 하고 무기력하게 되기도 한다.

더욱 급진적인 장 뤽 고다르는 영화 속 등장인물의 한계를 넘는 연기를 요구했다. 1961년 작품인 〈여자는 여자다 A Woman is a woman〉에 출연했던 그 당시 아내였던 카리나Karina는 영화가 완성된 시점에서 등장인물을 자기 본연의 모습으로 옮기려 할 때 그는 그녀를 영화 안의 모습 그대로 여겼다. 그 당시 관객들은 배우를 등장인물과는 따로 구별해서 받아들일 수 없었기 때문에 이러한 이동은 '메소드 연기 method acting'의 한 부분인 내면화 internalization 때문에 아무것도 할 수 없었다. 이동을 할 때 실수를 하면 카리나는 자기 자신을 되돌아보았고, 감독에게 그 여배우의 입장에서 말하자면 그것은 등장인물에서 두 번째로 이동을 하는 것이었다. 우리는 갑자기 두 번째 현실감

---

63) Bresson, pp. 40 and 42.

64) Bresson, pp. 46 and 47.

(여배우의 실생활), 즉 영화 제작 동안에 또 다른 세계에 접근하게 된다. 스크린 위의 여배우는 변하지 않았지만 그녀가 의미하는 상태는 이동로의 중간The middle of a line으로 옮겨가게 된다. 그녀는 진실로 '그녀 자신'이 된 것이다. 영화 속에서 이러한 이동로를 지킴으로써 맡은 배역뿐 아니라 여배우를 가져옴으로써 고다르는 기호학적 풍부함을 두 배로 늘림으로써 문장에 활력을 띠게 되었다. 문서자료는 갑자기 허구와 영화를 융합시키는 것에서 이제는 무서울 정도로 허구적 표현과 현실을 융합하는 것으로 이동해 간다. 두 세계 사이를 항해함으로써 이 프랑스 감독은 브레히트적 방법에서 두드러지게 다른 것을 반향하고 질문하며 급진시키는 데 사용할 수 있게 되었다. 여배우/등장인물이 의미하는 지위가 확장됨에 따라 표현되는 세계와 현실 또한 두 배가 되었다. 영화의, 영화각본의, 줄거리의 범람으로 브레히트의 작품 역시, 행동에 대한 다른 시각과 문맥에서의 논평과 외부 관점을 도입하도록 자주 방해 받았다. 그의 영화들은 결국에 중심 내용이 문맥에서 뿔뿔이 흩어져 빗나간 것들 정도밖에 되지 않는 복잡하기로 소문난 수필이 되고 말았다. 혹자는 미지의 구역으로 너무 멀리 가버려서 길을 잃고 돌아오는 길을 찾지 못하였다고 말한다. 필자가 생각하기에 더 큰 문제는, 고다르는 브레히트가 연극이 성공하기 위해서 반드시 필요하다고 여긴 '좋은 담배를 피우는 것'과 같은 즐거움을 더 이상 관객들에게 보여 주지 못한다는 것이다. 그러나 우리는 고다르의 궁극적인 실패가 다시금 감독에 의해 감지된 영역을 탐구하는 걸 단념시켜서는 안 된다.

앙리 재롬의 이념에 따르면 제작자에게 배우 자체를 등장인물과 같은 배우라 여기면 일석이조 할 수 있음을 설명할 수 있다. 또는 영화의 허구와 현실을 조합하는 것은 그것의 대가를 치르지 않고 완전히 새로운 세트들을 얻는 것과 같다고 한다. 더 중요한 특징으로는 카리나가 자기 본연의 모습이 스크린에 갑자기 드러났던 영화는 반드시 하나의 통일된 세상으로 묘사되어야 한다는 일종의 제스처로 여겨지게 된 것이다. 여기서 감독의 담론은 영화를 고안해 내기 위한 완전히 새로운 수단과 전략들을 제공하는 것을 가능하게 하였다.

연기에 대한 마지막 한마디. 하나의 작품 영화에 대해 이야기 할 때는 배우/스타들의 언급을 하지 않을 수는 없겠지만 학생들 영화의 경우에는 얘기가 다르다. 그리고 이 경우에는 하스켈 벡슬러Haskell Wexler의 가르침이 쉽게 적용된다. 스타가 되기를 꿈꾸는 학생들에게 '낭독하는 배우Dramalogue actors'라는 말 대신, "TV에 나오진 않지만 우리가 평소 생활에서 볼 수 있는 사람들에게 눈을 떼선 안 된다."[65] 매력 있는(흥미 있게 생긴) 보통 남자와 여자들을 찾기 위해 자신만의 방법으로 노력해라. 평소에 당신과 접촉하는 ―마트의 계산원, 커피숍의 웨이트리스, 운전면허시험장의 직원, 우체부, 캐스팅 회사에서 무시된 99%― 사람들에게 관심을 기울여 봐라. 물론 대중매체는 사람들의 말투와 생김새, 그리고 평소의 행동까지 거의 똑같이 되었기 때문에 그건 분명히 쉽진 않을 것이다. 하지만 그러한 영향에서 벗어나 개성이 강한 사람들을 찾을 가능성은 얼마든지 많다. 그들의 존재만으로도 당신의 프로젝트를 충격 있게 만들 것이다. 또한 그것은 당신의 연출력뿐만 아니라 영화 제작 전반에 있어 재평가하게 해 줄 것이다.

11

연출은 하나의 공간에 있는 배우들뿐 아니라 촬영, 조명, 음향 등 모두 포함한다. 이러한 거대한 앙상블을 개념화 하는 전통적인 방법은 요소요소들이 상호작용한다고 가정하는 것이다. 카메라의 역할은 각도와 높이에서 배우들의 대면을 보조하는 것이다. 조명의 역할은 그때의 장면이 무슨 날이며 어떤 분위기인지 우리에게 알리기 위한 것이다. 음향의 역할은 주변의 소리와 음악으로부터 무슨 말을 하는지를 잘 들을 수 있게 하는 것이다. 이러한 영화연출 방법은 작품 안에 서로 다른 요소들이 상호작용한다는 리처드 바그너Richard Wagner의 종합예술 작품 이론을 자연히 받아들이게

---

65) Haskell Wexler, *Getting Started in Film*, ed. Emily Laskin (New York: Prentice Hall, 1992), p. 101.

된다.[66] 〈와케르Walküre〉의 공연을 연출한 에이젠슈테인은, "배우, 음악, 조명, 조경(배경), 색감 그리고 동작이 모두 모아져 사람의 감정을 파고드는 하나의 완전체가 된다."[67]고 표현하였다. 완전히 다른 각자의 아름다운 예술적 영역을 갖고 있지만 그 영역들이 조합되면서 하나의 목소리를 내는 작품을 만들어 준다. 그것들은 하나의 조화로운 구성 안에서 서로 다른 것들이 서로 다른 표현들과 연결된다고 말할 수 있다. 그러한 작용은 하나의 통일체를 이루어 낸다.

하지만 연출의 전체적인 작용을 구상하는 데는 다른 방법도 있다. 그것은 대화로서 해석하는 것이다. 러시아의 사상가인 미카엘 바흐친Mikhail Bakhtin은, 보통 작가가 전지적 작가 시점으로 그의 작품 안에 등장인물을 편리하게 지배하는 소설로 쓰이는 형태의 대안으로 대화 기법의 개념을 내놓았다. 그러한 소설들에서 등장인물은 단순히 독립체밖에 되질 않는다. 이야기 전개에서 그들의 등장과 퇴장, 무엇을 하는지, 무엇을 말하는지, 모두 단지 소설의 전반적인 균형을 망치지 않게 하기 위해서만 신중하게 조정된다. 이러한 등장인물들은 모두 자신들만의 특징을 갖고 있지 않다. 그들은 자신들만의 시각을 관철시키거나 자신의 성격을 완성시킬 기회도 거의 없다. 이야기 전개에서 그들이 행동을 하고 대화를 하더라도 그것들은 작가가 설명하는 주제에 반하지 않는 정도에 그친다. 도스트에프스키Dostoevski의 작품을 예로 들어 보면, 바흐친은 완전히 다른 방식으로 다루고 있다. 도스트에프스키에 의하면 독자가 그들보다 정신적으로 우월하다는 것을 모르게 하기 위해 각자 등장인물들에게 그/그녀의 관점을 표현하기 위한 활동범위를 완전히 주어준다. 하지만 바흐친은, "등장인물은 소리 없는 노예가 아니라… 작가와 나란히 있고 작가와 뜻을 같이 하지 않거나 작가에게 불만을 표할 수도 있는 자유로운 사람들이다."[68]라고 주장한다. 영화에서는 독립적인 등장인물은

---

66) Wagner는 그의 관객들을 깨울 수 있는 강력한 산 경험을 만들어 냄으로써 산업혁명의 악영향에 맞서려고 노력하였다.

67) Sergei Eisenstein, *Film Essays and a Lecture*, ed. Jay Leyda (New York: Praeger, 1970), p. 85.

단순히 줄거리를 나아지게 하거나, 다른 출연자를 멋지게 보이게 만들거나, 연속되는 장면들의 긴장을 유머로 완화시켜 주는 것 이상으로 더 많은 걸 나타낼 수 있다.

존 카사베츠John Cassavetes의 작품은, 우리에게 실전에서 대화기법이 어떤 의미를 갖게 되는지 암시한다. 그의 영화에서 등장인물들은 자신의 상황에 대해 현실감을 탐구하는 데 전통적인 영화들보다 좀더 많은 자유가 주어진다. 이러한 심오함이 리허설과 촬영 도중 무엇인가(즉흥 연기, 즉 애드립)를 이루어 냈는지, 아닌지는 별로 중요한 게 아니다. 중요한 것은 배우가 자신의 역할을 채우기 위해 등장인물을 자유롭게 했다는 것이다. 그들에게 대본이 주어지기 전, 배우들에게 자기 자신들의 등장인물을 가장 섬세하게 파악하기를 요구했던 마이크 리Mike Leigh가 발전시킨 접근에서는 이러한 성격이 더욱 두드러진다. 이러한 '내용 충실화fleshing out(그들에게 대본이 주어지기 전에 말 그대로 배우들에게 자기 자신들의 등장인물을 가장 섬세하게 파악하기를 요구한 것-역주)' 는 많은 배우들이 캐스팅될 당시에 생각할 수 있는 배경지식을 훨씬 넘어 서는 것이다. 여배우 카트린 캐틀리지Katrin Cartlidge는, "당신의 기억, 경험, 인생 전체를 만들어 내는 것이 마치 자신의 삶을 사는 것과 같은 현실을 가능하게 한다: 그것은 당신의 무의식에 뿌리 깊게 스며들게 된다."[69]고 말한다. 당신은 맡은 역할에 대한 질문이 영화대본의 내용과 전혀 무관한 것이라도 반드시 대답할 수 있어야 한다. 그녀가 혼전 성교에 대해 어떻게 생각하는지에서부터 그가 가족들에게 크리스마스 선물로 무엇을 줄 것인지까지 말이다.[70] 리와 함께 작업하는 배우들은 마찬가지로 자신이 맡은 배역의 인생을 오늘날에 기초한 경험까지 해야 한다. 끝에 가서 배우들이 어떻게 느끼는지, 그리고 그것에 의하여 배우들의 인생 전체 관점

68) Mikhail Bakhtin, *Problems of Dostoevsky's Poetics*, Caryl Emerson 옮김 (Minneapolis: Univ. of Minnesota Press, 1984), p. 6.
69) Katrin Cartlidge, Kenneth Turan, "The Case for Mike Leigh," Los Angeles Times, Magazine Section, September 22, 1996, p. 27.
70) In Turan, p. 28.

이 어떻게 만들어졌는지 이해하도록 그들의 역할을 몇 달 동안 경험한다. 이와는 대조적으로 배우 각자는 깊게 느끼면서 이루어지는 즉흥 연기들의 연속으로 이야기를 만들어 내기 위해, '리허설'이 시작되면 완성된 성격으로 부딪히게 되는 다른 배우에 대해서 생각하는 것을 멀리 한다. 리에게 있어서, 줄거리보다는 등장인물이 우선이다. 급진적이긴 하지만 이러한 전략은 작가에게 새로운 욕구를 불러일으킨다. 바흐친은, "도스트에프스키는 그의 작품에서 흔하고 흔한 하나의 이념과 주제에 기초한 익숙한 단일체가 아닌 여러 개의 이념들과 표현들 사이에 대화하는 관계에서 내재된 새로운 종류의 표현적인 단일체를 창조한다."[71]고 강조했다. 리의 영화 역시 똑같은 개념이다.

하지만 대화기법은 독립된 등장인물의 영역을 벗어나는 것이 강요될 수도 있다. 바흐친의 말처럼, 만약 대화주의 작가가 등장인물의 대사에서 "자기 자신을 표현하지 않는다면 오히려 작가는 그것들을 공개해 버린다."[72] 여기서 우리는 조금 관대해질 필요가 있는데, 19세기의 전형적인 소설들에서는 절대적으로 작가의 발언은 독자들이 알아차리지 못했다. 그 이유는 등장인물들의 대사는 인용부호로 표현되었던 것에 비해 작가들의 발언은 그렇지 않았기 때문이다. 작가의 발언은 그 자체로는 의미가 없는 것처럼, 단지 이러한 대사들 사이의 공백을 채워주기만 하였다. 콜린 맥케비Colin MacCabe는 이러한 작가의 발언을 문맥의 언어분석용 언어라고 불렀다.[73] 영화에서는 주로 카메라의 각도와 조명 선택, 그리고 편집 결정들을 의미한다. 이러한 특정 발언은 대체로 우리를 연기 속으로 안내하고 등장인물의 대사를 어떻게 해석하는지를 알려주긴 하지만 그 자체로는 아무런 의미가 없다. 즉 명

71) Mikhail Bakhtin, Katerina Clark and Michael Holquist, Mikhail Bakhtin (Cambridge: Harvard Univ. Press, 1984), p. 241.

72) Mikhail Bakhtin, The Dialogic Imagination, Caryl Emerson and Michael Holquist 옮김 (Austin: Univ. of Texas Press, 1981), p. 299.

73) Colin MacCabe, "Theory and Film: Principles of Realism," in Film Theory and Criticism, ed. Gerald Mast, Marshall Cohen, and Leo Braudy (New York: Oxford Univ. Press, 1992), pp. 79-92.

확하게 말하는 사람은 아무도 없다. 그것은 무엇인가 자기 스스로 맞추기 위해 아무도 모르는 곳에서 나오기 때문이다. 테크닉은 연기를 보완하고 잘못된 것은 어디에도 없다.

바흐친의 개념에 따르면, 연출하는 것은 배우에 의해서 표현되는 대사, 제스처, 그리고 행동들과 카메라 위치와 조명, 스타일 사이에서 조화로운 변화를 강요한다. 라스 폰 트리에Lars von Trier의 〈부서지는 파도Breaking the Waves〉 (1996)에서 사용했던 전략을 살펴보자. 장면에서 장면으로 이어지는 경우, 영화 촬영감독이 하나의 장면을 미리 설정해놓고 작업할 수 있을 만큼의 조명만을 사용하여 촬영장에서의 촬영 준비를 마친다. 그 후에 다른 곳에서 리허설을 한 배우들이 나타나고 바로 촬영이 시작된다. 배우들이 촬영장의 장소를 처음 접하는 만큼, 대사를 하거나 특정한 장소에서 특정 모습만을 연기하는 것에 얽매이지 않고, 그 순간에 그곳에 맞는 연기를 한다. 마찬가지로 촬영기사가 촬영 도중 어떤 것을 추측할 필요가 없다. 촬영기사는 진행 상황을 보며 카메라를 들고 최선으로 반응하면 된다. 촬영감독인 로비 뮐러Robby Muller는, "우리는 전체 장면을 하나의 쇼트에 찍을 것이다. 촬영기사와 내가 어디에서 언제라도 볼 수 있게 하기 위한 선택이다. 언제 촬영을 할 것이며 하고 있는지, 아닌지를 미리 알고 있는 배우는 아무도 없다."[74]고 말했다. 완벽한 초점 또는 조화로운 구성 요소들은 순간의 사실성을 갖질 못한다. 라스 폰 트리에 감독은, "만약 〈부서지는 파도〉가 틀에 박힌 기술로 만들어졌다면 영화의 내용을 견뎌내지 못했을 것이라고 말한다. 대부분 영화내용을 부각시키기 위해 영화에 맞는 스타일을 선택한다. 하지만 우리는 정반대로 하였다. "영화의 내용에 반하는 스타일이 우리를 선택하였다."[75]고 설명했다. 다른 말로 유사-다큐멘터리 식의 접근quasi-documentary approach은 이 등장인물들에 의해 발생하는 멜로드라마 상황에는 크게 반하는 것이다. 그래서 종합예술 작품은 단지, 등장인물들 간의 대화기법뿐만 아니라 기술에도 적용되

---

74) Robby Muller, "I Am a Cameraman," *LA Weekly*, November 22-28, 1996, p. 29.
75) Lars von Trier, "The Director Talks," *LA Weekly*, November 22-28, 1996, p. 27.

므로 대화이론을 완전히 충족시킬 수 있음을 보여 주었다. 여기서 분명히 할 것은, 여러 소리가 섞인 것이 반드시 혼잡한 것이거나 불협화음인 것은 아니라는 것이다. 그런 것은 〈부서지는 파도〉에서는 찾아볼 수 없었고 오히려 반대였다. 따라서 영화에서 대화이론을 따르면 감독이 등장인물들을 자극시킬 수 있고, 등장인물과 다른 표현 기법들 간의 관계를 정립하는 새로운 기법을 발견할 수 있다.

12

라스 폰 트리에의 복잡한 이야기와 역동적인 화술 전개와는 대조적으로 장 폴 토록은, 영화에 어떤 새로움도 가하지 않는 것이 바로 연출 기술의 핵심이라고 단언한 바 있고 이렇게 말했다. "하나의 주어진 장면이나 상황을 연출하는 데 수만 가지 방법이 있는 것이 아니다. 몇 가지 기법이 있을 뿐이며 대개 같은 기법을 반복해서 활용한다."[76] 차 안이나 현관 앞에 있는 두 사람의 대화 장면을 촬영한다고 가정해 보자. 어떻게 두 배우와 카메라를 독창적인 방법으로 배열할 것인지가 고민거리일 것이다. 이때 자동차나 현관의 모양에서 배우들이 어디에 앉고 걸어야 할지를 결정한다. 록 비디오 촬영과 같이 특별한 행동이나 카메라 각도를 요하는 프로젝트가 아닌 이상, 대부분 감독들의 연출 기법은 우리가 생각하는 일반적인 범위를 크게 벗어나지 않을 것이다.

그러나 이런 식의 관찰이 정말 의미 있는 것일까? 토록이 세상의 구조 자체보다 우리가 세상을 구체화하는 시선에 더 주목했더라면 그의 주장이 더 설득력이 있었을 것이다. 상황을 좀 더 쉽게 설명하기 위해, 빅터 쉬클로프스키Victor Shiklovski와 그의 '낯설게 하기ostranenle' 개념을 떠올려 보자. 1910년에서 1919년까지 활동했던 러시아 비평가들은, 우리의 일상 그 자체가 느리지만 필연적으로 사물이나 풍경, 사람에 대한 첫인상을 변화시킨다는 것에

---

76) Jean-Paul Torok, *Le Scénario: Histoire, théorie, pratique*, Jean-Pierre Geuens (Paris: Henri Veyrier/Artefact, 1986), p. 92(저자 번역).

주목했다. 우리가 얼마나 그 대상에 집중했는지에 관계없이, 결국 우리는 그것을 당연하고 식상하게 여기게 된다는 것이다. 당신이 진정으로 갈망했던 것에 대해 잠시 생각해 보라. 일단 그것이 당신 손에 들어오면 그것은 서서히 그저 그 자리에 있던 가구의 일부처럼 되고 만다. 이제 당신은 그 대상을 마음대로 이용할 수 있기 때문에 그에 대한 관심이 점점 줄어들 것이다. 그리고 시간이 흐르면 처음 가졌던 대상에 대한 열망은 더 이상 남아 있지 않는다. 대상은 여전히 그대로인데 이제 명백히 그 빛을 잃은 셈이다. 반대의 경우로, 가까운 누군가 — 부모, 친구, 옛 애인 등 — 와 오랫동안 떨어져 있다가 갑자기 다시 만났을 때의 충격을 떠올려 보라. 그렇다. 그들이 당신의 아빠나 친구나 옛 애인임에는 틀림없지만 당신의 기억 속에 있던 모습과 선뜻 매치되지 않는다. 이전에는 당신의 삶 속에 늘 함께 있어 익숙했던 그들의 얼굴이 이제는 세월로 인해 변한 모습을 다시 한 번 돌아보게 만드는 것이다. 결국 모든 사람과 사물은 매일 마주치고 만나는 과정 속에 일상화되고 우리의 주의에서 멀어지게 된다.

이러한 소멸의 경험을 인지한 쉬클로프스키Shiklovski는 '낯설게 하기'라는 대안을 제시했다. 낯설게 하기란 시詩에서 쓰이는 기법으로, 지나치게 빨리 익숙해져 버릴 대상을 이화異化시키고 다시 낯설게 하는 것이다. 쉬클로프스키는 "문학의 기술은 대상을 '낯설게' 하여 그 형태를 난해하게 만들고, 지각의 과정을 방해하고, 깊이 있게 하는 것이다. 사물을 인지하는 과정이란, 그 자체가 미적 감각의 종식을 의미하므로 문학에서는 그 과정을 지연해야만 한다."[77]고 말했다. 낯설게 하기란 엄밀히 말해 예상치 못한 언어나 놀라운 시각적 접근을 통해 평범한 대상을 다시 새롭게 보도록 하는 것을 의미한다. 쉬클로프스키의 이러한 관점은 매스미디어가 충만한 오늘날 훨씬 더 필요한 듯하다. 원하는 바와 관계없이, 우리는 매주 쏟아지는 수많은 극적 이미지와 마주하게 된다. 삶의 문화적 공감대를 형성하는 이러한 장면은 모두

---

77) Viktor Shklovski, "Art as a Technique," in *Russian Formalist Criticism: Four Essays*, Lee T. Lemon and Marion J. Reis 옮김 (Lincoln, Neb.: Univ. of Nebraska Press, 1965), p. 12.

우리의 감성과 그 자체로서의 활동성과 극적 도구로서의 잠재력을 마비시킨다. 게다가 시인이나 화가, 영화 제작자들이 세상에 축적된 원래의 식상한 이미지에 물들지 않고 남을 수 있을지도 의문이다. 그들 또한 이 세상에 살아가는 사람들이며 일반 대중들보다 규범화된 이미지를 연구하고 분석하는 경향이 훨씬 더 크기 때문이다. 결국 예술가들의 창조적 통찰력은 이러한 이미지에 잠식될 수밖에 없다. 모든 것들이 이미 보인 것은 아닐까? 이 모든 접근법이 이미 전에 시도되었던 것은 아닐까? 우리의 미적 선택이 그저 진부한 연출이나 패러디에 그치는 것은 아닐까? 예술적 상상력이 위기에 처해 있다. 예술의 생존이 위험하다. 이제 다시 '낯설게 하기'의 도움이 필요한 때이다.

한 가지 예로, 클로즈업을 들 수 있다. 누군가의 얼굴이 갑자기 화면 전체를 가득 메우는 것에 반감을 갖던 때로 돌아가 보자. 클로즈업 기법을 활용했던 그리피스D. W. Griffith의 시대, 사람들은 얼굴을 지나치게 확대하여 보여주는 것을 불쾌하게 여겨 그것을 배척했다. 그러나 오늘날 상황은 정반대다. 우리는 텔레비전을 통해 클로즈업된 얼굴을 자주 접하지만 그 얼굴이나 기법에 특별히 관심을 두지 않는다. 거기에는 두 가지 이유가 있다. 첫 번째는 수년간에 걸쳐 클로즈업 기법에 길들여졌기 때문이고, 두 번째는 얼굴 그 자체가 우리에게 익숙하기 때문에 화면상에 나타나는 변화에 더 이상 놀라거나 인상을 받지 않는 것이다. 실제로 오늘날 우리가 화면에서 대하는 얼굴은 너무나도 잘 다듬고 꾸민 익숙한 모습이어서 그들의 피부나 골격의 조화에 신경 쓰지 않고 그 배우들이 표현하는 인습적인 감성에만 반응하게 된다. 화면상의 얼굴, 즉 그들의 개성과 상처까지 그대로 드러내는 얼굴은 순수하고 평범해 보이며, 결국 우리 자신의 얼굴과 그다지 다를 것이 없어 보인다. 타인을 축소시키는 것이 서구적 관념의 일관된 특성이라는 임마누엘 레비나스Emmanuel Levinas의 관점에 비추어 보면, 이는 그다지 놀라운 현상이 아니다.[78]

---

78) Emmanuel Levinas, *Totality and Infinity: An Essay on Exteriority*, Alphonso Lingis 옮김 (Pittsburgh: Duquesne Univ. Press, 1969), p. 13.

그의 철학은 이처럼 타인을 약화시키고 개성을 빼앗는 것에 반기를 든다. 그의 관점에 따르면 얼굴은 우리의 차이점을 나타내며 사람들 사이에서 절대적인 타자성에 의존한다. 나와 다른 얼굴을 보여 줌으로써 타인이 상처받기 쉬운 나약한 존재로 내게 다가와 내 손에 안기는 것이다. 얼굴은 사람의 유한성을 깨닫게 하는 근본적인 매개가 되며 우리가 이 세상에서 공존해야만 하는 타인의 존재를 암시해 준다. 또한 누군가를 타인으로 인식한다는 것은 나 자신도 상대방에게는 타인의 존재라는 것을 인정하는 행위이다. 당신이 상대방의 얼굴에서 읽어내는 이질감은 당신의 얼굴에도 쓰여 있다. 얼굴은―상대방의 것이든, 자신의 것이든―항상 상대성을 갖고 있어서 나 자신조차 내 얼굴을 타인의 것으로 여기게 만든다. 실제로 누군가의 얼굴에서 읽히고 있는 그대로의 모습은 나를 짓누르는 그 절대적 타자를 지배하거나 심지어 파괴하고자 하는 욕망을 불러일으킨다. 그러나 한편으로는 그 모습의 존재에 대한 책임감과 연민을 느끼기도 한다. 어쨌든 얼굴은 궁극적으로 인간으로서의 우리의 존재를 정의하는 것이다.[79]

　레비나스에 의하면, 얼굴을 마주한다는 것은 타인에게 마음의 문을 여는 행위이며 이를 통해 자기 자신 또한 이전과는 다른 모습으로 보게 된다. 놀랍게도 많은 영화 제작자들이, 이처럼 훌륭한 무기를 제대로 활용하지 못하고 있다. 사실 마르타 메짜로스Márta Mészáros가 얼굴을 이용한 기법을 최대한 활용한 유일한 감독이라고 할 수 있다. 그녀의 모든 작품이 그렇지만, 특히 〈입양Adoption〉(1975)을 보면 끊임없이 등장인물의 얼굴을 특별한 방식으로 조명하고 있음을 알 수 있다. 그녀가 카메라를 다루는 방식과 우리가 배우들의 얼굴에서 발견하는 것들을 비교해 보면 그녀의 기법을 이해하는 데 도움이 될 것이다. 먼저 그녀의 촬영기법은 대부분 영화에서 사용하는 것과 매우 상이하다. 카메라의 시선은 우리가 바라보고 있는 사람의 특징을 놓치기 일쑤이다. 그러나 한편으로는 그럼으로써 대상을 허세나 과시 없이 보여 주고

---

79) 전체성과 무한이란 개념은 Levinas의 주제로 가는 도입부를 제공한다.

있다. 또한 피사체를 찾아 헤매며 그 틈을 노리다가 쉽게 결론을 내리는 다큐멘터리와는 달리, 그녀의 기법은 적극적이거나 시험적이지도 않다. 그녀가 카메라를 다루는 방식은 마치 어깨나 허리를 감싸는 연인의 손길처럼 부드럽고 애정이 서려 있다. 그 부드러움에 마치 카메라가 내 몸의 일부인 것처럼 느껴질 정도이다. 두 번 생각할 필요도 없이, 무엇을 찍고 있는지 의문을 가질 필요도 없다. 카메라는 자연스러운 신체의 일부가 된 것이다. 명백히 그녀에게는 뭔가 다른 감수성이 있다. 이러한 부드러움은 남성 감독들이 우세인 영화 분야에서는 흔치 않은 것이다. 두 번째로 메짜로스는 평범한 얼굴을 흥미로운 시선으로 바라보게 하는 독특한 재능을 갖고 있다. 그녀의 여배우들은 (메짜로스의 영화는 거의 여성을 주인공으로 하고 있다) 사실 눈에 띄게 아름답지도 않으며 메이크업을 진하게 하는 것도 아니다. 그들은 일상적인 문제를 갖고 있는 평범한 직장 여성을 연기한다. 특별히 신나는 일이 일어나는 것도 아니다. 특별히 기억할 만한 명대사도 없다. 그럼에도 불구하고 영화가 상영되는 90분 내내 우리는 스크린에 보이는 배우들의 모습에 사로잡히게 된다. 그 이유는 여성들은 대개의 남자 배우들처럼 되도록 감정을 풍부하게 나타내려고 애쓰지 않기 때문일 것이다. 그보다 여배우들은 생각에 잠겨 있거나 일에 몰두한 모습으로 그려진다. 그렇게 드러나는 그들의 옆모습은 그대로 암호를 푸는 열쇠가 된다. 우리는 연출 기법에 얽매이지 않은 채, 누군가의 영혼, 인간성과 조우하는 것이다. 메짜로스의 영화는 우리에게 가장 가까운 것, 즉 또 다른 존재를 날카롭게 다시 일깨우곤 한다.

칼 드레이어Carl Dreyer 감독의 〈잔 다르크의 열정Passion of Joan of Arc〉(1928) 역시 예외적 시선으로 눈길을 끄는 영화다. 이 영화를 보고 그토록 칭송하지 않을 수 없게 만드는 요인은 배우들의 꾸미지 않은 얼굴 그 자체이다. 아무런 메이크업 없이 찍힌 화면에서 우리는 '잔 다르크'나 '코숑주교'라는 인물보다는 그 사람의 피부, 땀구멍, 얼굴의 굴곡과 주름살을 보게 된다. 그러므로 영화에서의 클로즈업 기법을 연구한 유일한 영화 이론가인 벨라 벨라즈Béla Balázs의 'Microphysiognomy of the faces'라는 표현이 잔 다르크를 두고 한 말이라는 사실도 놀라울 것이 없다.[80] 중요한 것은 이러한 접근방식이 대상에 대한 관심을 다시 일깨운다는 점이다. 쉬클로프스키는 실제로 이렇게 말한 바 있다. "예술은 삶의 감각을 재발견하기 위해 존재한다. 예술은 사람에게 사물을 느끼게 하고 돌을 돌답게 만드는 것이다."[81] 바로 여기에 우리의 시선을 붙들어 매는 얼굴의 구체적이고 육체적인 모습이 존재한다. 드레이어의 영화에서 나는 누구를 보고 있는 것일까? 잔 다르크? 나와는 구별된 역사적 인물? 아니다. 나는 여배우 르네 팔코네티Renee Falconetti가 잔 다르크 역을 연기하고 있을 뿐이라는 걸 알고 있다. 그렇다면 나는 팔코네티Falconetti라는 배우를 보고 있는 것인가? 하지만 나는 개인적으로는 그녀에 대해 전혀 아는 것이 없다. 팔코네티는 연기하는 동안에도 잔 다르크에 대해 생각하고 있는 것일까? 자신의 과거 속 누군가의 이미지를 상상하며 연기를 하는 것일까? 아니면 그저 독특한 방식을 추구하는 감독의 고압적인 명령에 따라 기계적으로 반응하는 것뿐일까? 아무도 모를 일이다. 클로즈업된 잔 다르크의 모습이 그토록 감동을 주는 이유는 그 잔 다르크라는 인물 때문도 스타 배우 때문도 아니다. 오직 이 여자의 얼굴 그 자체, 특히 머리를 자른 후 훨씬 더 두드러지는 강력하게 고정된 눈 때문이다. 그 주변의 다른 모든 남자들 또한 마찬가지다. 두터운 입술, 숱이 많은 눈썹, 한 재판관의 강한 턱, 또 다른 재판관의 커다란 귀 등 일상적인 신체의 특징이 이 영화를 통해 비범한 모습으로 자신만의 생명을 얻어 숨을 쉰다. 우리 앞에 생생히 나타나는 그 얼굴들은 거대한 분화구를 통해 그 본질을 드러낸다. 다른 영화에서는 얼굴을 통해 그 인물의 영혼을 들여다보지만 〈잔 다르크의 열정〉의 극적 요소는 오직 그 얼굴의 피부 표면에 집중되어 있다. 영화 밖에서는 '잔 다르크' 혹은 '르네'라고 불릴 인물이 울부짖고 괴로워하며 자비를 구하는 그녀의 강렬한 모습 속에 자취를 감춘다. 그 모습들은 나를 영화 속으로 끌어들이는 호소력

---

80) Béla Balász, *Theory of the Film: Character and Growth of a New Art*, Edith Bone의 번역(New York: Dover, 1970), chap. 8.
81) Shklovski, p. 12 (his emphasis).

이 있고 영화에서 눈을 뗄 수 없게 만든다. 돌의 '돌다움'을 보고 응답하듯, 나는 그 모습들을 보고 반응하는 것이다.

이와는 대조적으로 대부분의 영화에서 배우들은 일상생활에서와 마찬가지로 가면을 쓴다. 레비나스는 그에 대해 이렇게 말했다. "우리가 일상에서 마주치는 사람들은 옷을 입고 있다… 이들은 어둠과 본능적인 영속성을 얼굴에서 지워낸다… 교양 있는 형식에 맞지 않는 것들은 그들의 세상에서 사라진다. 불명예는 어둠 속에, 비밀 건물에, 집에, 어디든 일종의 치외법권을 누릴 수 있는 자신만의 공간에 숨겨 둔다."[82] 그러므로 대부분의 영화는 사람을 진정 사람답게 만드는 것들, 즉 아무도 보지 않는 한밤중에 그들이 저지르는 '불명예'를 꽁꽁 숨겨둔다. 그들은 우리 자신 또한 자신의 '불명예스러운' 모습을 마주하게 되는 거울 앞에 자신을 내보이고 싶지 않은 것이다. 그와 반대로 낯설게 하기는 인간의 안전한 겉모습에서 인습을 벗겨내고 얼굴이 얼굴답도록 만든다. 우리의 얼굴뿐 아니라 지구상의 모든 육체나 사물이 낯설게 하기를 통해 자신다운 모습을 찾게 된다. 우리가 사물을 보지 못하는 것은 세상이 더 이상 줄 것이 없거나 우리가 그 방대한 잠재력에 압도당해서가 아니라 충분한 시간을 두고 대상을 바라보지 않았기 때문이다. 우리는 게을러지고 있다. 새롭게 보기는 그러한 무감각과 싸워나가는 데 도움을 줄 것이다.

13

촬영한다는 것은 전쟁에 나가는 것과 같다. 싸움은 감독과 스태프, 배우, 장소와의 싸움이 아니고 감독 안에서의 영적인 싸움이다. 〈엘 마리아치 El Mariachi〉(1992)의 레이저 디스크 버전에서, 로버트 로드리게스Robert Rodriguez는 촬영에 대한 거침없는 설명을 한다. 그 모놀로그에서는 여러 가지의 기술적인 문제들을 말하고 어떻게 해결하는지 말한다. 로드리게스를

---

82) Emmanuel Levinas, *Existence and Existents*, Alphonso Lingis 옮김 (The Hague: Martinus Nijhof, 1978), p. 40.

통해 현재 감독들은 많은 도움이 되었다. 그중에 제일 중요한 것은 300만 달러로 영화를 찍을 필요가 없고, 7,000달러로도 영화를 찍을 수 있다는 것을 보여줬다. 그는 영화촬영에 대해 많은 궁금증을 풀어 주었다. 또한 어려움을 어떻게 해결하는지도 보여 주었다. 예를 들어, 2명의 배우들이 동시에 촬영할 때 문제가 생기면 각각 따로 찍으면 된다고 했다(단 카메라 앵글에 시선을 맞추어서 촬영해야 함). 혹시 장소가 없으면 조명이 안 맞아도 다른 장소를 쓰면 된다. (아무도 차이를 모를 것이다.) 같은 사운드의 조건 안에서 찍힌 것을 보면 그의 얘기가 맞는다는 것을 이해하게 된다. 어린 감독들은 이런 것을 배워야 한다.

이런 것들을 통해 로드리게스의 촬영레슨이 매우 유용하다는 걸 깨닫게 된다. 그는 모든 걸 다 알고 언제든 위에 있다. 영화언어만 알면(편집, 쇼트/리버 쇼트, 180도 라인, 30도 라인 등) 대부분의 문제가 해결된다. 로드리게스의 촬영 시스템만 대단한 게 아니고 그의 시네마 아이디어 또한 시적이라는 것도 사실이다. 로드리게스의 생각에, "시네마는 (할리우드가 보여 주는 것처럼) 어느 정도 제한이 있다고 생각하면 안 된다."[83]고 했다. 이런 (할리우드 식) 영화에서는 감독이 잘 지시하면 문제없이 잘 진행할 수 있다고 생각한다. 하지만 더 경험이 많은 잉그마르 베르히만 같은 감독도 이러한 특성 사이에 대하여 응답이 없던 것처럼, 〈페르소나Persona〉(1966)에서 이런 저런 문제가 생길 때도 문제의 답은 몰랐다. 루이 뷔니엘Luis Buñuel은 "촬영한다는 것은, 자기가 모르는 것을 찾아내면서 새로운 형태를 만들면서 해야 한다."[84]고 했다.

당연히 영화 촬영을 할 때는 나름대로의 규칙이 형성될 것이다. 롤랑 바르트Roland Barthes는 이러한 규칙을 '스튜디움Studium'이라고 했다. 스튜디움은 문화 안에 있다. 그것은 하나의 촬영 과정을 진행할 수 있도록 해 주는 규칙

---

83) Edward Edinger, Don Fredericksen "Jung/Sign/Symbol/Film," Part I, *Quarterly Review of Film Studies*, vol. 4, no. 2, 1979, p. 181.
84) Ingmar Bergman and Luis Buñuel, Fredericksen, p. 185.

이며 따라서 배워야 할 것이 많다고 했다. 바르트는 "창조자와 소비자의 만남이다."[85]라고 말했고, 스튜디움을 알려면 테마, 캐릭터, 기술들을 잘 알아야 한다고 했다. 로드리게스는 파라마운트 사에서 기획된 후에 나온 트랙이었기 때문에 그의 거만함을 다시 질문하게 된다. 로드리게스는 촬영 중에 그렇게 자신이 있었나? 감독들은 촬영한 것을 편집할 때 그들의 실력을 의심할 때이다. 하지만 그럴수록 그는 아무 문제없이 만족했나? 다른 사람들은 이를 통해 많은 것을 깨달으면서 더 발전해야 한다고 생각하는데, 그는 왜 그리 만족했을까? 여기서의 교훈은, 모든 걸 조절control하고 있다고 생각하지 말라는 것이다. 뷔니엘은 맞았다. 크게 보면 필름은 혼자서 움직인다. 감독들은 사고가 나지 않을 것이라고 생각하고 희망적이어야 한다. 동시에(뷔니엘의 두 번째 포인트), 우리가 생각하지 못할 문제들이 카메라에 들어 올 수 있다고 염두에 두어야 한다. 우리가 그것을 막는 것보다는 이겨내야 한다. 이에 관해 바실 라이트Basil Wright는 그의 기록영화 〈실론의 노래Song of Ceylon〉(1934)에서 밝힌다. 내가 영화를 찍으면서 말도 안 된다는 걸 막 찍고 싶다는 마음이 생겼다… 나중에 보니 모든 것들이 잘 맞고 말이 되었다. 내가 이상한 것들을 찍어야 한다는 이유는 없었다. 그런데 난 피곤해도 그냥 막 찍어냈다.[86]

계획된 것은 아니었지만 새가 나오는 부분은 매우 서정적이었다. 영화 속에서 거의 신비스러운 모습이었다. 로드리게스와 비교하면 얼마나 신선한 것인가! 하지만 이러한 순간들은 만약 감독이 시적이고, 비합리적이고, 이전에 없었던 무의식의 '야간 여행'을 하지 않았다면 나타나지 않았을 것이다. 이러한 경험들이 영화에서 마법을 불러일으킨다. 로드리게스의 방법으로 영화를 찍는 것은 모든 행동, 움직임, 테크닉이 최종 디테일을 위해 계획된, 무한하게 조정할 수 있는 조립라인 안에서 만드는 것이라고 생각할 수 있다.

---

85) Roland Barthes, *Camera Lucida: Reflections on Photography*, Richard Howard 옮김 (New York: Hill and Wang, 1981), pp. 27-28.
86) *Documentary Explorations*, ed. G. Roy Levin (Garden City: Doubleday, 1971), pp. 53-54.

물론 영화를 찍고 있지만 문장의 의미는 전환된다. 이것이 촬영된 영화이다. 여기에 복종하는 대신 숨고 도망친다. 또는 조용하게 게릴라 스타일로 재편성하고, 세상에 나올 준비가 될 때 표면화된다.

촬영이 끝나면 현실은 스스로 재확인한다. 막스 오퓔스Max Ophüls는 영화를 내버려 두는 것에 대해 사색한 적이 있었다. "마지막 말 같은 것은 없습니다."라고 그는 말했다. "신격화도 없고, 지시해야 할 지휘봉도 없다. 대신 영화는 점점 붕괴하고 천천히 모래 웅덩이로 침몰해 들어간다. 이미 며칠 전부터 그렇게 파괴되는 흔적이 나타났다. 또한 사람들이 한 명씩 사라진다. 갑자기 스튜디오의 검은 구멍 세트 뒤에서 누군가가 엿보는 것이었다… 음식 서비스를 하는 웨이트리스가 계산서를 가져오고, 헤어드레서가 기념 사인을 해달라고 했다… 오늘 오후에는 무엇을 해야 하나?"[87]

---

87) Max Ophüls, Villain, p. 50.

6

조명

조명

1

태양: 세상은 어둠에서 서서히 출현하며 그 자체를 다양하게 드러낸다. 빛에 의해 생명을 얻은 육체가 깨어나고 다른 모든 생물들도 반응해 온다. 기온이 올라가면서 비축한 에너지를 발산할 육체는 쭉쭉 뻗어나가고 기지개를 켠다. 이제 나아가서 어떤 일이든 해내고 삶의 실체들은 참여할 때다. 빛이 닿는 곳마다 형태와 모양들이 드러나고 모든 것들이 있어야 할 곳에 존재하고 있다는 확신을 준다. 그림자들도 모습을 드러낸다. 그들은 맨 처음에 멀리 뻗어나갔다가 정오에는 거의 사라지다시피 하고 하루가 끝날 때 즈음 다시 넓게 번진다.

그림자들, 무언가가 그곳에 있다는 것을 확인해 주지만 그 자신은 아무것으로도 이루어져 있지 않은 이중성, 하지만 슬프게도 우리의 눈은 지금 일어나고 있는 범상치 않은 일들에 지겹도록 익숙해져 가기 시작하면서 빛과 그림자는 급속도로 너무나 당연한 것이 되어간다. 오히려 우리의 눈을 사로잡는 것은 우리의 손 안에 있는 사물들이다. 임마누엘 레비나스Emmanuel Levinas가 관찰한 바에 따르면, 빛의 세계에서는 "모든 것이 주어지지만 또 모든 것이 멀리에 있다."[1] 이렇게 빛에 대한 우리의 반응은 공간에 의해 결정한다.

우리는 사물들을 별개의 실체로 인식하는 것이 아니라 동시다발적으로 그들을 공간 안에 배치한다.

이것은 모리스 메를로-퐁티Maurice Merleau-Ponty로 하여금, 이런 생각을 하게 만들었다. "만약 우리가 사물과 사물 사이의 간격(예를 들어, 가로수 길에 있는 나무들 사이의 공간)을 인식해야 할 대상으로 보는 데 성공한다면, 그리고 반대로 우리가 인식하고 있는 사물들을 배경으로 보게 된다면, 우리가 가진 세계관은 완전히 뒤집히게 될 것이다."[2] 하지만 햇빛 속에서 우리의 눈은 실체들만을 인식한다. 매일 매일의 삶은 그것들로 이루어져 있다.

달: 어둠이 뒤덮이고, 가시범위는 바로 가까이에 있는 사물들로 좁혀졌으며, 불안한 그림자들은 그들 나름의 생명을 가지고 떨고 있으며, 활동도 조용해지고 기온도 내려가며 육체 또한 피곤에 지쳤다. 주변을 둘러싼 어둠이 '내면의 자아를 죄는 것'[3]을 느끼면서 인간은 나약하고 외로워진 기분을 느낀다. 소리는 당신에게 통제권이 없는 어떤 일이 일어나고 있다는 것을 암시하면서 당신의 주의를 끈다. 하지만 그것이 전부는 아니다. 자아가 불쾌한 꿈과 무서운 악몽에 시달려야 할지도 모르는 상황에서 육체는 더 깊은 밤, 즉 잠의 세계로 들어가야 한다. 따라서 자기의 의지와는 상관없이 육체는 고대 이집트인들이 죽음의 영역이라고 불렀던 영역으로 들어가야 한다. 따라서 밤은 자아가 세계에 대한 지휘권을 전부 포기해야 하는 시간이다. 사물들의 모습을 모두 바꿔버리면서 명령을 내리는 것은 바로 밤이다.

모리스 블랑슈Maurice Blanchot는 밤이 어떤 식으로 지휘권을 인계받는지를 묘사한다. "어둠이 모든 것을 적셨고 그림자를 빠져나갈 수 있으리라는 희망은 어디에도 없지만 인간은 극도의 밀접함으로 형성된 관계 속에서 자기

1) Emmanuel Levinas, *Existence and Existents*, A. Lingis 옮김 (The Hague/Boston: Martinus Nijhoff, 1978), p. 84.
2) Maurice Merleau-Ponty, *Sense and Non-Sense*, Hubert L. Dreyfus and Patricia Allen Dreyfus 옮김 (Evanston: Northwestern Univ. Press, 1964), pp. 48-49.
3) Tom O' Brien, A. Alvarez, Night: *Night Life, Night Language, Sleep, and Dreams* (New York: W. W. Norton, 1995), p. 3.

의 실체를 간파해냈다."4 밤에 공간은 평평해지며 빛과 물체는 서로 융화되고, 합류되며 깊이를 알 수 없는 하나의 혼탁함으로 합쳐진다.

불: 한밤중의 불꽃. 처음에는 하나의 작은 불꽃이 통나무를 핥는데 이것이 안전하게 자리 잡을 틈새와 구멍을 노리고 나무의 가장 약한 부분을 찾기 시작하면서 아랫부분부터 공격을 시작한다. 마침내 격렬하게 타오르면서 연소물의 힘이 거의 남지 않을 때까지 점차적으로 그 힘을 흡수한다. 이런 힘센 불꽃은 밤에 대한 우리의 두려움을 잡아준다. 불이 타닥타닥 타 들어가는 소리는 시끄럽게 울리면서 우리 귀에 닿는다. 불길은 우리를 보호하고, 온기를 가져다주고, 바로 주변에 있는 사물들을 보는 것을 가능하게 하면서 격렬하게 타오르고 춤춘다. 다른 이들은 이것에서 배움을 얻기도 한다. 횃불을 들고 도시를 순찰하면서 법의 힘은 절대 잠들지 않는다는 것을 상기시키는 야간 순찰자. 게스통 바첼라드Gaston Bachelard가 말했듯이, "빛을 발산하는 모든 것들은 본다."5 불은 법 집행자들에게 어둠을 틈타 약자를 괴롭히거나 체제에 반하는 음모를 꾸미는 사람들을 식별하여 통제하는 데 도움을 준다. 반면에 연소가 최정점에 다달아 가장 강한 불꽃이 튀기고 나서 나타나는 바첼라드의 망상의 불도 있다. 이것은 다른 종류의 불인데 더 부드럽고 더 문명화되고 적의敵意는 영혼에 굴복된 분노의 불꽃 대신에 타다 남은 찌꺼기가 조용히 인내하며 연기를 피워 낼 때의 불이다.6 이 순간은 반성과 연민과 사랑의 나눔을 위한 시간이다. 불을 피우고 그것을 지켜보는 것은 삶의 가장 필수적인 요소를 충족시키는 것이다. 이것을 통해 우리의 눈은 불꽃의 영원한 깜빡임에 사로잡힌다. 불을 바라볼 때 사람들은 오직 빛만을 발견한다.

4) Maurice Blanchot, *Thomas the Obscure*, Robert Lamberton 옮김 (New York: Station Hill, 1988), p. 14.

5) Wolfgang Schivelbusch, *Disenchanted Night: The Industrialization of Light in the Nineteenth Century*, Angela Davies 옮김 (Berkeley: Univ. of California Press, 1988), p. 96.

6) Gaston Bachelard, *Fragments d' une poetique du feu* (Paris: Presses Universitaires de France, 1988) 참조.

빛은 우리의 세계를 지배한다: 그것은 우리가 날짜를 셀 수 있도록 하는 심장 박동의 역할을 한다. 매일 매일의 생활은 그 리듬에 반응한다. 우리는 그 박자 속에서 아늑함을 느낀다. 우리는 그것의 분위기와 변화에 반응한다. 우리는 우리 스스로를 빛에 의해 완결된 세계에 적응시킨다. 삶 전체를 통해서 우리는 빛으로 목욕을 한다. 따라서 우리는 조명이 영화의 모든 기술들 중에서도 청중에게 가장 친숙한 기술일 것이라고 짐작할 수 있다. 그러나 그것은 사실과는 거리가 멀다. 해가 지날수록 몇몇 영화들이 영화촬영기법 부문의 아카데미 수상 부문에 추천되지만 대부분의 사람들은 그 이유를 설명할 수가 없다. 사람들이 할 수 있는 최선의 설명은 어떤 아름다운 풍경이 있는 장면이나 저녁노을을 생각나게 하는 아름답고 따뜻한 빛을 떠올리는 것뿐이다. 아마도 빛이라는 현상이 너무나 친숙한 것이어서 그것이 영화 속에서 비유의 도구로 쓰일 수 있다는 것을 상상하는 게 힘든 것이 사실일지도 모른다. 영화 화면상에 나타나는 모든 것은 자동적으로 어떤 자연 현상의 복사물로 받아들여지기 마련이다. 조명이 의심의 여지없이 이상할 때에도, (예를 들어, 레이너 워너 페스빈더Rainer Werner Fassbinder 감독의 1981년 작 〈로라Lola〉에 나오는 파란색과 분홍색 모티브) 그것은 화면 밖의 미지의 광원에서 나오는 효과로 받아들여지거나 서사 구조를 이해하는 데 별 필요가 없는 이상한 필터링, 즉 단순한 '잡음' 정도로 무시된다.

　사람들이 이 분야의 전문가가 쓴 글(아메리칸 시네마토그래퍼 잡지에 영화제작에 관해 실린 인터뷰나 기사가 담긴 책들)을 읽는다고 해서 조명에 대해 더 확실히 알게 되는 것도 아니다. 할리우드에서 가장 뛰어나고 또 가장 영향력이 있는 촬영감독 중의 하나인 빌모스 사이몬드Vilmos Zsigmond는 다음과 같은 방법으로 자신의 빛에 대한 접근법을 설명할 때마다 으레 애매모호해지고는 한다. "세트를 조명하는 데 있어서 가장 첫 번째로 고려해야 하는 것은 서사의 본질이다… 서사 구조 안에서 그 장면의 분위기 또한 똑같이 중요하게 고려해야 한다… 그 세트의 무드를 결정하는 것은, 내가 가장 첫 번째로 켜는 조명이다."[7] 세 가지 고려사항이 서로 충돌할 수 있는 상황에서 우리는 어떻게 해야 하는가? 과연 어떤 것이 결정적인 요소이고 그 이유는 무엇인가? 코미디인가, 갱스터 영화인가 하는 영화 장르가 중요한 요소인가, 아니면 그 장면 장면에서 인물들 간에 어떤 일이 벌어지는가가 더 중요한 요소인가? 아니면 사이몬드의 무드를 설정하는 데 있어서 장소가 가장 중요한 요소인가? 그의 글에서 (그의 글은 조명에 관한 대부분을 책들의 대표 격이다) 촬영 장소의 분위기는 편리하게도 각 장면의 분위기, 그리고 영화 전체의 분위기와 일치한다. 그런 상황이 아닐 경우에 우리가 처할 난국을 해결할 만한 단서는 그의 글에 나오지 않는다. 물론 사이몬드와 미국 영화촬영기사협회에 있는 그의 동료들은 그런 상황이 닥쳤을 때 어떻게 해야 할지를 알겠지만 그들의 해결책은 이성적으로 설명될 수 있는 딱 떨어지는 법칙이기 보다는 경험과 직관에서 나오는 산물이다.

사이몬드의 글이 다른 면에서는 이성적인 시스템에서 하나의 탈선을 추려내기를 기대하고 주목하지는 않는다. 저자는 오히려 그의 글이, 전문가들이 자신들의 일을 설명하기 위해 최선을 기울이는 데도 침투할 수 있는 모호함을 보여 주고 있다고 생각한다. 더 솔직하게 말하면 영화에서 조명의 역할이 단 한 번도 명확하게 설명된 적이 없다는 주장을 할 수 있다. 조명에 대한 설명의 '역사'는 어딘가에서 한 번쯤 본 적이 있는 스타일(예를 들어, 시시때때로 계속 나오는 '표현주의' 조명)의 집합이거나 촬영감독 분야에 있어서의 일련의 작가적 모티프들, 예를 들어 영화 〈맥카비, 밀러McCabe and Mrs. Miller〉(Robert Altman, 1971)에서부터 〈긴 안녕The Long Goodbye〉(Robert Altman, 1973)와 〈천국으로 가는 문All the way to Heaven's Gate〉(Michael Cimino, 1980)에 이르기까지 사이몬드의 70년대 작품들에서 나타나는 시기이다. 그러나 매일 매일의 상황에서 세트장의 조명은 단지 그 방법이 전에

7) Roy Paul Madsen, *Working Cinema: Learning from the Masters* (Belmont, Calif.: Wadsworth, 1990), p. 240 에서 인용.

도 통했었고 지금 하고 있는 일의 세부적인 결과들을 공부하거나 가능한 대안들에 투자해 볼 시간도 의향도 없다는 이유만으로 여기저기에 설치되고 있다. 따라서 영화조명 기술을 이해하기 위해서는 그 근원지로 돌아가 봐야만 한다—르네상스 시기로.

3

미술에서의 외눈 원근법의 도입에 대해서는 많은 글들이 쓰였음에도 불구하고 (특히 이것이 영화에 미친 이상주의적인 영향에 대해서) 르네상스 체계의 형성에 있어서 빛이 가졌던 중요성에 대한 부분은 상대적으로 덜 검증된 채로 남아 있다.[8] 사실 오스왈드 스펜글러Oswald Spengler가 알아보았듯이, 서양 미술에 있어서 빛과 그림자(빛의 조수 역할)의 도입은 시각적인 공간을 매혹적으로 또는 파우스트적으로 만드는 데 절대적으로 중요한 역할을 했다.[9] 두 가지 상반되는 예를 들어보자. 먼저 도미니코 베네치아노Domenico Veneziano(ca. 1445)의 〈수태 고지Annunciation〉는 이탈리아 르네상스 초기의 고전 작품들 중 하나로 그 시각적인 구조는 브루넬르스키Brunelleschi가 발견하고, 알버티Alberti가 보급한 원근법의 새로운 법칙을 따르고 있다는 것을 볼 수 있다. 즉 깊이는 바로 소실점으로 이어지는 뒤로 물러서는 선들에 의해서 표현된다는 것이다. 왼쪽에 가브리엘Gabriel 천사장을, 오른쪽에 성모 마리아를 두고, 바닥에서 점차 작아지는 타일들과 멀어져 가는 수직 기둥들은 빗장이 잠긴 문을 배경으로 한 정원으로 시선을 이끈다. 새로운 기술에도 불구하고 이 이미지는 보는 사람에게 실제 장면을 보는 듯한 확신을 주지는 않는다. 왜 그럴까? 빛이 위에서 오른쪽에서 들어오고 있음에도 불구하고, (그림이 걸릴 교회를 비추는 자연스러운 조명의 위치와 연관 지어) 우리가 보고

8) On painting, Samuel Y. Edgerton Jr,. *The Renaissance Rediscovery of Linear Perspective* (New York: Harper and Row, 1975); on film, Bill Nichols, *Ideology and the Image* (Berkeley: Univ. of California Press, 1981), chaps. 1, 2.

9) Oswald Spengler, *The Decline of the West: Form and Actuality*, Charles Francis Atkinson 옮김 (New York: Alfred A. Knopf, 1926), p. 183.

있는 것을 실제라고 믿기에는 그 효과가 너무 약하고 모든 부분에서 다 똑같다. 이 사례에서의 깊이는 실제 오감으로 느껴진다기보다는 마음으로 느껴지기 마련이다. 그림의 주인공들은 배경에서 도드라지는 것이 아니라 지나치게 배경에 밀착되어 있다. 그 결과로 이 그림은 개인적인 감상보다는 기독교적 소통의 수단으로 남아 있을 뿐이다. 적어도 이러한 수준에서는 이 작품은 르네상스 이전 시기에 있었던 전통적인 기법에서 크게 벗어나지 않는다. 새롭게 주어진 원근법의 도입은, 그것 혼자서만 쓰였을 때는 그림 속의 풍경을 멀고 낯설게 만들었다.

그림에 대한 우리의 이해가 급격하게 변화하게 된 것은 빛이 그림에 매혹적으로 덧입혀졌을 때였다. 기술적으로 이것은 조명을 가장자리로 확 옮겨버리고 보통 그런 변화가 있을 때, 뒤따라 일어나는 현상들을 강조해서 표현하는 것을 통해 이루어졌다. 베네치아노가 제시한 온화한 접근법보다 이 기법이 더 뛰어난 점은 무엇인가? 루돌프 아른하임Rudolf Arnheim은 예를 들어, 카라바찌오Caravaggio의 작품에 나오는 것과 같은 측면 조명이 감상자의 시선이 방황하는 것을 막아준다[10]고 생각했다. 이것은 어느 정도까지만 맞는 생각이다. 화가가 사용하는 강렬한 측면 조명은 작품의 한 부분이 어둡게 남겨두기 때문에 보이는 것을 제한한다. 그러나 이것이 시선을 고정하지는 않는다. 카라바찌오의 가장 성공적인 작품 중 하나인 〈토마스Thomas〉(ca, 1602)에서 예수의 제자들은 진짜 예수인지를 확인하기 위해 부활한 예수의 옆구리에 난 상처를 찔러본다. 그리고 우리는 정말 그 작은 무리의 너머를 볼 수 없다. 그곳에는 이 일이 일어나고 있는 장소가 어디인지를 알려 주는 단서가 어디에도 없다. 따라서 이 작품에는 베네치아노가 사용한 건축적인 단서 같은 것은 쓰이지 않았다. 반면에 이 작품의 모든 것들은 감상자가 이 장면을 실제적으로 인식하도록 하기 위해 전적으로 조명에 의지한다. 가장 중요하게 광원(무리의 왼쪽에 있는 가장자리에서부터 나오는)은 전면에 펼쳐지는

---

10) Rudolf Arnheim, *Art and Visual Perception* (Berkeley: Univ. of California Press, 1974), p. 314.

엄청난 효과를 책임진다. 이 배치만으로도 빛이 감상자들로 하여금 작품의 세계로 들어오도록 초대하는 신호를 보내는 것이 가능해진다. 우리 스스로가 의심하는 도마가 되어, 그 현장에 직접 방문함으로써 부활한 그리스도의 진실성을 확신하게 된다. 또한 우리의 시선을 그리스도의 상처에 찔러 넣어봄으로써 믿는다. 아마 더 불경하게도 아른하임의 주장을 접한 감상자는 카라바찌오의 그림 속 풍경이 눈을 위한 놀이공원의 역할을 한다고 제안할 수도 있다. 분명 이 작품은 우리의 시선을 빛에서 어둠 또 역으로 이어지는 탐험으로 이끌고 육체들이 마치 살과 옷으로 뒤범벅된 무엇인 것처럼, 그것들과 유희를 즐기도록 만든다. 감상자들은 또 누군가의 살갗 조직을 보면서 쉽게 정신을 차리지 못할 수도 있고, 이마에 난 주름들을 탐험해 오르거나, 콧날에 도착하거나, 뺨에 난 깊은 주름으로 미끄러져 내리거나, 마지막으로는 육체의 나머지 부분을 썰매를 타듯이 훑어 내리면서 의복을 적시거나, 주름진 부분에서 주정뱅이처럼 돌 수도 있다. 모든 효과적 조명법이 그렇지만 특히 카라바찌오로 인해 유명해진 명암법은 이와 같이 시각적인 덫을 마련한다. 여기서 깊이는 이제 더 이상 기하학적인 것이 아니라 완전히 감각적인 것이다. 실체들은 이제 단순히 인지되는 것이 아니라 그 순간, 그 조명 아래 등장함으로써 파악된다. 지시적 조명, 그림자의 사용, 그리고 장면 안에서 극도의 명암 대비는 이렇게 해서 감상자를 속이고, 활동을 자극해 내면서, 우리의 시각 조직 내에 있는 간상체와 감광세포를 크게 활성화시킨다. 우리의 눈은 그림의 표면 위를 움직이고 층들을 탐험하며, 보이는 것들을 훑으면서 시야의 사물들을 받아들이고, 본질적으로 외면적인 것들을 내면화시키면서 그것들과 관계를 맺는다. 단순하게 말해서 조명은 그 균일하지 않은 방사로 시야를 황홀하게 바꾸고, 감상자의 눈을 사로잡으며 갈망하는 듯한 포용으로 끌어들임으로써 관점을 더욱 풍부하게 만든다. 평소처럼 앙드레 바쟁André Bazin이 빛을 '서양문명의 원죄The original sin of Western Civilization' 11라 불

---

11) André Bazin, *What Is Cinema?* Hugh Gray 옮김 (Berkeley: Univ. of California Press, 1967), vol. 1, p. 12.

렀을 때, 그 또한 조명의 영향에서 멀리 있지 않았다.

4
....

카라바찌오의 직관적이지만 강렬한 조명의 사용은, 이론 미술가들에 의해 시간이 지남에 따라 체계화되고 조정되었으며 더 부드럽게 변화했는데 영화 촬영자들이 영화에서 모방했던 것이 바로 이들의 가르침이었다. 토마스 꾸뙤르Thomas Couture는 그의 제자들에게 말하길, "19세기 지식인층의 일원이 되고 당대의 체제에 부합하는 '공식적인 예술'을 생산해 내려면, 당신들은 내가 명암 효과의 '주류'라고 부르는 것을 확립해야 한다… 이것을 주류로 삼음으로써 당신은 자연히 다른 모든 조명들은 부수적으로 취급할 것이다."[12] 이 두 개의 간략한 문장에서 우리는 영화 조명의 심장부에 자리 잡은 근본적인 신비화를 찾아볼 수 있다. 하나의 조명처럼 보이지만 사실 여러 개의 조명이 있는 것. 그렇다, 우리가 한 장면을 살펴볼 때 그 장면의 그림자들은 모두 한 방향으로 떨어지기 때문에 우리는 그 장면에 사용된 조명이 한 개라고 생각한다. 그러나 실제에서는 알아채기 힘든 다른 조명들이 다양한 이유로 사용된다. 내가 말하고 있는 것에 대한 예로, 모든 조명 기술 법 책에 따라 할 만한 모델로 제시된 유명한 삼각 조명에 대해 살펴보자.

인지가 가능한 조명들 중 하나인 주광선(키 조명key light)은, 보통 주어진 장면에서의 주요한 조명으로 설명된다. '키'라는 용어 자체가 상당히 모호하긴 하다. 이것은 '열려라 참깨!'처럼, 장면에 삽입되기만 하면 자연스러운 환경을 만들어 내는 잠긴 것을 푸는 열쇠 같은 것인가? 또한 이것은 별개의 개체들이 협력할 때, 배경이 되는 한 곡의 노래에서 다른 모든 음들을 주요음으로 이어 주는 열쇠인가? 혹은 이것은 다른 가장자리 조명들이 드러나지 않도록 하는 것이 주목적인 눈속임을 하는 숙련된 기술인가? 시간이 지나면서 이 조명이 앞의 세 가지 특성을 다 가지게 되기 때문에 하나의 마스터키

---

12) Albert Boime, *The Academy and French Painting in the Nineteeenth Century* (London: Phaidon, 1971), p. 28에서 인용.

로, 접착테이프로, 모든 상황에 적용될 만큼 모호한 도구로 묘사될 수 있다. 적어도 이것은 예측이 불가능한 마스터키이다.

반면에 보조 광선(필 조명 fill light)은 데리다 Derida 적이고 지워진 흔적에 덮인 보조 광선이라고 할 수 있다. 그 효과가 필름 스탁 stock 에서는 분명함에도 불구하고, (이것이 없이는, 배우들의 표정이나 무대 장치의 일부를 볼 수 없을 것이다) 전통적으로 이것의 존재는 절대 관객에게 드러나서는 안 된다. 보조 조명은 피사체 위에든, 그 뒤의 공간에든, 그 어디에도 두 번째 그림자를 만들어 내서는 안 된다. 따라서 이 조명은 전형적인 보이지 않는 조명으로 남는다.

백 조명 backlight은 조명배우들의 머리를 배경과 분리시키기 위해 배우들 뒤의 세트 천장에서 빛나도록 설치하는 조명의 경우에는 보통 그 장면 안에 내재되어 있는 자연스러운 광원에서부터 나오는 조명으로 보이기가 어렵다. 뒤 조명은 보통 부수적인 것으로 취급되며 임마누엘 칸트 Immanuel Kant의 설명에 따르자면, 그 장면에 딱히 속하지는 않음에도 불구하고, 어쨌든 그곳에 존재하는 예술 작품에 대한 첨가물이다.[13] 칸트는 나체 흉상에 입혀진 의복이나 건축에서 주 건물에 덧붙여진 기둥 선들을 예로 든다. 자크 데리다 Jacques Derrida가 덧붙이기를, "부수적인 것은 만들어진 작품, 성과, 그 작품, 그 사실에 대항하는 측면에서 추가적으로 붙는데 한쪽으로 떨어지지는 않고 외부의 작용 범위 내에서 접촉하고 협력한다. 단순히 내부도 아니고 외부도 아니다. 경계선에서 추가적으로 받아들여야만 하는 첨가물과도 같다."[14] 영화에서 그 효과는 널리 보급되어 있지만 그 유형성은 흡수되지 않은 채로 남아 있는 보조 광선과는 달리, 뒤 광선의 효과는 조명 구조에서 눈에 잘 띈다. 그러나 여전히 관객들은 그 광원에 대해 궁금해하지 않아야 하며 크게

13) Immanuel Kant, *Critique of Judgement*, J. H. Bernard 옮김 (New York: Hafner, 1951), pp. 61-62.

14) Jacques Derrida, *The Truth in Painting*, Geoff Bennington and Ian McLeod 옮김 (Chicago: Chicago Univ. Press, 1987), p. 54 (his emphasis).

신경 써서도 안 된다. 그것은 거기에 있을 뿐이고, 분명한 아우라를 우리는 보지만 그 실체를 무시해야 한다. 하지만 왜 애초에 뒤 조명이 그곳에 존재하는가? 데리다에게 있어서 부수적인 것은 "뛰어난 외면성은 놀고, 기대고, 접촉하고, 문지르고, 경계에 맞대며 내부에 결여된 선까지 끼어든다. 그것은 어떤 부분에서 결여되어 있고 그것 스스로도 뭔가가 부족하다… [중심부의 소재는 사실] 보충하는 일을 필요로 한다."[15] 우리의 경우 뒤 조명의 존재는, 그것 없이는 조명이 어떻게든 불완전할 것이고, 미완성이며 덜 보이고 덜 풍부할 것이라는 것을 암시한다. 이것은 또한 할리우드의 광택이나 스타 시스템의 요구조건을 드러낸다. 전문적인 영화 산업에서 이것의 효과는 실로 대단하다. 요약하자면 백 조명은 전문가들로부터 영화 산업에 그다지 필수적이지는 않은 보조물로 취급받기도 하지만 정밀한 조사 후에는 결국 장면에 꼭 필요한 조명임이 드러난다.

끝으로 마지막 순간에 조명 구도에 더해진 추가 물로서 때때로 인물의 보조 측면을 뒤에서 비추는 키커라이트kicker light가 있다. 키커라이트는 주로 세트에 있는 다른 조명들로 인해서 맞춰진다. 이것은 장면으로부터 물러나는 것이며, 조명된 장소의 깊은 곳으로부터 청자들에게로 튀어 오르는 빛이다. 따라서 이것은 바로크 조명의 역할을 하며 질 들뢰즈Gilles Deleuze가 말하는 '맑은 내부pur-Dedans'[16], 즉 외부의 광원으로부터 나오는 것이 아닌 조명이다. 다른 말로 하면 이것의 존재는 전체적인 조명 체계의 자기 지원 능력을 입증한다.

여기에 종종 네 개의 역할로 나뉘는 삼각조명 구도가 있다. 종종 자연 조명으로 실체화되는 눈에 보이는 조명, 흔적이 없는 보조 조명, 누구도 알아채서는 안 되지만 전체적으로 보면 조명 구조에 기여하는 역광−첨부 조명, 그리고 마지막으로 그 장면이 외부의 광원 없이도 조명이 이루어지고 있다고 믿게 만드는 키커라이트가 있는 것이다.

----

15) Derrida, p. 56 (his emphasis).
16) Gilles Deleuze, *Le Pli: Leibniz et le baroque*, (Paris: Editions de Minuit, 1988), p. 39(저자 번역).

5

매일 다른 촬영에서 조명은, 모순적이기는 마찬가지다. 관객들이 배우들을 마주하고 항상 같은 위치에 있는 극장과는 달리 영화 촬영 카메라는 세트 안에서 계속 움직인다. 사실 30도 지속성의 법칙은, 심지어 관객들의 시각적 불편함을 야기하지 않기 위해서 카메라가 재빨리 움직일 것을 지시하기도 한다. 이것이 조명 구조에 야기하는 문제점은 실로 엄청나다. 생각해 보자. 그리피스Griffith와 다른 사람들이 처음에는 부분적인 보여 주기(클로즈업)를 허용하고 나중에는 급격히 다른 앵글들을 사용함으로써 단일한 장면의 온전함을 무너뜨렸을 때 조명은 아직 문제가 되지 않았다. 그때 조명은 여전히 하늘 위에서부터 내려 왔고, 유리 천장 등 어디에서 그 장면을 촬영하든지 똑같은 효과를 보여 주었다. 최초의 위대한 조명 감독이었던 알빈 위코프 Alvin Wyckoff가, 〈부정행위The Cheat〉(Cecil B. De Mille, 1915)에서 영화 언어의 확장으로 인한 난관에 부딪혀야 했던 것은 나중의 일이었다. 더 이상 조명이 세트를 같은 방법으로 비추면서 외면적으로 떨어지는 것이 아닐 때, 그 대신 확실히 구분되는 누군가의 주광, 보조광, 역광으로 균일하지 못한 빛의 분배가 이루어질 때 카메라가 새로운 앵글을 잡는다면 기존의 조명 분배에는 어떤 일이 일어나는가? 조명은 주 장면을 찍을 때와 동일한 위치를 유지해야 하는가? 아니면 변화된 각도에 맞춰서 조정되어야 하는가? 다른 말로 해서 조명은 공간에 종속되는가, 아니면 인물들과 카메라의 새로운 시각적 관계에 끝없이 스스로를 조정하면서 세트장을 돌아다니는가? 전통적인 조명을 관장하는 개연성의 측면에서 보면, 비논리적으로 보임에도 불구하고 후자쪽이 더 우세했다. 그 이유를 이해하는 것은 쉽지 않다. 등장인물의 측면이 조명 없이 비춰지는 밤의 경우를 생각해 보라. 이 경우는 얼굴의 어두운 면 위로 약간의 조명을 해 줌으로써 조정될 수 있다. 그것을 실루엣으로 바꿈으로써 이 기술은 배경 앞에 선 인물의 머리를 완전하게 보이도록 하는 데 기여한다. 카메라가 측면으로 움직여서 인물의 어두운 부분을 찍어야 할 때는 어떤 일이 일어나는가? 사실 볼 것은 별로 없다. 뭔가 조치가 취해져야 하는 것은 확실하다. 예를 들어, 보조광을 증가시키고 주광이 측면까지 닿을 수 있도록 주광의 위치를 살짝 옮기며 키커라이트를 살짝 더하는 것도 좋을 것이다. 이렇게 모호하게 가장자리를 돌아다니는 것이 의미하는 것은, 영화에서 빛이 절대 고정적이지 않다는 것이다. 그것의 본질은 오히려 덧없고 성질은 변덕스럽다. 갖가지 적용과 조정은 이상적으로 고정된 현실에 대한 망상을 무너뜨린다. 각각의 성공적인 쇼트들이 (클로즈업 등) 주 장면의 원래 조명을 조정하면서 경험이 없던 상태에서 가졌던 고정적인 세계에 대한 열망들은 필수적인 적용의 부담 아래서 사라지고 만다. 따라서 내부 조명의 차이점은 각 장면의 조합에 마침표를 찍는다. 근원적인 모순은 영화 형성구조의 심장부를 파고든다.

6

이제부터는 세트의 조명 위치를 제어하는 주요 도안이 나온 상태에서 이 도안의 전체적인 목표에 대해 주목을 할 때이다. 바로 조명을 자연스럽게 하는 것이다. 이 또한 이론적 미술가인 꾸뛰르가 그의 학생들에게 했던 조언을 따른다. "모델을 주의 깊게 관찰하고 그것의 가장 밝은 부분이 어디인지를 파악한 후, 당신의 그림 안에서 조명을 실제와 같은 위치에 배치하라."[17] 실로 영화 속에서 우리가 보는 빛은, 장면 안에 있는 광원에서 나오는 것처럼 보인다. 햇빛이나 달빛이 들어오는 창문, 인공적인 빛을 위한 여러 종류의 램프들이 그런 경우이다. 물론 카메라에서 보이지 않는 이 장면의 뒤에는, 많은 조명기구들이 설치되어 있지만 완성된 영화를 보는 관객들의 입장에서는 모든 빛이 장면 안에 설치된 '실제' 조명에서 나오는 것처럼 보인다. 촬영감독인 존 베일리John Bailey는 이것에 대해 명확하게 알고 있다. "내가 가장 처음으로 찾는 것은 광원입니다… 논리적이지는 않더라도, 상상 속의 광

---

17) In Boime, p. 28 (my emphasis).

원이라도 필요합니다. 내가 상상할 만한 곳이 필요하지요… 그 곳에 조명이 설치됩니다."**18** 네스토 알멘드로스Nestor Almendros 등이 자연주의적 조명을 밀기 전에, 영화 속에서 일상을 표현하는 조명들이 엄밀한 것과는 거리가 멀었다는 것을 기억할 때 이 주장은 다소 모순적이다.**19** 가장 최근에도 록 비디오를 관객들이 접하면서, 이유 없는 조명에 관객들이 익숙해졌고, 자연스러운 조명에 대한 요구를 일정 부분 감소시켰다. 극단적인 예를 들어, 피터 그리웨이Peter Greenaway 영화 〈하나의 Z와 두 개의 O A Zed and Two Noughts〉(1985)의 한 장면에서 반복적으로 햇빛이 사그라지는 것을 볼 때, 관객들은 어떤 생각을 하는가? 어떤 관객들은 아마도 이 평범치 않은 현상을, 태양 앞을 지나는 구름 탓이라고 생각 할 것이다. 내가 생각하기에 대부분의 관객들은 이 이상한 현상을, 영화를 보다가 서사 구조에서 이해되지 않는 부분이 생기면 으레 밀어 놓는 머릿속의 한 구석에 제쳐 둘 것이다. 따라서 이 놀라운 현상은 쉽게 잊어지고 영화의 지위에 지속적인 영향을 주지 않는다.

그렇다면 왜 자연주의 조명에 집착하는가? 만약 그것이 영화의 서사 구조에 필수적인 것이 아니라면, 이것을 사용함으로써 얻을 수 있는 이익은 과연 무엇인가? 사실상 이것은 매혹적인 미끼로 쓰인다. 만약 우리가 보는 것이 세상의 자연스러운 풍경처럼 보인다면, 스튜디오 조명의 활성화가 함축하는 특별한 의미 따위는 없을 것이다. 따라서 조명은 영화 언어의 평범한 단어로서 무사히 역할을 수행한다. 폴 드먼Paul De Man은 이 역할 수행이 어떻게 이루어지는가를 설명한다. "매일 매일 사용되는 단어들은… 어떤 것이, 이전과 같다는 것을 나타내는 신호로서 쓰인다."**20** 같은 상황에서 자연광(햇빛, 달빛, 램프 등)은, 영화에 등장하는 인물들과 그들이 표면적으로는 살고 있는 실제 세상과의 괴리를 숨기기 위해 사용되거나 복제된다. 드먼이 말했

---

18) Dennis Schaefer and Larry Salvato, *Masters of Light: Conversations with Contemporary Cinematographers* (Berkeley: Univ. of California Press, 1984), p. 57에서 인용.

19) Nestor Almendros, "Photographing 'Days of Heaven,'" *American Cinematographer*, vol. 60, no. 6 (June 1979) 참조.

20) Paul de Man, *The Rhetoric of Romanticism* (New York: Columbia Univ. Press, 1984), p. 3.

듯이, "그 즉각적인 존재 안에서 안전한 자연스러운 대상은 시작도 끝도 없어 보인다. 하나의 시작이 영속성을 부인하고 죽음의 단절을 함축하는 것과는 반대로 그것의 영속성은 그 존재 안에서 이어진다."[21] 드먼의 예에서 보듯이, 왜 꽃들이 이 세상에 존재하는가에 대해서는 누구도 의심하지 않는다. 따라서 시에서 '꽃'의 역할은 나머지 말들을 지탱하고, "자연스러운 사물에 존재하는 절대적인 정체성을 다른 단어들에게도 부여하는 것이다."[22] 비슷하게 평범한 세계에 대한 표지판으로서 말하자면, 평범한 세계의 지지자처럼 자연주의적인 조명은 조명 자체의 존재를 숨기고 영화 언어의 작용도 감춘다. 그것은 우리가 영화 속 인물들의 행동이 자연스러운 법칙을 따르고 있다고 믿도록 우리를 유혹한다. 따라서 이 보호막은 서사 구조 전체에 적법성을 부여한다. 그 장면은 실제 세계에서 일어나고 있으므로 실제적이라고.

7

이상적인 배분은 이러한 작용에서 이미 인지되었지만 다른 이점들도 보인다. 어떤 장면이 베네시안 블라인드를 관통하여 방을 비추는 아름다운 석양 조명을 받고 있다고 해 보자. 확실히 그 효과는 우리가 기억하는 그 어떤 장면보다 아름다울 수 있음에도, 그 장면은 우리가 이전에 직접 경험했던 장면들을 상기시킨다. 따라서 프랑스 영화 촬영계의 늙은 거장인 앙리 아르캉 Henri Alekan은 그런 조명이 조성하는 분위기가 영화에 색깔을 입힌다고 말한다. 그런 조명은 우리로 하여금 육체적 현상, 즉 추위, 비, 안개, 해, 열 혹은 건조함 등에 반응하도록 만들고 심리적인 대응물들, 즉 귀찮음, 슬픔, 알 수 없음, 두려움, 고뇌, 편안함, 기쁨, 즐거움 등을 일으킨다. 이 효과들이 관객들에게 즉각적인 반응을 이끌어 냄으로써, 촬영자는 기술적인 수단을 통해 심리적인 반응들을 이끌어 낼 수 있다.[23]

아르캉에게, 외부적인 세계에서 비롯되는 분위기는 관객들이 특정한 심

---

21) de Man, p. 4.
22) de Man, p. 6.

리 상태에 이르도록 손짓한다. 이에 관련된 것을 설명하기 위해서는 마틴 하이데거Martin Heidegger의 기분과 분위기에 대한 논의로 돌아가 보는 것이 유용하다. 이 독일 철학자의 사상으로 이르는 열쇠는, 우리가 세상과 독립적으로 기능하는 별개의 개체가 아니라는 것이다. 오히려 우리는 특정의, 그리고 기존의 세상과 생애 첫날부터 계속 교류해야 한다. 개인이 순간적으로 가지는 내면의 느낌보다 기분이 더 많은 것을 반영한다.[24] 육체 안에서 경험됨에도 불구하고 그것은 외부로부터 생겨나며, 그가 만나는 어떤 상황이나 양상에 대해 분리 혹은 밀착의 경향을 보인다. 개인적인 감정과는 멀게도 이것은 비 주관적이고 외부적인 것들에 대한 육체의 반응을 보여준다. 하이데거가 말했듯이, "분위기는 어떤 하나와 다른 것과의 관계를 미리 결정하는 성질의 것이다. 각 상황에서 분위기는 우리가 이미 몸을 담고 있고, 그것에 의해서 우리 스스로가 결정되는 대기와도 같이 진작 형성되어 있다."[25] 따라서 기분은 어떤 곳을 방문 할 때, 예를 들어 크리스틴 엣저드Christine Edzard의 작품 〈리틀 도리트Little Dorrit〉(1988)에 잘 묘사되어 있는 상황처럼, 법무관의 대기실을 방문했을 때 그곳 사람들이 다르게 보이고, 다르게 말하고, 전혀 예상치 못한 방법대로 행동하는 것을 발견하는 상황에서 사람들이 느낄 수 있는 거리감이나 소원함을 나타낸다. 더 나쁜 상황은 베르히만의 〈고요함The Silence〉에 나오는 것처럼, 한 여행자는 외부인에게 배타적인 시골 한가운데 떨어지는 경우이다. 언어가 통하지 않을 뿐만 아니라 사람들의 길거리 예절도 황당하고 사람들은 왠지 무섭게 보이는 곳에… 그렇지만 대부분의 영화에서 인물들이 경험하는 것과 외부의 분위기는 단절되는 법이 없다. 자연스러운 조명은 설정과 장소의 분위기를 명시할 뿐만 아니라 기적적으로 장면의 색깔이나 등장인물들의 생각과도 일치한다. 각각의 기능 다발의 전체는

---

23) Henri Alekan, *Des Lumières et des ombres* (Paris: Le Sycomore, 1984), p. 38 (저자 번역).

24) My understanding of *Stimmung* owes a lot to Michel Haar's essay, "Le Primat de la *Stimmung* sur la corporéité de Dasein," *Heidegger Studies*, vol. 2 (1986).

25) Hubert L. Dreyfus, *Being-in-the-World: A Commentary on Heidegger's Being and Time, Division I* (Cambridge: MIT Press, 1991), p. 171에서 인용.

하나의 묶음 안에서 동시에 일어나게 되어 있다. 조명이 겉보기로는 하나와 전체의 분위기를 복제하는 것으로 보이듯이, 사실은 자연 또한 인간들의 감정 기복과 동시성을 가진다. 그것은 길들여졌고 개인에게 봉사하도록 되어 있다(전체 안에서 협력하는 기술자들뿐만 아니라 내재하는 인물들도). 이 조합은 따라서 강력한 와그너의 '총체미술' 효과를 만들어 낸다. 모든 것은 완벽한 동시성을 가지고 움직인다. 그 결과로 자연은 디즈니의 동물 캐릭터들이 보이는 것과 같은 초자연적인 행동을 보인다. 가상 인물들의 감정과 어떤 그룹, 장소, 역사적인 상황이나 실제 일상생활에 속하는 기분의 본질 사이에서 생기는 단절을 숨김으로써 조명은 가상 상황에 환각의 힘을 부여한다.

8
......

여러 가지 다른 필터들도 영화 조명에 사용되고 있다. 이것을 설명하기 위해 20세기 초에, 에드먼드 허셀Edmund Husserl이 제기한 현상학적인 질문을 끌어 내려고 한다. 허셀은 [논리학 연구]에서, 우리의 감각 밖에 있는 세계의 실존에 대한 어려운 철학적 논점을 지향적 의식에만 집중하여 분류하려고 노력하였다. 그의 관점으로는, "경험에는 두 개의 실체가 존재하지 않는다. 우리는 물체와 그 주변의 것들을 지향성이 제시한 것으로 경험하지 않는다. 전체와 부분의 관점에서 보면 두 개의 실체가 존재하지도 않는다. 오직 하나만 존재한다. 그것은 지향적인 경험으로 질문의 의도와 같은 것이다."[26] 허셀의 통찰은 탐구의 목적인 지각과 사고의 징집적인 주입이 섞인 것이다. 우리는 그저 '생각'을 할 수는 없다. 누군가나 무언가에 대해서 생각을 할 뿐이다. 그렇기 때문에 사고의 뻗어나감은 특정한 물체에 관련되어 나간다. 철학자의 말로는 지향적인 행위는 "특정한 물체를 특정한 방법으로 제시하는 것이다."[27]

물체에 대해 생각나는 대로 현상학적으로 묘사하는 의식의 흐름이라는

---

26) Edmund Husserl, *Logical Investigations*, J. N. Findlay 옮김 (London: Routledge and Kegan Paul, 1970), vol. 2, p. 558.

방법은 허셀에게 세계에 대한 진정한 묘사를 가능하게 해 주었다. 허셀의 원대한 생각은 뒤로 하고, 여기서 나를 흥미롭게 하는 것은 (기분stimmung과는 반대로) 우리는 자각 없이 세계에 접근할 수 없다는 것이다. 그리고 그 자각은 우리가 노출된 실체에 대해 언제나 어느 정도의 이해를 투영한다. 바꿔서 말하자면 아무것도 우리의 자각 밖에 독립적으로 아주 오랫동안 있을 수 없다는 것이다. 모든 것은 바로 구체화된다. 예외적인 상황에서는 상황의 희귀함 때문에 아주 작은 지체가 있을 수도 있지만 대체적으로 말하자면, 시각적인 기구에 의해 전달이 되면 사고는 물체의 단면을 쥐고 잠재적인 이용을 위해 붙들고 있다. 곧 물체의 단서를 보고, 기억에 의존해 물체의 뜻을 이해하려고 한다. 그렇기 때문에 언제나 읽을 표시가 있고, 해독할 암시가 있고, 극중에 우리의 경험과 유사한 것이 있다. 곧 우리는 방금 본 새로운 것을 분류하기 시작한다.

영화 조명에서는 시각적인 내용을 여러 암시 등으로 배분하여 사고가 뜻을 이해하려고 하는 시도를 이용한다. 〈빨간 망토의 소녀Little Red Riding Hood〉에서와 같이 촬영감독은, 관객들이 따라가기 쉽게 그 혹은 그녀의 보석들을 배열한다. 결국 '일몰'은 단지 일몰이 아니다. 그것은 지향성과 결합된 것이다. 그것의 일은 진정으로 무엇이 안에 있는지 가리켜 장면을 맑게 하는 것이다. 이것이 바로 아르캉이 '자연광'을 재료로 선호하는 것이다. "자연광은 단지 한쪽 방향으로만 가는 것이 아니다. 그것은 형체와 윤곽을 만들며 물체를 보이게 한다. 그것은 물체의 중요한 부분을 강조하고, 덜 중요한 부분들은 덜 보이게 한다. 그것은 분류하고 서열을 세우는 빛인 것이다. 자연광은 물체를 더 또렷하고 잘 보이게 한다."[28] 그래서 조명은 장면의 뜻을 설명한다. 조명은 주연이나 주체적인 행동에 관객의 관심을 빠르게 보이게 한다. 조명은 각 장면에서 우리의 신경이 분산되지 않게 해 준다. 또한 조명은 편집기능과 유사하게 작용하는데, 이는 중심적인 물체를 돋보이게 하거나

---

27) Husserl, p. 737 (his emphasis).
28) Alekan, p. 38 (my emphasis).

덜 중요한 디테일들을 지우거나 약하게 보이게 하는 것에 있다.

하지만 아르캉이 의심스러워했던 조명이 쓰인다면 어떨까? 그가 말하길, "이에 반해 물체를 감싸듯이 가는 산만한 빛은 관객의 집중을 물체에서 벗어나 물체 주변으로 옮겨가게 한다. 그것은 주된 요소를 부수적인 요소들에 가려서 안 보이게 하는 것이다. 이러한 조명은 사물의 윤곽을 뚜렷하게 하고, 조화롭게 하는 것과는 거리가 멀다. 이러한 조명은 물체를 불명확하게 하기 때문에 문제다."[29] 알멘드로스는 이에 반대한다. 그는 "보통 사람들의 집에는 스포트라이트가 있는 경우가 거의 없다고 하였다."[30] 그래서 그는 그의 영화에서 현실주의라는 이름 아래 옛날 체계를 무너트린다. 초기에는 화가(몬드리안Mondrian), 그리고 이론가(에이젠슈테인Eisenstein)는 자연광을 남성적인 것으로 보고, 분산된 빛을 여성적으로 봤다. 또한 바쟁은 간접 조명이 직접 조명보다 더 민주적이라고 하였다. 현실주의에도 불구하고 알멘드로스는, 아르캉과 같이 이미지가 빠르고 효과적이게 해석될 수 있게 한다. 그의 간접적인 조명도 결국, 장면 중 중심에 있는 인물에 관심이 집중되게 하고, 그렇게 되지 않을 경우에는 행동, 색, 색의 배치 등을 사용하여 결국 관객의 관심이 그쪽으로 집중되게 한다. 결국 이것은 허셀의 원리와 같다. 조명은 단지 빛이 아니라 의도에 의해 나온 것이다.

미묘하거나 아니거나, 계층적이거나 아니거나, 조명은 우리가 극 중 장면에 대한 접근을 관리한다. 조명은 우리가 어디를 봐야 하는지도 가르쳐 준다. 조명은 중요한 배우를 부각시켜 준다. 조명은 물체를 그냥 보여줄 때보다 더 선명하게 표명한다. 샤론 A. 러셀Sharon A. Russell의 말에 따르면, "물체는 더 이상 현실적으로 보이지 않고, 잠재적인 이미지 형태로 보인다."[31] 이 논점을 전개하자면, 임마누엘 레비나스Emmanuel Levinas가 총괄한 허셀의 지향성을 얘기해 보자. "주체의 바깥에서 나온 것은 '계몽'에 의하여 의미가 명확해진다. 다시 말하자면 안에서 (마치 내면에서 기원한 것처럼) 튀어 오

29) Alekan, p. 38.
30) Schaefer and Salvato, p. 7에서 인용.

른다는 것이다. 이 내면의 빛에 의해 물체는 세계… 인식의 세계가 되고, 물체는 그것의 인식이 도달하기 전에 안에서부터 나온다."[32] 평범한 만남에서도 사람들은 그들이 전혀 모르는 것에 끌릴 때도 있다. 만약 우리가 이 논의와 동의한다면, 영화 촬영에서 조명은 사고의 활동 덕분에 큰 효과를 누릴 수 있다.[33] 조명은 관객들이 자연스런 현상으로 보이는 것을, 보는 것에 영향을 미칠 뿐 아니라 관객들이 현상을 인지하고, 사고하는 과정을 조작하기도 한다.[34] 우리는 이미 특정한 느낌을 내는 분위기가 얼마나 관객들에게 영향을 미치는지 보아왔다. 조명은 여기서 더 나아가 조명을 비추는 모든 곳에는 조명 특유의 느낌을 자아나게 한다. 피터 박스터Peter Baxter가 "조명은 외부에서 의미를 부과하지 않는다."고 주장한 것은 이와 같은 맥락이다 그는 "조명은 연기자들이 활동하는 그 환경에 바로 퍼진다."[35]고 하였다. 예를 들자면, 한 장면에서 특정한 요소에만 집중하는 묘사는, 내용에서 이미지를 불러내 관객들이 이해하기 쉽게 한다. 이러한 설정은 담당기술자들이나 전문가들이 주관하는데, 이후에 관객들이 장면을 보며 이러한 요소들을 발견한다. 따라서 조명은, 장면에 해설을 담으로써 개개인의 사고과정을 전복시킨다. 다시 말하자면 지향적인 암시가 장면의 각 요소들에 반영되어 합쳐지는데, 나중에는 결국 관객들이 요소와 지향적인 암시들을 분리해서 볼 수 없는 상황에 이른다. 이는 허셀의 주체에 의해 반영된 지향성에 대해 말한 것과 같은 맥락이다. 이러한 지향적인 요소들은 이제 전문적으로 타자他者에 의해 만들어져 장면에 나온다. 이 기술은 비단 할리우드영화만이 아니라 대다수의

31) Sharon A. Russell, *Semiotics and Lighting* (Ann Arbor, Mich.: UMI Research Press, 1981), p. 35에서 인용.

32) Silvano Petrosino et Jacques Rolland, *La Vérité nomade: Introduction à Emmanuel Levinas* (Paris: La Découverte, 1984), p. 130 (저자 번역).

33) Emmanuel Levinas, *Existence and Existents*, p. 48.

34) Vivian Sobchack, *The Address of the Eye: A Phenomenology of Film Experience* (Princeton: Princeton Univ. Press, 1992).

35) Peter Baxter, "On the History and Ideology of Film Lighting," *Screen* 16, no. 3 (Fall 1975), p. 104.

다른 영화에서도 나온다. 이것의 장점은 각 장면들의 의미가 쉽게 판독된다는 것이다. 이로써 세계는 질문할 필요도 없이, 우리에게 간단하고 효과적이게 말하는 듯이 보인다. 모든 단어, 몸짓, 시선, 분위기들이 바로 해석될 수 있다. 욕망과 쾌락이 바로 충족되는 것이다.

마치 자연광에 흠뻑 젖어 있는 것처럼 보이는 장면이 이제 외형적인 의미에 더 큰 의미를 두게 되자, 인식과 지각의 과정에 뒤틀림이 생기게 되었다. 다시 말하자면 언어적 · 기호적 스크린이 캐릭터, 행위, 그리고 장소를 둘러싸게 된 것이다. 베일, 색체, 장식과 같은 것들이 장면에 덧붙여지고 이러한 첨가물들은 관객들로 하여금 어떤 특정한 의미를 깨닫게 한다. 그리하여 영화 제작에서의 조명은, 그곳에 나타나는 소소한 사건들의 메커니즘을 에워싼다. 조명은 관객들이 어떠한 장면 고유의 특성을 눈치 챌 기회를 빼앗아가고, 의도적으로 그 장면을 움켜쥐고 구체화시킨다. 레비나스는 다시금 그가 즐기는 예를 들어, 설명하기를 "내가 이해하게 된 얼굴, 즉 내 눈과 감각이 외향적인 정보를 인식해 내 것으로 만든 얼굴은 진정한 의미의 벌거벗은 얼굴이 아니다. 오히려 나와 단순히 직면하게 된 얼굴, 그것이 진정한 벌거벗음의 의미이다. 그것은 다른 어느 누구의 객관화에서 벗어난 있는 그대로의 모습이다."[36] 영화 촬영기사를 통해서 감독은 같은 결과를 얻을 때까지 여러 변화를 모색한다. 캐릭터와 관객의 만남은 "오직 자신만이 존재하는, 다른 것의 사진에서 다름을 지워버리는, 다른 사람조차도 자기 자신의 핵심으로 되돌아감으로써 자신의 분신으로 만들어 버리는 세계와도 같다."[37] 영화 제작에서의 조명은 캐릭터와 관객 사이의 공간을 열어두기보다는 그 공간을 채우고 차이를 무마시키고 탯줄과 같이 연결시킨다.

전통적인 조명 방식에서 공간을 은폐할 때는 주로 이미 알려져 있는 방법들(많은 사람들의 의식 속에 자리 잡게 되었지만, 결국엔 상투적인 수단이

---

36) Emmanuel Levinas, *Totalité et infini: Essai sur l' exteriorité* (La Haye: Martinus Nijhoff, 1961), p. 47.

37) Petrosino and Rolland, p. 134에서 인용.

되어버린 방법들)을 쓰는 경향이 있다. 그 외의 방법들은 채에 걸러져 진부한 레퍼토리가 되어버렸다. 캐릭터들이 간청하고 구걸하는 장면에서도 그들의 표정이 관객들에게 호소하는 것은 아무것도 없다. 전통적인 조명 방식은 존재의 순간을 묘사할 기회조차 빼앗아 간다. 우리는 진정한 우리 존재외의 것에 노출되어 있지 않기 때문에 영화 속 세계는 변화가 없고 외부의 것에 대한 우리의 책임 또한 없다.

9

이제까지 우리는 빛을 당연한 자연현상으로 여기며 살아왔다. 흥미롭게도 성서를 살펴보면 신은 태양과 달을 3일째 되는 날 창조한다. 그에 반하여 빛은 첫째 날에 가장 먼저 등장한다. 이러한 근원과 결과 사이의 틈을 어떻게 설명해야 할까? 더욱더 모순적인 것은 신이 창조를 시작하기 위해, "빛이 있으라! 그리고 그곳에 빛이 있었다."라는 구절에 이어서 "암흑이 깊음 위에 있었다."라는 구절을 보았을 때, 신 자신조차도 무슨 일이 생겼는지 확실히 알지 못했다는 것을 알 수 있다. 이것은 빛이 눈에 보이지 않는다는 점, 즉 빛입자들이 반사되면서 이미 존재하고 있는 물체들을 보여 주기만 한다는 점을 생각하면 이해할 만한 구절이다. 예를 들면, 영화에서 빛이 공간을 채우고 있는 것을 눈으로 보려면 연기나 안개 또는 탤크 파우더와 같은 입자들을 공기상에 뿌려서 빛이 입자와 충돌하게 하여 빛의 경로를 드러나게 하는 방법밖에 없다. 눈에 보이지 않는 그 첫 번째 빛은, 결국 태양과 달을 포함한 다른 모든 신성한 창조물을 드러나게 하는 역할을 하였다. 개인적 의견으로 이최초의 빛은 마틴 하이데거의 빈 공간Lichtung 개념을 대표한다고 생각한다.

  서양 철학사에서 잊힌 질문이 하이데거에게는 존재에 대한 질문이다. 그리스 시대부터 '존재'에 대한 질문은 잊혀지고 오로지 '인간'에 대한 질문만 되풀이되었다. 반대로 하이데거는 "존재한다는 것의 의미는 무엇인가?"라는 질문에 대한 철학적 관념들에 집중한다. 물론 '존재'는 누군가가 만들고 싶다고 즉석에서 만들어 낼 수 있는 것이 아니다. 그리고 또 한 가지 확실한 것은, 인간을 포함한 모든 것들이 '존재'하는 것에 참여한다는 것이다. 하지만 비록 모든 실체들이 존재하지만 오직 인간만이 그 본질에 대한 질문을 던질 힘을 가지고 있다. 하지만 대체로 존재에 대한 의문은 우리 일상생활의 필터에 의해 막혀 있다. 하이데거가 말하는 '실체적' 선입견들은 삶에 대한 철학적 인식에 대한 대가로 현실적인 삶을 무너뜨린다. 그러므로 빛과 마찬가지로 존재 또한 우리가 인식하지 못하는 가운데 우리 삶의 모든 부분에 파고든다. 대신에 우리는 이 세계가 제공하는 것들을 받아들이고, 그 세계의 계획 속에 흡수되어 있다. 이 세계의 형식들은 사라진다. 우리는 그 세계를 '우리의' 세계, 우리의 인식 속에 발견한 세계, 우리가 살 만한 세계로 변화시킨다. 그 결과로 우리는 철학적 시각에서 우리의 모습을 볼 수 없게 되었고, 다른 사람들을 그러한 시각에서 관찰하는 것 또한 불가능해졌다. 모든 장면, 모든 반응들은 각각의 개인적인 시점으로 해석된다. 이렇게 우리는 하루하루를 우리 현재 상황의 '낯섦'을 인식하지 못하며 살게 된다. 그러나 하이데거에게는 우리들의 이 조잘거림 아래에 감추어진 부질없음이 보인다. 유창한 언변 아래에는 공허함이 있다. 그리고 삶의 중심부에는 근본적인 공허함이 있다. 레비나스는 더 나아가 "존재의 얼굴에는 공포가 있다."[38]고 말했다.

하이데거에 따르면 *Licht*(빛)와 *Lichtung*(빈 공간, 숲 사이의 공터)에는 큰 차이가 있다. 그가 말하길, "빛은 숲 속의 공터로 흘러 들어올 수 있고, 밝음이 그 공간 속의 어둠과 어우러질 수 있다. 하지만 빛이 그 공간 자체를 먼저 형성해 내지는 못한다."[39] 빈 공간은 성서에 나오는 눈에 보이지는 않지만 태양, 달, 그리고 다른 모든 인공적인 요소들보다 앞서 등장하는 최초의 조명과도 같다. 그러므로 공간은 영화 조명에 의해 복사된 빛의 실체적인 근원지와는 아무런 관련성이 없다. 다시 말하자면 빛이 일상생활을 가능케 하는 반

38) Petrosino and Rolland, p. 23.
39) Martin Heidegger, "The End of Philosophy," in *Basic Writings*, ed. and David Farrell Krell, 옮김 (New York: Harper, 1977), p. 384

면, 빈 공간은 무언가가 어울리지 않는다고 느끼는 그 순간 일어나는 것이다. 누군가에게 있어서 갑자기 친숙했던 것들이 어색하게 느껴지고 가족이나 친구, 이웃들로부터 분리되는 느낌을 받는 일이 있을 수 있다. 대부분의 사람들은 죽음을 대면할 때 그런 순간들을 경험하게 된다. 고뇌에 둘러싸이게 되었을 때 일상의 사실성은 뚜렷해진다. 그리고 한순간 깨뜨릴 수 없는 공간이 그 사람을 주변으로부터 분리시킨다. 빈 공간 속에서, 존재는 잠시 피부를 뚫고 표면으로 올라와 의식세계에 자리 잡는다.

이야기를 다시 한 번 정리해 보도록 하겠다. 일상생활에서 세계는 확실히 드러나고 실물들과 존재들이 나타나는 것 등의 일들이 일어난다. 하이데거가 말하길, "존재들은 이러한 조명에서, 빛나는 부분에서 확연히 자리를 잡고 있어야만 존재다울 수가 있다. 조명만이 우리 인간들에게 우리가 아닌 것들로 통하는 길을 열어 주고 또한 우리 자신의 길을 열어 준다."[40] 일상생활에서의 조명은 그러므로 우리의 인간다움을 가능하게 해 주는 것이다. 레비나스는 그럼에도 조명의 속임수에 대해 지적한다. 비록 빛이 사물의 존재들을 '나와 다른' 형태로 보여 주게 하지만 결국 그러한 이미지 또한 '나로부터 일컬어진' 형상으로 해석되고 다른 존재의 '다름'을 거부하게 된다.[41] 이러한 빛, 조명은 우리에게 친숙한 것이고 다른 곳에서부터 시작되어 왔으며 세상 모든 것을 둘러싸여 우리 눈에 광경을 불러일으키는 것이다.

반대로 하이데거에게 있어서, 빛은 "그 영향이 미치는 범위 안에서 존재를 감출 수 있는 것이었다."[42] 빛에 의해 전시된 존재는 우리에게 그 자신을 거부할 수 있고, 꾸며진 모습을 보일 수 있다. 다시 말하면 빛 속에 드러나는 어떠한 형상에 우리는 너무 큰 의미를 두어서는 안 된다는 것이다. 엄밀히 말해 "그대로 놓아두는 행위는 존재들이 어떤 특정한 태도 속에 자신을 드러

---

40) Martin Heidegger, "The Origin of the Work of Art," in *Basic Writings*, p. 175.

41) Emmanuel Levinas, *Time and the Other*, Richard A. Cohen 옮김 (Pittsburgh: Duquesne Univ. Press, 1987), p. 64.

42) Heidegger, "The Origin of the Work of Art," p. 175.

나게 하기 때문에 그런 행위는 존재들 자체를 감춰버린다."[43] 우리가 어느 한순간에 발견하는 것은 그 존재의 일부분에 불과하다. 그것은 부분적으로 비춰진 것일 뿐이며 불완전한 스케치이다. 그가 결론짓기를, "존재들은 조명 속에 있는 동시에 그 속에서 자신들을 숨긴다."[44]고 말한다. 조명은 우리에게 보여 주는 것만큼 감추는 것이다. 따라서 조명에 새로운 생각의 흐름이 가능하게 되었다.

하이데거가 말하길, "거절의 의미에서, 은폐는 지식의 한계가 될 뿐만 아니라 밝은 곳에 조명을 비추는 것의 시작이 된다."[45] 다르게 표현하자면, 일반적인 이미지 뒤에는 또 다른 숨겨진 이미지가 있을 가능성이 있고, 일반적인 것 내부에 빈 공간, 즉 빛이 채우는 공간이 있을 수 있다. 전통적인 방식의 조명이 겉 표면만을 드러내는 반면, 빈 공간은 존재의 존재다움을 표현하거나 거부나 은폐가 행해지고 있다는 것을 나타내기도 한다. 또는 훤히 비춰진 공간에 미지의 것이 숨어 있을 수 있음을 의미하며 빛의 모든 구성을 파고드는 어둠을 암시하는 경우도 있다. 빛이 어느 한 장면을 시야에 드러나게 하는 반면 빈 공간은 거기에 있는 모든 것들을 부정한다. 다시 말하자면 빈 공간은 모든 존재의 필수적인 신비함을 유지시키는 것이다. 그렇기 때문에 그것은 영화 조명에 있어서 필수적인 부분을 차지한다. 어떠한 종류의 '실체적인' 빛이 조명에 사용되었느냐는 크게 상관이 없다. 영화 〈내가 좋아하는 것이 뭔지 모른다Do Not Know What It Is I Am Like〉(Bill Viola, 1986)를 보면, 도입부에 버펄로들이 대초원을 돌아다니는 것을 볼 수 있다. 장면의 배경은 훤한 대낮이다. 그렇지만 우리는 금세 이 장면에서 전형적인 할리우드 서부 영화와는 다른 점을 발견할 수 있다. 이 장면에서 버펄로들은 화면상에 줌이나 커팅이 되지 않은 상태에서 보통의 그러한 초원 장면보다 훨씬 긴 시간 등장한다. 버펄로 무리는 아무런 다른 외부의 간섭 없이 대지의 광활함과 시간의 무한

---

43) Heidegger, "On the Essence of Truth" in *Basic Writings*, p. 132.
44) Heidegger, "The Origin of the Work of Art," p. 175.
45) Heidegger, "The Origin of the Work of Art," p. 175.

함 속에 놓여 있다. 한 마리는 앞쪽으로 밀고 나가고 다른 한 마리는 긴 시간 오줌을 누기도 한다. 저 멀리에는 폭풍의 조짐이 보인다. 이렇게 이 영화의 시작은 흘러간다. 그럼으로 여기서 빈 공간은 빛에 아무런 구애도 받지 않는다고 할 수 있다. 장면은 밝거나 어둡게 조명해도 되고, 인공 또는 자연 조명을 사용 할 수 도 있으며, 따뜻하거나 차가운 색체를 사용해도 상관이 없다. 빈 공간은 빛의 형태로 관찰될 수 없기 때문에 존재 그 자체의 형태로만 관찰될 수 있다. 표면상으로 존재들은 아무런 변화도 거치지 않았지만 사실상 자신들을 은폐하고 있다. 믿기 힘들지만 불안정하고, 지속되지 못하는 무언가가 빈 공간에 나타나며, 우리와 얼굴을 마주하게 된다. 빈 공간은 그런 식으로 영화 이미지의 넓이를 확장시켜 간다. 즉 영화의 흐름에 틈이 생기게 된다. 시간이 멈추고 초자연적인 무언가가 이야기 속에 그 자신을 내어 보인다.

다른 예를 들자면, 몇몇 감독들은 카메라 앞에서 할 수 있는 이중화 Doubling에 푹 빠져 있는 경우가 있다. 테오도르 드레이어Theodor Dreyer, 잉그마르 베르히만Ingmar Bergman, 장 뤽 고다르Jean-Luc Godard와 같은 감독들을 그런 예이다. 이 감독들은 배우들에 대한 생소한 요구는 배우들로 하여금 자신만의 편안한 스타일 밖에서 연기를 하게끔 하기 때문에 배우들이 한순간 심리적으로 무너져 내리기도 한다. 육체적으로 피곤하거나 자기 자신의 내면을 너무 자주 들여다보게 된 것일 수도 있지만 어쨌든 무언가가 일어나고 배우들은 한순간에 어찌할 바를 모르게 된다. 그 짧은 순간 연기자의 연기 능력이나 기술은 바닥나 버리게 된다. 그들은 더 이상 선택의 여지가 없는 그런 상황에 놓이게 된다. 대사나 표정, 제스처는 앞서 찍은 장면과 동일할지 몰라도 그러한 것들은 이제 또 다른 상황 속에서 표현된다.

드문 경우이긴 하지만 영화가 한 단계 더 나아가 깊숙한 곳을 조사하고 관찰하는 경우가 있다. 영화 〈두번째 동그라미The Second Circle〉(Alexander Sokurov, 1990)가 그 한 예이다. 영화에서는 마치 세상이 어둠 속에 지속되어야 할 것처럼, 어둠이 영화 전체를 뒤덮고 있다. 거의 모든 연기가 밤에 이루어지는 것은 물론이고 눈이 계속 쏟아지고 있어서 야외의 시야를 제한한다. 내부에서는 작은 전구 하나가 있지만 방들의 어둠을 밝히지는 못한다. 영화 필름상의 노이즈 또한 시청자의 공간을 침투하려는 시도를 방해한다. 거의 모든 영화에서 조명, 카메라, 음향은 연기를 극화하는 데 쓰이지 않는다. 정적인 장면이 시청자들로 하여금, 러시아 대초원 어딘가의 오두막에서 아버지의 죽음을 겪은 캐릭터의 불안감을 느끼고 대면하게 한다. 시청자와의 동일시를 저지하는 남자의 얼굴 역시, 끊임없이 적나라한 상태이다. 그 결과 우리는 자신에게 우리 자신만의 존재의 고통 속으로 되돌려 보내진다.

빈 공간 안에서는 우리가 알고 있는 세계는 붕괴되고, 캐릭터들은 더 이상 각본에 구애되지 않으며, 연기자들은 자신들이 알고 있는 것들을 잊게 되고, 영화는 전형적인 문화 패턴을 벗어나게 된다. 대신 다른 이들의 적나라한 얼굴이 평상시 우리를 보호하고 있던 마스크를 벗겨버리는, 그러한 경험의 범위가 새로이 드러나게 된다. 빈 공간에서 우리는 깊은 내면의 얼굴을 발견하게 된다.

10

빛의 언어가 그토록 불안정하고 전문가들의 기술적인 해석들이 영화 제작의 질문들을 답하지 못했던 것에는 여러 이유들이 있다. 영화 제작자들에게는 차라리 언급하지 않는 것이 더 나은 결과를 불러일으키는 것들이 있다. 그들의 작품들은 근본에 대한 질문이 오히려 묻지 않는 것만 못한 결과를 불러일으키는 경우가 될 것이다. 이제까지 해왔던 대로 해야 한다. 프로의 태도를 보이려면 위험을 감수하고 자기 자신을 드러내어야 한다. 조명이 정돈되고, 조직적이고, 상상력 없는 죽은 장면을 찍는 것은 바람직하지 않다. 자기 자신에게 조명의 매혹적인 생명력을 받아들이게 해야 한다. 그리스인들이 자기 주변의 세계를 보며 느꼈던 경이로움을 느껴보아야 한다. 그러한 과정을 경험하려면 어떻게 해야 할까? 먼저 어둠이 주위를 감싸는 밤에 램프를 손에 들고 나간다. 스위치를 켜고 주변의 공간에 빛을 천천히 비추어 본다. 형태들이 나타나고 또 사라지고 램프를 움직일 때마다 형태들에 나타나는 변화를 살펴본다. 그렇게 하는 과정에서 자신의 힘을 느껴야 한다. 존재들이 나 자신의 부름에 대답하고 모습을 보이는 것이다. 이제 램프를 끄고 어둠이 되돌아오면서 무(無)의 공간 속으로 사라진 것들을 느껴본다.

빛을 비추는 순간, 당신은 어떤 중대한 일에 참여하는 것이다. 빛은 4원소 중 한 가지라는 것을 기억하라. 광선은 공기를 채운다. 빛은 렌즈(라틴 어원: 완두콩 같은 볼록한 물체, 완두콩은 땅에 속하는 물체이다)를 투과한다. 그 광선은 조리개(Iris, 아이리스는 무지개의 여신, 무지개는 물이 있을 때만 존재한다)를 통과한다. 그리고 빛은 필름(라틴어로 화로라는 뜻)에 도달하여 불을 일으켜 상을 맺게 된다. 조명을 비추고 사진(영상)을 찍는 것은, 불이 시작되는 것과 크게 다를 것이 없다. 불을 지피고 횃불을 들고 있는 것, 그것이 당신의 도전이자 의무 그리고 사명이다.

7

프레임

프레임

1
....

카메라는 무엇인가? 카메라가 모두 같은 것인가? 장 뤽 고다르Jean-Luc Godard
는 "어떤 종류의 카메라를 쓰느냐에 따라 세트가 바뀌게 된다."[1]고 날카롭게
지적하였다. 기본적으로 그는 〈악당과 미녀The Bad and the Beautiful〉(Vincente
Minnelli, 1952)의 오프닝에서 보았던 전문가용 대형 카메라인 미첼, 테크
노칼라, 파나플랙스 등을 사용하고 있다. 이러한 카메라는 세트를 좌지우지
한다. 카메라는 비대한 군주처럼 왕좌를 차지하고 시종들에 둘러싸여 계속
주는 것만 받아 먹으며, 분출하며 납땜질한다. 더 나쁜 것은 카메라가 예산을
결정하고 톱스타를 요구하며 영화를 어떻게 찍을 것인가를 결정한다는 사실
이다. 감독이 누구인가는 이제 더 이상 중요하지 않다. 시스템에 달려 있기
때문이다. 고다르 감독이 그토록 원했던 가장 적당한 카메라는 바로 아톤 35
였다. 휴대하기 편하고 가벼워 작가라면 펜으로도 쓸 수 있을 정도이다.[2]

1) *Jean-Luc Godard par Jean-Luc Godard* (Paris: Cahiers du Cinema/Editions de l' Etoile, 1985),
   p.532.
2) Alexandre Astruc의 '카메라─만년필 기법'은 많은 의미를 함축하고 있다. "The Birth of a New
   Avant-Garde: La Camera-Stylo", *The New Wave*, ed. Peter Graham (New York: Doubleday,
   1968).

부피가 크든 작든 카메라는 어느 것이나 사용자의 용도 이상의 기능을 갖고 있다. 카메라 한 대를 온전히 소유하기 어렵다(전문가들도 실제 그런 사람이 드물다. 너무 값이 비싸기 때문이다). 잘 생각해 보면 카메라는 문과 셔터가 있는 작은 암실과 같다. 문을 통해서는 손님을 맞이할 수 있고 셔터는 제때에 들어올 수 있도록 시간을 지정해 줄 수 있다. 이렇게 들어오고 막는 과정은 조율과 지속의 과정으로 결코 최종적인 것은 아니지만 촬영의 중간 과정으로 자신의 선택사항을 다시 한 번 생각해 보고 처음에는 초대할 생각도 하지 않았던 방문객을 맞아들이게 된다. 물론 같은 카메라를 사용하는 사람이라 하더라도 아주 낯선 손님을 선택할 수 있다. 그러므로 카메라는 사람들이 찍을 수 있는 모든 것을 비유적으로 나타낼 수 있다. 언어적으로 다른 이름일 뿐이다. 하이데거의 말을 빌리자면, 카메라는 존재를 비치는 작고 어두운 집이다.

2

사람들은 대부분 결코 프레임의 존재를 고려하지 않는다. 프레임의 좌우측의 경계는 단지 북엔드(책이 쓰러지지 않게 양쪽에 받치는 책꽂이)처럼 아래는 바닥이고 위는 천장일 뿐이다. 프레임은 그 경계 이상을 보여 주지 못한다. 그것이 관심을 갖는 유일한 것은 스크린 중앙에서 일어나고 있는 행동이나 말하고 있는 사람의 얼굴과 같은 중요한 것을 확실하게 볼 수 있는 하나의 구멍이 있다는 것이다. 그래서 직사각형 스크린은 이야기의 세계로 열려 있는 곳이고 완벽한 감각을 느끼게 해 주는 세계이자 무슨 일이 일어나는지를 쉽게 알 수 있는 곳이기도 하다. 사람들은 휴식을 취하거나 쇼를 즐길 수 있다. 자크 데리다Jacques Derrida의 말을 빌리자면, 그런 관객들에게 "프레임이 있지만 그것이 실존하는 것은 아니다."3

아마도 우리는 영상을 둘러싼 분명한 수직, 수평 경계선의 존재를 의심하

---

3) Jacques Derrida, *The Truth in Painting, Geoff Bennington*, Geoff Bennington and Ian McLeod 옮김(Chicago: Univ. of Chicago Press, 1987), p. 81.

지 않을지도 모른다. 그것에 너무 익숙해져 있기 때문이다. 그런 완벽한 수
직선을 당연한 것으로 생각하지만 본질적으로는 어디에도 존재하지 않기
에, 루돌프 아른하임Rudolf Arnheim은 그것을 '데카르트 좌표'⁴라고 이름을 붙
였다. 아른하임에게는 사실 확실히 선을 그어 "몇 가지 면만 부각시킴으로
써 시각적으로는 자연 만물의 조화로움을 망가뜨린다."⁵는 것이다. 다시 말
해 다른 특성을 희생시켜 몇 가지 특성을 단절시킨다는 것이다. 이를 통해
우리는 이런 수직적 자세들이 아주 부자연스러운 방법을 강요하고 최종 결
과물은 고유의 현상이라기보다는 문화적 표현이라는 것을 깨달아야 한다.

그럼 틀의 윤곽선은 어떠해야 하는가? 그림과 사진에서, 프레임은 대상
의 전체적인 윤곽을 지탱한다. 아른하임의 예를 들자면, 원경은 수평 형태가
두드러지기를 요구하고 폭포와 표준 사이즈의 초상화는 일반적으로 수직형
태를 요구한다.⁶ 아! 장비 표준화에 대한 요구로 렌즈의 구경을 특정 피사체
의 형태에 집중하여 맞추는 작업은 훨씬 쉬워지게 된다. 그러므로 영화산업
이 아직까지도 통일된 프레임의 문제에 현명한 해결책을 제시하지 못하고
있는 것은 놀라운 일이다. 일찍이 많은 포맷이 서로 우위를 두고 경쟁하였
다. 확실히 모두 다 서로 비교하여 볼 때 장단점이 있었다. 예를 들어 딕슨W.
K. L. Dickson은 키네토그래프를 발명하는데 토마스 에디슨 팀의 핵심인물로
1880년대 초 서클백(크게 한 바퀴 돌아오는 것)으로 한때 실험을 했다. 이것
이 영화에 둥근 금속판을 가져왔는데 르네상스 시대 화가들이 소중히 여겼
던 것으로 자급자족이 되는 완벽한 형태이다. 그리고 1930년에 에이젠슈테
인은 아카데미에서 '역동적 정사각형'은 다양한 형태의 영화에 대한 시각적
인 요구를 모두 소화해 낼 수 있는 유일한 형태라고 강하게 변호하였다. 그
는 '두 가지 경향의 싸움과 갈등'이 생기는 것은 수평과 수직이 중성점에서

---

4) Rudolf Arnheim, *The Power of the Center: A Study of Composition in the Visual Arts* (Berkeley: Univ. of California Press, 1982), p. 215.

5) Lucien Sève, Jean Mitry, *Esthétique et psychologie du cinéma*, vol. 1: *Les structures* (Paris: Editions universitaires, 1963), p. 167 (저자 번역).

6) Arnheim, pp. 59-60.

만날 때뿐이라고 썼다.[7] 할리우드에서는 당연히 정사각형 영상의 개념에 별로 관심을 보이지 않았다. 그것은 "정적이고 비역동적이며 일반적인 활동사진의 드라마틱한 내용에는 맞지 않는다."는 생각이 지배적이었다.[8] 미국의 영화 제작사들은 사실 용적은 공간에서 등장인물들의 포괄적인 행동과 같은 의미였기 때문에 그들은 수평 직사각형을 선호한 반면, 에이젠슈테인은 모든 장면에 똑같은 벡터를 부여하지 않는 프레임이 제공하는 변증론적인 실현 가능성에 더 관심을 기울였다. 이것은 이런 종류의 영화에서 그의 생각은 쇼트 내에서는 수평 요소가 우위를 차지해야 하며 그 외에는 수직적 요소가 우선해야 한다는 것이었다. 이따금 지배권을 두고 서로 충돌한다. 이 둘은 내내 관련을 맺고 상충하며 영화의 나머지 형식적 가치, 즉 조명, 그림자, 앵글, 부피, 면, 사운드 등의 대비로 강조된다. 결국 이것은 대결이 아니라 '서서히 움직이는 직사각형'으로 결정된다. 첫째는 에이젠슈테인이 이미 한창때 강하게 비난했던 '적당한 직사각형'이고, 또 다른 하나는 일그러진 상으로 인한 '악화된 직사각형, 그다음은 50년대의 '와이드 스크린'[9] 포맷이었다.

끝이 없는 포맷 전쟁이 불명예스러웠던 것은 미학적인 고려가 훨씬 평범한 관심사를 결코 이기지 못했다는 사실 때문이었다. 예를 들어 딕슨은 첫번째 종횡비를 기술적·재정적 결정인자 사이의 타협안으로 계산하였다.[10] 아카데미의 경우, 일반적이고 특별할 것 하나 없는 논쟁을 벌인 후 1930년대에 슬며시 딕슨의 포맷을 살짝 수정한 형태로 돌아갔다. 50년대 20세기 폭스 사는 영화계 전체의 기준을 높이는 데 관심을 기울이기보다는 시네마스코프와 경쟁을 하는 것에 더 관심이 많았다. 다른 스튜디오의 반격, 즉 와이드스크린 같이 외상 없는 시스템은 구성상의 조건을 고려하지 않은 채 표

---

7) Sergei Eisenstein, *Film Essays and a Lecture*, ed. Jay Leyda 옮김 (New York: Praeger, 1970), p. 52.

8) John Belton, *Widescreen Cinema* (Cambridge: Harvard Univ. Press, 1992), p. 44.

9) Eisenstein, p. 49.

10) Belton, pp. 15-22 참조.

준화되었다. 결국 어떤 포맷도 원래의 화면이 잘리지 않고 TV에서 방영될 수 없었다. 우리가 TV에서 볼 수 있는 것은 프레임을 축소시켜 원래의 테두리선에 수정을 가했거나 영화의 프레임을 완전히 다시 제작하고 다시 편집한 경우로 그 악명 높은 팬-스캔 방식 기술이다. 실질적으로 화가나 카메라맨과는 달리 영화 제작자들은 계속해서 안정감이 떨어지는 마커와 함께 일하게 되었다.

3

렌즈 구경의 크기와 모양과는 상관없이 전문가들은 그 영상을 같은 방법으로 구성하는 것일까? 그들이 하는 작업을 정당화할 수 있는 중요한 원칙이 있을까? 구성이란 실제 무엇을 의미하는가? 빌모스 지그몬드Vilmos Zsigmond의 경우 투명도는 카메라맨에게 가장 중요한 작업이다. 그의 견해에 따르자면 "일정한 구성 내에서 주인공이 한눈에 관심을 끌 수 있도록 하려면 이들을 어디에 배치할 것인가는 매우 중요한 작업이다… [중략] 관객이 무엇을 보기를 원하며 어떤 순서로 보기를 원하는지를 분류해 준다."[11] 그에게 있어서 첫 번째 구성작업은 시야를 단순화시켜 그 속에 중요한 것을 고립시키는 방법으로 어느 정도 드라마틱한 효과를 낸다. 지금까지 별 문제가 없었다. 미국촬영감독협회의 어느 누구도 그에 동조하려 들지 않았다. 갈등이 일게 된 것은 쇼트의 구성에도 영향을 줄 수 있는 다른 모티브 때문이었다. 예를 들어, 고든 윌리스Gordon Willis의 경우 "우선은 대칭의 영향이다… [중략]. 그 다음 나머지 요소가 그것을 마무리지어 완성해 놓는다. 그러나 최초의 목표는 항상 대칭에 있다."[12] 그러나 콘래드 홀Conrad Hall은 그런 확신이 없었다. 그에게 이런 사고방식은 너무 시대착오적인 것이었다.

11) Dennis Schaefer and Larry Salvato, *Masters of Light: Conversations with Contemporary Cinematographers* (Berkeley: Univ. of California Press, 1984), p. 327에서 인용.
12) Schaefer and Salvato, p. 298.

나는 미켈란젤로나 그 외의 위대한 화가들이 시도했던 구성 방법을 배우는 것이 중요하다고 생각한다. 그들은 위대한 예술가였다는 사실에 이의가 없다. 그러나 여러분들이 그것을 직접 할 수 있어야 한다. 자신이 원하는 방법으로 그리고 왜 그것을 하는지를 알고 해내야 한다. 적어도 머리로 이해가 안 된다면 그것이 옳다는 것을 가슴으로 이해해야 한다. 그래야 제대로 이해할 수 있다.[13]

존 베일리John Bailey 또한 이런 의견에 동조하고 있다. "주어진 쇼트에 수많은 요소가 있을 때 시대에 따라 그 가치가 인정되기도 하고 인정받지 못하기도 한다. 그러므로 거기에 실제 어떤 공식은 없다." 그의 생각에 구도에서의 중요한 요소는 '색상, 렌즈의 초점거리, 움직임, 구조상의 균형과 포커스'[14] 등이다. 그러나 라즐로 코박Laszlo Kovacs이 부언하듯 이것이 전부는 아니다. "좋은 구도의 주요 기준은 그 장면과 연출법을 감성적으로 뒷받침해 주는가에 있다. [중략] 구도를 만들며 반드시 아름다운 구도를 만들려고 할 필요는 없다.[15] 그러므로 구도는 그림상의 문제가 아니다. 이야기에서 발생되는 것은 카메라맨이 각 쇼트에서 정확한 배치를 결정하도록 돕는 것이다. 그러나 이 모든 대상을 어떻게 모두 조율할 것인가? 투명성이 구조적 균형보다 더 중요할까? 색상 또한 대칭이 되어야 하는 것일까? 이러한 사항은 매 쇼트마다 다를까? 이런 요소들이 대립이 되면 어떻게 해야 할까? 이런 논의를 끝내면서 빌리 윌리암스Billy Williams는 심지어 구도라는 것이 학습으로 배울 수 있는 것인가라는 문제를 제기하고 있다. 그의 주장에 의하면, "구도는 선천적인 것이다. 제대로 구도를 잡지 못하는 사람들이 있다."[16] 물론 전문가의 경우, 구도는 직관적인 것이어서 그들은 사물을 보면 바로 구도를 안다는 것이다. 지그몬드는 다음과 같이 말하고 있다. "구도는 내 피에 흐르고 있다. 방에 들어가 카메라를 설치하면 바로 구도가 생긴다. 그 이유는 나도 설명할 수 없다."[17]

---

13) Schaefer and Salvato, pp. 169-70.
14) Schaefer and Salvato, pp. 49-50.
15) Schaefer and Salvato, p. 185.
16) Schaefer and Salvato, p. 276.
17) Schaefer and Salvato, pp. 328-29.

여기서 우리가 얻을 수 있는 것은 무엇인가? 대부분 카메라맨에게 선명도는 가장 중요한 고려사항이고 다른 매개변수, 즉 대칭이나 색상, 움직임 등은 그 장면의 전체적인 의미에 부차적인 것일 뿐이다. 그 이상 카메라맨은 일이 진행되는 방법에 대해 명쾌한 법칙을 설명하기보다는 직관에 의지한다. 이런 타고난 감각은 어디에서 연유하는 것인지는 확실하지 않다. 카메라맨들이 수없이 많은 영화를 보고 감탄했던 구도가 무의식적인 동화작용을 일으킨 것에 불과하다며 직관론에 회의적인 사람도 있을 수 있다.

4
....

구도를 어떻게 하면 명확하게 만들 수 있을까? 실제 현장에서 그것이 의미하는 바는 무엇인가? 많은 영화에서 그 해결책은 피사체 주변에 프레임을 두는 것이다. 이것이 일리가 있는 것은 전통적으로 중심은 상석으로 관객이 가장 먼저 보는 곳이기도 하다. 촬영이라는 행동 자체가 암시하는 것은 중심에 어느 정도 의미를 부여하고 그림에서 이를 중심으로 다른 것들이 균형을 맞추는 것이 당연하다는 것이다. 또한 루돌프 아른하임의 말대로, "영구성이란 중심적 입지를 의미한다."[18] 그러므로 중요성이 떨어지거나 일시적인 것은 주변으로 밀려난다. 예를 들어, 한 프레임에 일단의 사람들이 모여 있을 때 그 중요도에 따라 시야 범위에서 위치가 정해진다. 이런 방법은 종교화로까지 거슬러 올라가는데 신이 반드시 그림의 중심으로 보이는 부분에 있어야 하며 그 주변을 천사와 성인들이, 그다음은 주교들과 기타 교회의 종복들, 그리고 마지막으로 바깥쪽이나 바닥에 조그맣게 충실한 신도들이 위치한다. 가족단위 그림에서도 마찬가지다. 중심에는 윗어른들이 차지하고 그 뒤에 아이들이 있고 인척관계는 좀 더 멀어진다. 손주들은 어른들 발치에 앉힌다. 중심 지점의 영향력을 개념화하는 한 가지 방법은 그것을 일련의 동심원으로 둘러싸인 강력한 자석으로 생각할 수 있다. 멀어질수록 그만큼

---

18) Arnheim, p. 73.

'애착'도 덜하고 의존도도 덜하다.

　마찬가지로 한 프레임에서 어떤 사람을 가장자리에 고립시키는 것은 무엇을 의미하는가? 아른하임에게 "중심에 있지 않은 모든 요소는 그렇게 해 놓은 데 대한 정당한 이유가 필요하다. 즉 그 대상을 근거지에서 멀어지게 만든 힘을 명확하게 설명해 낼 수 있어야 한다."[19] 누가 가장자리에 있건, 강력한 중심세력에 의해 내쫓긴 것이 아니면 중심과 그 사람 간에 숨돌릴 여백을 두기 위함이다. 전자인 경우엔 권한의 문제이다. 후자라면 제휴 관계가 깨졌거나 도전을 한 경우라는 입장을 취할 수 있다. 두 경우 모두 프레임안의 누군가의 자리는 권력관계를 암시하고, 시각적으로 보이는 과장된 표현은 이 사람들 간에 무슨 일이 일어났는지를 우리에게 알려 주기 위한 것이다.

　그러나 어떠한 시각적 구성도 변화 없이 계속해서 적용하게 되면 관객뿐 아니라 예술가에게도 지겨워진다. 그러므로 대부분 처음부터 르네상스 예술가들은 가장 중요한 인물의 중심적 위치와 르네상스 이전의 화가들이 즐겨 사용하던 계층적 무대구성의 대안을 찾고자 연구하였다. 레오나르도 다 빈치의 양식화된 구성인 **최후의 만찬**Last Supper의 앞면과는 확연한 대조를 보이는, 틴토레토는 진보적 성향으로 예수와 그 제자들을 자유로운 대각선 형태로 배치했다. 결과적으로 작아진 예수는 그림에서 멀리 있게 되었다. 예술가와 동시대를 살았던 기독교인들은 이렇게 배치한 것에 별로 문제제기를 하지 않았는데 그 이유는 예수의 후광으로 그림의 실제 중심이 이야기의 중심인물은 아니었기 때문이다. 틴토레토가 평판을 얻은 것은 그의 그림에는 안전하고 안정된 예수 주위에 제자를 배치한 레오나르도 다빈치의 고전적인 방법에는 없는 역동성을 부여하여 불경한 처리를 했기 때문이다. 확실히 이렇게 규칙을 깨뜨리는 생각은 우리의 레퍼토리를 늘려주어 오늘날 선명도가 줄어들지 모른다는 두려움 없이 프레임의 모든 부분에 이런 효과를 배치하는 것이 가능하다.

---

19) Arnheim, p. 93.

5

구도는 프레임 내에서 사람들과 사물의 단순한 배치 그 이상을 의미한다. 역설적이지만 이런 사실은 비디오 보조 기술을 통해 명백해졌다. 오늘날은 사실 대부분의 경우 감독들은 그것을 직접 보지 않고 비디오 모니터를 통해 본다.[20] 이러한 행위는 이 분야에 대해 많은 것을 알고 있는 전문가들을 불쾌하게 만든다. 예를 들면 최근 남부 캘리포니아에서 미국영화촬영감독협회와의 만남에서 빅토르 캠퍼Victor Kemper는 신세대 감독들에 대한 많은 불만을 쏟아내었다. 이들은 TV만을 보며 자란 세대라는 것이다. 결과적으로 이 신세대 감독들은 비디오 모니터에서 좀 떨어져 앉아 있는 것처럼 편하게 느낀다. 그래서 캠퍼는 이들은 영화의 구도를 볼 수 없다며 알듯 모를 듯한 말을 남겼다.[21] 관객 중에는 이에 난색을 표하는 사람도 있다. 결국 비디오 보조 장치가 이 감독들에게 구도를 확인시켜 줄 수 있지 않을까? 캠퍼는 감독들은 더 이상 사물을 '눈의 주변으로부터' 보지 않는다며 반대 의사를 제기하였다. 물론 캠퍼의 말이 옳다. 구도compositio는 프레임에 있는 것에만 부합되는 것은 아니다. 구도는 우선 포착된 것과 그것을 넘어서는 더 큰 전후 상황 간의 관계이다. 구도는 항상 카메라가 포착한 것을 넘어 전체 주변 환경을 의식한다. 이와 대조적으로 오늘날의 감독들은 비디오 스크린 주변에 빛이 들지 않도록 좌측 우측 어둡게 해놓고 모니터 앞에 편히 앉아 있다. 그러니 "매 쇼트마다 우리가 상상할 수 있는 것, 그 이상의 새로운 긴장감을 찾아라."[22]라고 역설했던 로베르 브레송Robert Bresson과는 달리, 이 감독들은 그들이 최초의 안을 한 번 짜면 그 외 다른 것은 그 신에서 얻을 수 없는 것처럼 행동한다. 다시 말해 그들은 리허설 무대에서 그 신에서 아직 표현되지 않은

---

20) 저자의 논문 참조, "Through the Looking Glasses: From the Camera Obscura to Video Assist," *Film Quarterly*, vol. 49, no. 3 (Spring 1996).

21) At the American Society of Cinematographers open meeting at the University of Southern California on February 19, 1995. (1995년 2월 19일, USC에서 열린 ASC 열린 오픈미팅에서)

22) Robert Bresson, *Notes on Cinematography*, Jonathan Griffin 옮김 (New York: Urizen Books, 1977), p. 1.

가능성을 포기한다. 그들에게 촬영이란 리허설 때 계획한 것을 영화로 녹화하는 작업에 지나지 않는다. 이것이 잘되면 효과적으로 되었다고 봐야 하는가? 캠퍼는 이런 접근법엔 뭔가 결여되어 있다고 본다. 비디오 보조 장치의 영향을 반박하기 위해서 영화 제작자들은 "한쪽 눈은 뷰파인더에, 다른 한쪽 눈은 바깥을 응시하여 프레임 경계 바깥에서는 무슨 일이 일어나고 있는지를 알기 위해서 어느 면에서는 유비쿼터스(어디에나 존재하는)적인 상태를 지속하며 제 궤도에 올라야 한다."[23] 비디오 보조장치 감독들은 대신 좌우측 곁눈가리개(블라인더)를 하고 터널시(마치 긴 굴을 통해 보는 것처럼 시야가 좁아진 현상)를 나타낸다. 열려 있는 세상도 경험하지 못하고 때 이른 상영의 첫 번째 관객이 되었다.

6
......

구도를 이해하기 위해서는 또 다른 시도가 가능하다. 영화는 쇼트로 이루어져 있고 지속시간이 있어야 하기 때문에 구도는 또한 연속적인 연관성을 갖는다. 이것은 아마도 장 뤽 고다르가 평소에 생각해 오던 것이었다. "오늘날 사람들은 더 이상 어떻게 틀을 만들어야 할지를 모르고 있다. 대부분의 영화는 프레임 작업을 카메라 윈도우와 혼돈하고 있다. 반면 구도는 언제 액션을 시작하고 언제 컷을 하는지 아는 것도 포함된다."[24] 내가 정확하게 고다르를 이해했다면 그것은 우리가 주의를 기울여야 하는 영화에서 나오는 '음악' 이다. 한 쇼트는 그것 자체가 제시간에 풀어낼 때 그것은 다른 음에 화답하는 '음' 으로서 역할을 하면서 우리로 하여금 그다음 음을 준비시킨다. 그리고 그들 모두가 연주가 된 후에야 비로소 멜로디를 알 수 있게 되고 작품의 '구도' 를 알게 되는 것이다. 흔히 잘 알고 있는 예를 들어보자. 두 사람이 대화를 한다고 가정해 보자. 첫 번째 사람이 스크린의 좌측에 클로즈업되어 나타

23) Dominique Villain, *L' Oeil à la caméra: le cadrage au cinéma* (Paris: Cahiers du Cinema Editions de l' Etoile, 1984), p. 16 (저자 번역).
24) Villain, p. 134.

나는데 오른쪽을 쳐다보고 있다. 잠시 후 그 프레임은 약간 균형이 깨진다. 그러나 반대 쇼트로 넘어가 두 번째 등장인물을 스크린의 오른편에 두고 왼쪽을 보게 하면 두 공간 사이의 균형이 새롭게 나타난다. 이 경우 발생된 것은 구도의 실현이 지체된 것이다. 히치콕의 〈현기증Vertigo〉(1958)에서 우리에게 아주 놀라운 예를 제시한다. 이 신에서 스코티(제임스 스튜어트)에게 옛 학교 친구가 자신의 부인의 일거수일투족을 감시해 달라는 요청을 받는다. 이 신이 전개되면서 쇼트는 거의 음악적인 방법으로 차례로 옮아가면서 내내 누가 논쟁에서 이길 것인가에 대해 대부분 알려 준다. 마스터와 싱글스, 서있는 사람과 앉아 있는 사람, 두 사람의 거리, 그들이 얘기하고 있는 방마저도(남편 사무실 인접한 회의실이 두 층위에 있다), 그리고 히치콕의 무대에 있는 모든 장치는 의미 없는 전시물이 되었을 사물들을 조정하여 활성화시킨다. 그러므로 카메라맨이 매 쇼트마다 하나의 완벽한 단위로 구도를 잡을 필요는 없다. 오히려 전체적인 신과 비교하고 다양한 힘의 단위를 이해하고 시간이 지나면서 그 변화나 발달과정을 이해하고, 그 신에 시각적으로 중요한 의미를 부여하는 전체적인 구성을 발견한다. 다시 말해 필름 구도는 쇼트 내의 힘을 기존의 방식으로 보여 주는 만큼 쇼트 간의 관계를 포괄한다.

7

지금까지 우리는 영화 제작자의 입장에서 프레임을 살펴보았다. 그러나 관객은 영상 그 자체로만 볼 뿐이다. 아니면 그 이상의 무엇이 있는가? 확실히 영화가 만들어 낸 이야기체의 상상을 위해 뼈대의 역할은 이론가들 사이에 활발한 논쟁거리가 되었다. 앙드레 바쟁André Bazin은 늘 그러하듯이 장 르누아르Jean Renoir의 원숙한 작품에서 사려 깊은 예를 이용해 문제를 제기하였다. 그는 프레임의 가장자리를 생활의 부산함이 결코 멈추지 않는 뒤에 은신처의 가장자리와 비교하였다.[25] 다른 코너의 경우에 이를 확실히 지지하는

25) André Bazin, *What Is Cinema?*, Hugh Gray 옮김 (Berkeley: Univ. of California Press, 1967), vol. 1, pp. 164-69.

사람이 많다. 그들 중 한 사람 질 들뢰즈Gilles Doleuze는 초기 영화 틀(케이싱)을 참여자들이 전혀 '움직이지 않는 부분'에서 '불변의 자세'[26]를 취하는 것으로 묘사하며 그 차이를 넌지시 비추었다. 들뢰즈에게 이러한 '세트'(그가 만들어낸 단어로 카메라 위치와 신이 만들어 낸 앙상블을 의미한다)는 끝났고 이제 우리가 보는 것 이상 아무것도 존재하지 않는다. 그래서 프레임의 두 가지 아주 다른 생각에 이의를 제기할 수도 있다. 하나는 포용적인 프레임으로 환유적으로 프레임 경계 너머 볼 수 있는 등장인물의 세상의 지속성을 암시하고, 또 하나의 프레임은 시각적 틀을 바로 본 것으로 제한하는 것이다.

앙드레 바쟁은 등장인물이 극장 무대를 떠날 때 나갈 곳이 없다고 주장하였다. 배우는 무대 옆에 서있을 수 있지만 등장인물은 할 일이 없이 그냥 정지한 채 불안해한다. 그러나 영화에서 등장인물은 계속된다. 그는 눈에 보이지 않지만 디제시스의 세계는 계속된다. 이 프랑스 비평가에게 이것은 영화에서 중요한 사실이었다. 르누아르가 〈게임의 법칙The Rules of the Game〉(1939)에서 하듯이 무대연출이 조직적으로 프레임의 측면 가능성을 강조할 때 우리를 위해 훨씬 더 편리하게 표현된다. 이 영화에서 기억에 남는 쇼트는 카메라가 긴 복도를 면밀하게 내려다 보는 장면이다. 손님들은 서로 밤 인사를 하고 자신들의 '방'으로 들어간다. 그러나 우리는 복도만 보고 있는데 우리 머릿속에 그들의 방을 만들어 놓은 사람은 다름 아닌 우리 자신이다. 게다가 정신적으로 건물을 전체 거리로 확대시키거나 거리를 도시로 확대시키지 않고 영화를 보는 것은 거의 불가능하다. 그러므로 바쟁에게 영화 기법은 계속해서 우리들에게 장면에서 제공하지 않은 것을 완성시키도록 한다. 다시 말해 일상생활의 세상에 대한 경험은 영화가 보여준 부분 영상을 보고 실제 그곳에 있어야 할 것을 완성시킨다. 실제 본 것과 상상한 것이나 시각적 표시자와 일상 의미 사이의 부드러운 연결이 있다. 게슈탈트 같은 훌륭한 연결법에서 화면상의 그림은 화면 밖에서 상상하는 존재를 인정한다. 또는 다른

---

26) Gilles Deleuze, *Cinema 1: The Movement-Image*, Hugh Tomlinson and Barbara Habberjam 옮김 (London: The Athlone Press, 1986), p. 7.

방법으로 모리스 메를로-퐁티Maurice Merleau-Ponty의 말을 빌리자면 "보이지 않는 것이 한계이며 시감도 영도로 시계가 열리는 곳이다."[27]

자크 데리다는 이것을 다르게 보고 있다. 〈글쓰기와 차이Writing and Difference〉에서 데리다는 우리가 본 것을 보지 않은 것으로 확장시키는 경향에 회의를 가졌다. 바쟁의 경우, 프레임이 쇼트의 요소뿐만 아니라 관객이 제공한 동질적 상상의 중심역할을 한다. 한편 데리다는 다음과 같이 말한다.

> 중심의 역할은 구조의 방향을 잡아주고 균형을 맞추며 조직화할 뿐만 아니라 [중략] 무엇보다도 조직화된 구조 원리는 우리가 구조의 활동범위라 부르는 것을 제한할 것이다. 시스템의 일관성의 방향을 잡고 계통화함으로써 구조의 중심은 전체적인 형태의 요소의 활동범위를 허용한다. 그럼에도 불구하고 중심은 또한 열려 있고 가능한 활동범위의 흐름을 막는다. [중략] 중심은 전체의 중심이면서도 전체에 속하지 않고 부분도 아니기 때문에 전체는 어디 다른 곳에 그 중심이 있다. 따라서 그 중심은 중심이 아니다. [중략] 중심이 있는 구조의 개념은 사실 극의 개념으로 근본적인 부동성과 고무시키는 확신을 기초로 구성된다.[28]

그러므로 데리다에 따르면 여기에서 속임수가 일어나고 있는 것이다. 확실히 영화 프레임은 틀 속에 있는 것을 쉽게 세상으로 확대시키도록 만든다. 그것이 우리에게 보여 주는 것의 이해 가능성을 보장함으로써 프레임은 결국 전체의 나머지에서 불협화음의 가능성을 없애게 된다. 따라서 프레임은 관객이 원문의 구성 원리에 매이게 조정하여 옆으로 빗나가지 않도록 한다. 프레임은 우리가 보는 모습이 다른 곳에서도 볼 수 있는 모든 모습을 대변하는 것임을 확신시켜 준다. 프레임을 그렇게 사용하면 관객의 활동범위뿐만 아니라 처음부터 영화 제작자의 활동범위도 조심스럽게 제한한다. 결론적으로 둘 다 시스템에 의해 틀이 규정된다.

데리다의 주장을 상세히 설명해 보면, 현실효과는 영화 속 현실에 대한 환

---

27) Maurice Merleau-Ponty, *Signs*, Richard C. McCleary 옮김 (Evanston: Northwestern Univ. Press, 1964), p. 21.

28) Jacques Derrida, *Writing and Difference*, Alan Bass 옮김 (Chicago: Univ. of Chicago Press, 1978), pp. 278-79.

상으로 우리가 보는 것은 사실이라는 믿음보다는 프레임의 경계 너머 세상
도 똑같은 틀에서 빚어진 것이라는 확신과 더 많이 연관되어 있다. 사실 이
것은 그렇지 않다. 이 문제를 파고들기 위해 우리가 잘 알고 있는 두 명의 화
가를 예로 들어보자. 먼저 빈센트 반 고흐의 아를르 예술가의 침실Artist' s Room
in Arles(1889)을 살펴보자. 침실과 침대, 붉은색 담요, 창문, 의자 두 개, 작은
책상 등을 잘 볼 수 있기 때문에 우리는 집의 나머지, 즉 거실, 부엌, 복도, 2
층 계단 등도 떠올리기 쉽다(바쟁처럼)고 생각하게 된다. 우리가 아를르의
집을 잘 알고 있다 해도 전체적인 예측은 매우 보수적 틀로 남아 있어야 하
는데 이런 예측에는 침실을 그렇게 두드러지게 보인 것, 즉 반 고흐의 특별
한 시야, 그의 변덕스런 화법, 기울어진 원근법, 색상에 대한 관심 등이 틀림
없이 결여되어 있기 때문이다. 우리가 소프트웨어의 힘을 빌려 '고흐의 시
선'으로 우리 시야를 강화시키더라도 그 결과는 여전히 목표에 미치지 못하
는데 화가의 '왜곡'은 모든 장소에 대한 경험에 기초하여 독특한 방법으로
그 경험을 전환시키기 때문이다.[29] 결국 그 침실이 외부로 투사할 수 없도록
그려졌다는 것을 알아야 한다. 그 이유는 그 방이 한 사람의 마음속에 있는
것으로 일반인의 일상사나 조직적인 프로그램에 의존하는 것이 아니기 때
문이다. 마찬가지로 에드가 드가의 압생트 잔The Glass of Absinthe(1876)에서 부
부 옆에 서있는 사람 혹은 물체는 무엇인가? 모든 것이 다 완비된 반 고흐의
침실과는 달리 드가의 그림에서는 '부분적이고 단편적이며 일시적'이므로
그 카페의 마무리 세팅은 우리에게 남겨진 상태이다.[30] 확실히 우리는 다른
고객들과 웨이터, 더 많은 테이블과 의자, 병, 잔, 그리고 카운터 뒤의 단골
손님을 상상할 수 있어야 한다. 우리는 그렇게 하더라도 할리우드 예술 감독
같은 성의를 가지고 작업에 들어간다. 예술 감독처럼 우리는 현대 그림이나
사진에 대해 우리가 알고 있는 바 그곳에 있어야 한다고 생각하는 것을 제공

---

29) 이런 종류의 디지털 소프트웨어는 *Painter*에 있다.
30) Meyer Schapiro, "On Some Problems in the Semiotics of Visual Art: Field and Vehicle in
   Image-Signs", *Semiotica*, vol. 1, no. 3, 1969, p. 227.

할 수 있을 뿐이다. 이런 의도에서는 또 다시 그 예술가 자신의 생생한 상상력은 찾아볼 수 없게 된다. 사실 그림에서 남자와 여자, 특정한 카페, 그림 속에 가득한 분위기와 같은 그 모든 것들은 드가의 인생 경험에서 나온 것이다(그리고 아마도 다른 작품의 영향에서 비롯된 것이다). 그리고 만약 드가 자신이 배경에 웨이터를 넣기로 결정했다면 그의 선택은 우리 머릿속의 캐스팅 담당자가 선택한 것과는 달랐을 것이다. 또 다시 그 작품이 표현하는 것은 나머지 세상으로 확대될 수는 없다. 필연적으로 전혀 다르고 자율적이며 독립적이다.

그 방법을 이해하면 프레임 경계 너머에는 실제 아무것도 없다는 것을 깨닫게 된다. 그 이미지가 처음에 제시하는 전체는 사실 "주어진 것도 아니고 줄 수 있는 것도 아니다."라고 들뢰즈는 결론짓는다. 프레임은 세상이 다양성과 무형식 그리고 영화가 아닌 현실을 되찾는 경계에서 필연적으로 동요하게 된다. 외부에 있는 것이나 세계, 그 전체는 아무튼 좌지우지 할 수 있는 것이 아니다. 들뢰즈가 말하길, "본질은 계속해서 변한다."**31** 따라서 전체적으로 예측이 불가능한 것이다. 대체로 프레임 안에 있는 것은 결국 그 너머에 아무것도 없는 무의 중심이 될 뿐이다. 보이는 것이 거기에 있는 전부이다.

8
....

그렇지만 영화에서는 우리가 보지 못하는 것이 문제가 될 수 있다. 일반적으로 표준 촬영 방법은 관객이 배경에서 틈이나 구멍을 발견하도록 만들어서는 안 되는 것이다. 스크린에 출입 금지구역이 있으면 관객에게는 불쾌한 일이다. 이유는 장소가 그들 소유가 아니라는 것, 누군가 다른 사람이 그들이 보고 있는 곳과 보지 못하는 곳을 통제하고 있다는 것, 그리고 흥미로운 장면은 결국 담화나 사람의 중재(간섭)에 지나지 않을 뿐이지 현실을 멋지게 보여 주는 것이 아니다. 오다르Oudart는 몇 년 전 고전적인 쇼트 구조에 있는

---

31) Deleuze, p. 9.

양식을 재검토한 바 있다. 다소 어설프지만 오다르는 임시로 빠진 부분, 즉 관객의 상상력에 위협을 가할 수 있는 부분을 '부재자'라고 부르고 고전적인 영화가 채택한 교정 단계는 '봉합'[32]이라고 불렀다.

　오다르는 일반적인 상황에서 논쟁을 시작한다. 한 등장인물이 누군가 다른 사람을 화면 밖에 처리할 때 관객들은 불확실하게 느낀다. 누가 거기 있지? 그 외 무엇이 있는 거지? 어떤 긴장감이 들며 긴장감은 일반적으로 역쇼트(역촬영)의 스크린의 모습에 의해 완화된다. 두 번째 등장인물은 이제 첫 번째 인물에게 반응한다. 다시 말해 주인공이 실제 모습을 보이면 주인공은 '부재자' 대신에 채워지고, 부재자는 짧은 순간 비틀거리며 나타난다. 그래서 내가 먼저 오른쪽만을 보고 있으면 그것은 방의 왼쪽이다. 어떤 이유로 스크린이 상황을 바꾸고 우리가 지금 반대편을 보고 있다면 보이지 않는 네 번째 벽조차도 그 모습을 나타낼 것이다.

　전통적인 영화의 전체적인 작용력은 구멍을 틀어막아 관객들에게 등장인물의 액션에 무제한으로 접근할 수 있도록 만드는 것이다. 그때 발생하는 것은 어떠한 이유로든 감독은 규칙에 따라 일하지 않으며 세팅의 중요한 부분을 사용하는 것을 거부한다. 이것이 바로 〈잔 다르크의 재판The Trial of Joan of Arc〉(Robert Bresson, 1962)[33]에서 일어난 일이다. 길게 심문을 하는 시퀀스에서 잔 다르크는 방의 왼쪽에서 오른쪽에 있는 원고 주교와 그 시종을 마주보고 있다. 모두 프로시니엄(무대의 앞부분)에서 카메라로 돌출각도에서 때로는 이쪽을, 또 때로는 저쪽을 바라보며 찍은 것이다. 지금까지는 그런대로 괜찮다. 그러나 쌍방 간에 보이지 않는 중간 거리가 있다. 그러므로 우리는

32) Jean-Pierre Oudart, "Cinema and Suture," *Screen*, vol. 18, no. 4 (Winter 1977-78). Suture(봉합)의 정신분석학적인 기원부터 Oudart의 관점에 대한 반대에 이르기까지 전체적인 내용은 Stephen Heath 참조, "Notes on Suture," *Screen* 18, no. 4 (Winter 1977-78), pp. 48-76.

33) Oudart는 Suture(봉합)이라는 개념으로 이 영화에 비평가들의 관심을 가져온 첫 번째 사람이다. 그렇지만 이 장면에 대한 저자의 해석은 Philippe Arnaud가 Robert Bresson에 대해 쓴 기술을 따랐다. (Paris: Cahiers du Cinéma, 1986), pp. 97-105.

확실히 알지 못한다. 잔 다르크와 재판관이 얼마나 떨어져 있는지, 사실 그들 사이에 공간이 얼마나 있는지 확실히 모르고 있다. 법정의 중요한 부분이 우리의 눈을 벗어나 있기에 우리는 길을 잃은 듯 빗나가 있다. 결과적으로 우리는 사람들이 영화를 보고 흔히 느끼는 '희열'(오다르에서 인용)을 경험하지 못한다.**34** 후기 작품 〈아마도 악마가The Devil Probably〉(1977)에서 브레송은 이 기법을 훨씬 더 진행시킨다. 이 영화에서 우리에게 볼 수 있도록 허용된 공간을 정신적으로 만들어 내기는 어렵다. 그런 이유로 경계선을 긋는다. 대부분 우리는 방을 지나거나 포장도로를 걷는 다리를 본다. 열려 있거나 닫혀있는 문을 찍은 쇼트가 많다. 전체적으로 어떤 행동도 관찰되지 않고 분화가 너무 철저히 이루어져 쇼트는 종종 전체에 묶여 있다기보다는 서로 서로 병치되어 있는 듯하다. 스테판 히드Stephen Heath의 말을 빌리자면, "쇼트는 서로 이어지는데 이어짐이란 사실 외에 별 다른 구속은 없다."**35** 그 모든 것을 통해 모든 감독 중 가장 정확한 사람으로 꼽히는 브레송은 하나의 쇼트에서 이야기의 특정 부분을 이끌어 가는 데 필요한 최소한의 것만 보여 주기 위해 애를 쓴다. 비록 그러한 미니멀리스트 기법의 전체적인 영향은 처음에 소원할 수 있지만 또한 그것이 등장인물의 세계에 접근하는 것을 재고해 보게 만든다면 마음을 사로잡을 수도 있다.

'부재자'는 또한 보이지 않는 네 번째 벽의 문제와도 연관되어 있다. 일반적으로 카메라가 차지한 화면 밖의 장소, 즉 전체적인 신을 구성하는 특정 각은 없어진 것으로 느껴져서는 안 된다. 그것의 부재가 눈에 띄어서도 안 된다. 우리가 보게 되는 공간의 지리적 위치로 인해 신에서 우리 자신의 위치를 설명하기 어렵게 할 때는 어떤 일이 벌어지는 것인가? 브레송의 〈잔 다르크의 재판〉을 다시 한 번 보자.**36** 법정 신 전체에서 이따금씩 우리는 재판의 세 번째 장면을 보게 된다. 여기에서는 잔 다르크의 지지자를 보여준다. 그

---

34) *Screen*에서는 '아찔한 환희'로 번역되었다.

35) Heath, p. 67.

36) 또다시 나는 *Robert Bresson*의 Philippe Arnaud에 대한 명확한 분석을 따르고 있다.

의 법정에서의 위치는 처음에 확실하지가 않다. 우리 마음대로라면 우리 바로 앞자리에 그를 놓고 싶지만 그 자리는 주인공 사이에 있는 우리에게 보이지 않는다(잔 다르크는 왼쪽에, 재판관은 오른쪽에). 그러나 우리는 그렇게 할 수 없다. 지지자는 잔을 볼 때 우리가 원하는 대로 왼쪽으로 카메라를 돌리지 않고 오른쪽으로 돌리기 때문이다. 간단히 말해 법정에는 그가 위치를 잡을 곳이 단 한 곳뿐으로 그곳은 카메라가 이전 쇼트와 역쇼트 대부분을 위해 위치해 있던 곳이다. 다시 말해 브레송은 일련의 쇼트를 위해 무대 라인을 가로지른다. 예기치 않았던 장소는 긴장감을 줄여 주지는 못할망정 갑자기 그 남자에게 '우리의' 자리를 할당함으로써 긴장감을 더해준다. 그래서 우리 앞에 나타나지 않는 자리가 있을 뿐만 아니라 우리 자신의 자리도 다른 사람에게 주어진 것이다! 결과적으로 우리는 결국 그 방에서 '내쫓기게 되는데', 그 유명한 벨라스케즈Velázquez의 그림 라스메니나스Las Meninas(1656)에서도 똑같이 발생되었다. 어떤 관객들은 확실히 다루기 힘든 이유를 연출력의 결핍으로 보았다. 다른 사람들은 그 기법을 칭찬하고 있다. 그것은 그 기법으로 인해 우리가 등장인물의 세계와 마주하는 데 필요한 독립심을 유지할 수 있게 만들기 때문이다.

9

연출가들은 화면 밖 공간을 무대 장치를 통해 조정하는 것이 가능하다는 것을 알았다. 그러한 예는 장 르누아르의 〈나나Nana〉(1926)에서 볼 수 있다. 노엘 버치는 이 영화의 뛰어난 장면에 처음으로 우리의 관심을 끌게 만들었다.[37] 나나가 애인과 방에서 대화를 나누는 동안 애인은 그녀 옆에 앉아 있다. 다음 장면에서 애인은 그녀에게 계속 구애를 하고 있지만 프레임에는 그녀가 없는 상태이다. 이어서 남자는 자리에서 일어나 방에 지정된 '그의' 부분에서 서성댄다. 다음 쇼트에서는 그가 있던 자리로 되돌아가고 우리는 나

---

37) Noel Burch, *Theory of Film Practice*, Helen R. Lane 옮김 (Princeton: Princeton Univ. Press, 1981), chap. 2.

나가 이전의 자리에 있지 않다는 것을 알게 된다. 우리가 그녀 애인에게 집중해 있는 동안 그녀는 다른 자리로 옮긴 것이다. 버치가 설명하듯, 우리는 화면 밖 등장인물들이 그들 자리라고 생각했던 곳에 그대로 있지 않고 이리저리 옮겨 다닌다는 사실을 깨닫고 놀란다. 이것은 금방 알 수 있는 것인데도 우리는 그것을 금방 잊어버린다. 그것은 대부분 영화의 관습상 우리가 모르는 사이에 중요한 신이 발생하는 것에 익숙하지 않기 때문이다. 우리가 다른 곳에 정신이 팔려 있는 사이 르누아르 감독이 나나를 움직였기 때문에 우리가 보고 있는 사건들은 사실 아주 한정되어 있으며, 프레임 너머의 세상은 우리가 부재한 사이에도 그대로 멈춰있지 않다는 것을 깨닫게 된다. 어떤 면에서 바쟁과 들뢰즈 두 사람의 이론은 여기에서 확인된다. 나나의 움직임은 이 세상이 사실 그 틀 너머에서도 계속된다는 것을 입증한다. 그러나 그녀의 자리가 변했다는 것을 몰랐다는 사실은 우리가 실제 목격한 것 이상을 가정할 능력이 없다는 것을 보여준다.

미클로스 얀초Miklós Jancsó의 경우 같은 효과지만 더욱 드라마틱하게 사용했다. 〈적과 백The Red and the White〉(1967)에서 적군(구소련)의 하사관은 러시아 내전 동안 폐허가 된 마을을 탐색한다. 그곳에 있어야 할 아군은 없었다. 하사관은 전체적으로 상황을 보기 위해 교회 탑으로 올라간다. 그곳에서 그는 우리 방향으로 몸을 돌리지만 별다른 것을 발견하지 못한다. 그런 다음 반대편으로 걸어간다. 그곳에서도 별다른 것을 발견하지 못하고 그는 우리 쪽으로 몸을 돌린다. 이번에는 무언가를 발견하고 그는 무기를 내려놓고 팔을 들어 올린다. 잠시 후 두 명의 백군 병사가 우리 뒤에서 시야로 들어온다. 이 상황에서 카메라는 더 이상 확실히 전지전능하지 않다. 어디를 봐야 할지를 모르기 때문이다. 사실 카메라는 백군 병사들을 은폐시킨다. 〈나나〉에서 화면 밖 공간은 더 이상 믿을 수가 없다. 온갖 일들이 벌어지는데 우리는 모르고 있다. 또 다시 앉아서 받아먹는 식의 정보에 익숙한 사람들은 상황이 혼란스럽게 느껴질 수 있다. 또 다른 사람들은 카메라에 주어진 새로운 역할이 고무적이고 원시안적이라는 것을 알게 되었다.

자크 라캉Jacques Lacan의 일상의 현실과 '실제' 사이의 차이를 되새기면서, 필립 아르노Philippe Arnaud는 다음과 같이 평하고 있다. 그런 영화들에서 "공간으로서의 스크린은 우리가 아는 세상을 가져오지 않는다. 우리 삶의 '실제'가 동화되지 않은 채 남아 있는 것으로 이루어져 있는 것과 마찬가지로 스크린상의 '실제'는 정확하게 표현될 수 없는 것이다. 그것은 그들 사이에서 스스로 발산하는 것으로 이루어져 있다."[38] 부드럽게 봉합된 볼거리를 제공하면서 표현상에 어떤 틈도 없이 우리에게 익숙한 세상을 보여 주는 여타의 많은 영화와는 달리 브레송, 르누아르, 얀초 감독 등의 영화는 영화상의 실제라도 반드시 불이행으로 남아 있으며 진짜 '실제'는 줄곧 예비로 남겨져 있다는 것을 상기시킨다. 대부분의 영화에서 프레임은 관객이 지금 보고 있는 것이 나머지 세상과 반드시 일치하는 것은 아니라는 것을 눈치 챌 수 있는 것은 뭐든 치워버리지만 지금 설명한 영화 속 프레임은 실제를 발췌해서 보여 주어 전체와 원경은 영원히 접근 불가능한 것으로 남는다.

10
....

하나의 영상은 어떻게 만들어지는가? 어떻게 구성되는 것인가? 이 문제를 이해하기 위해서는, 하인리히 뵐플린Heinrich Wolfflin이 『미술사 원론Principle of Art History』에서 제안한 미술적 표현상의 조형적 차이, 즉 배경을 편평한 평면으로 혹은 삼차원으로 표현한 것을 다시 언급하는 게 좋겠다.[39] 이런 표현은 사실 전통적인 것과 전형적인 일상의 이미지 사이의 차이가 분명한 데서 기인한다. 즉 색상이 다채롭고 장식이 많은 고딕 양식과 로마네스크 양식의 그림에서 등장인물 너머에 있는 존재와 단지 세상을 평범하게 보여 주는 존재의 차이이다.[40] 오늘날에는 어느 것을 선택하든 모두가 알고 있듯이 개인적

---

38) Arnaud, p. 18 (저자 번역).

39) 나는 예술에 있어서는 Heinrich Wolfflin의 *Principles of Art History*에 있는 두 번째로 공식적인 개념을 따르고 있다. M. D. Hottinger 옮김 (New York: Henry Holt and Co., 1932).

40) 이 주제에 관해서는 Miriam Schild Bunim, *Space in Medieval Painting and the Forerunners of Perspective* (New York: Columbia Univ. Press, 1940) 참조.

선택 그 이상의 함축성을 지닌다.

필자가 이 점을 좀 더 상세히 설명하기 전에 먼저 시각적 이미지 구성과 일상생활의 경험이 관련이 있음을 말해 두는 것이 좋겠다. 인간으로서 우리가 모든 감각(차가 오는 소리를 먼저 듣고 나서 나중에 차라는 걸 확인하거나 바람이 불어 아파트 창문으로 들어오는 음식 냄새를 알 수 있는 것 등)을 통해 주변 상황을 인지한다 하더라도 응시가 그 중에서 가장 파우스트적(정신을 파는)이다. 다시 말해 경계선이 없어 수평선 저 끝까지 앞으로 파도처럼 물결친다.[41] 시야를 가로막는 사물들, 물체, 물질세계만이 시각적 탐구를 저지한다. 이러한 방해가 눈에는 그리 유쾌하지 않게 느껴지는 것은 그것이 반응, 즉 대책이 필요하다는 것을 의미하기 때문이다. 시선이 전위예술가로서 기능을 하듯 우리 역시 문 앞에서 이야기 중인 몇몇 사람과 마주치면 어떤 결정을 내려야 한다. "실례합니다!"라고 말하면서 사람들 틈으로 지나갈 수도 있고 그들 무리를 의식해서 그곳을 피해갈 수도 있다. 이런 반응은 확실히 전 인류에 보편적이라 할 수 있다. 콘라드 로렌츠Konrad Lorenz가 언급했듯이 가장 원시적인 적충류(원생동물의 일종)조차도 방해물을 한 번 뛰어 오른 후에는 장애물 주변에서 길을 찾아 나간다.[42] 따라서 실제 상황에서 우리가 취하는 행동과 아주 유사하게 시선도 작동한다. 시선이 장애물을 탐지하고 우리가 행군을 계속해야 할지 해결책을 제시한다. 고딕양식과 로마네스크 양식의 장식 배경을 보면, 배경이 우리 시선을 어떻게 철저하게 방해하는지 충분히 이해가 된다. 고속도로에서 우리 시야를 방해하는 큰 트럭처럼 이런 배경들은 우리 시야를 구석으로 몰아가는데 그림틀 안에는 어떤 탈출구도 없다. 그리하여 소통은 최전면에 있는 전경으로 제한된다. 시야가 정처 없이 떠도는 것은 용납되지 않는다.

---

41) *The Decline of the West*에서 파우스트 관점에 대해 논한 Oswald Spengler의 논쟁을 참조. Charles Francis Atkinson 옮김 (New York: Alfred A. Knopf, 1926), p. 195ff.

42) In E. H. Gombrich, *The Sense of Order: A Study in the Psychology of Decorative Art* (Ithaca: Cornell Univ. Press, 1979), p. 2.

이와 반대로 르네상스 시대의 그림 표면은 캔버스 내에서뿐만 아니라 이른바 그림이 걸려 있는 벽 내부까지 시선이 미친다. 르네상스 그림의 소실점은 접혀진 부분까지 시선을 끌어들이는데 실제 생활에 익숙한 모든 필요한 단서를 제공한다. 그러므로 이미지는 관객과 대면하기보다는 관객을 끌어들인다. 시선을 차단하지 않고 계속해서 전방을 탐색하도록 한다. 그림에 움직임이 추가되면 이런 경험이 한층 강해진다. 카메라가 빠른 속도로 앞으로 이동할 때마다 우리가 느끼는 흥분과 쾌감을 생각해 보자. 무엇이 우리를 움직이는지, 누가 옆에 있는지, 어디고 가고 있는지 등은 중요하지 않으며 통과하는 공간만이 우리를 스크린에 푹 빠지게 만든다. 유명한 미술 이론가인 에빈 파노프스키Erwin Panofsky가 암시한 바와 같이 선투시법은 '자체 영역의 확장뿐만 아니라 외부세계의 통합과 조직화'43이다. 결국 사방을 감지할 수 있는 선투시법으로 관객은 굉장한 볼거리를 '갈망하는 기계'로 변모시키고, 결국 자신이 성욕이 풍부하다고 느끼는 탐욕스런 중독자로 변하게 된다.44 조작을 통해 우리의 자아는 철저하게 고무된다. 따라서 속임수로 피사체는 활력을 얻고 실생활에서 쉽게 가질 수 없는 힘을 부여받는다. 우리를 방해하는 영상과 마음대로 돌아다니게 만드는 영상을 넘나들며 우리의 시선은 처음에는 끝없는 전망을 제공하는 이미지를 항상 선호하게 된다.

영상을 세상과의 통로라고 설명하는 감독들은 당연히 확장된 시야를 선호한다. 존 포드John Ford는 이 계통의 절대적 대가다. 〈모호크족의 북소리 Drums along the Mohawk〉(1940)에서 포드는 클로데트 콜베르Claudette Colbert가 헨리 폰다Henry Fonda에게 작별인사를 시킬 때 폰다는 인디언과 전쟁하러 가는 지원병 무리에 가세하려고 한다. 길 한쪽에서 콜베르를 떠나보내는 대신, 포드는 그녀를 집으로 되돌려 보낸다. 그래서 그녀는 출병하는 군인들과 어느 정도 함께 걷기로 맘먹고 조금 떨어져서 걷는다. 전경에는 그녀가 보조를

43) Erwin Panofsky, *Perspective as Symbolic Form* (New York: Zone Books, 1991), pp. 67-68.

44) Gilles Deleuze and Felix Guattari, *Anti-Oedipus*, Robert Hurley 옮김, Mark Seem, and Helen R. Lane (New York: Viking, 1977) 참조.

맞추고 배경에는 군인들이 행군을 한다. 신은 절정에 달하고 잠시 후 딥 포커스 쇼트로 종대행렬이 지평선을 향해 행군하는 모습이 보이는 동안 우리 가까이서는 그녀는 풀이 무성한 언덕에서 그들이 보이지 않을 때까지 손을 흔들고 있다. 숨이 멎을 것같이 멋진 신이다.

이와 대조적으로 장 뤽 고다르는 등장인물의 후경을 다채로운 광고, 사진, 포스터 등으로 종종 가렸다. 그 외에는 그가 관객을 직접 겨냥한 커다란 그래픽 전시물로 영상의 디제시스적 흐름을 차단하기도 했다. 시각적 혹은 인쇄된 데이터로 우리에게 영향을 줌으로써 고다르는 일반 사회적, 정치적, 이념적 내용 안에 자신의 영화를 전경으로 그려내며, 데이터 공개에 누구도 책임지지 않고 생활 속에서 일어나는 단편이 아닌 평가받아야 할 이야기로 데이터 상태를 확인한다. 포드가 한 것처럼 고다르 역시 깊이보다는 카메라와 직면하는 한 개의 정면 평면 위에 모둠 배열하기를 몹시 좋아한다. 브라이언 헨더슨Brian Henderson에 의하면 깊이에서 구성을 거부하는 이러한 평평함은 '부르주아적 세계관과 자아상에 대한 공격, 바로 신비성 말살'45을 의미한다. 기술이 자유의 부족을 이유삼아 우리의 시선을 보상적 구제로 인정하지 않으며 우리가 실생활에서 경험할 수 있는 한, 시선은 정말로 사회에 대한 정치적 비평을 형성한다는 것이다. 이 모든 것이 우둔하고 현학적인 영화 제작을 권유하는 것처럼 들릴 수 있으나 고다르의 재능이 워낙 천부적이라 평평한 그래픽 영상이 결국 틀에 박힌 삼차원 영화보다 훨씬 흥미진진해지는 경우가 많다.

11

그렇다고 원근화법에 따른 모든 장면이 같은 효과를 가져온다고 말할 수는 없다. 파노프스키는 주어진 피사체에 대해 이른바 오래 촬영한 장면과 짧게

---

45) Brian Henderson, "Toward a Non-Bourgeois Camera Style," in *Film Theory and Criticism: Introductory Readings*, 2nd edition, ed. Gerald Mast and Marshall Cohen (New York: Oxford Univ. Press, 1979), p. 846.

촬영한 장면 사이의 차이점을 지적한 바 있다. 안토넬로 다 메시나Antonello da Messina의 〈성 제롬St. Jerome〉(1475년경)에서 저 멀리 서재에 고립된 성인을 나타내는 그림을 본다. 성인은 분명 자신의 세계에 남아 있어야 한다. 우리는 그곳을 들여다보고 있으나 우리가 있는 곳과 성인이 있는 곳은 완전히 다르다. 그곳을 바라볼 수는 있지만 들어오도록 초대받은 건 전혀 아니다. 그림 속에는 실질적으로 어떤 안내자도 없지만 안내자가 저쪽에 떨어져 성인에 대해 알 필요가 있는 모든 것을 다 말해 준다. 방 안을 자유롭게 들여다보는 동안 우리의 시선은 안내자가 하는 말에 따라 이런저런 세밀한 것에 관심을 가진다. 이런 식으로 안내자는 우리가 신을 이해하는 데 중요한 매개자 또는 중재자가 된다. 이와 대조적으로 알베르 뒤러Albert Dürer의 〈성 제롬St. Jerome〉(1514)에서는 성인이 우리에게 더 가까이 존재한다. 파노프스키가 설명한 것처럼 성인이 있는 서재와 우리가 있는 곳은 이제 같은 공간이다. "[성인이 있는 서재] 바닥이 우리 발치까지 오다 보니 우리 자신이 그곳에 들어오도록 허락받았다고 생각한다."46 좀 더 정확하게 말하면 출입구 주변보다는 그 이상의 방을 더 많이 보기 때문에 그런 식으로 느끼게 된다. 결과는 당연히 놀랍다. 우리는 지금 성인이 있는 세계의 일부다. 성인 바로 옆에 있다. 성인이 기거 하는 곳에 함께 머문다. 상황은 1521년에 성인에 대해 뒤러가 한 또 다른 묘사와 흡사하다. 이번에는 출입문이 전혀 보이지 않고 타이트 미디엄 쇼트로 제롬이 삶에 대해 명상하는 모습이 보인다. 우리는 분명 나란히 서있는 친한 친구이다. 따라서 뒤러는 거리를 이용하여 관객의 위치를 멀리 있는 관찰자 혹은 신 안의 직접 참여자로 만들 수 있다.

성 제롬에 대한 이런 장면은 화자와 액션과 카메라를 겹치게 만들어 세 가지 촬영 방법을 은유적으로 표현한다. 그중 첫 번째 기법은 이야기를 '말하는' 부분에서 두드러지고, 두 번째 기법은 직접 '보여 주는' 것을 강조하고, 세 번째 기법은 관객이 '경험하는' 것을 부각시킨다. 우선 우리가 (두 번째 성 제롬) '보여 주기'를 해 보자. 그것은 탁월하면서도 고전적으로 구성되어

---

46) Panofsky, p. 69.

있기 때문이다. 이 경우 누군가가 신 뒤에서 모든 것을 조정하고 있다는 암시를 주지 않는다면 모든 관심은 등장인물과 그들의 행동에 집중된다. 퍼시 러보크Percy Lubbock는 기 드 모파상Guy de Maupassant의 소설을 그 예로 들어 방법을 설명한다.

> 그는 자신이 장면을 직접 목격한 듯 이야기를 하고, 장면이 바뀔 때마다 디테일을 언급하고 있다. … 이 쇼를 관장하는 모파상은 오버랩되기도 하고 사라지기도 하면서 우리는 그의 시선을 따라간다. … 사실 그는 그곳에 없다. 표면상으로 판단을 요하는 행동을 하지 않은데다 자신의 존재를 상기시키는 행동도 없어서인지. … 우리는 이야기에 이끌리고 감동적인 신에 이끌릴 뿐이다.[47]

몰래 타인을 관찰하는 사람처럼 '보여 주는' 영화에서는 혼자인 것처럼 보이는 등장인물 옆에 우리가 선다. 우리가 보고 듣고 있는데도 그들은 우리가 있다는 것을 알아채지 못한다. 또한 언제 등장하고 언제 퇴장해야 하는지, 누구에게 또는 무엇에 관심을 두어야 할지 알고 있다. 따라서 삶 자체가 스크린에 갑자기 나타난 것처럼 보이지 않는다.

아니, '보여 주는' 영화에서는 이야기는 들리지만 선택한 기법은 직설적이지 않다. 주요인물에 대한 캐스팅이 캐릭터에 대해 이런저런 방식으로 우리에게 어떻게 작용하는지 생각해 보자. 그다음 각도를 선택해야 하고 누군가의 얼굴에 대해 조명이 얘기하는 부분도 있고 주인공이 자신을 어떻게 표현하는지 어떻게 이야기가 구성되는지도 있다. 그렇다면 보조맞춤과 음악은 어떤가? 하지만 가장 중요한 사실은 그들의 행동이 우리 눈앞에서 진솔하게 펼쳐질 때 등장인물에 다가가게 된다.

분명한 것은 내레이터가 있어도 후경에 무심한 듯 있어야 한다는 것이다. 즉 히치콕 감독에게 흔한 일이듯 〈현기증〉 초반 신의 은밀한 내레이터는 좋은 형태일 수 있고, 그의 마지막 영화 〈가족 음모Family Plot〉(1976)에서 비슷한 전시 신에서는 빈번하게 나타나듯 내레이터가 은밀한 내레이션을 할 수 없

---

47) Percy Lubbock, *The Craft of Fiction* (New York: Charles Scribner's Sons, 1921), p. 113.

게 된다. 배경 정보만이 신을 뒷받침한다는 사실을 잊게 만드는 거장의 초기 영화 대신에 상황 혹은 심지어 주요인물에게 주의를 기울일 수 없는 지루한 앵글이 따분하게 이어진다. 두 가지 사례 사이 어딘가에 해당되는 '보여 주기' 접근법을 사용하는 대부분의 영화에서는 웅장한 영화의 거들먹거리는 설명도 없고 힘겨운 영화 제작을 애처롭게 보여 주지도 않는다. 두말할 것도 없이 '보여 주기'는 데이비드 마멧David Mamet이 상술한 핵심 개념이기도 하다. 그는 영화에서 카메라 위치는 굴곡이 없어야 한다고 주장한다.[48] 대부분의 영화에서 카메라는 등장인물이 가는 곳이면 어디든 따라가는 등장인물에 비해 부수적인 존재이긴 하나 영화를 조종하는 감독은 신 뒤에 머무는 터라 관객이 제각기 장면을 자신의 것인 양 제멋대로 쓰게 된다.

대조적으로 영화가 내레이터(첫 번째 〈성 제롬〉에서 우리 상상 속의 안내자)를 소개할 수도 있다. 가령 〈윤무La Ronde〉(Max Ophüls, 1950)에서는 누군가가 액션을 지시하고 있는 것처럼 내레이터가 영화 속에 실제로 존재하거나 주인공 중 한 사람의 목소리[〈이중 배상Double Indemnity〉(Billy Wilder, 1944)에서의 월터 네프]로 혹은 이야기[〈배리 린든Barry Lyndon〉(Stanley Kubrick, 1975)]와 직접 관련이 없는 해설가의 목소리로 사운드트랙을 통해 내레이터 소리를 들을 수 있다. 그런 내레이터의 실제 지배력은 영화마다 다양하게 나타나지만 어느 정도는 항상 내레이터 관점에 따라 결국 이야기에 접근하게 된다. 러보크Lubbock가 지적한 것처럼 여기서 "독자는 스토리텔러를 바라보며 그의 이야기에 귀를 기울이고…" 우리가 관심을 기울이는 것은 바로 스토리텔러의 '이야기'[49]이다.

그렇지만 스토리텔러는 완전히 다른 방법으로 우리를 이야기에 접근시키기도 한다. 예를 들면, 질 들뢰즈는 영화에서 "유일한 영화의식은 관객도 아니고 주연배우도 아닌 바로 카메라다…"[50]라고 했다. 카메라를 등장인물의

---

48) David Mamet, *On Directing Film* (New York: Viking, 1991).

49) Lubbock, p. 111.

50) Deleuze, p. 20.

흥미에 맞추지도 않고 또는 굴절이 없는 위치에 카메라를 설치하지도 않으면서 독특하면서 독립적인 관찰점을 찾는 감독도 있다. 그리고 이번에는 그에 대한 보상을 받게 되는데 이중제시(더블 프리젠테이션)를 알게 되기 때문이다. 그 하나는 전개되고 있는 이야기이고, 다른 하나는 '모든 것을 보고 느낄 수 있는 의식의 중심'[51]의 위치를 정하는 것이다. 실제로 장 미트리Jean Mitry의 경우 그런 대립이 없다면 예술도 없다면서 "시인은 일반적인 세상이 아닌 세상에 대한 그의 비전을 보여 주어야 한다고 말한다. 사실 관객으로서 관심을 끄는 것은 앞에 제시되어 있는 것이 아니라 그것에 접근하는 방식이다."[52]

이목을 끄는 구성으로 화술 전략이 풍부해지는 예를 들어보자. 히치콕 감독 작품 중 창의성이 가장 풍부한 프로젝트인 〈로프Rope〉(1949)에서는 살인자 두 명이 제임스 스튜어트와 손님 몇 명을 대접하는 신이 있다. 손님들은 모르지만 그들 바로 옆 상자 안에는 시체가 있다. 파티가 끝나갈 무렵 가정부가 천천히 청소를 하고 있다. 이들은 프레임 한쪽으로 밀어놓고, 카메라는 가정부에 의연하게 초점을 맞추는데 그녀는 상자 위의 접시와 촛대를 치워 기다란 복도 끝에 있는 주방에 갖다 놓는다. 프레임 밖에서 화자들의 대화가 이어지는 동안 그녀가 틀림없이 언제라도 상자 뚜껑을 열게 될 거라고 우리는 생각한다. 다시 말해 프레임의 구성은 이 시점에서 스튜어트와는 관련이 없지만 이야기상으로 중요한 이 사건을 부각시키는데 우리는 시체가 어디에 있는지 알고 있고 가정부가 상자 주변을 맴도는 동안 살인자들이 경험할 정신적 고통도 상상할 수 있기 때문이다. 이런 경우 신의 긴장감을 높이는 독자적 관점을 확립하여 주인공들의 우려 그 이상을 나타낸다.

두 번째 예는 〈올란도Orlando〉(Sally Potter, 1993)에 잘 나와 있다. 영화 초

---

51) Wayne C. Booth explaining Henry James's technique in *The Rhetoric of Fiction* (Chicago: Univ. of Chicago Press, 1961), pp. 23-24.

52) Jean Mitry, *Esthétique et psychologie du cinéma* (Paris: Editions universitaires, 1963), vol. 1, pp. 392-93.

반부에 올란도는 커다란 나무 앞에서 이리저리 왔다 갔다 한다. 스태틱 쇼트(카메라 움직임 없는 상태에서 피사체 촬영) 한 개로 신을 보여 주거나 팬/달리 쇼트(카메라 이동하며 촬영)로 그의 느린 걸음을 따라다니는 대신 포터는 역발상적으로 접근하여 올란도가 걷는 정반대 방향에서 카메라를 이동시킨다. 올란도가 오른쪽으로 가면 카메라는 왼쪽으로 이동하고 올란도가 왼쪽으로 가면 카메라는 오른쪽으로 이동한다. 영화 후반부에 올란도와 올란도의 연인이 대화를 주고받는다. 기존의 보여 주기를 따랐다면 아마 어깨 정도 각도에서 스태틱 쇼트 한 번, 쇼트와 역쇼트(역촬영)를 여러 번 이용해 두 사람을 담았을 것이다. 대신 포터는 꽤나 복잡한 방법을 사용했다. 한 자리에서 연인과 나란히 있는 올란도를 보고 있다고 가정하자. 올란도가 말하면 우리는 그녀 쪽으로 카메라를 이동시켜 옆에 위치를 잡고 연인 쪽으로 돌아와야 하는 끝부분을 제외하면 줄곧 올란도를 향하고 있다.[53] 반대방향에서 촬영하는 것으로 연인 쪽으로 카메라를 되돌려 촬영하면 올란도 쪽으로 카메라를 달리는 끝부분까지 쇼트에 연인이 계속 있게 된다. 그쯤 되면 우리는 스토리텔러로부터 단서를 얻어야 한다고 생각하는데 스토리텔러는 작품 전반에 걸쳐 포터가 기여한 바를 되새기게 하기 때문이다.

세 번째 예는 〈기나긴 이별The Long Goodbye〉(Robert Altman, 1973)에서 찾아보자. 필립 말로우는 한 여자에게 그녀 남편의 행방에 관해 심문한다. 여느 사립탐정이 하는 식으로 질문이 계속 쏟아진다. "그날 밤 당신은 어디 있었죠…?" 바다가 내다보이는 창문을 배경으로 두 사람이 프레임 안에 있다. 밤이 되어 그들 주변의 해변은 온통 어둠으로 덮여 있다. 바로 그때 보이지 않을 정도로 희미하게 하얀 점 하나가 해변에서 떠돌아다니며 우리의 이목을 끈다. 약간 관심이 있다는 듯 카메라는 앞쪽에 있는 두 사람 사이에서 서서히 줌을 전방으로 작동시킨다. 아직도 우리는 그 점이 바다를 향해 절뚝거리며 걷는 어떤 남자의 흰색 셔츠일 것이라는 의혹을 갖는다. 말로우는 계속

---

53) 나는 이 영화의 다른 인물들에 의해 알려진 Orlando의 성별을 참조한다.

해서 질문을 던지지만 우리의 관심은 온통 바깥에 있는 그 남자에게 쏠려 있다. 그제야 점이 떠돌아다니는 것을 알아차린 양, 우리가 지금 그녀의 남편일 거라 생각하는 남자에게로 카메라가 초점을 다시 맞춘다. 이것이 진짜 영화다! 탐정영화의 온갖 진부한 표현에 식상한 스토리텔러와 카메라가 공상에 잠긴 것처럼 몽유병자가 돌아다님에도 불구하고 결국 관심을 끌었다는 사실을 단 10초면 깨닫게 된다. 모든 정황으로 보아 필립 말로우와 그 여자는 무슨 일이 일어나는지 전혀 모른다.

독자적인 카메라 과정을 선택함으로써, 가령 주인공들 대신 상자를 프레임 안에 넣고, 신에 맞지 않게 카메라를 이동시키고, 줌을 가동시켜 재초점은 늦추는 등 우리는 변덕스런 중재자의 존재를 충분히 의식하고 있지만 그 안내자를 외면할 수도 없다. 그것은 그가 우리에게 기억에 남을 만한 영화여행을 만들어 줄 내레이터이기도 하기 때문이다. 장면을 즐기며 그에 동화된다 하더라도 결국 그것이 우리의 것이 아니라는 것을 인정해야 한다. '보여주기'보다 '이야기하는' 영화에서는 영화 제작자가 분명히 해야 할 것은 추가 요소, 즉 또 하나의 시선은 되돌아볼 가치가 있다는 점이다.

마지막으로 시각적 전략은 등장인물(가능하면 세 번째 〈성 제롬〉)이 신을 주관적으로 수용하도록 활용하며, 외부 관점(보여 주거나 이야기하기)에서 벗어날 수 있다. 주관적 표시를 가장 많이 사용하는 시점 쇼트에서는 카메라가 "등장인물의 위치에 딱 붙어 신에 대한 등장인물의 생각을 끌어내야 한다."[54] 이러한 위치는 그렇게 중요하지도 않고 오래 가지도 않는다. 주목할 만한 한 가지 예외사례로 로버트 몽고메리Robert Montgomery의 〈호수의 여인 Lady in the Lake〉(1946)에서는 영화 시작에서 끝날 때까지 사건에 대한 주인공의 생각을 우리에게 보여 주려고 한다.[55] 이 영화에서 등장인물과의 관련성

---

54) '접착(attatchment)'은 Boris Uspensky의 A Poetics of Composition에서 언급되어 있다. Valentina Zavarin and Susan Wittig 옮김 (Berkeley: Univ. of California Press, 1973), p. 58.

55) Lady in the Lake에 대해서는 Vivian Sobchack의 The Address of the Eye. A Phenomenology of Film Experience (Princeton, N.J.: Princeton Univ. Press, 1992), pp. 230-48에서 잘 분석되어 있다.

은 명백하지 않지만 아주 두드러진다. 〈위트니스Witness〉(Peter Weir, 1985)에서의 신을 떠올려 보면 암만파 신자들의 도움으로 건강을 회복한 해리슨 포드는 밤에 자신의 차에서 작업하고 있다. 켈리 맥길리스가 그와 함께 한다. 처음에는 롱 쇼트가 나오지만 그다음에는 두 인물의 타이트 쇼트가 계속된다. 배터리를 넣어 라디오를 켜고 "지리에 관해서는 난 전혀 몰라요…"라는 말이 들릴 때 카메라 팬은 왼쪽으로 돌고, 포드는 그녀 쪽으로 움직인다. 그 뒤에 시점 트래킹 쇼트가 따라와 그가 그녀에게 다가가는 장면을 복제한다. 그가 더 가까이 다가오고 그녀 쪽으로 이동하는 시점 쇼트가 다시 이어진다. 그다음 그들의 춤 추는 모습이 일련의 타이트 미디엄 쇼트로 계속된다. 기술적으로는 맞지 않지만 움직이는 쇼트를 시점 쇼트라고 부른다. 그것은 시점 쇼트에서 포드의 오른쪽 시선에 맞추려고 맥길리스가 카메라를 왼쪽으로 보고 있기 때문이다. 따라서 카메라는 그의 동작을 흉내 내기보다 복제하고 있다. 카메라가 배우와 함께 나란히 움직이고 있다. 보리스 우스펜스키Boris Uspensky의 말을 빌리자면, 이런 종류의 촬영기법은 배우의 말이 작가의 말을 '오염' 시키는 것을 의미한다.[56] 신을 객관적으로 '보여 주기' 는커녕 배우들이 로맨틱하게 변형시키는 것을 공유하고 있다. 신을 볼 때 우리도 함께 초대되어 배우들의 행운에 감성적으로 반응하고 춤도 함께 춘다.

하지만 또 다른 차원의 참여에 대해서는 발터 벤야민Walter Benjamin이 자신의 유명한 에세이에서 예술 작품의 독특한 분위기에 관해 설명한 은유를 되짚는 것이 좋을 것 같다. 에세이에서 벤야민은 화가를 환자의 몸에 손을 올려 질병을 치료하는 치료사 혹은 카메라맨을 사람의 몸속까지 푹 쑤셔 넣는 외과의사에 비유한다. 벤야민은 다음과 같이 말한다.

> 화가는 자신의 작품에서 현실과 자연스럽게 거리를 유지하는 [반면] 카메라맨은 현실의 막 안으로 깊이 뚫고 들어간다. 그들이 만들어 내는 그림은 서로 엄청난 차이가 있다. 화가의 그림이 전체적인 그림이라면 카메라맨의 그림은 다양한 조각들로 구성되어 있으며 새로운 법에 따라 구성되어 있다.[57]

....
56) Uspensky, pp. 32-33 참조.

외과의사와 카메라맨이 몸 안에 있을 때 그들은 환자와 하나가 된다. 그들은 하나의 유기체로 결합되어 몸 외부의 장면과 몸 내부의 '장면'을 혼합한다. 20대 후반의 감독들이 이런 스타일의 영화 제작 사례를 충분히 보여 주었으며, 아마도 〈메닐몽땅Menilmontant〉(Demitri Kirsanoff, 1928)이 그 대표적인 사례라고 할 수 있다. 이 영화에서 주관적인 견해가 단발적으로 투하되어 외부의 견해를 지속적으로 압도하다 보니 정확한 확인이 어렵다. 최근에는 많은 영화 제작자들이 록 비디오와 '도발적인' 광고방송의 영향을 받아 이러한 영화 제작 기법을 재발견했다. 〈사베지 나이트Savage Nights〉(Cyril Collard, 1993)에서 주인공은 꽤 오랫동안 자신이 에이즈를 앓고 있음을 알고 있다. 우리는 오늘밤 욕실에 혼자 있는 그를 보게 된다. 신 전반에 걸쳐 카메라를 손에 들고 촬영한다. 우선 주인공의 목걸이에 달려 있는 펜던트를 놓치지 않고 계속 촬영한다. 갑자기 카메라가 연이어 기침하는 그의 얼굴을 잡더니 또다시 그의 가슴에서 흔들리는 펜던트로 돌아온다. 카메라가 서둘러 그의 얼굴을 두 번째로 포착하더니 거울 속의 흐릿한 모습을 빠르게 지나치듯 촬영한다. 얼굴을 다시 빠르게 지나치고 손을 지나친다. 그의 손은 수면제가 든 약통을 열고 있다. 그가 입 안에 수면제 몇 알을 넣을 때는 한쪽으로 기우는 좀 더 큰 쇼트로 편집한다. 수도꼭지를 잡은 손과 물을 받고 있는 유리잔은 아주 크게 클로즈업한다. 카메라를 얼굴 쪽으로 재빨리 기울이고 그는 힘들게 물을 삼킨다. 우리는 그의 얼굴을 포착하는데 재킷을 벗더니 자신의 몸에 에이즈 반점이 새로 생긴 걸 알아챈다. 카메라는 클로즈업 장면에서 다시 빠르게 뒤로 빠져 그의 반응을 살핀다. 아주 크게 클로즈업된 그의 손가락이 자신의 피부에 생긴 반점을 부드럽게 만진다. 다시 빠르게 지나치다가 팔을 주목한다. 그가 세면대를 내려치는 장면은 쇼트를 흐릿하게 만든다. 이하 등등… 놀랄 만한 이 시퀀스를 통해 우리는 그의 고뇌, 고통, 분노를 공

57) Walter Benjamin, "The Work of Art in the Age of Mechanical Reproduction," in *Film Theory and Criticism: Introductory Readings*, 4th edition, ed. Gerald Mast, Marshall Cohen, and Leo Braudy (New York: Oxford Univ. Press, 1992), p. 675.

감한다. 손에 들고 찍는 카메라 덕분에 주관적인 타이트 쇼트, 흐릿한 순간, 신체에서의 재빠른 이동 등이 외부의 관심보다 주인공 자신의 몰입으로 인해 고무되고 우리는 그와 하나가 된다. 외과의사라도 되는 양 우리는 그와 함께 하며 그의 몸속에 존재한다. 우리는 그의 자극에 반응한다. 그가 경험하고 있는 것을 우리도 '경험한다.' 바로 그가 되는 것이다.

보여 주기, 말하기, 경험하기 이 세 가지는 선택사항이다. 한 가지를 선호한다고 해서 나머지는 배제해야 한다는 뜻이 아니다. 또한 이 세 가지 접근법이 웨인 C. 부스Wayne C. Booth가 한 말, "작가는 수사학적 과장법을 사용할지 말지를 선택할 수 없다. 작가가 할 수 있는 유일한 선택은 어떤 종류의 수사적 기교를 사용하느냐 뿐이다."에서처럼 여기에도 교묘한 전략이 있다는 것을 잊어서는 안 된다.[58]

12

이 세 가지 배치는 스토리텔링의 수준에 영향을 미치며 세 가지를 통해 독자들이 '텍스트를 읽는 방법, 선택한 이유, 구성요소 배열순서 등'에 관해 알게 된다면 어떤 것을 선택했느냐가 정말 중요하지 않을까?[59] 어떤 특정한 주제에 어떤 방법이 가장 잘 어울릴까의 문제가 아닐까? 아니면 그것이 개인적인 스타일의 문제일까? 대부분 문제가 되지 않을 것이다. 배가 가라앉는데 주인공은 살아남을 수 있을까? 유성이 지구와 충돌할까? 외계인을 한 번 더 물리칠 수 있을까? 가끔이긴 하지만 이러한 문제는 아주 중요하다. 브라이언 드 팔마Brian De Palma의 〈스카페이스Scarface〉(1983)에서 누군가가 전기톱으로 살육되는 신이나 쿠엔틴 타란티노Quentin Tarrantino의 〈펄프 픽션Pulp Fiction〉(1994)에서 차 살인 신은 어떻게 촬영해야 할까? 전자의 경우는 옆방에서 무슨 일이 일어나는지 우리의 상상에 맡겨야 하고, 후자의 경우는 주인

---

58) Booth, p. 116 (my emphasis).

59) Seymour Chatman, *Coming to Terms: The Rhetoric of Narrative in Fiction and Film* (Ithaca: Cornell Univ. Press, 1990), pp. 83-84.

공 위와 차 내부에 온통 피가 흥건한 '우연한' 촬영을 직접 목격한다. 드 팔마는 신을 극화시키는 것은 중요하다고 생각했는데, 이야기 식으로 표현하자면 어떤 것도 자신의 마약 암거래상을 방해할 수 없음을 우리에게 납득시키기 위한 것이다. 타란티노의 경우는 주인공의 부조리한 반응을 비웃으려고 신을 찍는다. 그동안 우리에게 무슨 일이 일어난 건가? 영화 정황으로 보아 이런 사건들이 실재한다고 믿는다. 다시 말해 우리는 실제로 사건이 일어난 것처럼 현재의 사건을 바라본다. 하지만 '영화'이기 때문에 우리는 극장에서 뛰쳐나가지도 않고 911을 부르지도 않으며 오히려 기껏해야 불편해하지만 그래도 수동적인 관객으로 난장판을 받아들인다. 이 모든 것에 온 정신이 팔린다. 우리 머릿속에 자리를 잡고 결국에는 잠재의식의 일부가 된다. 한편 보통의 스토리텔링 방식(이야기가 잘 풀리는 경우)은 우리를 현장에 있게 하지만 다른 한편 우리가 현실에서 있을 법한 위험 상황에 반응할 수 없다. 복잡한 방식으로 이러한 신은 우리가 책임감이 떨어지는 시민이 되라고 가르친다. 반응이 결여되다보니 사건은 슬며시 개인적인 기억 속으로 주입된다. 우리는 조금씩 이런 사건이 언제라도 일어날 수 있다고 당연시하게 된다. 이러한 신으로 인해, 우리가 실생활에서 그보다 위기감이 덜한 사건을 만날 경우 무감각해진다. 전반적으로 둔감해지게 만드는 것이다.

우리가 정신적으로 무너지지 않기 위해서는 무언가 필요하다. 부스의 말을 빌리자면 "가해자에 대한 우리의 감정은 무관심한 재미에서 완벽한 공포까지, 측은한 용서부터 증오까지 다양하며, 이는 드러난 사건과 우리 반응 사이의 자연스러운 관계가 아니라 주로 작가가 제시하는 판단에 달려 있다."[60] 하지만 〈스카페이스〉와 〈펄프 픽션〉, 그리고 많은 다른 작품에서도 그러한 판단은 찾아볼 수 없다. 대조적으로 특정 사건에 동화되는 대신 의식 있는 내레이터는 자신의 입장을 고수한다. 특히 장 마리 스트라우브Jean-Marie Straub는 카메라가 '눈으로 보는 게 아니라 응시한다'는 것이다. "감독들은

---

60) Booth, p. 113 (my emphasis).

액션과 카메라 사이의 초점거리보다는 도덕에 관심을 가질 필요가 있다. 독일어로 프레이밍(구조화)은 아인스텔룽 Einstellung으로 번역되고 아인스텔룽은 자신의 윤리적 자세를 표현할 때 사용하는 단어이다."[61] 이런 점에 비추어 볼 때 카메라가 등장인물을 촬영할 때 촘촘하게 포착하는 과정을 뛰어넘는 것이 매우 중요하다. 요약하자면 스트라우브는 카메라가 신을 향해 도덕적인 입장을 주장하기를 바란다.

그러한 도덕적 근거는 〈밤과 안개Night and Fog〉(Alain Resnais, 1955)와 같은 영화에서 찾아볼 수 있다. 강제수용소를 다룬 최초의 다큐멘터리 영화 중 하나인 이 영화는 분명한 목소리와 시선이 전반에 지속될 수 있었다. 같은 주제를 다룬 다른 프로젝트에서는 나치와 유태인의 이야기를 '실제 있었던 일'로 재창조하고자 뉴스영화 필름이나 신선한 내레이션과 결합되는 반면, 알랭 레네Alain Resnais는 수용소, 그들에게 남겨진 것, 병영, 벽, 담 등에 관한 동시대적 견해를 전면에 내세워 거리를 둠으로써 오늘날 그 사건에서 우리를 분리시켜 그런 모든 공포를 가늠할 능력이 우리에게 없음을 분명히 한다. 이 점을 강조하고자 레네는 미적 배치를 주장하는데 가령 임시변소 역할을 하는 구체적인 구멍 근처는 긴 트래킹 쇼트로 찍고 가스실 벽 가장자리 쪽으로 완만하게 경사지게 만들고 있다. 인정하건대 처음에는 홀로코스트(대학살)라는 엄청난 현실을 직면할 때 그런 미적 관심은 그 자리에 어울리지 않는다고 생각할 수도 있다. 하지만 레네의 영화를 보고나면 그의 결정에 동의하지 않을 수 없다. 우리가 보는 물질의 흔적이란 학살당하고 남은 것들이다. 끔찍한 일들이 우리 인간에게 행해졌지만 우리는 그들에게 더 이상 다가갈 수 없다. 아무리 원해도 '실제 그것이 어떠했는지'를 알 수 없으며, 그렇지 않은 척 하는 것도 역겨운 일이다. 뻔뻔스러운 감독들만이 염치없게도 현재 가능한 온갖 진부한 말들을 엮어 경건한 체 하는 이야기로 학살을 그려낸다. 한편 우리는 레네와 함께 수용소의 진실과 결국에 우리를 엄습하는 죄책

---

61) "Entretien avec Jean-Marie Straub et Danièle Huillet," *Cahiers du Cinéma* 223 (August 1970), p. 54.

감을 통찰하지 못하는 무력감을 처리해야 한다.

영화를 통해 우리는 익숙한 이야기라는 보호차원의 전조가 없어도 치명적 장치가 있는 적나라한 현실과 대면한다. 아주 흔한 일이지만 영화는 우리가 현재와 견주어 과거를 비난할 수는 있는 방어용 칼집에 물질적 잔여물을 넣지도 않는다. 영화 자체가 끝나 가면서 이러한 공포는 나치에만 해당하며 이제 우리가 그러한 잔학행위를 잘 알고 있으며 그런 짓을 할 수 없을 것이라고 생각해서는 안 된다. 사실 우리도 스스로 선택하여 새로운 죽음의 수용소를 건설하고 대학살을 자행하는 데 가담하고 있는 것이다. 이런 사실을 명확하게 보여 주는 것이 바로 캄보디아, 보스니아, 르완다 사태이다. 특이하면서도 집요하게 우리를 과거의 흔적에 대면시키며 레네는 우리가 영혼을 안전하고 건전하게 지켜주는 방어적 허울을 간파할 수 있게 해줘서 이런 과거사에서는 배울 게 전혀 없다는 점도 깨닫게 만들었다. 이것이 바로 내레이터의 힘이다. 이것이 바로 내레이션이 얘기하는 카메라의 응시로 과거에는 수없이 놓쳐버렸지만 이제 우리가 끊임없이 지향해야 하는 도덕적 입장이기도 하다.

8

음향

음향

1

모든 동작들은 배우들 몸에 익숙해져 있고, 대사들도 여러 번에 걸쳐 연습되어 있다. 감독 또한 준비가 되어 있다. 제작자와 음향 담당자 역시 마찬가지다. "사운드!"라는 소리와 함께 나그라와 디에이티(DAT) 녹음기가 작동 되고, "스피드!"라는 소리와 함께 첫 대사를 할 배우를 향해 마이크가 적절한 곳에 배치된다. "액션"과 함께 천천히 첫 장면의 막이 오른다. 배우들은 여기저기 움직이고 여러 가지 행동을 하며 적절한 타이밍에 대사를 한다. 사운드 믹서는 그들의 모든 대사를 녹음 장치에 따라 옮긴다. "컷!"하는 소리와 함께 장면은 끝난다. 이것 역시 좋은 사운드이다. 이것은 감독이 얻고자 하는 소리에 근접한 것이다. 다른 말로 하자면 촬영의 중요한 순간에서도 사운드는 왜곡없는 대사의 녹음으로 한정된다. 그 이상의 아무것도 없다. 대본들은 완벽히 숨을 쉬게 되지만 오디오는 사실상 홀로 남겨져 버린다. 감독은 이런 오디오의 관점에는 전혀 관여하지 않으며 어떤 진전도 시키지 못한다. 랜디 톰Randy Thom이 말하길, 사운드 트랙이 가지는 영화의 전반적 이야기에 관해 가지는 영향에 대한 잠재력에 대한 토론은 전혀 일어나지 않았다.[1] 다양한 사운드를 녹음, 배치, 제작하는 모든 과정은 감독의 개입이 거의 없이 전문가에게 맡겨진다. 이런 사실이 납득이 가는가? 적어도 음향감독이라면 그저 그런 스태프이기보다는 창의적인 협력자가 되어야 한다.

그렇다면 누가 촬영기사가 이루어 놓은 이미지에 상상력이 풍부한 음향을 담당할 수 있을까? 불행하게도 현실에서는 그런 직업은 매우 활성화되지 못했다. 장 뤽 고다르의 음향감독이 그 일에 진심으로 애정을 느끼고 있다고 했던 말은 아마도 사실이 아니었을 것이다. 그들은 사실 영화에서 사운드가 어떤 것인지 이해조차 못하고 있다. 그들에게 사운드는 그저 영화 장면을 호위하거나 따르는 역할만을 할 뿐이다. 그들은 그저 조그만 탁자 앞에 앉아 손잡이를 내렸다 올렸다 하는 관료들에 불과한 것이다.[2] 이런 모든 불공정함에 있어 이미지는 세트장에서 조금이라도 시간을 보낸 사람들에게만 어떤 생각을 떠올리게 한다! 이 얘기는 최소한 우리에게 상황을 다시 생각해 보아야 하며 촬영을 할 때 들리고 보이는 것을 재조명해야 된다는 것을 의미한다. 그렇다고 이런 것들만으로 해결될 문제는 아니다. 월터 머치Walter Murch와 같은 음향 디자이너도 사실에 이어 마법을 불러일으킨다고 종종 주장하면서도 대본단계에서 사운드(대사를 넘어)에 대한 고려를 충분히 강조하지 못한다.[3] 어떤 회의론자들은 지난 20년간 영화에서 사운드가 이루어 낸 성과들을 지적하고 있다. 그리고 그것은 현재 영화를 상품으로서 강조하기 위한 화려한 겉치레에 불과한 기술이라고 말한다. 하지만 크고 화려한 사운드가 과연 훌륭한 것일까?[4] 정말 사운드가 그렇게 향상되었을까? 감독들은 촬영에 있어 사운드에 대해 얼마나 생각하고 있을까? 음향 담당 제작자는 과연 영화 촬영에 있어 창조적인 조수 역할을 하고 있을까? 사운드가 비주얼과 대등하게 취급될 수 있는 요소는 맞는 것일까?

1) In Randy Thom, "Designing a Movie for Sound," 앞으로 간행될 책 속에 들어갈 미발행된 논문. *Sound Design, The Art of Using Sound in Storytelling*, p. 3.
2) Abraham Segal, "Jean-Luc Godard," *Image et Son*, no. 215, Jean-Pierre Geuens 옮김 (March 1968), p. 82. 저자는 문장의 순서를 수정했다.
3) Walter Murch, Vincent LoBrutto, *Sound-on-Film: Interviews with Creators of Film Sound* (Westport, Conn.: Praeger, 1994), p. 97.
4) Thom, p. 1.

"눈은 피상적이지만 귀는 매우 섬세하고 독창적이다."[5] 이것은 로베르 브레송Robert Bresson이 말한 사운드에 관한 견해이다. 그의 말에 따르면 이미지에 소리를 더한다는 것이 그저 이미지를 좀 더 아름답게 포장한다는 의미가 아니다. 이것은 눈이 보이는 세상과 전혀 다른 것을 소리로 전할 수 있다는 것을 의미한다. 세상을 듣는다는 것은 무엇을 의미하는가? 장 피에르 보비알라Jean-Pierre Beauviala(아톤 카메라의 디자이너)는 우리의 귀가 눈과는 독립적으로 활동한다고 믿는다.[6] 시각은 바로 앞에 있는 어떤 피사체에만 집중을 하겠지만 청각은 뒤에서 들리는 것까지 주의를 기울일 수 있다. 두 번째로 귀는 눈보다 덜 길들여져 있다. 눈은 세상에 훈련된대로, 경험된대로 받아들이는 일종의 우리 의지의 액세서리쯤 된다면 귀는 산업화 이전의 상태에 묶여 있다.[7] 모든 종류의 정제되지 않은 소리는 어떤 방향에서든 몸 안으로 들어오고 그것은 뇌에 있는 가장 깊은 곳으로 들어간다. 결과적으로 귀는 의미 있는 세상에 자율적인 구경꾼으로 비교적 쉽게 기능하고 몸에 의해 엄격히 차단된 다른 것들도 몸 안으로 끌어들인다. 몸으로의 투과는 모리스 메를로퐁티Maurice Merleau-Ponty에게는 우리 자신들을 분리된 존재로 생각할 수 없게 만든다. 반대로 우리는 세상과 우리 자신의 혼합으로 이루어져 있다. 메를로퐁티에 의하면, 모든 감각을 받아들이는 곳은 "모든 사물과의 교제를 가능하게 하는 곳을 의미한다."[8] 사물들과 덜 접촉할수록 몸과의 교제는 더욱 많이 이루어진다. 더욱이 몸 안으로 들어오는 것들은 항상 변하기 때문에 우리

5) Robert Bresson, *Notes on Cinematography*, Jonathan Griffin 옮김 (New York: Urizen Books, 1977), p. 39.

6) "Aux deux bouts de la chaîne: entretien avec Jean-Pierre Beauviala," *Cahiers du Cinéma*, no. 287 (April 1978), p. 14 참조.

7) Philip Rosen, "Adorno and Film Music: Theoretical Notes on Composing for the Films,", *Yale French Studies*, no. 60 (1980), p. 170 참조.

8) Maurice Merleau-Ponty, *Phenomenology of Perception*, Colin Smith 옮김 (London: Routledge and Kegan Paul, 1962), p. 320.

자신을 뜻하는 '몸의 세계' 는 끊임없는 변화를 겪게 되고 구성하게 된다. 너나 할 것 없이 몸에서는 끊임없이 이런 변화가 일어난다.

많은 각각의 소리들이 귀로 길을 찾아 들어오지만 지각 능력 안에서 모두 동일하게 작용하는 것은 아니다. 첫 번째로 크리스티앙 메츠Christian Metz가 상기시켜 주기를 "어떤 것에 주의를 기울이는 것에는 항상 문화적 관점을 빠뜨릴 수 없다."[9]는 것이다. 예를 들어 우리는 새로운 소리와 익숙한 소리를 쉽게 구분할 수 있다. 만약 새로운 소리가 내면에 침투하거나 어떤 긴박함이 있다면 우리는 그것에 주의를 기울일 것이다. 하지만 우리가 이전에 익숙했던 소리에 있어서는 우리가 그것에 대해 알고 있는 것과 예상된 소리의 출처를 바탕으로 반응할 것이다. 두 번째로 소리를 필터링하는 일도 다분히 개인적인 일이다. 보비알라Beauviala의 견해는 이를 이해하는 데 도움이 될 수 있다. "내가 지금 하는 얘기는 귀로 들리는 소리가 다양한 측면에서 받아들여진다. 그것들은 머릿속에 있는 기억의 은행에 저장되고 간략한 분석을 통해 우리의 사고가 듣고자 하는 것만을 걸러 내어 듣게 된다."[10]

우리는 소리를 반동적으로 듣게 된다는 의미이다. 달리 말하자면 우리는 다른 사람들의 소리를 듣는 데 있어 머리에 저장하기 전에 특정한 소리 비트만을 고른다는 이야기이다. 예를 들어, 포장도로에서 들리는 타이어의 날카로운 소리를 들을 때 우리는 대부분 비슷한 반응을 보이겠지만 레스토랑의 한 테이블에 앉아 있는 사람이 있다면 그 사람은 다른 테이블의 소리와 그 날카로운 소리에 똑같은 주의를 기울이게 된다. 릭 알트만Rick Altman은 이런 사실을 형식적으로 설명하고 있다. 듣는다는 것은 "다른 사람들이 서로 다르게 이야기할 수 있는 어떤 특정한 이야기를 구체화시킨다."[11] 즉 소리를 들음으로써 우리는 이야기의 여러 가지 단편적인 것들을 이어주는 연결고

---

9) Christian Metz, "Aural Objects," in *Film Sound: Theory and Practice*, ed. Elisabeth Weis and John Belton (New York: Columbia Univ. Press, 1985), pp. 154-61 참조.

10) Beauviala, p. 14.

11) Rick Altman, "The Material Heterogeneity of Recorded Sound," in *Sound Theory Sound Practice*, ed. Rick Altman (New York: Routledge, 1992), p. 23.

리를 만들고 고의적으로 그것들을 배치시키며, 일어난 일이나 이야기에 대해서 가능한 반응들을 취할 수 있게 해 준다. 이런 점에서 어떤 이야기들은 다른 이야기들보다 재미있을 수 있고 어떤 상황에서는 한 사건에 대한 잘못된 해석도 생길 수 있다.

3

거의 모든 영화 음악들은 혁신적이고 창의성이 풍부한 것과는 거리가 멀다. 그것은 소재의 대부분이 무의미한 이야기들, 싸구려 영화 기법과 세레나데로 구성되어 있기 때문이다. 그리고 그런 소재들은 마틴 하이데거Martin Heidegger의 말대로 이야기의 흐름을 막고, 삶과 죽음의 대한 문제에 우리의 관심을 끌지 못하기도 한다.12 영화 음악은 확실히 다른 무엇인가가 될 수 있다. 영화 음악은 눈에 보이는 것 말고도 어떤 다른 의구심을 갖게 만들고 우리가 살아오면서 놓친 무엇인가를 재발견할 수 있게 해 준다. 어떤 의미에서 평범한 삶에서 새로운 차원을 제시해 줄 수도 있다. 그렇다고 해서 전통적인 대사, 음향 효과, 그리고 영화 음악이 없어져서는 안 된다. 그것은 영화의 구성이고 집합이며 보이는 것에 대해 다시 생각할 수 있는 연결 고리이기 때문이다.

영화의 한 장면을 볼 때 우리가 당연하게 생각하는 구성 요소들(배우들의 입에서 나왔다고 생각하는 많은 대사)은 모든 불분명함으로 가득 차 있다. 루돌프 아른하임Rudolf Arnheim이 충고하길, "지루하게 움직이는 배우들의 입에 주의를 기울이는 것이 왜 중요한가?"13 사실상 알트만이 상기시켜 주듯이 "관객들에게 직접적으로 '이야기' 하는 것은 배우들이 아니고 확성기인 것이다."14 그리고 지금도 극장 안에 있는 스피커의 위치는 배우들이 말하고

---

12) Martin Heidegger, *Being and Time*, John Macquarrie and Edward Robinson 옮김 (New York: Harper and Row, 1962), p. 214.

13) Rudolf Arnheim, "Theory of the Film: Sound," in *Film Sound: Theory and Practice*, p. 114.

14) Rick Altman, "Moving Lips: Cinema as Ventriloquism," *Yale French Studies*, no. 60 (1980), p. 75.

있는 위치에 있지 않다. 그렇다면 중요한 것은 영상과 발성을 일치시키는 기술을 통해 시나리오 작가가 쓴 각본이 캐릭터들에게 전해진 후 음향 기술자들에 의해 자연스럽게 이야기에서 영화로 발전한다는 것이다.[15] 사실 우리가 생각하기에 캐릭터들에 의해 직접 이야기된다고 생각하는 대사들이 앞서 글로 쓴 각본이라는 것을 실제로 잊기도 한다. 의식적으로 얻는 이득은 두 배가 된다. (1) 각본 – 영화 시나리오는 순수한 형태로 나타나게 된다(자크 데리다Jacques Derrida는 지적하길, 우리 사회에서 일어나는 글을 말로 변장시키는 전형적 현상이라고 보았다). (2) 글을 말로 변형하는 작업은 중상층 문화에서의 필요처럼 어디에서도 그 증거를 찾을 수 없다. 말할 필요 없이 각본의 대사들은 일상 대화에 흔히 볼 수 있는 우물쭈물함, 반복, 그리고 우스꽝스러운 말장난들로부터 정화된다. 이 모든 것들을 고려했을 때 음성과 영상을 일치시키는 작업에 초점을 맞추는 것은 그저 전문적 기술을 능가하는 것이다. 메리 안Mary Ann의 요약을 인용해 보자면, "음성과 영상을 일치시키는 작업은 관객들이 갖는 특이한 포인트를 보장해 주고 분산, 분해, 다름과 같은 잠재적이고 외상적인 충격을 몰아넣고 놓치지 않는다."[16] 우리는 듣는 대사들이 전혀 모르는 어떤 극작가가 쓴 것이 아니라 우리가 보는 스크린의 사람이 이야기한다는 것에 안심한다. 배우들에게 모든 대사들을 곰곰이 생각하고 그의 생각을 반영해야 한다고 조언한 베르톨트 브레히트Bertolt Brecht는 참된 이야기로 극 중 대화의 한 대안을 내놓았다. 하지만 그의 충고는 무시되어 왔고, 음향 기술은 단편적인 이미지에 있는 좋지 않은 면을 충족시키기 위해서만 사용되었다.

하지만 그것은 이야기의 한 부분에 불과하다. 영화에서 대사를 사용하는 것은 아이들의 상징이나 단어를 믿을 만한 사람(세상에 또 다른 우리 자신)으로 받아들이는 것을 재현하는 것이기도 하다. 자크 라캉Jacques Lacan, 클라

---

15) Altman, p. 75. 저자는 Altman의 프랑스 용어를 이해를 돕기 위해 번역했다.

16) Mary Ann Doane, "The Voice in the Cinema: The Articulation of Body and Space," in *Film Sound: Theory and Practice*, p. 171.

우드 베일비Claude Bailbé의 주된 생각을 말하자면, "아이들이 어떤 것을 자신이 들을 수 있는 공간으로 받아들이는 그 순간 그들은 그들의 표현 방법으로 이야기할 수 없는 것을 잃어버린다는 사실에 순응한다."[17] 그러므로 그들의 단어에 관련된 것들이 아닌 것은 아예 접근을 할 수 없다. 다시 말해 언어는 우리 자신을 명백하게 할 수 있는 유일한 통로가 된다. 이와 같이 영화에서도 영상과 동시 다발적으로 나오는 음성을 이야기를 전개하는 데 쓴다는 것은 의사소통의 다른 잠재적인 것들을 손상시키는 결과이다. 정말로 스크린의 사람들이 얘기하는 것을 듣게 될 때 대사들은 우리의 주의를 집중시키게 된다. 우리는 다음 사실을 확실히 기억한다. 30년대에는 많은 이론학자들이 무성 영화의 부재에 대해 슬퍼했고, 대사가 아닌 액션으로 정확히 의사를 표현하는 무성 영화의 이점에 대해서 이야기했다. 그 이후로 대사는 우대를 받아왔고, 대사는 각본에서 꼭 없어서는 안 될 존재가 되었고, 다른 모든 것들을 포함한 장면에서 주요한 요소를 조명되고 있다.

그러나 거기에 또 무엇이 있을까? 윌리암 제임스William James는 언젠가 사람들은 슬퍼서 우는 것이 아니라 울기 때문에 슬프다고 말한 바 있다.[18] 같은 방식으로 대사(말 혹은 말할 내용)는 한 사람의 몸이 다른 곳에 단단히 메어져 있어서 입으로 나올 수 있는 것이다. 하지만 우리는 가끔 몸이 아닌 다른 곳 어딘가에서 말을 관여할 수도 있다는 것 때문에 종종 입에서 나온다는 사실을 잊기도 한다. 벨라 발라즈Béla Balázs는 주장하길, 이런 현상들이 인쇄기의 발명된 이후부터 일어났다는 것이다. 또한 그가 비판하길, "몸동작으로 할 수 있는 미묘한 표현들은 더 이상 필요없게 되었다. 이런 이유로 몸동작은 혼을 잃고 텅빈 것처럼 되어버렸다. 사용되지 않는 것들은 퇴화하기 마련이다."[19] 불행하게도 영화 제작의 한정된 시스템은 극작가들에게 대사만큼

---

17) Claude Bailblé, "Programmation de l'écoute," *Cahiers du Cinéma* no. 292, (September 1978), p. 54(저자 번역).

18) William James, *The Principles of Psychology* (Cambridge: Harvard Univ. Press, 1981), vol. 2, p. 1066.

이나 효과적으로 내용을 전달할 수 있는 캐릭터들의 습관이나 행동을 조사하는 것에 억압적 요소가 되었다(캐릭터가 말하는 것은 극작가가 담당할 일이지만 그 캐릭터의 외관이나 행동은 모두 감독의 일이다). 이런 현상을 뒤바꾸기 위해서 우리는 쳐다보거나 서있거나 걷거나 하는 몸짓 언어에 초점을 맞추어 글을 쓰는 것에 주의를 기울여야 한다. 그것을 넘어서 발라즈가 상기시켜주는 것처럼 얼굴 표정과 제스처는 '내적 경험', '비합리적 감정'을 표현하는 것에도 한 몫 할 수 있다고 했다."[20] 그런 까닭에 의미를 표현하기 위해서, 단어를 몸으로 옮기는 것은 하나의 악기를 다른 악기로 바꾸는 것과 다르지 않다. 즉 악기들을 다양화하여 매우 조화롭게 피아노 악보를 연주하게 되는 것이다.

동기화된 대화 내에서 단연 돋보이는 것은 일반적으로 단어 그 자체이지, 파스칼 보니처Pascal Bonitzer가 목소리의 '몸체'라고 불렀던 것이 아니다. "목소리의 '몸체'(바르트Barthes에 따르면 그것의 '낟알')에 이르는 것은 분열에 직면하는 것이다. 한쪽에는 오로지 홀로이자 중성적인 내용물이라 말하는 것이 있고… 다른 쪽에는 목소리의 '낟알', 그것의 소음, 그것의 불협화음인 무익한 것이 존재한다."[21] 의사소통을 넘어 목소리의 톤, 그 어조나 음색을 탐구하는 것은 터무니없는 행위가 아니다. 보가트Bogart가 실제 말했던 것이 정말로 그렇게 문제가 됐었는가? 영화에서 사용되는 목소리는 부드럽거나 음침할 수 있다. 그것들은 잡음을 낼 수 있다. 그것은 새소리처럼 날카롭거나 음악적일 수 있다. 불행하게도 배우들은 그들의 외모에만 근거하여 캐스팅되기 십상이고, 그들의 독특한 느린 말투, 악센트, 타고난 율동적 양식에는 덜 주목한다. '유쾌하지 않은' 목소리, 방언적 악센트, 혹은 사회계층을

---

19) Béla Balázs, *Theory of the Film: Character and Growth of a New Art*, Edith Bone 옮김 (New York: Dover Publications, 1970), p. 41. *Theory of the Film*의 5장은 *Der Sichtbare Mensch* (1924) 작품에서 발췌한 것이다.

20) Balázs, *Theory of the Film*, p. 40.

21) Pascal Bonitzer, "Les Silences de la voix," *Cahiers du Cinema*, no. 256, Jean-Pierre Geuens (February/March 1975), p. 31(저자 번역).

분화시키는 발화 양식 등을 배우들의 경력에 부정적인 것으로 여기는 연기 학교가 이러한 것들의 손실에 기여했을 지도 모른다.

우리가 영화에서 듣는 누군가의 목소리에 대한 의문도 있다. 많은 영화에서 우리가 유일하게 듣는 것은 배우들이 다른 배우들과 이야기를 주고받는 것이다. 다른 누구보다도 고다르는 목소리의 부가적인 역할을 발견하였다. 그의 영화 안에서, 사람들은 다른 사람을 읽으며 그들은 책에서 인용하고, 만약 그들이 다른 언어를 말하는 경우가 발생하게 되면 서로서로를 위해 완전히 번역한다. 라디오나 텔레비전에서 흘러나오는 말의 단편들은 우연히 듣게 된다. 그리고 감독 자신은 참견하거나 어떤 언급을 하는 것에 거침이 없다. 따라서 이러한 부가적인 목소리는 방해가 될 수 있고, 심지어 각 등장인물들이 말하고 있는 것과 다를 수도 있다. 이러한 이유에서 저자는 프로덕션 트랙이 음향 믹서의 역할 수정으로 얻는 가장 큰 이익이 될 것이라고 생각한다. 왜 녹음은 규정된 대화만을 포함해야 하는가? 카메라맨은 최종 작품에서 그 위치를 찾거나, 찾을 수 없을지도 모르는 장면 장면을 찍느라 여념이 없다. 유사하게 프로덕션 믹서는 영화화된 행위와 평행적 관계를 갖는 세계를 창조하는 청각적 '창'을 열 수도 있다. 비평적 조건을 사용하기 위해서 프로덕션 트랙은 선형적 혹은 통합적 모델에 대한 부수적 존재로 남겨지는 대신, 전형적인 접근을 강조할 수 있다.[22] 예를 들어, 대본Script이 일기 읽기나 주인공으로부터 유발되는 의식의 흐름을 포함시킬 수 있다. 보다 모험적으로 배우와의 인터뷰, 엑스트라, 혹은 행인들에 의한 관찰이 있을 수도 있다. 외부의 해설자가 코멘트를 달 수도 있다. 감독이 오디오 저널을 유지할 수도 있다. 로케이션에서 잡힌 대화의 각 조각들이 녹음될 수 있다. 그리고 좀 더 일반적으로 촬영 중 혹은 촬영장 주변에서 발생하는 비일상적인 어떤 것은 프로덕션 트랙에서 지워지는 대신 이점으로 작용할 수도 있다.

마지막 문제는 알트만이 말했던 것으로 관객의 포인트에 관한 성가신 의

---

22) Kaja Silverman, *The Subject of Semiotics* (New York: Oxford Univ. Press, 1983), pp. 102-09 참조.

23) Rick Altman, "Sound Space," in *Sound Theory Sound Practice* 참조.

문을 수반한다.[23] 이 주제는 사운드의 일반적 관행이 처음으로 나타났던 30년대 초기에 열띤 논쟁거리가 되었었다. 실제로 그 시기에 두 가지 전략이 끝까지 싸웠다. 선택사항은 중 하나는 카메라 위치를 중복되게 하여 녹음하는 것으로 대사처리에 주어진 볼륨이 클로즈업에서 풀 쇼트까지 촬영한 컷에 따라 바뀔 수 있게 하는 것이다. 또 다른 하나는 등장인물이 아주 멀리 떨어져 있을 때조차도 마이크를 그들의 입에 가깝게 유지하면서 영상과 오디오를 분리하는 것이다. 그러므로 사운드는 변화하는 시각적 공간에 충실해야 하는가, 아니면 그것은 제2의 피부처럼 등장인물에 항상 고정되어 있어야 하는가? 전자는 좀 더 사실적인 감성을 제공한다는 이점이 있고 후자의 경우 명확한 이해를 원활하게 하는 장점이 있다. 산업계는 결국 대화는 카메라 워크와는 상관없이 명확하게 들릴 필요가 있다고 결정하였다. 그 시절 한 참여자가 그 토론에서 말했던 바와 같이, "이것은 실제 상황에서 사운드 레코딩은 대여섯 개의 길고 다양한 방향으로 확장되는 귀를 가진 사람을 복제하려 한다."[24]는 것을 의미했다.

이와 같은 것으로, 어떤 것을 우리가 보는 방법과 다르게 듣는 것은 말과 입 사이의 통합이 이뤄지지 않았던 시스템 내에서 혼란을 야기한다. 도앤Doane의 논쟁으로 돌아가면, 이러한 기술은 시점(말하자면 롱 쇼트)과 관객의 포인트(마이크의 근접성이 클로즈업을 대신하는 것) 간의 영속성을 암시함으로써 관객은 두 가지로 구분되는 해설자 간의 의미 구성에서의 분산을 경험할 수도 있다. 여기서 두 해설자라 함은 하나는 영상이 맡고 있는 것이고, 다른 하나는 대화를 담당하고 있는 것이다. 알트만은, "할리우드 사운드가 지시하는 대상은 영상으로 찍힌 것과 전혀 상관없으나 내러티브는 그것이 어떤 장면 뒤에 있을 때 구성된다. 어떤 장면 그 자체에 감정 같은 것을 발생시키고 어떤 권위를 부여하는 것은 단지 하나 더의 지시 대상이라는 것을 기민하게 관찰한 바 있다."[25] 다시 말해서 대사 녹음은 영화를 촬영하는 동

---

24) John L. Cass, Altman, *Sound Theory Sound Practice*, p. 49.
25) Airman, "Sound Space" p. 59.

안 그것의 실현은 독립적으로 존재함으로써 그 속에서 구성되는 이야기에 충실하다. 요 몇 해 동안 내내 명확하거나 혼란스런 청중이 되는 시스템 내에서 이러한 기초적 불 영속성을 유지하기 위해 재녹음 믹서에 대한 믿을 수 없는 민감함, 경험, 전문 기술적 지식을 취해 왔다.

4

러프 컷Rough cut이 만들어질 때 하는 것처럼, 사운드 효과 없이 대사와 함께 영화를 보는 것은 우리로 하여금 해당 프로젝트의 건실함에 대한 의문을 던지게끔 만든다. 사운드 효과 없이는, 스크린 속 등장인물이 그렇게 사실적이지 않다. 그것은 마치 그들의 영혼이 떠난 것과 같다. 그들이 움직이는 세상은 고정되어 있지 않다. 그것은 미개발됐다거나 부적절하다는 인상을 준다. 그것은 미달된 것처럼 보인다. 이러한 실제 존재의 결핍은 우리가 일상생활의 공허함을 알아차릴 때(우리가 통과하는 끊임없는 반복, 재판 소송에서의 시간 낭비, 먹고, 씻고, 자고, 일하러 가는 시간), 혹은 우리가 가장 문제가 되는 것에 초점을 맞출 때의 경험을 복제한다. 결국에는 우리를 기다리고 있는 것은 아무것도 없다. 이에 관해 하이데거는, "우리가 무언가 알아차릴 때 우리는 고뇌에 압도당한다. 따라서 고뇌는 우리에게 익숙한 세계를 형성하는 심적 견해가 갑자기 무너질 때 나타난다. 그 순간 한 사람에게 수여되어 취하는 모든 것 ―가족, 친구, 연인, 일 같은― 은 무서울 정도로 부적합하게 된다. 그러나 견해의 이동은 우리에게 어떤 사물의 표면 아래, 숨겨진 사실성의 또 다른 층을 만들어 놓지는 않는다. 오히려 친숙한 세계, 즉 실제 세계가 발견된다."하이데거는 또한 "위협하는 것은 유용하거나 현재 일어나고 있는 것에서 오는 것이 아니라 이러한 말이 더 이상 존재하지 않는 것에서 온다."[26]고 쓴 바 있다. 우리가 주변의 일상적 사물을 봄에도 불구하고, 그것들은 그 전처럼 우리를 만족시키지는 못한다. 영화에서 사운드 효과 트랙의

---

26) 저자는 Hubert L. Dreyfus의 *Being-in-the-World: A Commentary on Heidegger's Being and Time, Division 1* (Cambridge: MIT Press, 1991)에 번역한 것을 채택했다.

주요한 존재 이유는 우리가 알고 있는 세계를 그대로 남겨두기 위해서이고, 사물의 핵심에 있는 공허함과 싸우기 위함이며, 이러한 견해는 '유용한 어떤 것이 상실됐을 때'[27] 보인다.

요컨대 사운드 효과는 '시각적 공간을 깨우기'[28] 위해서 영화 전체에 위치하는가? 그것이 어떻게 그렇게 작용하는가? 미셸 시온Michel Chion이 로베르 브레송의 〈도망친 남자A Man Escaped〉(1956)에 대한 그의 분석에서 말했듯이, 우리가 듣는 사운드는 나치 감옥에 감금된 프랑스 레지스탕스Resistance 혁명가를 둘러싼 존재의 연속적인 순환을 암시한다. 우선, 감방 내에는 죄수가 왔다 갔다 하거나, 매트리스 위에 앉거나, 벽에 무엇인가를 쓸 때 만들어 내는 직접적인 소음이 있다. 작은 감방을 넘어서 우리는 다른 수감자들의 고함 소리나 교도관이 오고 가는 소리 등 다른 블록에서 발생하는 소리를 듣는다. 또한 그 감옥을 둘러싼 작은 마을의 다른 소리(아이들이 길에서 노는 소리, 새 소리, 차 소리 등)가 있다. 그리고 밤에 모든 것이 조용해졌을 때, 그 도시의 변두리에서 들리는 기차의 기적 소리도 들을 수 있다.[29] 카메라가 대부분 감옥에 있는 남자에게 머물면서 이 모든 소리는 시각적으로 가능한 것을 넘어 인간 활동의 풍경을 녹음하는 것을 내포한다. 따라서 이 영화 속 사운드는 감옥에 갇힌 그 남자의 존재에만 국한돼 있는 것이 아니라 우리가 보지 못하는 사람들과 사물로부터도 오며, 이것은 외부에 존재하는 전체 세계의 존재를 증명함으로써 영상을 완성시킨다. 〈도망친 남자〉에서 들려지는 음향과 실제 수감자들의 음향 사이의 주된 차이점은, "영화 속 내러티브에 최대의 영향을 지니기 위해 주의 깊게 선택되고 조성된 그 영화 속 상황에서 들릴 것이다. 예를 들어, 특별한 차 소리는 가장 적합하게 과장되어 적지적소에 자리를 잡게 된다. 존 벨튼John Belton에게 그러한 전술은 타고나게 기만적

27) Heidegger, *Being and Time*, p. 105. 저자는 이것 역시도 Dreyfus의 번역을 채택했다.

28) Michel Chion, *La Toile trouée*, (Paris: Cahiers du Cinéma/Editions de l'Etoile, 1988), p. 42 (저자 번역).

29) In Michel Chion, *Le Son au cinéma* (Paris: Cahiers du Cinéma/Editions de l'Etoile, 1985), p. 32.

이다."[30] 따라서 음향 효과는 단순히 '그 공간을 깨우는' 것이 아니다. 심지어 그것이 뒤죽박죽 된 배경 소음에 기인한 것일지라도, 그 소음은 영화 내부에 명확한 기능과 영향을 지니는 인식 가능한 표시로 재건된다.

모든 영화가 '영화 안on screen' 음향효과와 '영화 밖off screen' 음향효과를, 기본적으로 같은 방법으로 사용할지라도 그 선정 과정과 각 소리의 성격 정도는 주의 깊게 고안해 내야 한다. 예를 들어, 우리는 창을 통해 차 소리를 듣는가, 혹은 그렇지 않은가? 그리고 누군가 창문에 가까이 있다면 그 소음은 죽이는가, 아니면 그것을 그냥 넘어가는가? 배경 소리는 반드시 세계와 맞닿아야 하는가? 우리는 주인공조차 결코 인식하지 못하는 벽 너머의 발자국 소리를 들어야 하는가? 혹은 얼마나 근접해야 하는가? 주인공의 옷이 사각거리는 소리를 듣는 것은 유용한가, 아니면 방해가 되는가? 또한 카메라가 앵글을 바꿀 때 일어나는 소리는? 시각적 변화가 오디오 변화 또한 동반해야 하는가? 예를 들어, 하늘을 나는 비행기의 익스트림 롱 쇼트extreme long shot에서 조종석 내부까지 모터가 돌아가는 소리는 어떻게 다르게 할 것인가?[31]

월터 머치는 "현재 영화의 위험성danger of present-day cinema은 그것을 표상하는 바로 그 능력으로 그것의 주체를 억누를 수 있다고 쓰고 있고 영화 이미지로 모든 것이, '모두 거기에' 있는 것처럼 보인다."[32]고 했다. 대책은 〈도망친 남자〉에서 들리는 구별 가능한 음향 효과, 즉 우리가 보는 것에 속하는 것처럼, 보이지 않기 때문에 우리를 놀라게 하는 소리를 사용하는 것이다. 머치는 〈대부The Godfather〉(Francis Ford Coppola, 1972)에서 들리는 귀

30) John Belton, "Technology and Aesthetics of Film Sound," in *Film Sound: Theory and Practice*, p. 66.

31) 이 예는 Rick Altman에서 가지고 왔다. "Sound Space," in *Sound Theory Sound Practice*, pp. 54-59.

32) Walter Murch, "Sound Design: The Dancing Shadow," *Projections 4: Film-Makers on Film-Making*, ed. John Boorman, Tom Luddy, David Thomson, and Walter Donohue (London: Faber and Faber, 1995), p. 247.

를 찢는 듯한 금속성 소리에 가져옴으로써 자신의 포인트를 만드는데, 이것은 마이클 콜레오네Michael Corleone가 첫 번째 살인을 저지르는 장면이다.[33] 배우를 둘러싸고 있는 그 어떤 것도 소음으로 여겨질 수 없다. 그것은 처음에는 외부적이라기보다는 내부적인 것으로, 심리적 비명 등과 같은 것이 있다. 몇 초 후 사람들은 그 소음이 무엇인지 알아차릴 수 있다. 생각하기를, 우리가 그 소리를 듣는 순간과 그것을 안전한 것에 안전하게 할당할 수 있는 순간 사이의 시간에 펼쳐진다. 이 시간 동안 영화적 공간이 펼쳐지고, 불안정해지고, 예상하기가 어려워지며, 보다 모호해진다. 그것이 얼마나 멀리 뻗을 수 있는가하는 것은 음향 감독과 영화감독에 따른다. 극단적인 예로 〈원스 어폰 어 타임 인 아메리카Once Upon a Time in America〉(Sergio Leone, 1984)를 들수 있는데, 아편굴에서 전화벨이 울리지만 아무도 알아차리지 못하는 듯하다. 전화벨이 여전히 울리는 가운데 우리는 다른 어떤 기운도 없이 또 다른 장면으로 화제가 바뀐다. 그것은 누군가가 그 전화를 들어 올린 후의 장면이다. 머치에게 있어서 진정한 '영화 밖Off screen' 음향의 힘은, "그것이 지각의 공백을 열어 영화를 좀 더 입체적으로 만든다."[34] 시온Chion은, "좋은 소리는 프리즘을 통하여 현실을 관찰하는 것을 포함한다."고 썼고,[35] 여기에서 아주 잘 일어나는 현상을 요약한다. 다시 말해서 음향효과의 창의적인 사용은 오디오와 영상 사이뿐만 아니라 현실과 영화 간에 작지만 분명한 차이를 열어 놓는다.

마침내 현대 기술은 우리가 음향효과에 대해 생각하는 것과 반대로 근본적으로 개혁하였다. 50마리의 여우The fifties Fox의 입체적 교전이, 스크린상의 시각적 행위와 다기능 스피커를 통한 오디오의 보급이 정확하게 매치되도록 시도하였다.[36] 후에 서라운드 음향이 항상 깨끗한 것이 아니기 때문에

---

33) Murch, "Sound Design" p. 249.
34) Murch, "Sound Design" p. 247.
35) Chion, *Le Son au cinéma*, p. 17.
36) John Belton, *Widescreen Cinema* (Cambridge: Harvard Univ. Press, 1992), pp. 205-10 참조.

훨씬 더 복잡한 문제가 발생하였다. 여기에 포함된 것은, 시온의 예 중 하나로 설명될 수 있다. 프랑스 영화 〈악의 미로Le Choix des armes〉(Alain Corneau, 1981)에서 등장인물은 핀볼기계 가까이에 선다. 그 기계에서 흘러나오는 음향은 깨끗하게 스크린의 좌측에 위치한다. 남자가 돌아설 때 카메라는 그의 뒤에 위치하고, 이제 처음 쇼트와는 180도 떨어지게 된다. 논리적으로 그 게임의 음향도 스크린의 좌측에서 우측으로 이동해야 한다. 그렇지 않다는 사실은 관객의 관점과 연계된 어려움을 지적한다.[37] 다시 말해서 우리는 등장인물에 대해 우리가 갖는 관점에 근거하여 세계를 듣는가? 혹은 대부분 심리적 요인으로서 그것은 관객 자신의 위치와 연계되어 있으며 적용하기 어려운 빈칸의 답을 만들어 내는 딜레마인가? 등장인물은 자신의 위치에 따라 소리가 이동하지만 사실 관객은 그 자리에 가만히 앉아 있다. 그들에게 그 소음은 그 컷을 가진 극장의 좌측에서 우측으로 즉각 이동해야 할 것이다. 이 경우 그것은 관객들로 하여금 그 문제에 집중하게 하는 영화적 내러티브는 아닐 것이다. 물론 한 가지 대안은 있다. 비주얼을 항상 무대라인의 같은 쪽에 두는 것이다. 시온에게 있어서, 미국 영화가 돌비Dolby 스테레오의 사용으로 아주 성공할 수 있었던 이유는 정확한 공간적 한계(한정), 포지셔닝 positioning에서 멀리 떨어져 있었기 때문이다. 상대적으로 고정적인 정면 대화 트랙에 더하여 배경에 있는 추가 트랙이 오디오 찌꺼기의 일종의 휴지통 역할을 한다.[38]

음향의 위치측정sound localization을 넘어 음향 소리의 세기의 문제가 있다. 〈스타워즈Star Wars〉를 시작으로 알트만은 다음과 같이 말한다. "두 베이비붐 채널의 창설이 영화 사운드를 새롭고 예상 불가능한 모델과 재결합하였다."[39] 다르게 놓아라! 이것은 돌비 스테레오Dolby Stereo, 디지털 사운드DTS digital sound, 그리고 THX가 영화인 것으로 이해하는 우리의 이해 범위를 변

37) Walter Murch, "Sound Design," p. 246.

38) Chion, *Le Son au cinema*, p. 68.

39) Robert Altman, "The Sound of Sound: A Brief History of the Reproduction of Sound in Movie Theaters," *Cinéaste*, vol. 21, no. 1-2 (1995), p. 70.

화시켰다는 것을 의미한다. 전통적인 영화 제작에서, 장면은 마치 라이브 극장 공연처럼 주의 깊은 관객에 의해 많이 주목받는다. 우리는 우리 자리에서 세계의 등장인물을 엿듣는 것과 다름 아니다. 그것은 겉보기에는 사실적인 층위로 우리에게 재생된다. 머치는 이것을, '험블 사운드humble sounds' 40라고 적절하게 언급한다. 그러나 최근의 기술적인 변화는 이 전통적인 관념을 바꿔 놓았다. 오늘날 영화는 그 전체적인 내러티브적 공간으로 관객들의 마음을 동요시킨다. "따라서 이제 더 이상 눈, 귀, 그리고 뇌가 홀로 정체성을 발현시키고 음원音源과의 접촉을 유지시키는 것이 아니다. 몸 전체인 것이다."41 만약 누군가가 담배에 불을 붙인다면, 성냥을 부딪치는 것은 극장 전체에 들린다. 유리가 산산 조각나서 그 소리가 웅장한 폭포의 청아함과 함께 울려 퍼진다. 천둥소리 같은 폭발이 엑토르 베클리오즈Hector Berlioz에 의해 편곡된 것처럼 귀에서 터진다. 그 모든 것을 통하여 몸은 전에 한 번도 경험한 적이 없는 감흥으로 자극된다. 전체적인 영향(충격)은 근본적으로 다른데, 그것은 미쟈네스빠스mise en espace에 의해 미장센mise en scène의 전복을 제안하는 것이 가능하게 되었다. 왜냐하면 음향이 사람이나 사물에 대한 그들의 직접적인 영향을 상실했기 때문에 그것은 이제 독립성을 분출하면서 공간 안에 치솟는다. 이러한 종류의 장면에서 세계는 더 이상 오디오로 깨우쳐지는 것이 아니다. 오히려 그 핵심은 "와우!"하고 감탄을 자아내는 관객에게 있다. 특수 효과는 특별한 영향으로 진화한다.

명백히 오늘날 어떤 영화에서도 문을 '쿵' 하고 닫거나, 고양이가 '야옹' 한다거나 차 소리가 그저 그런 영화는 없다.42 음향 기술의 발전을 무시할 수는 없다. 그러나 모든 것이 말해지고 행해질 때 질풍노도The Sturm und Drang의 기술적 가능성이 모든 영화에 동등하게 잘 들어맞지는 않는다. 두 가지 종류의 영화에는 충돌이 열려 있게 마련인데, 하나는 관객들로 하여금 어떤 의미

40) Murch, "Sound Design," p. 240.
41) Altman, "The Sound of Sound," p. 70.
42) Gary Rydstrom, LoButto, p. 245.

에 대한 실마리를 찾기 위해 세계를 면밀히 관찰하게 하는 것이고, 다른 하나는 관객들에게 육체적인 절정을 주는 모든 것을 탐구하는 것이다. 여러분과 여러분이 만드는 영화로 내려가 보면 의문점이 떠오른다. 그것은 세계에 관한 것인가? 아니면 관객들로 하여금 롤러코스터를 타는 경험을 얻게 하는 것인가?

5
·······

음악은 제3의 사운드 트랙을 형성한다. 왜 음악일까? 프로젝터의 소음을 숨기기 위해서 근본적으로 요구되는 평범한 개념을 생각하면서 시온은 실제가 그것의 실마리를 취한다고 제안하였고 전임자를 종사시켰다. 오페라 가수, 발레 무용수, 서커스 공연자 등을 동반하는 음악 이 모든 상황에서 음악가들은 그들 자신의 공간에 앉는다 — 1층 뒤쪽 좌석. 그리고 시온은 영화에 있는 유사한 출력물output을 '1층 뒤쪽 좌석음악'[43]이라는 말로 정확하게 묘사하였다. 너무 잦음에도 불구하고 한스 아이슬러Hanns Eisler는 이런 양식의 음악을 못마땅하게 여긴다. "그것의 움직임은 광고 이상도 이하도 아니다. 그것은 스크린상에서 일어나는 모든 것에 대한 확고한 협정으로 지적한다."[44] 따라서 이 음악은 이상적 관객으로 기능하고 스토리 안에 전적으로 스며들며 항상 의심의 여지없이 박수 칠 준비가 되어 있다. 물론 우리는 이상적인 관객이 아니며 어떤 장면에 대한 우리의 반응도 다를지 모른다. 그 결과로 우리는 음악의 노력을 알게 되었을지도 모르고 그것의 의구심을 키웠을지도 모르며 그것을 헛된 것이라고 엄포를 놓았을지도 모른다. 이런 형식의 음악이 갖는 문제점은 그것이 윤리적 기준을 갖고 있지 않다는 것이다. 그것은 스크린에 위치된 모든 것에 동의한다. 그것은 결코 그것이 좋아하

---

43) Chion, *Le Son au cinéma*, pp. 100ff.
44) Hanns Eisler, Composing for the Films (New York: Oxford Univ. Press, 1947), p. 60. 영어판으로 Eisler와 함께 한 Theodor Adorno의 공동작업에 대하여, Philip Rosen, "Adorno and Film Music: Theoretical Notes on Composing for the Films," in *Yale French Studies*, no. 60, 1980.

지 않다거나 포용할 수 없는 상황으로 보이지 않았다. 이러한 것의 예를 〈피의자Accused〉(Jonathan Kaplan, 1988)의 마지막에서 찾을 수 있다. 재판이 끝나고 주인공은 뭔가 이상했음에도 불구하고 승소했다. 그녀는 자신의 일상으로 돌아가기 전에 변호사에게 감사를 표한다. 때맞춰 음악 소리가 높여지고 여자가 강간당했다는 사실은 까맣게 잊게 된다. 이것은 이 작곡가가 특별히 근시안적임을 보여 주는 것이 아니다. 오히려 영화 제작자를 위해서 악인은 감옥에 가고 정의가 실현되기 때문에 해피엔딩에 이른다. 그 결과, 관객들은 주인공이 아마 그녀의 평생 동안 상처로 남겨질 것이라고 생각하게 하지는 않는다.45 이 '일반적 의미general meaning'는 그것에 대하여 언급하면서 윤리적 관점을 내포할 수 있고 행위로부터 분리될 수 있다. 〈밤 안개Night and Fog〉(Alain Resnais, 1955)에 대한, 에이슬러Eisler 자신의 점수는 이 문제에 대한 좋은 본보기이다.

음악의 톤이 비주얼과 관련하여 적절할 때조차도 에이슬러는 문제가 있다고 본다. 우리 모두는 이미지와 함께 떠오르는 음악에 영감을 받아 감동해 왔다. 그럴 때 우리는 그 음악에 무게와 의미를 지니게 하고 비명시적인 휴머니티를 부여한다. 존 버거John Berger는 이러한 음악의 힘을 아름답게 묘사하여 이미지로부터 의심의 여지없는 여운을 불러일으켰다. 그의 BBC 시리즈인 〈보는 법Ways of Seeing〉(1972)에서 그는 반 고흐의 까마귀가 나는 밀밭Wheatfield with Crows(1853~90)을 보여 주었는데, 처음에는 그림 그 자체였고, 그가 이 그림이 화가가 자살하기 전에 그린 마지막 작품이라고 언급한 후에는 깊은 감동을 주는 음악과 함께 보여 주었다. 그런 묘사는 절대 실패하지 않는다. 그것이 침묵 속에서 홀로 보일 때, 그 작업이 작품의 미술적 가치만을 칭송하는 것이지만 우리가 음악과 함께 그 화가의 죽음과 관련된 것을 듣는 순간, 우리는 텍스트 그 자체만 보는 행위를 그만두게 된다. 오히려 그것은 우리 자신의 상실의 경험과 관련된 모호한 감정을 표출하기 위해 시작하

---

45) Eisler, pp. 121-22.

는 재료가 된다. 뛰어난 감독들조차도 이따금 이러한 기법을 사용하여 행위의 빈약함을 뛰어넘게 한다. 예를 들어, 미켈란젤로 안토니오니Michelangelo Antonioni는 〈모험L'Avventura〉(1960)에서, 모니카 비티Monica Vitti가 연인의 어깨에 손을 얹으려고 망설이는 절정에 지오반니 푸스코Giovanni Fusco의 섬세한 음악을 사용한 바 있다.

　　대체로 에이슬러는 "영화 음악을 진행되는 영상과 관객 사이에서 간섭하기 위한 시도로 본다."[46] 그의 관점으로, 소외감alienation은 대부분 사람들의 삶에 평범한 현실이다. 그러나 그러한 관점은 관객들이 사회적 관심과 다른 단점에 집중하는 것에서 벗어나게 하는 것이 자신의 직업이라고 믿는 연예 산업의 공급자들에게는 용납할 수 없게 된다. 그러한 음악을 통하여 우리는 모든 것이, 모든 것 후에 괜찮아진다고 일컫는다. 그러한 거짓 효과를 피하기 위한 하나의 해결책이 음악을 사용하지 않는 것이다. 그러나 이것은 그물망 없이 고공의 와이어 액션을 선보이는 것과 똑같다. 영화가 보통 음악으로 제공되는 'Human coating(인위적 음악)'이 없다면 실제로 어떤 일이 벌어질까? '음악은 당신 영화 속의 당신의 삶으로부터 당신의 영화를 고립시키는 것'이라고 했던 브레송은 그러한 것을 기꺼이 시도하려고 했었다.[47] 그의 영화 〈돈L'Argent〉(1983)은 음악이 전혀 없고 그것은 다른 시점에서의 다른 경험을 명백하게 제공해 준다. 어떤 사람은 우리가 스크린상에서 보이는 어떤 것에 더 많이 주목하여 우리가 듣는 소리와 두 트랙 간의 관계에 집중한다. 어떤 사람은 쇼트, 컷, 배우에 더 많이 주목하기도 한다. 한 마디로 사람은 영화로서의 영화에 극도로 민감해진다는 것이다. 그리고 그러한 앎에도 즐거움이 존재한다. 그러나 감독은 숨을 곳이 없다. 여러분의 작품이 가진 심장과 맥박, 졸음현상 등은 노출되게 마련이다. 실수와 부적합성, 즉 여러분의 실수와 여러분의 부적합성은 타인들이 판단할 문제인 것이다. 따라서 브레송은 나쁜 감독들이 'Wall-to-Wall music(장애물에서 장애물로의 음

---

46) Eisler, p. 59. 여기서 저자는 두 개의 문장을 바꾸었다.
47) Bresson, p. 41.

악'을 사용하는 것에 전혀 놀라지 않는다. 왜냐하면 그들의 직접적인 목표는, "관객들로 하여금 눈앞에 보이는 것 외는 아무것도 없다고 생각하지 못하도록 하는 것이기 때문이다."[48]

음악의 전체적인 부재는 대부분 모험적인 감독들에게 어울리는 반면에, 근본적인 전술이 일상적인 함정을 예방할 수는 없다. 음악을 갖는 것으로 구성되는 단순한 해결책은 이미지 그 자체에서 나온다. 〈엄마와 창녀The Mother and the Whore〉(1973)에서 장 으스타슈Jean Eustache는 주인공이 친구를 위해 레코드를 트는 장면을 연출하였다. 그 이후의 3분 정도는 음악을 듣는 등장인물을 지켜보거나 레코드판의 표면에 움직이는 턴테이블의 바늘의 움직임을 관찰한다. 그러한 응시나 어떤 정지 상태도 영화에서는 아주 드물다. 어떤 행동도 진행되지 않는다. 사람들은 단순히 주인공들과 함께 음악을 들을 뿐이다. 여기서의 장점은 우리의 잠재의식에 그 어떤 스코어 조작도 있지 않고 스크린에서 흐르는 노래의 가수가 누군지에 대한 의문도 존재하지 않는다. 음악은 심지어 친절하게 굴 수도 있는데, 그 이유는 배우와 관객 간의 그 어떤 노력도 없이 우리는 음악을 통해 그들의 감정을 이해할 수 있기 때문이다.

음악이 관객에게 속임수를 사용하는 또 다른 방법은 정교한 음악을 사용하는 것이다. 에이슬러가 밝히는 이것의 장점은, 그러한 음악은 서론도 추론도 요구하지 않는다는 것이다.[49] 영화 〈싸이코Psycho〉(Alfred Hitchcock, 1960)의 날카로운 바이올린 소리를 떠올려 보라. 그 소리가 들어와서 그들의 작용을 하는 바로 그것이다. 이러한 스타일은 사건을 더 넓은 관점으로 집어넣는 것에 놀라울 정도로 적합하며, 심지어 주인공 스스로의 선입견에 대한 사회적·정치적 주석을 제공하는 데도 아주 좋다. 실제로 에이슬러는 쇤베르크Schönberg의 "불협화음이 역사적 두려움에 놓인 운명에 관한 느낌을 울린다."[50]고 언급한다. 이러한 접근을 보여준 좋은 예가 〈뮤리엘Muriel〉

---

48) Bresson, p. 71.
49) Eisler, p. 39.
50) Eisler, p. 36.

(Alain Resnais, 1963)에서 발견된다. 영화 속 선형적인 내러티브는 제2차 세계대전 후 건설된 도시인 볼로뉴의 비참한 경관, 폐허 옆의 건물, 인간의 삶이라곤 흔적도 없는 거리 등의 모습 때문에 방해를 받는다. 등장인물들 스스로가 그런 식으로 보지는 않을지라도 그들은 자신의 과거를 기억하기 위해 노력하는 것으로 열중시키고, 이러한 이미지의 정상에서 연주되는 불협화음의 음표는 뿌리부터 끊어진 삶을 떠올리게 한다.

장 뤽 고다르와 마르그리트 뒤라스Marguerite Duras의 몇몇 영화에서 사용된 기막힌 전략 또한 눈에 띈다. 예를 들어, 〈주말Weekend〉(1967)의 첫 번째 장면에서 고다르는 음악을 여러 번 높이거나 낮추는데, 등장인물의 동작과 일치하지 않을 때조차도 그렇게 하고 있다. 그 결과로 우리는 그것이 어떤 기호 표현으로 기능하고 있다는 것을 알게 되었다. 유사하게 뒤라스는 어떤 심리적·미학적 이유도 없이 음악을 사용한다. 그녀는 다음과 같이 설명한다. "사실을 위조하는 영화에서 음악은 영상과 동행하고 그것을 화려하게 보여준다. 나의 영화 속에서 음악은 낮과 밤처럼 실제적으로 와닿는다."[51] 적어도 이러한 극단적인 예가 영화 음악과 근본적인 실험 간의 많은 여지가 있음을 지적하는 바이다.

한 가지 마지막 핵심. 이 책의 서두에서 언급했던 것으로 어떤 사람이 영화 시나리오를 쓸 때는 연출staging을 염두에 두어야 한다. 비슷한 관점에서 에이슬러는 음악이 시나리오 작성 동안에 만들어져야 한다고 제안한다. 그는 작곡가가 맹목적으로 써야 한다는 것을 의미하는 것이 아니라, 프로젝트의 초기에 반드시 음악(특정 조작, 형식, 악기 혹은 사용법)에 대해 고려해서 적어도 프로젝트 말기에 잘 알지도 못하는 사람에게 작업하도록 하게 해서는 안 된다는 것이다. 영화 밖 소리off screen sound를 포함하여 전체적인 오디오가 사고방식으로 영화 속에 배치되면 더 큰 이익이 될 것이다.

---

51) Chion, *Le Son au cinéma*, p. 130.

대사가 동시 녹음될지, 아니면 더빙 처리할지의 여부 또한 중요한 문제일까? 그것은 우리가 듣는 소리가 깨끗한지, 아니면 개선되어야 하는지의 차이를 발생시키는가? 이 질문에 대한 답을 쉽게 내릴 수는 없다. 왜냐하면 영화더빙은 독립 영화 제작자에게 비생산적인 동시에 장점이 있기도 하기 때문이다. 전문적인 방법으로 시작해 보자. "최종 영화의 음향을 예상할지라도 최초 녹음의 목표는 최상의 질로 모든 사운드를 녹음하는 것이다."[52] 물론 이것은 통제된 환경에서 촬영하는 것(예를 들면, 무대음악sound stage)을 의미한다. 전통적으로 배우의 목소리는 가능한 한 이해할 수 있을 정도로 유지하면서 그들의 자연스러운 배경으로부터 신중하게 분리되었다. 좋은 음향감독은 영화 제작의 70%가 마무리된 영화 안에 녹음(더빙)이 적용되기를 바란다. 더빙은 야외 촬영이 기대했던 기준에 부적합할 때 마지막 행선지로 사용된다.

한편 전체 영화를 더빙하는 것은 촬영 시, 사운드를 멈추지 않은 것을 의미한다. 오디오 트랙이 자주 녹음되지만 그 특성quality은 부적절하고 더빙의 목적은 간단하다. 장면이 포함하는 테이크 사이에서 일어나는 작은 대사와 변화를 기록하기 위함이다. 따라서 후에, 배우들이 그들의 라인을 동기화하기 위해 돌아올 것이 요구될 때 그들은 그들의 최종적으로 선택했던 테이크에서 한 달 전에 자신이 말했던 정확한 말을 알게 될 것이다. 아무리 줄잡아 말하더라도 그러한 조작에는 많은 문제가 있다. 더빙을 해야 할 때 배우들은 사실상 캐릭터와 동떨어져 있다. 그들의 심리상태를 돕기 위한 당시 촬영 현장의 환경도 거기에는 없다. 또한 살아있는 드라마 대신에 배우들은 이제 그것과 관련되어 단지 스튜디오에서 간접경험만을 할 뿐이다. 전체 계획이 재빨리 이뤄진다. 그리고 새로운 대사 녹음은 마이크가 배우들의 입에서 그리

---

52) Bruce Mamer, *Film Production Technique: Creating the Accomplished Image* (Belmont: Wadsworth, 1996), p. 320.

멀지 않은 곳에 있음으로 인하여 아주 비현실적으로 들린다. 몇 가지 예로, 마이클 래비거Michael Rabiger는 그 기법을 모두 함께 수용하는 것에 문제가 전혀 없다고 본다. "그것은 피하기 위한 과정이다. 왜냐하면 야외 녹음과 비교해 보면 새롭게 녹음된 트랙은 다양성이 떨어지는 평범하고 죽은 음향이기 때문이다."[53] 음향이 나쁜데 왜 사람들은 이 방법으로 일하는가? 그것은 모두 돈 문제와 연관된다. 예를 들어, 누벨바그 시대에 프랑스 감독들은 선택권이 없었다: 그들의 예산은 아주 적어서 그들이 원했어도 라이브 사운드 레코딩을 위한 비용을 충당할 수가 없었다. 그 외에도 그들은 정치적으로 전문가의 허영에 반대하였던 사람들이다. 그들은 다소 스튜디오 촬영이 영화의 현실성을 반감시킨다고 느꼈다. 배우들은 부자연스럽게 이야기하고 있었고, 그것은 그들의 살아있는 일부분이기보다는 연기였다. 뉴 웨이브의 한 가지 목적은 영화에 일상적인 사실감을 불어넣는 것이었다. 따라서 어떤 상황에서 좋은 소리를 녹음하기 위한 근심 없이 배우와 자유자재로 옮겨 다니는, 카메라로 하는 야외 촬영이 그들의 작업이었을 것이다. 영화는 다시 진행 중이다. 사람들은 그 밖에 무엇을 원하는가?

더빙은 기술적 선택 이상을 수반하는 동시에 철학적 기준을 함축한다. 이것과 관련하여, 하이데거의 '거기에 존재하는 것being there' 혹은 현존재Dasein로 돌아갈 필요가 있다. 세상에 있는 것이 거기에 있는 것이다. 다른 사람들과 함께 사물들에 둘러싸여 그 시절에, 특정 상황에, 어떤 빛 안에 있는, 정교한 공간에서, 거기에 존재하는 것은 맥락 속에 있다. 하이데거가 썼듯이, "그것의 본성으로 존재는 그것의 '거기there'를 그것과 함께 데려온다. 만약 그것의 '거기'가 부족하다면 실제적으로 그것은 본질적으로 현존재의 실재가 아니다."[54] 영화에서도 '거기에 존재하는 것'은 서로 긴밀히 짜인 상황을 함축한다 — 일정한 시, 공간에서 누군가와 관계하는 등장인물.

53) Michael Rabinger, *Directing: Film Techniques and Aesthetics*, 2nd ed. (Boston: Focal Press, 1997), p. 455.
54) Heidegger, *Being and Time*, p. 171.

더빙이 두 번째 녹음 동안, 본체를 탈맥락화시키면 적어도 같은 개인은 초기의 산 경험을 소생시켜야 한다. 배우가 블루 스크린이나 그린 스크린에 대고 연기하기를 요구받을 때, 원래의 배경조차도 '거기'가 총체적으로 결여되어 있다. 둘째로 후반작업으로 목소리를 추가할 수 있게 됨으로써 이제 둘 이상의 등장인물을 병합하는 것이 쉬워졌다. 끝으로 관객들은 전설적인 외국 배우의 목소리는 몰라도 그들이 갖는 본연의 모습에 만족한다. "더빙은 두 영혼에 대한 믿음과 같은 것이다."[55] 오늘날 더빙 경험은 더 많은 것을 불어넣을 수도 있다. 왜냐하면 여러 배우의 기용 및 다양한 목소리로의 녹음이 가능하고 영화배우들은 특정 '작품 속의 등장인물product characteristics'을 면밀하게 지속적으로 관찰한다.[56] 그 결과, 사무엘 베버Samuel Weber는 "물건을 저장해뒀다가 판매하는 사물에 대해서 언급하였는데 그것은 배우로까지 확장시킬 수 있다."[57] 따라서 새로운 작업 환경은 모든 인간의 육체 기관이 분리되는 곳이자 살아있는 전체 혹은 맥락에서 떨어져 나오는 곳이다. 요컨대 더빙의 실제는 인간 경험의 통합의 파열이 기대된다는 것에서 예견적 이었다. 그것으로 예견되는 문제점은 의심의 여지가 없다. 그러나 많은 영화 제작자들은 이 문제와 관련하여 선택권이 없다. 그들은 더빙을 하지 않으면 촬영을 할 수 없기 때문에 더빙에 고정되어 있을 것이다.

7
·······

그렇다면 세부 음향 효과에 대한 것은 어떠한가? 여기에는 실제성의 단계적 변화가 있다. "감독으로서 여러분은 자신을 촬영하는 동안, 프로덕션 트랙의 대사 뒤쪽에 녹음되는 실제 사운드에 한정시켜야 한다."[58] 머치가 그렇게

---

55) Jean Renoir, *My Life and My Films*, Norman Denny 옮김(New York: Atheneum, 1974), p. 106.

56) Donald M. Lowe, *The Body in Late-Capitalist USA* (Durham: Duke Univ. Press, 1995), p. 47.

57) Samuel Weber, *Mass Mediauras: Form, Technics, Media* (Stanford: Stanford Univ. Press, 1996), p. 74 (양쪽 모두 인용).

58) Murch, "Sound Design," p. 247.

했던 것처럼, 이들 영화에서 필름보호막film Acetate에 있는 원래의 녹음은 변경될 수 없었다. "믹스 후, 그것을 고정시킬 가능성은 없었다. 왜냐하면 이것이 믹스였기 때문이었다."[59] 물론 여러 대안이 있는 오늘날, 심한 바보가 아니라면 대부분의 사람들은 그러한 방법을 비웃을 것인가? 여러분은 정말로 다른 시, 공간에서 여러분의 영상을 따라가는 진짜 소리를 녹음할 수 있다. 여러분은 이미 녹음된 음향 효과 라이브러리에서 여러분이 필요한 것을 뽑아낼 수 있다. 여러분은 디지털적으로 여러분의 원음, 혹은 이미 있는 사운드를 미화시키거나 활기차게 할 수 있다. 혹은 여러분은 후에, 스튜디오에서 전문가들에게 영화 전체에 폴리Foley를 입힐 것을 요구할 수도 있다.

첫 번째 방법에 충실한 것은, 확실히 전문적인 영화 제작에 반하는 것이다. 그러나 몇몇 감독들은 여전히 영화가 촬영 시에 녹음되는 오리지널 트랙에만 한정시키는데, 그 이유는 색인처럼 작용하는 사운드의 면면, 즉 사건으로 존재하는 음향을 강조하기 때문이다.[60] 그들에게 중요한 것은 촬영 동안 발생하는 사운드, 또 하나는 들려지고 녹음되는 사운드이다. 다른 영화 제작자들은 자신의 우선순위를 다른 곳에 둔다. 반면에 그들은 음향 효과를 '사물의 말, 자연의 속삭임, 삶의 거대한 대화적 힘'으로 보았던 벨라 벨라즈에 동의할지도 모른다.[61] 한편 그들은 자연의 목소리가 우연적으로 녹음될 수 있다고 반드시 믿었던 것만은 아니다. 그것은 특별한 집중을 필요로 한다. 그것을 발견하기 위해 자신의 길 밖으로 나가야 한다. 이 경우 그 사운드는 실제적이지만 그것들은 다른 시간대에 하나씩 녹음되고, 그 영화의 특정 부분에 둘러싸인 세계를 표현하기 위한 그들의 능력으로 선택된다. 장 케롤Jean Cayrol은 그의 저서에서 이들에 대해 다음과 같이 언급한다. "우리는 수천의 빗방울 소리를 녹음해서 단 두 개만 얻었다. 그리고 우리는 나무가 짖어대는

59) Murch, "Sound Design," p. 240 (his emphasis).
60) For indexical signs etc., Peter Wollen, *Signs and Meanings in the Cinema* (Bloomington: Indiana Univ. Press, 1972).
61) Balázs, *Theory of the Film*, p. 197.

소리를 만들어 내는 것과 같은 음향 전문가가 되기 위해 수많은 나날은 숲에서 보냈다."[62] 여기의 문제점은 대부분의 사람들이 세상을 듣는 능력을 상실했다는 것과 우리의 귀를 재교육하는 것은 극도로 시간 소모적이라는 것이다. 확실히 새소리를 얻기 위해 숲으로 가는 것보다 사운드 라이브러리를 찾는 게 훨씬 쉽다. 여러분은 한 마리의 새의 부름을 선택할 수 있고 다양한 종류의 새소리를 얻을 수 있으며 새들의 무리도 얻을 수 있다. 시온은, "어떤 누군가가 실제로 특정 새소리를 구분할 것인가? 영화 속 새가 바로 그 새가 맞는가?" 하는 것에 대한 의문을 던진다.[63] 여러 소리에서 하나를 선택하는 기준은 무엇인가? 이 분야의 전문가의 말을 들어보자.

> 일반인들은 그것을 모르지만 그들에게는 누를 수 있는 모든 종류의 버튼이 있다. 여러분이 만약 올바른 버튼을 누른다면, 그것은 그들로 하여금 어떤 느낌을 선사할 것이다… 예술적 감각은 길러지는 것이다. "폭발 장면이 좋은 예이다. 그 장면의 소리는 험악하게 들리고, 우리는 이 영화의 그 시점에서 이러한 험악한 폭발을 원한다. 우리는 어떤 해결책을 주는 폭발음을 원하지 않는다.[64]

다시 말해서 이것은 영화의 초반을 강타하는 테러리스트의 폭발이다. 그 소리는 반드시 적의 힘을 격앙시키는 것이어야 하고, 그것은 반드시 주인공을 대하는 불가능한 작업임을 암시할 수 있어야 한다. 우리는 비록 폭발만 볼지라도, "그것을 우리의 내면에만 존재하는 의미에 투자한다."[65] 소리가 우리에게 나머지 내러티브와의 관계에 어떻게 읽을 것인가 하는 것을 말해준다.

각 프로젝트에 맞는 완벽한 새소리나 폭발음을 찾지 못한다 할지라도 그것은 조정될 수 있다. 어떤 것도 변형될 수 있고 그것의 최대 효과가 나오도록 비틀고 짜낼 수 있다. 모니터의 도움으로 오늘날에는 소리에 요구되는 것만 그 생산 시까지 어떤 사운드의 성격도 변경하기가 수월하다. 그런 이유로

---

62) "Interview with Jean Cayrol," *Image et Son*, no. 215, March 1968 (저자 번역).

63) Michel Chion, *Audio-Vision: Sound on Screen*, Claudia Gorbman 옮김 (New York: Columbia Univ. Press, 1994), p. 109.

64) Ben Burtt, in Vincent LoBrutto, *Sound-on-Film*, p. 143.

65) Murch, "Sound Design: The Dancing Shadow," p. 248.

사람들은 그 소리에 좀 더 생명력을 불어넣거나 충격을 주기 위해 둘 이상의 소리를 통합할 수 있다. 이런 조작의 예로, 영화 〈레이더스, 잃어버린 성궤를 찾아서Raiders of the Lost Ark〉(Steven Spielberg, 1981)에 삽입된 동물의 으르렁거리는 소리가 자주 인용되는데, 여기서는 좀 더 강력한 트럭 소리를 내게 하기 위하여 트럭의 모터소리를 삽입하였다. 끝으로 전문 스튜디오에서 폴리Foley 음향을 창작하는 것도 있다. 이 경우에는 음향의 '색인성'이라는 개념이 새로운 실제성을 위하여 버려진다. 사실 후시 효과음 녹음작업은, 에른스트 곰브리치Ernst Gombrich가 미술에 대하여 말했던 바를 성립시킨다. "화가가 그리도록 요구받는 것은 자연 그 자체가 아니라 그것에 대한 우리의 반응이다. 그는 원인 대하여 고민하지 않고 어떤 작용의 메커니즘에 대해 고민한다. 그의 것은 심리적인 문제이다."[66] 여기서 오리지널 음향이 녹음될 필요는 없다. 왜냐하면 귀는 그렇게 까다롭지 않기 때문이며 다른 소리가 그것을 대체할 수 있기 때문이다. 다시 한 번 머치의 예를 사용하면, 옥수수녹말 위를 걷는 것은, 누군가가 눈 그 자체보다 훨씬 더 눈 위를 걷는 소리 같다. 다시 말해서 음향적인 위조가 실제 소리보다 귀에 더 그럴 듯하게 들리기 때문에 여러분은 후시 효과음 녹음작업을 사용, 즉 소리를 조작한다.

실제로 영화 제작자들은 자신의 영화에서 싱글 프로덕션 트랙을 녹음하고 활용한 장마리 스트라우프Jean-Marie Straub와 다니엘 위예Danièle Huillet로부터 전 음계를 운용하고, 세르지오 레오네Sergio Leone는 대놓고 모든 소리를 더빙하고 후시 효과음 녹음작업을 하였다. 프랑스 영화 제작 파트너에게 더빙이나 폴링Foleying은 기대하지 않은 결과를 초래한다. "우리가 스크린에서 보는 입술은 우리가 듣는 단어를 말하는 것이 아니지만 공간 그 자체를 착각하게 만든다." 반대로 "직접적인 사운드로 촬영할 때 여러분은 그 공간을 왜곡할 수 없다."[67] 따라서 그들에게 집적적인 사운드direct sound는 배우의 음성 이

---

66) E. H. Gombrich, *Art and Illusion* (New York: Pantheon Books, 1960), p. 49.

67) "Sur le son: Entretien avec J.-M. Straub et D. Huillet," *Cahiers du Cinéma*, no. 260-61, (October/November 1975), p. 49 (저자 번역).

상을 함축한다. 그것은 우리가 실제로 그것이 그 당시에 거기 있었음을 느끼게 하는 것이다. 우리는 목소리만큼의 그 주변을 둘러싼 공간의 소리를 듣는다. 그것은 시공간 연속체의 통합된 조각을 녹음하는 것을 의미한다. 그렇게 하는 것은 모든 종류의 적응을 요구한다. 예를 들어, 위예가 지적한 바와 같이, 장소는 반드시 그 외관으로만 결정될 것이 아니라 향후 오디오의 필요 또한 고려되어야 한다. 배경은 반드시 바로 봐서는 안 되며 사람들의 말을 듣기에 좋은 장소여야 한다. 이것은 여러분이 완벽하게 깨끗한 소리를 녹음할 수 있는 환경을 의미하는 것이 아니라 청각적 환경이 장면에 삽입되는 장소를 말한다. 또한 그들은 카메라로 발견된 어떤 장소의 특정 부분에만 주의 집중하는 것이 아니라 주변을 둘러싼 모든 영역에 관심을 기울여야 한다고 전한다. 스트라우프는 "영화 밖off-Screen 공간은 존재한다."고 언급한다.

> 그것은 동시에 촬영할 때 사람들이 발견하는 것이다. 프로덕션 트랙 없이 촬영하는 사람은 이것을 이해하지 못한다. 또한 그들은 영화의 본질에 대항하기 때문에 틀렸다. 그들은 영화 제작은 카메라 앞에 있는 것을 찍는 것을 의미한다고 믿지만 그렇지 않다! 사람들은 그 뒤에 있는 것과 그 주변에 있는 것도 찍는다.[68]

예를 들어 스트라우프와 위예는 자신의 실습에서 등장인물이 스크린에서 사라져도 카메라를 멈추지 않으며, 그들은 그들이 더 이상 배우들의 소리를 들을 수 없을 때까지 그대로 둔다. 이런 유의 영화를 이해하는 것은 갑작스런 여분의 차원을 선사한다. 그것은 기존의 관습을 넘어 세계와의 조율되는 것을 내포한다. 장소의 맥락, 즉 등장인물을 둘러싼 세계 모두는 다양한 방법으로 개입된다. 이것은 실제로 전형적인 영화 사운드트랙에서 상실한 것으로 전문가들은 재녹음 믹서를 받아들인다. "왜냐하면 우리는 음향 간에 일어나는 임의의 관계를 수락하지 않기 때문이며, 그것은 그렇게 소통되고 모든 것은 그 장소 안에 있다."[69] 재료를 오염시키는 우연한 사운드를 거부

---

68) "Entretien avec Jean-Marie Straub et Danièle Huillet," p. 54.
69) In LoBrutto, *Sound-on-Film*, p. 241.

하는 전문가와는 반대로, 스트라우프와 위예는 그것을 그들의 작업에 가치 있는 기여로 포용한다. 그들의 관점에서 세계는 그것의 불확실성을 통하여 담화를 풍부하게 한다. 비록 렌즈가 카메라를 둘러싼 전체 배경 중 한 조각에 초점을 맞출지라도 그것이 보여 주는 것은, 그럼에도 불구하고 마침내 '뒤와 주변'에 있는 모든 것과 관련된다. 다시 말해서 그 쇼트는 오프 스크린의 공간 중심에서 살아 숨 쉬고 그것은 그 맥락 속에서 살아있다. 미셸 시온이, 우리에게 더 넓은 시각적 및 청각적 공간의 중요성을 부각시킨 훌륭한 예를 제공한 바 있다. "브루크너Bruckner 심포니의 플루트 솔로를 찍을 때 오케스트라의 침묵은 플롯에서 나오는 음계만큼 중요하다. 플루트의 클로즈업을 위해 가는 것은 조용한 분위기를 망치는 것이지만, 둘러싸인 오케스트라 앙상블은 긴밀하게 플루트의 의미와 힘을 받아들인다."70 스트라우프와 위예에게 있어서, "플루트 홀로 가는 것은 현실을 속이는 것이 될 것이다." 그들에게 있어서, "영화 제작자의 유일한 의무는 관객의 귀와 눈을 열어 거기에 실제로 무엇이 있는지를 알게 하는 것이다."71 하이데거처럼 그들에게 있어서 인간의 기초적인 현실 경험은 전적으로 현재로 가공되지 않은 상태로 남아 있어야 한다.

다른 감독들은 그들의 정신을 공유하였다. 예를 들어, 쟈크 리베트Jacques Rivette와 에릭 로메르Eric Rohmer는 그들이 한정된 예산으로 작업함에도 불구하고 지속적으로 자신의 영화에서 하나로 된 사운드를 사용하는 것을 주장하였다. 로버트 알트만은 그의 영화 〈캘리포니아 분열California Split〉(1974)과 〈내슈빌Nashville〉(1975), 그리고 〈웨딩A Wedding〉(1978)에서, 그는 여러 배우들이 동시에 라디오 마이크를 사용하는 것을 처음 시도하였다. 이것은 그가 성가신 오버헤드 붐overhead-boom을 버리도록 하였고, 그것은 움직이는 사람들에게 더 많은 동선의 자유를 주었다. 기술 역시 앞쪽의 대화 뒤에 존재하는

---

70) Chion, *Le Son au cinéma*, p. 191.

71) "Entretien avec Jean-Marie Straub et Danièle Huillet," Cahiers du Cinéma, no. 223, (August 1970), p. 53 (저자번역).

배경의 내포를 가능하게 하였다. 각 트랙은 분리되어 녹음되기 때문에 추후 각 장면에 맞게 필요에 따라 각각의 소리를 높이거나 낮추는 것이 불가능하였다. 장 뤽 고다르는 〈나는 그녀에 대해 두 세가지를 알고 있다Two or Three Things I Know about Her〉(1966)와 몇몇 다른 영화에서 다지향성 마이크를 시도하였다. 그의 목적은 실제적인 것보다 좀 더 이론적인 것이었다. 그는 사운드에 포인트를 주고 싶었는데 관객들로 하여금 기술로 주어지는 조작되는 음향이 아닌 실제 일어나는 소리를 들려주기 위해서였다. 이 모든 시도가 항상 성공적인 것만은 아니기 때문에 실패할 경우 영화에 막대한 손상을 주게 되고 이런 점에서 고다르가 늘어놓은 불평은 전문적으로 누구도 더 이상 다른 것을 시도하려 들지 않는다는 것이다. 그의 주된 생각은 반복하는 가치가 있다는 것이다. "보통 미국 영화는 뛰어난 음향을 가지고 있지만 그것은 우리가 듣는 단 하나의 영화 사운드가 될 수 없다. 그것은 수백 개의 사운드 중 단 하나의 관점에 지나지 않는다. 틀린 점은 미국형 모델이, 사운드와 관련된 나머지 99개의 생각을 사라지게끔 했다."[72]는 것이다. 적어도 좁은 심미적 양식에 갇히기보다는 영화 제작자가 사운드 레코딩을 둘러싼 문제를 다시 생각할 수 있어야 하고 그들 자신의 방법을 들고 나올 수 있어야 한다.

8
....

목소리, 음향 효과, 그리고 음악이 한데 어우러지는 순간을 믹스mix라고 한다. 믹싱 부분에서는 정확히 어떤 일이 벌어지는가? 대체로 클로드 바이블레Claude Bailblé의 말로는, 재녹음 믹서가

> 음색, 에코, 콘트라스트를 적절히 맞추면서 각 장면에 있는 불변의 순수한 분위기를 만들어 낸다. 믹서는 신중하게 선택된 효과를 삽입함으로써 청각적 풍경을 창조한다. 문제는 컷과 삭제된 컷 사이의 사운드 연속성과 관련된다. 끝으로 무드가 어떤 사운드 혹은 음악적 낭독의 반복을 통하여 강조된다.[73]

....

72) Abraham Segal, "Jean-Luc Godard," *Image et Son*, no. 215 (March 1968), p. 82.
73) Claude Bailblé, "Programmation de l'écoute (Part 4)" *Cahiers du Cinéma*, no. 299, (April 1979), p. 27 (저자 번역).

믹스는 확실히 전체 조작이 한데 일어나는 곳이다. 어떤 영화 제작자에게는 믹스가 절대 중요한 작업인데, 이것이 영화가 창조하려고 하였던 세계가 마침내 마무리되는 단계이기 때문이다. 믹스에서는 원래의 기대에 대한 영화의 결과를 측정할 수 있다. 믹스는 실제로 영화에 형태를 주는 것이 그것의 정체성이다. 그것은 영화가 숨을 쉬고, 말하게 하며 마침내는 영화 그 자체가 된다.

그러나 좀 더 긴밀히 바라보자. 무엇보다도 바이블레가 언급한 것처럼, 우리는 영화 전체적인 체계의 밑바닥에 위치한 '엠비언스ambiance'를 찾는다. 전문적으로 이 트랙은 공간의 청각적 실존의 녹음이다. 영화가 촬영되는 방, 세트, 스튜디오를 떠나기 전에, 음향(사운드)감독은 순간을 녹음하거나 그 공간의 존재를 녹음한다. 그리고 나서 그 녹음은 복제되어 각 장면에 살아있는 배경을 제공할 수 있다. 다른 트랙 아래에서 재생되어, 손으로 만질 수 있는 스크린에 존재하는 '엠비언스'가 만들어진다. 훨씬 더 중요하게는, 이것은 관객들을 위해서 등장인물이 말하는 원래의 비문, 명패inscription를 보강해 준다. 나는 실제로 그 순간에 그 방에서 이러한 것들을 들을 수 있다. 따라서 그것은 순간을 살았던 것의 진실성을 확고히 해 준다. 이것은 데리다가 언급했던 전형적인 경우이다. "자아 존재는 어떠한 표시의 매개 항에 의해 그 자체가 드러나지 않도록 반드시 현재의 분리되지 않은 연합체로 만들어져야 한다."[74] 다시 말해서 '엠비언스'는 전체적인 청각적 구조를 함께 붙잡고 있는 시멘트인 것이다.

표지적인 현실성을 위해서 이 분위기는 다소 모의적模擬的이다. 등장인물의 존재나 발언의 실제 순간을 새기는 것과는 거리가 멀며, 이 트랙(첫 번째 장소에서 녹음된 결과물이 아니라면)은 사실 또 다른 순간에 대한 기억이다. 우리가 극장에서 듣는 것은 등장인물의 실제 호흡하는 공간이 아니라 부자연스러운 정돈상태에 있는 일종의 그것이다. 그때의 그 분위기는 똑같은 실

---

74) Jacques Derrida, *Speech and Phenomena*, David Allison 옮김 (Evanston: Northwestern Univ. Press, 1973), p. 60.

제성을 강조하는 것이 아니라, 다른 것(직원, 프로덕션 Mixer, 영상감독) 및 '표지 매개항' (영화 제작 실제, 녹음 중 음향 조작, 편집, 그리고 믹싱) 전체에 핵심 포인트를 준다. 이 트랙은 실제로 신 뒤의 다른 존재의 잔류물을 낳기 때문에, 우리가 갖는 등장인물의 인생에 대한 시공간 연속체의 상상적 귀착은 영화 전체 절차에 의해 모두 쇼트가 된다고 할 수 있다.

둘째로 음향효과와 음악보다 우월적 지위를 갖는 대사와 함께 믹싱 스튜디오에서의 일하는 '자연스런' 계급이 존재한다. "만약 내가 대사 트랙을 갖고 있다면 그것은 '완벽한' 것이라고 어느 후시 음향감독은 설명한다."

> 그리고 나는 보통 대사를 가진 음향 효과 트랙의 엠비언스 파트를 하려고 하며 대사에 반하는 방의 종류, 새, 공기 혹은 자동차바닥의 균형을 맞추려고 한다. 그러고 나서 내가 그것을 얻었을 때, 나는 폴리, 어떤 특정 음향 효과(자동차, 버스 같은)를 추가할 수 있고 대사에 대하여 균형을 맞출 수 있다. 모든 것이 대사에 대해 균형을 맞춰야 한다… 왜냐하면 그것이 정보가 있는 곳이기 때문이다… 음악은 마지막으로 들어가는 것이다.[75]

우리가 본 바와 같이 믹싱에서 전통적인 우선순위는 상황과 관련 없이, 배우들이 말하고 있는 것을 확실히 하는 것에 있다. 전형적인 예로 우리는 파티에 사람들로 가득 찬 방을 보지만 반면 군중들로 흘러나오는 목소리는 구별하기 어렵게 되고 우리는 주연들이 번갈아 가며 명확하게 말하는 것을 듣는다. 비록 60년대 후반과 70년대 초에, 이른바 뉴 아메리칸 시네마의 영향, 특히 로버트 알트만의 영향 아래, 게임의 규칙은 바뀌었지만 오늘날 낡은 기준이 전보다 더 강력하게 재출현하였다. 데리다의 평가로 계속되는 이러한 사고방식은 웨스턴 철학 신조의 전형이다. 예를 들어, 글은 서스펙트이다. 왜냐하면 그것은 저자로부터 떨어져 기능하기를 요구 받기 때문이다. 반대로 텍스트 '정면' 의 인류의 존재는 우리가 듣는 것의 확실성을 보장한다. 후시 음향감독을 위해서라도 각각의 말은 다른 누구도 아닌 이러한 인류 내부에 안전하게 위치시켜야 한다. 전통적인 영화에서 나쁜 점은, 하나의 상황에

---

75) In LoBrutto, p. 179.

서 두 사람이 대화를 하는 것이 될 수 있을 것이다. 그 하나의 상황이란 것은, 카메라 앵글이 누가 누구에게 말하는지 구분하기 어렵게 만드는 것이다. 다시 말해서 말은 그 자체에서, 즉 스스로의 존재로부터 그 자체를 분리시켜서는 안 된다. 그것은 세계와 공간의 가시성可視性에 양도된 기호 표현의 몸체에서 죽음을 위협해서는 안 된다. "말은 공간을 떠다녀서는 안 되며, 독립된 기호 표현으로 인식되어야 하고, 누구와도 끊어진 상태로 되어서는 안 된다."**76** 이러한 관점으로 명백히 누군가가 그것을 말했던 사실보다 사람들이 말하는 것이 덜 중요하다. 따라서 믹스하는 것은 위험성이 없지 않다. 감독이 진행 중인 어떤 것을 아주 잘 인식하고 있지 않으면 그 영화는 획일화된 방식의 삶에 팔리게 할 것이다. 그것을 이 방식에 넣어 보자. 믹싱 스튜디오, 거기서 일하는 기술자, 그리고 그들의 습관적인 절차, 모든 것은 어떤 하나의 프로젝트의 등장에 앞선다. 다른 무엇보다 믹스는 획일화된 조작이다. 거기서 일은 특정 방법으로 행해진다. 그것은 정확하게 우리가 골드윈Goldwyn 스튜디오의 고든 소이어Gordon Sawyer와 같은 사람들의 영향력으로 이야기될 수 있다. 그의 지배 하에서 모든 믹스 작업은 그의 승인을 받는다. 좋은 소리에 대한 소이어의 개념에 도전하는 것은, 감히 상상조차 할 수 없을 것이다. 비록 믹스 작업이 요즘 그리 체계적이지는 않을지라도 거기에는 작업실을 절대로 떠나지 않고 일하는 기술자들이 거기에 있다는 사실이 남아 있다. 그들은 보수적인 집단인 경향이 있고, 외국 영화에 대해 의구심을 가지며 다른 방법의 심미적 접근을 하려고 한다. 자연스레 그들은 자신들에게 친숙한 단하나의 기준과 관습을 작업 현장에 가져온다.

요약하자면 영화계가 보통 음향 효과 아래서 엠비언스 트랙ambiance track의 존재를 통하여 완전하게 만드는 것이 믹스다. 그것은 대사를 위해 분리된 청각에 있는 고유의 위험을 완화시켜 주는 것이고, 음악이 가장 성가신 나머지 단락 위에 포개지는 것이며, 다른 전문기술자들에 의해 제명帝命과 조작

---

76) Derrida, *Speech and Phenomena*, p. 77.

의 모든 흔적을 삭제시키는 것이다. 여기서는 영상/사운드의 불일치를 얼버무리고 넘어간다. 사운드 매거진에서 순조롭게 형성된 것으로 보여 주는 믹싱 장치의 사진은 수백 개의 똑같은 스위치를 가진 긴 벤치를 없앴고 전체 프로젝트의 이성적인 책임을 놀랍게 표현한다. 단정하고 행실 좋은 재녹음 믹싱 기사에 관한 한 그들은 보통 그들의 책상 옆에 성실히 앉아 있는 것이 비춰진다. 그러나 관심의 밖에서, 그 우아함 아래 감춰진 번드르르한 콘솔은 와이어의 정글이자, 실제 카오스(혼돈)의 현장이며, 완전 무질서 상태인, 바벨탑(혼란스런 상황을 만들어 내는 것) 그 자체이다! 이 모든 것이 지적하는 바는, 믹싱 작업이 기술적인 것이자 관념적인 조작이라는 것이다. 이것은 말쑥한 영화가 그것의 신선함과 차별성을 상실할 수 있는 곳이다. 이것은 감독에 의해 배제된 불협화음의 음계가 산업에 의해 회복될 수 있는 곳이다. 실제 전문 믹스 작업에서의 신념은 영화를 좀 더 독특하게 해 주는 차이와 변화를 동등화시키는 것이다.

9

오디오 트랙이 영화의 여백에 보충물류로 영상에 삽입되는 것이 사실인 반면, 그것은 더 이상 영화에 부수적인 것, 즉 영화에 필수불가결하지 않은 것으로 여겨질 수는 없다. 『서기법書記法(Of Grammatology)』에서 데리다의 논쟁과 일치하여, 음향은 비주얼에 대하여 그것의 초기 부수물을 내뿜게 하여 완전히 성장한 파트너가 되었다.**77** 명백히 오늘날 사람들은 두 부문에서 영화를 접근해야 한다.

그 차이를 설명하기 위해서 영상과 오디오 사이의 관계가 닿는 두 영화를 가져오고자 한다. 첫 번째 예는, 〈빵 없는 대지Las Hurdes〉(1932)로서 루이 뷔니엘Luis Buñuel이, 30년대 초에 스페인에서 만든 유명한 다큐멘터리이다. 그 작품에서 영상은 멀리 떨어진 한 마을의 어려운 상태를 그려낸다. 비록 그것

---

77) Jacques Derrida, *Of Grammatology*, Gayatri Chakravorty Spivak, 옮김(Baltimore: Johns Hopkins Univ. Press, 1977).

이 다른 트랙에 의해 제공된 정보보다 훨씬 믿을 만할지라도 평판도에서 그것이 취해져서는 안 된다. 예를 들어, 우리는 엄청난 롱 쇼트로 산꼭대기에서 떨어지는 염소를 본다. 그 직후 떨어지는 염소에 대한 다른 각도에서 본 매치 컷이 있다. 물론 이것은 이미지의 집합에서의 조작을 제안한다. 다른 시간에 강한 동영상의 그림조명은 헛간 속에서 밤에 잠든 농부 가족을 보게 만들며, 어떤 이미지는 우리로 하여금 〈북극의 나누크Nanook of the North〉(Robert Flaherty, 1922)을 연상케 한다. 그러나 대체로 각 비주얼은 다른 트랙보다 더 믿을 만하게 남는다. 예를 들어, 영화에 끼어드는 해설은 무엇인가를 패러디하는 것이다. 그러나 이 경우, 목소리는 우리에게 거짓이나 다름없다고 말해 준다. 영화에 동반되는 음악에 관한 한, 그것은 심각하고 아름답고 클래식하다… 그리고 시골과 황폐해진 배경, 다시 말해서 거기에는 세 개의 트랙 간의 차이, 세 개의 구분되는 담화가 있고 우리는 다른 어떤 고정된 의미도 없이 남겨진다. 우리가 완전히 믿을 수 있는 정보의 단일 소스는 없다. 〈빵 없는 대지〉에서, 그것은 의문에 붙여지는 진실의 운반자로서 전체 극의 콘셉트다.

두 번째 예는, 〈뮤리엘Muriel〉(1963)이다. 이것은 알랭 레네Alain Resnais의 초기 작품으로서 우리의 과거 기억에 있는 시간의 파괴를 다루고 있다. 이 영화의 핵심적인 순간은 어린 소년 버나드가 프랑스로 돌아간 늙은 남자에게 알제리 전쟁에 대한 자신의 경험을 이야기할 때 일어난다. 시각적으로 군인의 삶에 관한 홈 무비처럼 비춰진다. 책략, 대포 사격, 참호 파기 같은 것들보다 여유로운 순간도 묘사된다. 군인 식사, 카메라에 대고 커피 마시기, 수영장에 뛰어들기, 민간인과 함께 보트 타러 가기, 사원 바라보기, 프랑스 군인은 알제리 소년과 악수한다. 마지막 시퀀스를 향하여 문이 성난 군인에 의해 부서지지만 왜 그들이 그런 짓을 했고, 그 후에 무슨 일이 있는지는 명확하지 않다. 전체 필름길이footage는 아마추어 영화 제작자에 의해 8mm로 찍히는 어떤 표시가 있다. 그것은 흐릿하고, 스크래치가 있으며, 색이 바랬고, 핸드헬드를 사용하였으며 삭제되지 않았다. 우리는 우리가 보고 있는 영화가 사실은 버나드가 몰래 찍은 것이고, 그의 친구가 늙은 남자에게 보여준 것이라는 사실을 나중에 알아차린다.

모든 작품에서 우리는 이미지 정상에 있는 버나드의 목소리를 듣는다. 그러나 그의 독백은 영상이 우리에게 보여 주는 것과 아무런 관련이 없다. 어둠 속에서 그는 바닥에서 자고 있는 듯한 여인과 부딪친다. 좀 더 가깝게 다가감으로써 그는 그녀가 놀라서 떨고 있음을 알아차린다. 동료 군인들도 여기에 있다. 그들은 버나드에게 그 여자 뮤리엘을 심문하겠다고 말한다. 그리고 날이 밝기 전에 그녀가 이야기하는 것은 필수적이다. 한 군인이 그녀를 상처 입힌 듯하다. 그녀는 비명을 지른다. 그녀의 머리카락은 땀으로 젖어 있다. 또 다른 군인이 담배에 불을 붙이고 그녀에게 다가간다. 그녀는 또 다시 비명을 지른다. 그녀는 비명을 지르면서 우연찮게 그녀의 시선이 버나드에게로 떨어진다. 후에 그녀는 구토한다. 그 밤이 훨씬 지난 후에 버나드는 창고로 돌아온다. 그녀의 시신은 마치 오랜 시간 동안 물속에 잠긴 채로 버려진 감자 포대 같다. 사방에 피가 낭자하고 그녀의 몸을 불태운다. 버나드는 마침내 잠을 청한다. 그는 잘 잔다. 다음 날 그가 깼을 때 뮤리엘의 시체가 사라졌다.

시퀀스의 힘은, 두 트랙 사이의 불일치에서 떠오른다. 그러한 영상이 믿을만하지 못하다고 말할 수는 없다. 확실히 그들은 평범한 군인의 일상적이 삶을 묘사한다. 아무런 이미지도 버나드의 인생에서 가장 중요한 순간이었어야 한다는 것을 증명할 수 없다. 정말로 그 사건이 한밤중에 일어났다면, 아마추어 영화인과 함께 촬영하는 것은 불가능하다. 그러나 기술적으로 그것이 가능하다 할지라도, 아무도 이러한 특정 사건을 촬영할 생각을 갖지 못했을 것이다. 그것은 아마추어 카메라가 녹음하게 되어 있는 것이 아니다. 그러나 대부분의 감독은 두 트랙의 결합을 염려하지 않을 것이다. 예를 들어, 플래시백이 적용된 뮤리엘의 고문장면을 들 수 있다. 관객으로서 우리는 장면의 어떤 디테일에도 할애되지 않을 것이다―살을 태우는 담배, 뮤리엘의 격렬한 비명 등. 장면의 사실주의는 적절하게 견딜 수 없을 것이다.

죄책감이 군인들에게 강하게 안착할 것이고, 그들은 전형적인 '나쁜 남자' 혹은 신 나치주의자로 배정될 것이다. 대부분의 영화 제작자들은 심지어 더 멀리 가기도 할 것이다. 한편 레네의 구조는, 과거 재형성의 불가능성을 강조하여 우리의 현재에 관심을 가게 한다. 비록 버나드는 동료들의 행동에 동참하지는 않았을지라도 그는 결국 그 고문을 멈추기 위해서 아무것도 하지 않았던 사실을 직면해야 한다. 그는 사건 직후에도 잠을 잘 청할 수 있었다. 적어도 현재 그는 그 밤의 기억에 사로잡혀 무슨 일이 일어났던가를 추정하는 데 실패한다.

따라서 그 상황은 알베르 까뮤Albert Camus의 '전락The Fall'의 서문을 상기시키는데, 그것은 주인공이 세느 강에서 누군가가 익사하면서 지르는 비명을 들으면서 자기 스스로 거기에는 아무도 없다고 확신하는 장면이다. 먼저 그도 그의 일상생활로 돌아간다. 후에, "그는 그날 밤에 들었던 그 울부짖음이 결코 끊이지 않음을 알게 된다."[78] 뮤리엘에서 버나드는 매번 대수롭지 않거나 유쾌한 영상에 지나지 않는 그의 8mm 영화를 본다. 그리고 그는 알제리 여인의 고문에 대한 어떤 것을 하지 못한 자신을 직면하기를 강요받는다. 이런 경우에 카메라는 자신의 실패에 매치되는 이미지를 녹화하는 것을 잊는다. 이미지의 부재는 그 자신의 침묵을 반영한다. 그의 무無활동inaction은 영원히 사소한 홈 무비에 새겨진다. 그 결과, 뮤리엘은 우리에게 가장 환대받는 교훈을 제공한다. 우리는 영화가 우리에게 삶에 대해 아는 모든 것을 말해 준다고 할 수 없다는 것을 배우고, 가장 중요한 것은 기록되지 않은 채로 남겨진다는 것을 배운다. 고다르는 많은 영화에서, 시각과 음향이 효과적으로 서로서로를 '가장하고' 말소한다는 것에 주목한 바 있다.[79] 반대의 경향으로 비주얼에 반하여, 오디오를 재생함으로써 뷔니엘과 레네의 진실은,

---

78) Albert Camus, *The Fall*, Justin O' Brien 옮김 (New York: Vintage Books, 1956), p. 108. 저자는 Shoshana Felman and Dori Laub 안에서 Shoshana Felman의 분석을 밀접하게 따라간다. *Testimony: Crises of Witnessing in Literature, Psychoanalysis, and History* (New York: Routledge, 1992).

79) Abraham Segal, "Jean-Luc Godard," p. 74.

우리의 소비를 위해 준비되어 접시로 서빙될 수 없다는 것을 명확하게 했다. 그것은 계속해서 탐구되고 논의되며 수정되어야 한다.

9

편집

편집

필름 편집이란 하나의 영상을 다른 영상으로 대체하는 것을 의미한다는 것은 누구나 다 아는 사실이다. 그러나 이런 교체가 일어나는 순간에는 어떤 일이 발생하는가? 영화의 경우, 변환이 너무나도 빠르기 때문에 그 변화를 따라 잡고 무슨 일이 발생하고 있는지를 생각해 보는 것은 거의 불가능하다. 하지만 이 변화에 접근하는 한 가지 방법으로 예술사 강좌에서 많이 활용되고 있는 프리젠테이션을 생각해 볼 수 있다. 먼저 그림 슬라이드를 하나 보여 주고 그것에 관해 토론을 한 다음 두 번째로 영사기를 사용하여 바로 이어 두 번째 그림을 보여준다. 둘 다 같은 예술가의 작품이든, 다른 화가의 작품이든, 심지어 학파나 활동한 시기가 다른 것이라도 그리 문제가 되지 않는다. 다만 하나의 그림에 이어 새로운 영상을 보게 되면 상황에 대한 경험이 전환되면서 뒤따르는 토론 내용이 바뀌게 된다. 이런 상황을 다시 한 번 설명해 볼 필요가 있다. 즉 단 하나의 영상이 주의를 집중시킬 수 있다. 그 안에 미학적 형상이 외부를 향한다 하더라도 그리 멀어지지 않는데 그것은 외부에 반겨주는 지지자가 없기 때문이다. 갇힌 틀에서 빠져 나오려 아무리 애를 쓰더라도 영상은 있던 그 자리에 굳건히 남아 결국 우리의 비평을 받게 된다. 그것이 무엇을 표현하든 상관없이 한 편의 영화는 하나의 세계를 제시한다. 하지만 또 다른 영상이 투사되자마자 상황은 급박하게 전환된다. 두 번째 세계가 열리며 우리가 그것을 보게 되면 첫 번째 영상은 더 이상 그 이전의 모습이 아니다. 이 점에 주시할 필요가 있다. 벽에 걸린 두 개의 모나드(단일체), 부족할 것 없는 겉보기에 창문이 없는 두 개의 세상이라고 하더라도 벽에서 공존하게 되면서 그것들은 우리 마음속에서 즉각적으로 연결되어, 이를테면 서로 고리로 채워지는 것이다. 일종의 대화가 그것들 사이에 이루어지고 있는 것처럼 보일 수 있다. 사실 이 중 프리젠테이션은 첫 번째 그림에 대한 영향을 완전히 무시하지 못하니 두 번째 그림을 그것 자체로 분석하는 것이 불가능하다. 다시 말해 영사기 하나를 끄지 않는다면 두 영상의 관계는 우리 모두의 주의를 집중시킨다. 눈은 좌우로 움직이며 소통을 하면서 차이를 확인하고, 하나에서는 디테일을 평가하고, 다른 하나에서는 기술을 검토한다. 그 시간에 우리 눈이 쫓아가는 정확한 양식을 검증하려 한다면 그 도식은 두 장소를 좌우로 움직이는 경련성의 수평 운동의 연속만을 보여줄 것이다. 이 현상을 이해하는 또 다른 방법은 시네라마와 아벨 강스Abel Gance의 폴리비전 영사기의 차이점을 생각해 보는 것이다. 시네라마에서는 화면에 투영된 세 가지 영상 사이의 선을 최소화시켜 움직임이 자연스럽게 이루어지도록 모든 노력을 기울였다. 반면에 폴리비전에서는 세 가지 영상이 같은 이야기 내에서도 서로 다르게 나타났다. 예를 들면, 중앙 프레임에는 나폴레옹을 클로즈업해 놓고 나머지 두 개의 근접 프레임은 나폴레옹의 군대가 행진하는 것을 보여준다. 요약해 보면 우리는 단일 영상 프레젠테이션을 포기하자마자(아무리 멋있더라도) 그 안에 담겨 있는 것에 집중하여 문제의 영상 사이의 관계에 집중하게 된다. 이 반응이 학습된 것인지 아닌지에 대한 주장에 이것은 별 문제가 되지 않는다. 문제가 되는 것은 두 번째 영상이 시야에 들어와 첫 번째 영상과 함께 있다는 자체만으로도 첫 번째 영상의 독백을 바꿔 놓는다는 점이다.

2

영상을 서로 병치시키지 않고 하나의 영상에서 다른 영상으로 넘어간다면 변화가 순간적으로 일어나기 때문에 지각력이 훨씬 떨어진다. 우리는 무엇인가를 보았지만 현재는 다른 영상이 그 자리를 대신하고 있는 것이다. 근접 병치하는 대신에 하나의 그림이 무자비하게 제거되는 것(에이젠슈테인의 말을 빌리자면)을 보게 된다. 다음 순간 우리는 새로운 영상에 대한 근본적이고 즉각적인 욕구에 반응할 수밖에 없게 된다. 즉 영상의 사람들과 주변과 상황을 파악하는 것이다. 그러나 아무리 원활하게 교체되었다고 해도 이전의 일련의 정보는 머릿속에 흔적을 남겨 그다음 장면을 채색하게 된다. 그 반대의 경우도 마찬가지로 새로운 영상은 결국 이전의 영상에 대한 우리의 기억을 조정, 변화시키게 된다. 그때 다시 두 영상 사이의 관계는 아주 의미 있는 것이 된다.

다음과 같은 요점이 중요한 것이다. 접목하는 작업은 우리가 별개의 독립체를 다루고 있다는 사실을 강조하거나 속여야 하는가? 그러나 좀 더 자세히 살펴보면 연결되는 이야기를 하고 있다고 가정할 때 쇼트 사이에 어느 정도의 연결성이 필요한 것인가? 사실 그것이 바로 초기 미국 영화 제작자들이 풀어야 했던 문제이기도 했다. 이 문제를 자세히 설명하려면 쇼트는 세 가지 기본적인 방법으로 서로 연결된다는 노엘 버치Noel Burch의 주장을 인용하는 것[1]이 좋을 듯하다. 첫 번째 기술은 오버랩으로 두 번째 쇼트에 이전의 공간의 일부를 남겨두어 관객이 두 쇼트 사이의 연결성을 유추하기 쉽게 만든다. 대상을 확대하여 삽입하는 것과 주인공을 더 가까이 처리하는 것, 화면을 다른 각도에서 보여 주는 것 또한 모두 이러한 기본 가능성의 예이다. 여기서 버치가 얘기하는 어려움은 "이러한 클로즈업과 중간 클로즈업을 화면 속에 통합시키고… 원래 인상적인 장면들을 분석적으로 선형화시키면서

---

1) Noel Burch, Tom Gunning, "Weaving a Narrative: Style and Economic Background in Griffith's Biograph Films," in *Early Cinema: Space Frame Narrative, ed.* Thomas Elsaesser (London: British Film Institute, 1990), p. 340.

그림을 편집하여 연결하고 체계화시켜 읽을 수 있도록 만드는 것이다."[2] 물론 이것을 전부 한꺼번에 해낼 수 있는 것은 아니다. 사실 주인공의 얼굴이 갑자기 스포트라이트를 받으면(적어도 홍채 주변에 모일 때) 관객들은 거침없이 이어지는 콘티뉴이티를 순간 포기해야 하는 상황이 되어 행동이 멈추고, 모나드(단일체)가 화면 전체에 들어온다. 이때 더 긴 쇼트로 이미 보았던 것을 다시 한 번 보여 주는 작업을 통해 참신한 확장 작업이 조심스럽게 도입되었다는 것을 이해할 수 있게 된다.[3]

마찬가지로 두 번째 기술은 두 번째 공간을 첫 번째 공간에 근접시키는 것으로 관객들이 추론해가야 하는 것이다. 그러나 관객은 어느 한 장면에서 문을 열고 방을 나가는 한 여성이 그다음에 비슷한 문을 열고 다른 방으로 들어가는 장면이 바로 나올 때 종종 무대장치의 도움을 받는다. 여기에는 행동 그 자체와 논리적 타당성, 종종 움직임의 방향을 알려 주어 영상을 연결해 준다. 세 번째는 쇼트 사이에 가장 급진적인 시퀀스로 서로 다른 것에 근거하여 지리적으로 완전히 다른 장소 사이를 편집할 때 사용한다. 이것은 관객이 스크린에서 멀어질 위험이 있을 때 가장 유용하게 사용할 수 있는 기법으로 월터 머치Walter Murch의 말대로 "편집하는 순간, 시계에서 순간적으로 완전한 단절이 일어난다."[4] 마찬가지로 이는 또한 편집이 빛을 발할 수 있는 때이기도 하다.

세 가지 상황 모두에서 그리피스는 단일 줄거리 안에서 새로운 쇼트를 살려 냄으로써 차이로 인한 위협을 최소화할 수 있었다. 즉각적인 콘티에서 일시적으로 잃은 것은 또 다른 곳에서 얻은 이익으로 모두 회복할 수는 없었다. 예를 들어 질 들뢰즈Gilles Deleuze가 시사한 바는 클로즈업은 '그것과 동급

2) Noel Burch, Life to Those Shadows, Ben Brewster 옮김 (Berkeley: Univ. of California Press, 1990), p.155 (his emphasis).

3) Jean Mitry, *Esthetique et psychologie du cinema*, vol. 1, *Les Structures* (Paris: Editions universitaires, 1963), p.163 참조.

4) Walter Murch, *In the Blink of an Eye: A Perspective on Film Editing* (Los Angeles: Silman James Press, 1995), p. 55.

이거나 심지어 그것을 능가하는 주관성을 객관적 세트'에 부여하면서 '세트의 소형화를 낳는다'.[5] 다시 말해 클로즈업이 한 사건의 콘티를 붕괴시킬 위험이 있을 때, 줄거리의 효과를 주인공 개인에게로 점점 더 가까이 이끌어 관객의 참여도를 높였다. 이전에 본 행동의 효과는 그 존재가 실제로 이제 그것을 만들어 낸 사람들이나 그것에 반응하는 사람들의 얼굴에서 확인될 수 있다. 마찬가지로 효과적인 줄거리의 콘티는 이전의 화면에 바로 연결하는 것을 강조하여 새로운 공간적 상황의 차이를 조절할 수 있다. 우리는 누군가를 인식하고 한 사람의 인물이 일정한 장소로 가기로 되어 있고 세트는 그러한 행선지 등과 같아 보인다는 것을 알고 있다. 이러한 무대장치는 우리가 이미 알고 있었거나 앞에서 보았던 화면에서 관객들이 하나의 구성요소에만 포커스를 맞추도록 배치될 수도 있다. 예를 들어, 일반적인 장치에는 '관객을 전화선 한쪽 끝으로 옮겨 놓는'[6] 것도 포함된다. 그런 경우, 잘 알지 못하는 장소보다는 전화 '통화'에 모두 집중하게 된다. 〈외로운 별장Lonely Villa〉(1909)에서 명확한 전화 장면은 그리피스의 트레이드마크가 되었다. 강도에 포위당한 가족과 그들을 구하기 위해 달려드는 아버지 사이를 움직이는 편집, 이러한 종류의 평행 편집에서는 계속해서 가속화되는 리드미컬한 형태뿐만 아니라 시각적 모티브의 반복이 관객을 위해 화면을 통합시킨다. 탐 거닝Tom Gunning의 말을 빌리자면, 이것은 대체적으로 '다양한 공간적 관계 속에서 연속성과 동시성'을 전달하는 그리피스의 능력이라는 것이다. 이것은 그의 가장 귀중한 업적으로 판명되고 있다.[7]

따라서 편집 스타일에는 두 가지 움직임이 작용한다. 토마스 엘세서Thomas Elsaesser는 그것을 다음과 같이 정리하고 있다. "그리피스의 이야기는 기본적으로 이야기의 핵심이나 셀을 쪼개어 몇 가지 이야기로 나눠 서로 다

---

5) Gilles Deleuze, *Cinema 1: The Movement-Image*, Hugh Tomlinson and Barbara Habberjam 옮김 (Minneapolis: Univ. of Minnesota Press, 1986), p. 30.

6) Tom Gunning, *D. W. Griffith and the Origins of American Narrative Film: The Early Years at Biograph* (Urbana: Univ. of Illinois Press, 1991), p. 189.

7) Gunning, *D. W. Griffith*, p. 26.

시 엮을 수 있도록 되어 있다."[8] 영화 현장을 파열시키는 이러한 내러티브와 편집의 최초의 추진력은 단순한 책략, 리드미컬하게 점점 강해진 끝에 자리가 뒤바뀐 요소들을 다시 한 번 결합시키는 교차편집의 전체 부분이다. 따라서 그러한 편집이 처음에는 주요 액션의 별개의 요소들을 점점 더 멀리 흩뜨려 놓아 재결합이 늦어지는 것처럼 보이지만 전체를 유기적으로 통합시켜 도중에 나타나는 모든 불균형을 극복함으로써 결국 그들을 종속적인 구성체로 만든다. 전체적인 움직임은 프로이트의 '포르트/다fort/da' 놀이를 연상시킨다. 이 놀이에서 어린 소년은 나무 얼레를 던졌다가(독일어로 '포르트', 즉 '가버렸다' 의 의미) 거기에 달린 줄을 끌어 당겨(독일어로 '다', 즉 '여기 있다' 의 의미) 엄마가 없어 생긴 고통을 조절하는 데 성공한다. 이 놀이를 통해 소년은 상징적이지만 엄마를 다시 찾게 됨으로써 두려움을 완화시키게 된다.[9] 대체로 그리피스와 미국의 전반적인 영화 덕택에 편집 작업이란 이야기에 의해 원래는 분산되어 있던 잡다한 맥락들을 (들뢰즈의 말을 빌리자면) '집합' 시켜 점진적으로 핵심 요소 주위로 모여들게 한다고 말할 수 있다.[10] 이런 종류의 편집에는 구심력이 작용하고 있어 근본적으로 서구의 개인주의 개념과 같은 맥락이다.

3

그러나 쇼트를 이런 식으로 연결짓는 것은 두 영상 간의 관계를 생각할 수 있는 유일한 방법은 아니다. 20세기 러시아인들은 영화를 완전히 다른 모델을 기초로 하였다. 그들의 사고방식은 부분적으로 구성주의의 프로그램을 기본으로 하는데, 이는 프롤레타리아 관객을 위해서 예술 작품의 기술적 장인정신의 신비(이젤에 얹어 놓고 그림을 그리는 등)를 제거할 것을 강조한

8) Thomas Elsaesser, *Early Cinema: Space Frame Narrative*, p. 295.
9) Kaja Silverman의 좋은 설명을 "fort/da" game에서 찾을 수 있다. *The Subject of Semiotics* (New York: Oxford Univ. Press, 1983), pp. 166-78.
10) Deleuze, p.33.

다. 이것은 미국의 지속 편집 시스템에서 이루어졌던 것처럼 단순히 구성에 덧칠만 하는 것에 반대하여 이념적으로 쇼트 사이의 연관성에 관심을 기울이는 것이 중요해지게 되었다. 위대한 러시아 감독-이론가들은 모두 이러한 생각을 공유하고 있었다. 허나 이들이 끊임없이 논쟁을 하고 서로 이견을 좁힐 수 없었던 부분은 두 쇼트 사이의 틈의 크기였다.

이러한 토론을 시작하면서 먼저 쿨레쇼프 효과를 상기해 볼 필요가 있다. 감독이자 이론가이며 교사였던 레프 쿨레쇼프Lev Kuleshov의 이름이 붙여진 편집 기법의 실증은 다나 폴란Dana Polan의 말대로 '영화 이론가의 거듭 쓴 양피지와 같은 대응물', 누군가 어떤 미학적 위치를 거의 읽을 수 있는 잉크얼룩 테스트가 되었다.[11] 맞는 말일 수 있지만 이것은 확실히 시각적 조립이 단일 작용이 아닌 편집에 대한 전체적인 영상 범위를 얼마나 나타내는가에 있다. 그러므로 미국식 편집을 위해서뿐만 아니라 20세기에 나타난 소련 몽타주의 모든 변종에 대한 비유로 인정할 수 있다. 또한 그것은 쿨레쇼프가 그러한 실험을 혼자 했는지 푸도프킨의 도움을 받았는지를 확인하는 것은 현재로서 중요하지 않다.[12] 마찬가지로 우리는 작품의 정확한 시각적인 내용에 대해 더 이상 존재하지 않고 역사가마다 보는 관점이 다르기 때문에 걱정할 필요가 없다. 이러한 실험을 요약해 볼 필요가 있다. 여러 영화의 장면들을 몇 개씩 사용하여 쿨레쇼프는 이들을 단순한 시리즈로 구성하였다. 유명한 배우(모주킨)의 다소 무표정한 모습을 담은 똑같은 쇼트 몇 개를 다른 장면, 즉 접시에 약간의 음식, 시체, 소파에 누워 있는 여자 등과 인터컷했다. 그것들을 같이 조합한 후에 관객들에게는 음식, 여자, 시체에 대한 자신들의 반응을 배우의 얼굴에 투영시켜 봄으로써 두 개의 별개의 장면(그 배우와 다른 장면들)을 연결해 볼 것을 주문한다. 앞서 언급한 대로 최초의 실험에서는 아무것도 남은 것이 없기 때문에 몇몇 프랑스 교수들은 최근 그것을 복제

11) Dana Polan, " 'The Kuleshov Effect' Effect" in *Iris*, vol. 4, no. 1 (1986).
12) 쿨레쇼프 효과를 둘러싼 역사적인 복잡성은 Dominique Chateau의 "L' Effet Koulechov et le cinéma comme art" 참조, in Iris, vol. 4, no. 1 (1986).

함으로써 자신들의 주장을 증명하려는 시도를 하였다. 가능한 한 최초의 방법에 최대한 근접하도록 하였고, 두 번째는 보다 현대적인 방법을 사용하였다. 조합을 달리하여 학생들에게 제시하여 그들의 반응이 최초의 조사 결과와 부합되는지를 지켜보았다. 그러나 영화를 보고 자란 관객을 대상으로 실험을 한다는 것은 이러한 실험방법을 왜곡시킨다는 사실을 확실히 알 수 있게 해 주었다. 사실 모든 관객은 쿨레쇼프 효과의 목적을 즉각 알아차렸다. 그러므로 학생들은 최초의 실험 목적이 무엇이었는지를 알고 있었기 때문에 자신들의 반응을 조절하였다.[13] 즉 옛날 흑백영화 여기저기에서 따와 조합한 것이든 혹은 이러한 목적을 위해 특별히 촬영한 컬러영화에서 따 온 것이든 별 차이가 없었다. "두 개의 쇼트가 서로 병치되는 순간 연관성을 해석하고 내러티브화하려는 어쩔 수 없는 충동이 있다."[14]

이러한 충동은 노먼 N. 홀랜드Norman N. Holland가 상기시키고 있는 바와 같이 영화를 보는 버릇에서 비롯된 것일 수 있다.[15] 그러나 그 결과가 관객에게 파블로프의 조건 반사설을 가르친 것인지 관객이 직접 만든 것인지, 아니면 그 둘 다인지는 확실하지 않다. 데이비드 보드웰David Bordwell의 경우, 자신의 주장을 입증하기 위해 인지심리학을 활용하여 "우리가 그림을 투사하여 프레임의 연결에 투영하듯이 가설을 세우고 추론하며 기대값을 세우고 영화의 인물들과 액션에 대해 결론을 이끌어 낸다."[16] 그러므로 우리는 본 것을 이해하려면 많은 양의 데이터나 선험적 도식에 의지하고 여러 출처에서 자료를 모은다.[17] 우리는 한번 다음과 같은 사실을 기억해 볼 필요가 있

---

13) 대체적으로 보면 Kuleshov 그 자신도 Norman N. Holland가 지적한 것처럼 동료들의 견해와 별다르지 않았다. "Film Response from Eye to I: the Kuleshov Experiment," in *Classical Hollywood Narrative: The Paradigm Years*, ed. Jane Gaines (Durham: Duke Univ. Press, 1992), p. 95.

14) Martine Joly and Marc Nicolas, "Koulechov: de l' experience à l'effet" in *Iris*, vol. 4, no. 1 (1986).

15) Holland, "Film Response from Eye to I," p. 95.

16) In David Bordwell, Janet Staiger, and Kristin Thompson, *The Classical Hollywood Cinema: Film Style and Mode of Production to 1960* (New York: Columbia Univ. Press, 1985), p. 8.

다. 영상을 병렬 배치하면 비교 탐구하고 싶고, 심지어 모나드 사이의 차이를 찾고 싶어진다. 그러나 계속해서 사람들은 무의식적으로 영상 사이에 어떤 종류의 연결이나 바로 연결되거나 직접적인 관련성을 생각하게 된다. 두 번째의 영상은 어느 면에서는 첫 번째 영상과 관련성이 있는 것으로 여겨지기 때문에 관객은 그것들 사이에 상호작용이 일어나기를 기대할 수 있다. 여기서 중요한 것은 그러한 현상, 즉 같은 성질의 요소와 관련된 것은 필요한 것이 아니라는 점이다. 두 가지 장면이 어떤 식으로든 연결이 되어 있지 않다 하더라도 그러한 효과는 나타날 수 있다. 예를 들면, 프랑스의 실험에서 두 개의 그림의 실질적인 공간이 너무 달라 동일 콘티에 배열할 수 없을 때 관객들은 두 번째 영상에 무엇이 있든 첫 번째 영상에서 본 사람의 꿈과 기억과 환상으로 바꾸어 놓음으로써 화면 간의 불일치를 해결하였다. 따라서 이러한 실험은 시각적 이야기가 효력을 발생하는 컷의 지배 하에서는 똑같은 실제 세계가 존재할 필요가 없다는 것을 다시 한 번 확인시켜 주었다. 그와 반대로 한 컷이 두각을 나타내 주목을 받으면서 확연히 차이가 나는 모나드 사이의 절점이 되면서도 어떤 방법으로는 모나드를 연결하고 있다. 러시아 영화 제작자들이 마지막까지 탐구하여 얻은 것이 바로 이것이었다.

4
·······

우리는 이러한 점을 설명하려면 소련 감독들이 실험했던 다른 편집 기법을 살펴볼 필요가 있다. 〈영화 기법Film Technique〉에서 프세블로트 푸도프킨 Vsevolod Pudovkin은 비가 온 후에 낫으로 풀을 베는 남자를 지켜보던 일을 회상하였다. 소련의 영화 제작자로서 푸도프킨은 영화가 전체적으로 노동자 계층과 그들의 노동을 묘사하는 하찮은 일만 해왔다는 사실에 혼란스러워했다. 그때 그는 다음과 같은 시퀀스를 상상해 내기에 이르렀다.

---

17) David Bordwell, *Narration in the Fiction Film* (Madison: Univ. of Wisconsin Press, 1985), pp. 32-33 참조.

1. 한 남자가 웃통을 벗은 채 서있다. 그의 손엔 낫이 들려 있다. 잠깐 멈춘다. 그는 낫질을 한다. (정상 속도)
2. 낫질은 계속된다. 남자의 등과 어깨. 서서히 근육이 움직이고 점점 강해진다. (슬로우 모션)
3. 낫의 날이 낫질의 정점을 향한다. 태양이 타오르다가 서서히 그 빛을 잃는다. (슬로우 모션)
4. 날이 아래로 향한다. (정상 속도)
5. 남자의 전체적인 모습과 풀 위의 낫이 정상속도로 되돌아온다. 베고, 베고, 또 베고… 그 순간 낫의 날이 풀에 닿는 장면을 잡는다.
6. 잘려진 풀이 천천히 흔들리다가 비틀거리며 꺾이더니 반짝이는 땀방울이 흩뿌려진다.
7. 서서히 등의 근육이 풀어지고 어깨는 젖혀진다.
8. 다시 풀이 서서히 넘어지며 바닥에 눕는다.
9. 바닥에서 재빨리 들려지는 낫의 날…
10. 마찬가지로 재빨리, 낫을 휘두르는 남자. 그는 낫질한다. 쓱 낫을 휘두른다.
11. 정상적인 속도로 수많은 남자들이 동시에 낫을 휘두르며 풀을 베고 있다.
12. 한 남자가 천천히 낫을 들더니 어둠속으로 사라진다.[18]

푸도프킨이 여기서 말하고자 하는 바는 무엇인가? 분명한 것은 그가 단하나의 액션을 수많은 장면으로 쪼개어 그 신에서 특정한 디테일에 주의를 기울이도록 만든다는 것이다. 그것 자체는 미국 스타일과 다를 것이 없다. 그리피스와 그 그룹들도 마찬가지였다. 하지만 그들은 주요 인물들을 고르거나 스토리에 중요한 특정사안에 집중하기 위해 새로운 장면을 사용하곤했다. 푸도프킨은(적어도 그러한 예에서만 보더라도) 전형적인 일련의 쇼트를 사용하여 그 남자가 포함된 노동의 과정을 대면케 한다. 그가 강조하여 보여줌으로써 우리는 노동자와 함께 실제 그의 작업에 동참하게 된다. "우리가 무언가를 알고 싶다면 전체적인 윤곽에서 시작하여 우리가 고찰하는 바를 최대한 강조한 다음 디테일을 계속 늘려 이해를 충분하게 만들어야 한다."[19] 푸도프킨은 생각을 이렇게 정리하고 있다. 그것은 실제 그가 처음으

18) V. I. Pudovkin, Film Technique and Film Acting, Ivor Montagu 옮김 (New York: Grove Press, 1978), pp. 174-78.
19) Pudovkin, pp. 90-91.

로 시도했던 것이기도 하다. 예를 들어, 신을 전체적인 모습에서 낫에서 풀로 가는 모든 과정에서 근육의 움직임까지의 신을 어떻게 나누었는지를 살펴볼 필요가 있다. 그러나 여기서 반대로 그 남자의 주변에 그와 같은 일을 하고 있는 남자들에게로 옮겨간다. 그리피스의 방향은 클로즈업을 사용하여 신을 감동적으로 만들고 편집을 이용하여 전체적인 액션을 도식적인 핵심이나 의미 있는 개인으로 좁혀나가지만 푸도프킨은 클로즈 쇼트와 편집을 이용하여 힘든 노동을 하는 모습에 주의를 기울이게 만들고 더 나아가 노동자의 전신으로 확장시켜 마지막에는 심지어 다른 노동자와 세계로까지 확대시킨다.

한 사람의 이야기 그 이상을 이루고자 하는 그러한 경향은 물론 전체적인 소련 영화를 보여준다. 또 다른 예는 푸도프킨의 첫 번째 대작 〈어머니 Mother〉(1926)의 끝부분에서 찾을 수 있다. 젊은 혁명가인 파벨은 동료들과 함께 탈옥을 계획한다. 탈옥이 일어났을 때 푸도프킨은 계속 흐르는 물에 집중한다. 처음에는 동료 혁명가들의 투옥에 반대하기 위해 감옥으로 오는 동조하는 노동자들 옆으로 흐르는 시냇물이 보이고 그다음에는 도시를 가로지르는 거대한 강으로 화면이 옮겨진다. 시기가 봄이었기에 강이 만년설을 깨고 흐르는 과정이다. 노동자들의 결의를 분출하는 물과 대비시키고 탈옥은 만년설을 깨는 과정에 비유된다. 파벨이 추격자들을 따돌리고 자유를 찾기 위해 물 위에 떠다니는 유빙을 뛰어 건널 때 자유의 기쁨과 혁명의 열정이 우주의 힘에서 동조하는 메아리를 찾는 것과 같다. 그때 푸도프킨에게 카메라의 목표는 "모든 영상의 중심점까지 최대한 깊게 꿰뚫는 것이다. 카메라는 언제나 그렇듯 무리를 해서 안간힘을 써서 삶의 가장 깊은 곳에 다다르고자 한다."[20] 따라서 공산주의 지지자 한 명의 해방은 세상의 모든 곳에 영향을 미쳐 그것으로 세상을 계몽한다.

---

20) Pudovkin, p. 91 (저자에 의해 번역이 약간 수정되었다).

5

종종 〈전함 포템킨[The Battleship Potemkin〉(1925)의 오데사 계단 시퀀스에서 세르게이 에이젠슈테인은 푸도프킨의 편집과 그리 다르지 않은 편집 기법을 사용하기도 했다. 코사크 군대가 모여든 군중들에게 총을 쏘자 군중들은 사방으로 흩어지는데 단 하나의 사건은 동시발생적인 다양한 작은 사건들로 번져 나가게 되고 여기에 유모차가 아기 엄마의 손에서 미끄러져 계단 아래로 굴러 내려가는 그 유명한 장면도 포함된다. 그래서 하나의 사건을 수많은 요소로 잘게 쪼개는 푸도프킨이 사용했던 편집과 같은 방법으로 (중심부분, 근접 대상, 또는 주제와 어울리는 자연 풍경을 삽입하여 무슨 일이 일어나고 있는 지를 관객에게 알기 쉽게 설명해 준다) 에이젠슈테인은 집중 사격법을 최대한 이용하여 이 신을 원자화하여 아주 다른 수많은 사건들을 만들어 낸다. 두 감독 모두 미국식 편집에서 보는 일상적인 수준의 정밀성(콘티는 가장 중요한 이슈인 상태에서)보다는 이러한 편집이 액션을 훨씬 정밀하게 비추어 내기는 하지만 이 시점에서 '터뜨림'은 실제 원래의 액션과 끊임없이 접촉한다. 두 감독의 지금까지의 차이는 기법상의 문제 그 이상이다. 푸도프킨의 경우 미끄럼틀처럼 쉽게 신의 한 요소에서 다른 요소로 빠져 나갈 수 있는 것이 있다. 반면에 에이젠슈타인의 경우 편집이 원래의 액션과 그리 동떨어지지 않은 물건이나 사람으로 살짝 넘어갈 뿐이다. 그러나 두 감독 모두에게 편집은 스토리를 단일 인물과 그의 곤경과 관련된 것에서 빠져나간다. 에이젠슈테인 감독의 경우 새로운 소련 예술이 개개인들에게 군중의 격자틀을 통해서 나타날 수 있는 것을 보여 주는 것은 피할 수 없는 일이다.[21] 그러한 편집이 모든 것을 받아들이며 시계를 열어 놓는다 하더라도 그것은 예전과 동일한 지리적 영역에 남아 있게 되고 이제까지 이뤘던 원심력은 여전히 중심 사건과 환유적 관계로 남는다.

21) Serge Eisenstein, *Reflexions d'un cinéaste*, Lucia Galinskaia and Jean Cathala 옮김 (Moscou: Editions du Progrés, 1958), p. 58.

그러나 또 다른 도약은 에이젠슈테인에 의해 탐색되었다. 그는 〈전함 포템 킨〉에서 많은 컷을 사용하여 한 수병이 접시를 닦는 것을 묘사하고 있다. 수 병은 접시의 문양을 자세히 살핀다. 여기에는 '우리에게 일용할 양식을 주 시옵소서'라고 쓰여 있다. 이 장면 바로 앞에 상한 고기가 해군들에게 급식 으로 제공되는 장면이 있었기에 좌절한 수병은 바닥에 접시를 던져 분노를 표출한다. 이 신이 뛰어난 이유는 이 액션에 접근하기 위해 사용한 점프 컷 은 주인공 마음속의 변화를 의미하는 것으로 수병은 이 문제를 상사에 대한 개인적인 분노 이상의 것으로 표출하고 있는 것이다. 접시를 깨는 것으로 수 병은 하사관으로서의 역할을 접고 혁명가가 된다. 다시 말해 편집은 수병의 의식에 급진적인 변화, 즉 직접 촬영이 불가능한 변화를 확실하게 보여준다. 어쨌든 점프 컷에 의해 촉발된 도약을 통해 볼셰비키 혁명이 나타난다. 이런 방법으로 에이젠슈테인은 몽타주의 진정한 가능성을 발견한 것이다. 한번 세밀하게 들여다볼 필요가 있다. 이 지점에서 쇼트는 단순히 앞뒤가 잘 조화 될 뿐만 아니라 전체를 새로운 차원으로 밀어내어 서로 입체적으로 만들고 있다. 그들이 원하는 곳에 닿기 위한 당연한 움직임이다. 들뢰즈의 경우, "두 장면 사이에는 유기적 연결만이 있는 것이 아니라 비애감을 자아내는 점프 컷으로 첫 번째 장면에서 넘어 오기 때문에 두 번째 장면은 새로운 역량을 갖게 된다는 것이다. 비애감에서 분노로, 회의에서 확신으로, 체념에서 혁 명으로…"22 에이젠슈테인의 경우, 파토스(비애감)는 다른 국면으로의 전환 을 가능하게 만든다. 이 컷으로 우리는 말 그대로 차원을 바꾸고 보이는 것 에서 감춰진 것으로, 단순히 물리적인 행동에서 지적 결의로, 한 사람에서 혁명적인 대의로 넘어가게 된다.

시각적으로 볼 때 이 신은 여전히 지리적으로 전함의 주방에 머물러 있는 상태이다. 따라서 그가 완전히 새로운 방향으로 전환한 것은 에이젠슈테인 이 몽타주 셀에 대해 자세하게 설명했을 때이다. 상형문자나 히아투스, 그

22) Deleuze, p. 35.

외 표의문자를 참고하면서 에이젠슈테인은 그림 셀은 주위의 지배적인 액션과 소통하거나 중요성을 부여하기 위해 직접 액션에 참여할 필요가 없다는 것을 이론화하였다. 구조적이거나 역동적·독립적인 단위로 작용하면서 그림 셀은 근본적으로 그 자체로 일련의 쇼트를 움직일 수 있었다. 이러한 방식으로 쿨레쇼프의 실험에서 그 문제의 잠재력이 결국 유감없이 모두 발휘되었다. 이 셀은 일반적인 콘티 쇼트와 달리 실질적으로 바로 가까이의 액션과 연결될 필요도 없고 등장인물의 계속되는 스토리에 영향을 받을 필요도 없다. 이 링크는 별개의 요소를 직접 연결하기 위해 감독이 가져온 외부적인 것일 수도 있다. 그렇게 함으로써 에이젠슈테인은 단호하게 필름 조립을 참석자들이 좌우하는 액션에서 언어와 비슷한 기호론적으로 만들어 낼 수 있는 액션으로 전개시킨다. 이러한 방식으로 그는 이 분야에서 〈인톨러런스Intolerance〉(1916)에서는 인간의 편견이라는 전체적인 기치 아래 수많은 이야기를 삽입한 그리피스의 소심한 모험을 능가하였다. 에이젠슈타인의 경우, 이러한 결합이 본질을 훨씬 더 대담해지게 만들었다. 예를 들면, 〈스트라이크Strike〉(1924)에서 소련 감독들은 무장한 코사크 군대에 의해 공격받는 노동자들과 도살장에서 도살당하는 동물들 사이를 오가고 있다. 이 컷은 비슷한 사건이나 사람들이 아닌 완전히 다른 그림 셀 사이에 삽입한 것이다. 완전히 별개의 모나드를 학살 장면과 접목시켜 역사적 사건의 제한된 범위를 뛰어넘어, 지적·정서적 의미를 고양시킨다. 에이젠슈테인은 이렇게 하나의 삽화 안에 언어적 비유를 연결시키고 있다. 그러므로 노동자들은 소처럼 도살되는 것이 된다. 이런 종류의 편집은 당연히 제시된 것의 행방 그것 자체를 문제 삼는 것이 아니기 때문에 더욱 전형적인 일련의 편집과는 전혀 다르다. 대비되는 사건을 둘러싼 직접 입증할 수 있는 사항, 즉 도살장이 어디 있는지, 누가 도살자인지, 동물을 도살한 것은 언제인지 등은 '도살하는 행위'에 대한 생각 앞에서 움츠러들게 된다. 현 시점이라는 상황은 언어적 도약으로 바뀌게 된다. 다시 말해 셀에 대한 생각은 '서로 상충되는 두 장면의 충돌'[23]로 편집을 개방하게 된다.

하지만 에이젠슈테인은 훨씬 더 조용해지게 된다. 그는 〈10월October〉 (1927)의 그 유명한 몽타주 시퀀스에서 '신에 대한 우리의 생각에 동조하지 않는 영상들'[24]을 빠르게 연결시킴으로써 신에 대한 생각을 추상화시키고 있다. 과거 문명에서는 금지하던 문화나 다른 문화의 이질적인 신을 보여줌으로써 에이젠슈테인은 황제의 권력은 신이 부여한 것이라고 주장을 할 수 없다는 것을 관객에게 증명하고자 했다. 여기서 상호적으로 연결되어 있는 요소들은 단일 장소(예를 들면, 도살장)가 아닌 다양한 출처와 지리적 장소에 속해 있다. 또한 신들의 상을 현장에서 아니면 박물관에서 촬영했거나 책에 있는 것을 복사한 것이거나 문제를 삼지조차 않는다. 우리는 영상을 볼때 세계 실제 어딘가에 있는 상보다는 '신성'을 상징한다고 본다. 나비로 변신하는 애벌레와 너무나 흡사하게도 어떤 대상이라도 원래 있던 세속적인 환경에서 벗어나 독립체로서 날아갈 수 있게 된다. 그러므로 그리피스는 전혀 다른 장소에서 발생하고 있는 액션에 대한 관객의 이해를 돕기 위해 디제시스적 이야기의 콘티에 의존하고 있는 데 반해 에이젠슈테인은 마음속의 작용에 의지하여 서로 연결되어 있는 독립적인 셀의 의미를 밝히고자 하였다. 에이젠슈테인은 주장하길, "보수적인 전통 영화가 감성도 감독하는 반면에 이런 종류의 편집이 전체적인 사고 과정도 감독한다."[25]는 것이다. 그리피스를 넘어서면서 에이젠슈테인은 사실 실질적인 장소에서 영화 이전의 소재의 기초를 만들 필요가 없다는 것을 깨닫게 되었다. 어떤 그림은 사실을 표시하기보다는 의미를 함축하는 데 사용할 수 있다. 그는 거품이나 풍선을 상징적인 의미로 날려 보낼 수 있다. 관객이 그들 마음을 이용해 기꺼이 그 사건으로 뛰어들 수 있다는 것을 알기 때문이다.[26] 지적 몽타주는 오랜 기간

23) S. M. Eisenstein, *Film Form: Essays in Film Theory* (Cleveland: Meridian, 1963), p. 37.

24) Eisenstein, *Film Form*, p. 62.

25) Eisenstein, *Film Form*, p. 62.

26) 물론 그것이 문제가 되지 않았던 시대에는 형식주의자인 Eisenstein한테는 영화 제작에 있어서 그의 방식을 변화시키는 것이 요구되지 않았다. 오늘날 대중들은 매일매일 광고와 뮤직비디오에서 '기호학적인 버블(거품)'을 경험한다.

에 걸쳐 편집을 단조로운 특징에서 해방시켜 주었다. "신은 무엇인가?"라고 묻는다면 세계 어느 곳으로 가도 한계가 없었다. 그 당시 에이젠슈테인은 영상을 통해 책에 있는 단어를 얘기하듯 마르크스의 『자본론』도 영화화할 수 있다고 믿었음에 틀림없다.

6
....

지가 베르토프Dziga Vertov의 이론적인 영화 작품은 복잡한 것으로 정평이 나 있다. 가장 문제가 많은 것은 그의 영화가 일반적인 다큐멘터리의 범주에 속하거나 실험적 영화 제작의 범주(종지부를 찍는)에 속한다는 것이다. 사실 그는 영화 속에 뉴스 영화 같은 장면을 많이 사용하였고 자신의 저서에서는 카메라를 이용하여 논란의 여지가 없는 진실에 속하고, 삶을 실제처럼 보여주는 것이 얼마나 중요한지를 설파하였다. 동시에 그의 많은 기법은 아방가르드를 떠올리게 만들고 있다. 하지만 이 점에만 집착해서는 안 된다. 그것은 그의 작품이 실제로 아주 비범한 것이라는 사실을 놓칠 수 있기 때문이다. 먼저 베르토프는 일반적인 스토리 영화에는 별로 관심이 없다. 그의 눈에 그러한 작품은 그가 그렇게 경시하던 장소인 옛날 볼쇼이 극장 수준으로 영화를 함몰시킬 수 있기 때문이다. 그는 자신의 글에서 그곳은 삶에서 '비열한 이웃의 대리인' 이요, "발레의 뒤틀림과 음악의 끽끽대는 소리와 교활한 조명효과를 비상식적으로 뭉쳐 놓은 것이다."[27]라고 쓰고 있다. 아주 논리적으로 그는 자신의 동료들, 즉 쿨레쇼프, 푸도프킨, 심지어 에이젠슈테인의 작품에도 거부반응을 보였다. 모든 작품이 과거의 영화촬영 기법에 머물러 있다는 것이 그 이유였다. 대신 베르토프의 경우, 혁명적 영화는 시계에서 "카메라를 해방시켜야 하며, 문학 아래 터널을 만들어야 한다."[28]는 것이다. 그의 주장은 사람의 눈은 현재 있는 것만을 볼 수 있다는 것이다. 반면 '키노-아이Kino-eye' (그의 영화 형태에서 눈을 가리킴)는 '우주를 채우는 시

27) Dziga Vertov, "Kinoks-Revolution," in *Film Culture*, no. 25 (Summer 1962), p. 53.
28) Vertov, p. 51

각적 현상'으로 들어갈 수 있어서 사회를 전체적으로 철저하게 재고해 보아야 하는 혁명 시대에 꼭 필요한 도구라는 것이다.[29]

키노-아이의 첫 번째 작업은 현실의 단편을 담는 것이다. 그러나 이것은 편집이 뒤따르게 된다. 편집은 매듭을 짓는다기보다는 모아놓은 증거물을 프레임별로 혹은 슬로우 모션으로 분석하고 본질적인 의미가 나타날 때까지 세분하게 됨으로써 다른 곳에서 얻은 것들이 있어야 비로소 명확해진다. 들뢰즈는 다음과 같이 주장하고 있다.

> "기계가 있든, 풍경이 있든, 건물이나 별로 중요치 않은 사람이 있든, 그것은 제각기 심지어 아주 매력적인 시골 아낙네나 아주 애처로운 아이라고 하더라도 영구적인 상호작용에서는 중요한 시스템으로 제시된 것이다. 그들은 촉매제이면서 전환자이자 변형자로서 동작과 속도, 방향, 질서를 받아 재발산하여 변화를 가져온다. …"[30]

그 당시 베르토프의 작품에서 쿨레쇼프의 실험 컷에 의해 나타난 차이는 결국 엄청난 부분을 차지하였다.

〈카메라를 든 사나이The Man with a Movie Camera〉(1929)를 예로 들어볼 필요가 있다. 이 영화는 너무 어려워 에이젠슈테인조차도 그 영화에서 본 것은 '형식적 짚 인형과 정당한 동기가 없는 카메라 장난'[31] 밖에는 볼 것이 없었다고 주장하기도 했다. 대체로 이 영화는 뉴스영화에서 나타나는 장면을 모아놓는다. 어떤 것은 감독의 형제인 미하일 카우프만Mikhail Kaufman의 영화를 위해 촬영한 것이고, 어떤 것은 카우프만이 이러한 장면을 촬영하는 것을 보여 주기까지 하여 결국 어떤 장면은 다른 곳에서 건져 올린 것임을 보여 주기도 한다. 베르토프는 영화에서 실제 사건을 다큐화하거나 무엇인가를 보여 주는 데는 관심이 없다. 베르토프는 전체인 상을 추구한다. 그는 사물들 간의 연결성을 따르고 하나의 사건이 어떻게 연결되는지 어떻게 반응하고, 어떻게 다른 것을 보완하는지를 보여준다. 개개인이나 사물의 쇼트는 하나하나

---

29) Vertov, p. 51.
30) Deleuze, p. 39.
31) Eisenstein, *Film Form*, p. 43.

가 전체적으로 얼마나 적절한지를 이해하는 데 도움이 되어야 비로소 그 몫을 다하는 것이다. 그것들을 어디에 두어야 하는가? 그것들은 시스템 속에서 어떻게 작용을 하는가? 베르토프는 모든 사람과 모든 것을 연결하는 사회적 과정과 거대한 현실, 경제나 이념적 연대감을 추구한다. 그에게 있어서 '세계의 다양한 부분에서 찍은 12개의 벽'[32]으로 방을 조립하는 것은 별로 큰 문제가 아니다. 만약 그가 편집에서 이러한 벽을 연결한다면 병렬상태에서 각 장소에 벽만으로는 가능하지 않은 무엇인가를 보았기 때문이다. 따라서 이러한 조작은 말로 표현할 수 없는 현실을 재현하는 것을 피할 수 있다. 대조적으로 그는 편집이 말로 표현할 수 없는 현실, 창조 뒤의 작업을 보여주는 것으로 마무리하기를 바란다.

그러나 〈카메라를 든 사나이〉에서 특정한 몇 가지 예를 들어볼 필요가 있다. 첫 번째 화면에서 우리는 말이 없는 동안 많은 편집자와 감독이 선호하는 편집의 종류에 민감해지게 된다. 한 여성이 자신의 얼굴에 물을 튀기고 있고, 거리도 물에 씻겨 나가고, 한 부부는 이혼하고 시가지 전차들이 반대 방향으로 움직이는 것을 볼 수 있다. 그러나 뒤이어 나오는 장면은 병렬 현상이 더욱 두드러진다. 어떤 여성은 머리를 만지고 있는데 다른 사람들은 일을 하고 있다. 머리를 감겨주지만 더러운 빨래감을 세탁하고 있다. 이쪽에서는 손가락에 매니큐어를 칠하는데 다른 쪽에서는 이불을 꿰매는 손가락이 비친다. 그런 다음 또 다른 요소가 더해진다. 한 남자를 면도해 주고 이발사가 면도날을 갈고 있는 장면이 나올 때 다른 공간에서는 도끼날이 연결 장면에 첨가된다.[33] 이러한 모든 예에서 현실의 단편들은 다른 장소에서 다른 단편들과 관련되어 작용하게 되며 점점 더 그 중요성이 더해진다. 대비는 그림처럼 생생하고 개념적이거나 본질적으로 정치적일 수 있다. 이 장면에 나오는 사람들은 탐색 중인 사물에 관한 원대한 계획에 참여하고 있다는 것을 알

---

32) Vertov, p. 52.

33) Stephen Crofts와 Olivia Rose의 뛰어난 논문을 참조하기 바람. "An Essay towards Man with a Movie Camera," in *Screen*, vol. 18, no. 1 (Spring 1977), pp. 9-58.

지 못한다. 도끼를 가는 남자는 손에 들고 있는 도구가 지금 이발소에 편안히 앉아 있는 부르주아의 목숨을 위협할 수 있다는 것을 알 필요가 없다. 그러나 키노-아이(즉 베르토프의 눈)는 그것을 알고 있고 신흥 부르주아 계층, 신경제정책의 지원을 받아 레닌이 경제를 살리도록 힘을 실어 준 기업가들이 권력을 잃을 경우 무슨 일이 생길 수 있는지 관객에게 알려 준다.

전체적인 시퀀스를 볼 때 우리는 여전히 다른 전략이 작용하고 있음을 알수 있다. 영화의 어느 순간에 기차역에서 가방을 든 여자 몇 명이 낡은 마차에 오른다. 마차를 타고 가면서 여성들 중 한 명이 하얀 우산으로 태양을 가리고 있다. 카우프만의 카메라 차량은 이들을 계속 쫓아 말이 끄는 마차가 목적지에 닿아 하인 한 명이 여성들의 가방을 받아 자신의 어깨에 메는 장면까지 따라간다. 이 시퀀스에서 우리는 베르토프의 전체적인 기법의 특징을 엿볼 수 있다. 말이 끄는 마차는 A지점에서 B지점으로 움직이지만 그 여정 자체는 카우프만 감독의 관심사가 아니다. 숨 막히는 일련의 컷에서 그는 장면을 파고들어 사건 자체의 단순성 이상의 것을 나타낸다. 먼저 그는 마차의 여자들과 다른 승객이 타고 있는 다른 마차 장면을 갑자기 삽입한다. 결과적으로 우리는 여자들이 무심코 선택한 교통편을 보지 않고 급성장하는 부르주아 계급이 선택한 마차를 보게 되는 것이다. 또한 천천히 속도가 붙더니 빨라지는 자동차 바퀴 컷도 등장한다. 아마도 이 바퀴는 우선 여자들을 역까지 데려다 주는 기차 바퀴일 것이다. 그러나 강철 바퀴는 마차의 나무 바퀴와 대조를 이룰 수 있다. 여기에서 두 개의 세계가 대비된다. 베르토프가 부르주아 그룹을 아주 혐오하더라도 그들이 좋아하는 19세기 마차에 올라 그들 혼자 힘으로 운전을 하면서 순간적으로는 우월한 존재가 되었음에도 불구하고 그들은 강력한 현대 강철 기구, 즉 소련 사회에 완벽하게 맞아 떨어지는 교통양식이 결국 그들을 지상에서 쓸어버림에 따라 역사의 그릇된 쪽에 서있게 된다. 차에 서서 카우프만은 크랭크를 돌려 여기저기 촬영하면서 주변의 모든 것을 포착한다. 이것 역시 다른 쇼트의 움직임에 동참하는 것으로 보일 수 있다. 작은 상자 안의 메카니즘(풀다운 기구의 전 후진 운동)으로 영화는 기차를 전진시키는 기관차의 차축과 아주 유사하게 진행된다. 그러므로 카메라와 기관차는 동일한 현대 기술을 공유하고 그들은 새로운 혁신 세계에 함께 소속되어 세계를 대표한다.

그러나 이것이 전부가 아니다. 키노-아이라는 도구는 기차보다 우월하여 시간과 공간의 구애를 받지 않고 스스로 동작을 정지시키며 실제 무슨 일이 일어나고 있는지를 분석한다.[34] 그것을 증명하기 위해 베르토프는 촬영을 멈추고 달리는 말과 흰 양산을 쓴 여자, 그리고 다른 마차를 탄 사람의 여러 프레임을 흔들림 없이 찍는다. 그런 다음 아무런 경고도 없이 다른 쇼트가 들어온다. 나이 든 노동하는 여자의 주름진 얼굴, 아이들의 웃는 얼굴. 사실 이러한 얼굴은 영화의 다른 부분에서도 볼 수 있다. 이것들은 여기가 아닌 다른 콘티에 속한다. 이것들은 여기서 무엇을 하는 것인가? 이 여자는 나이가 들었음에도 여전히 일을 하고 있다. 그녀는 프롤레타리아 여성이다. 그러므로 그녀의 얼굴은 마차를 타고 있는 부르주아에 대한 비난과 분노를 표현하기 위해 이용되고 있는 것이다. 한편 아이들은 영화 뒷부분에 나타난 시퀀스에 속하는데 여기에서 그들은 마술사의 마법을 즐긴다. 그 이후 아이들은 속임수에 넘어가게 되는 것이다. 새로운 맥락에서 볼 때 그들은 손수레를 타고 가던 그리운 때 그 이상을 보지 못한다. 갑자기 할머니와 아이들은 더 이상 풀 스크린으로 나타나지 않고 영화에서 포착하여 베르토프의 부인 옐리자베타 스빌로바Yelizaveta Svilova가 편집한 영상만이 떠오른다. 그녀는 영화의 클립을 모아 그들을 조합하는 것으로 보인다. 그래서 현재 영화에서 작업 중인 몽타주의 전체적인 과정은 관객에게 시각적으로 보여준다. 이러한 시퀀스 편집은 전체 프로젝트를 각색하는 편집이 특징으로 보인다.

베르토프는 다큐멘터리를 촬영하지 않는다. 그것은 주제나 사건이 그 자체로 명백하게 드러나도록 하는 데 전혀 관심이 없기 때문이다. 그와 반대로 그에게 있어서 영화 제작 작업은 현장에서 시각적인 증거를 모으고 그것을

---

34) Vertov, p. 53.

편집실로 가져와 분석하고 세분화함으로써 사회정치 세계에서 참된 기능이 판단을 내리고 실제 증거를 제시하는 것이다. 누구나 참여할 수 있는 이러한 종류의 편집에서는 신성시되는 것은 아무것도 없다. 포착된 모든 단편들은 특정 공연자들 중에서만 기능하는 것이 아니다. 다른 활동에서도 다른 목적으로 몫을 해낼 수 있다. 노엘 버치Noel Burch에 따르면, "이 영화 전체에는 1인 쇼트가 없다고 망설임 없이 말할 수 있다. 장소는 편집 계획상, 서로 의미의 연결고리가 얽혀 있는 전체 세트에 의해 중복으로 결정되지 않기 때문이다."[35] 다시 말해 부분들은 그냥 볼 때 사실 이해가 되지 않을 수도 있다. 우리는 전체 영화를 본 후에야 비로소 본 것이 무엇인지 다시 생각하여 마음속에 재구성할 수 있다. 에이젠슈테인의 말대로 이 영화는 부분의 합이 아니다. 단박에 이해될 수 있는 새로운 단편을 우리에게 보내는 대신에 편집은 관객들이 매번 다른 종류의 통찰력으로 무장한 채 계속해서 같은 부분을 되짚어보도록 강요한다. 행동과 반응은 반드시 즉각적으로 나타날 필요는 없다. 대신 이것들은 어느 때라도 어느 곳에서나 유추될 수 있다. 결과적으로 직접적인 인과관계는 이를 증명하는 카메라를 통해 확인할 필요는 없다. 오히려 들뢰즈에 의하면 "공간의 어떤 지점이든 그것이 행동하고 이에 반응한 모든 지점을 스스로 인식하지만 이러한 행동과 반응은 훨씬 폭넓게 확대된다."[36] 그 이후로 편집이 영화 콘티에서 그러한 거리를 노출한 적이 없으며, 서로 병치되어 있던 부분들이 검증을 위해 단단하게 결합된 적도 없었다. 〈카메라를 든 사나이〉는 지금까지도 가장 야심 찬 작품으로 남아 끊임없이 얘깃거리가 되고 있다.

7

몽타주는 앙드레 바쟁André Bazin이 편집 작업과 관련하여 윤리문제를 제기했

---

35) Noel Burch, "Film's Institutional Mode of Representation and the Response," in *October*, No. 11 (Winter 1971), p. 94.
36) Deleuze, p. 81.

던 제2차 세계대전에 와서 다시 수면에 떠올랐다. 그는 '영화 언어의 혁명'과 다른 논문에서 모든 종류의 편집을 공격했지만 '그 의미가 영상 자체에 있지 않고 관객의 의식 세계에 몽타주를 투영하는 영상의 그림자에 있는'[37] 한에서 특히 소련 영화를 공격하였다. 바쟁이 이의를 제기한 점을 살펴볼 필요가 있다. 〈10월〉의 전체에 걸쳐 멘셰비키 당원들이나 사회민주당원은 일반적으로 겉보기에 강경주의자로 비치지 않는다. 그들의 정치 철학에 대해 우리에게 알려 주는 것은 그들이 연설한 뒤엔 하프나 발랄라이카를 연주하는 손 장면이 나와 감미로운 편의주의를 제기한다.[38] 우리는 일을 하거나 연설문을 읽는 멘셰비키를 내세워 정보를 입수하는 것이 아니라 문제의 개인들과 연결되어 있지 않은 영상을 통해 그들의 사악함을 밝힌다. 다시 말해 하프 장면은 그 자체의 환경에서 강탈한 것으로 멘셰비키에 더하여 우리 마음속에 그들을 확실하게 각인시킨다. 파스칼 보니체Pascal Bonitzer의 경우, 바쟁을 격노하게 만든 것은 "개방된 상징화가 영상에 의해 압축되는 것으로 외부의 관심을 만족시키기 위한 야만적인 행위라는 것이다."[39] 결국 볼세비키 감독이 정치적으로 조롱거리를 만든 것에 지나지 않는 것을 의심 없는 관객들에게 사실로 제시한다.[40] 다시 말해 소련 몽타주 목적은 소재 자체를 나타내는 대신에 외부의 이질적인 요소를 통해 우리에게 무엇인가에 대해 말하는 것이다. 이런 방식으로 원래 그곳에 있던 것은 쉽게 바뀌어 당의 의사 혹은 최소한 복화술사인 감독의 의도만을 표현한다. 바쟁에게 이런 약삭빠른 속임수는 위험하게 비치는데 관객들을 단순한 용기처럼 수동적으로 내용을 받아들이게 바꿔놓을 수 있기 때문이다. 사실 취약한 관객들은 속임수

---

37) André Bazin, *What Is Cinema?*, Hugh Gray 옮김 (Berkeley: Univ. of California Press, 1967), vol. 1, p. 25. 저자는 Hugh Gray의 번역을 조금 수정하였다.

38) Sergei Eisenstein, *Film Form*, p. 245.

39) Pascal Bonitzer, *Le Regard et la voix: Essais sur le cinema* (Paris: Union Generale d'Editions, 1976), pp. 38-39.

40) *Le Champ aveugle: Essais sur le cinéma*에 나타난 Bazin의 철학에 대한 Pascal Bonitzer의 분석을 참조 (Paris: Cahiers du Cinema/Gallimard, 1982), p. 121.

를 엄연한 사실로 잘못 착각하게 된다. 이런 종류의 영화에서 바쟁이 생각하건대 사람들은 맹종하게 되는데 조작적인 얘기의 압박으로 실제로 그곳에 있던 것이 지워지기 때문이다.

몽타주 기법을 통해 감독은 배후에서 관객의 사고 과정을 조정하여 관객들이 스스로 생각하고 장면의 특성을 독자적으로 검증할 수 있는 능력을 빼앗는다. 에이젠슈테인은 이 주제에 대한 많은 논문 중에서 예술 작품의 구성에서 주요 구성요소가 될 수 있는 것에 대해 상세히 설명하였다. "조형예술의 구성은 구성 작가가 규정한 정확한 통로와 정확한 시퀀스를 가지고 관객의 주의를 끄는 것이다. 이것은 구성이 그림으로 표현되는 경우에는 화폭 위에서 눈의 움직임에 적용되고 영화 프레임을 다루고 있을 때는 영상 위의 눈에 해당된다."[41] 다시 말해 이러한 생각은 단일 영상에서 몽타주로 확장될수 있는데 몽타주의 장점은 관객의 감성적 지적 반응을 그 창작의 과정에 담을 수 있다는 것이다. "감독이 영화를 만들면 그 감독은 자신이 만들어 놓은 똑같은 방향으로 관객을 몰고 간다."[42] 물론 에이젠슈테인은 "관객이 감독이 만들어 놓은 똑같은 길을 따를 수 있는 것은 고무적이라고 생각했다. 관객들은 작가의 개성의 노예가 되지 않고 관객이 스스로 작가가 되어 풍부해 지는 동안 창조적 여행에 빠지게 된다."[43]라는 것이 그 이유였다. 그러나 에이젠슈테인이 황홀경으로 묘사한 것은 바쟁에게 확실히 의심스럽게 들렸다. 확실히 몽타주가 소련에서 시작된 것은 우연이 아니었다. 그것은 방법이 전제주의적이었기 때문이다.

바쟁은 묻는다. 편집이 숨는다는 것은 무엇을 의미하는가? 자, 이것은 원래 그 자체로 하나의 사건이며 그 속에 포함된 것, 즉 실제 행동 그대로의 현실이다. 이 프랑스 비평가의 경우에 실제로 "사건은 반드시 무언가의 신호가 아니고 그와 반대로 그것을 진실로 믿고 있는 것으로 사건은 모두 자신만

41) Eisenstein, *The Film Sense*, Jay Leyda 옮김 (New York: Meridian, 1963), p. 190.

42) Eisenstein, *Réflexions d'un cinéaste*, p. 84 (불어에서 저자의 번역).

43) Eisenstein, *Réflexions d'un cinéaste*, p. 85 (불어에서 저자의 번역).

의 중량을 갖고 완전한 유일함이 있다."44 그러므로 러시아 감독의 몽타주는 훨씬 큰 문제의 특정한 사례일 뿐이다. 이의를 제기해야 할 필요가 있는 것은 전체적인 편집이다. 결과적으로 그의 공격은 쇼트 사이의 콘티에 기초한 미국의 편집 시스템을 비켜가지 않았다. 확실히 그는 그것을 인정하였다. "신의 소재나 드라마적인 이유로 에피소드를 분석하기 위해 신이 파괴되었다."라고 말했을 때 그 의미는 실제로 '무대에서 행해지고 오케스트라에서 보는' 45 신에서 우리가 얻을 수 있는 것과 그리 다르지 않다. 만약 그렇다면 바쟁이 무엇에 그리 초조해 했겠는가? 근본적으로 '지속적인 동질의 현실'이 더 이상 단일 시간에서 나타나지 않는다는 사실이다.46 다시 말해 편집의 힘은 진실을 들춰내기보다는 '실제 사건에서 있는 것 같은 환상'47을 불러일으키는 것이다. 바쟁에게 있어서 평범한 영화에서 편집을 훨씬 더 평범하게 사용하는 것조차도 사실보다는 인위성을 실제 입증보다는 의미화를 더 높인다. 바쟁은 확실히 일상에서 우리 역시 '우리의 관심을 끄는 것' 에 따라 우리 앞에 있는 다양한 면에 너무 집중한다는 것을 인지하고 있다.48 그러나 요점은 "사건은 온전히 그대로 지속적으로 존재한다… 그래서 우리는 이런 저런 면을 선택해야만 할 운명이다… 우리 느낌이나 생각이 가는 대로. 그러나 다른 사람은 다른 선택을 할 수도 있다."49 이와 대조적으로 고전적 편집에서 무의식적으로 '현실에서 우리가 하는 것을 선택하는 것' 은 감독이다. 우리는 무의적으로 그의 선택을 받아들인다. 시각의 끌림이라는 그럴듯한 법칙에 부합되기 때문이다. 그러나 이들은 최소한 잠재적이나마 매 순간 '편

44) André Bazin, *What Is Cinema?*, Hugh Gray 옮김 (Berkeley: Univ. of California Press, 1971), vol. 2, p. 52 (my emphasis).

45) Bazin, vol. 1, pp. 24 and 32.

46) Bazin, Dudley Andrew, *The Major Film Theories: An Introduction* (London: Oxford Univ. Press, 1976), p. 161.

47) Bazin, Andrew, p. 161 (my emphasis).

48) *Bazin at Work, Major Essays and Reviews from the Forties and Fifties*, ed. Bert Cardullo, Alain Piette and Bert Cardullo 옮김 (New York: Routledge, 1997), p. 7.

49) *Bazin at Work*, p. 8.

집'의 선택 방법을 수정할 수 있는 우리의 자유를 앗아간다.[50] 보다 은밀하게 쇼트는 사건의 자리를 대신하고 그 사건의 의미는 사전에 지정되지 않았기 때문에 그들에게 동시에 포인터로 정해 전체를 지시자로 바꾸어 해독할 수 있게 한다.[51] 인위적으로 만들어진 드라마틱한 광경이 실제 현실의 자리를 대신한다. 바쟁의 견해로는 실제 현실은 거시적이든 미시적이든 영화에서 가장 중요한 소재이다. 텍스트를 읽는 것이 더 훌륭한 일이라 하더라도 관객에게 다양한 세상의 발생에 귀를 기울이는 것이 텍스트를 읽는 것보다는 결국 훨씬 더 가치가 있다.

그러나 편집은 여전히 또 다른 영향력을 갖고 있다. 컷은 말 그대로 우리를 한 장면에서 다른 장면으로 이동시키기 때문에 각 쇼트의 실제 길이는 영화 경험으로 볼 때 하나의 요소가 된다. 그리피스는 확실히 이러한 효과를 감지하고 그것을 최후의 순간에 최대한 이용한 최초의 감독이었다. 확실히 비교할 수 있는 것으로 샹탈 애커만Chantal Akerman은 이런 효과를 〈잔느 딜망 Jeanne Dielman, 23 quai du Commerce, 1980 Bruxelles〉(1977)에서 그녀 영화의 특별한 필요성을 인식조차 못한 채 일부러 천천히 이용하였다. 그러므로 편집은 우리에게 두 번 그 효과를 발휘한다. 첫 번째는 쇼트와 쇼트의 연관성 차원에서, 두 번째는 쇼트를 전달하는 리듬과 박자, 율동을 통해서이다. 음악처럼 영화는 표현법의 코드가 우리 몸에서 공명하는 것처럼 전달된다. 우리 망막 시각수용기의 간상체와 원추체는 우리가 보는 것에 따라 진동한다. 그 순간 영상 변화의 카덴자는 영화를 보는 동안 정상적으로 발생하는 생각을 눌러 버린다. 그러나 장 미트리Jean Mitry가 보여준 대로 영화와 음악적 리듬이 일치하는 것은 아니다. 영화는 계속 변하는 시각적 요소 사이의 연결에서 발생되는 것이지만 음악적 리듬은 제한된 수의 음표 사이의 형식적인 관계에 기초하기 때문이다.[52] 미트리는 학생들에게 발터 루트만Walter Ruttmann과 비킹

50) *Bazin at Work*, p. 8.
51) Bazin, *What Is Cinema?*, vol. 2, pp. 35-38.
52) Mitry, vol. 1, pp. 329-54 참조.

에겔링Viking Eggeling의 '순수 영화'에 나오는 유명한 곡을 거꾸로 연주하도록 하여 자신의 주장을 설명하였다. 이렇게 변칙적으로 연주를 해도 곡의 템포는 변하지 않았기 때문에 영화의 리듬은 임의적인 기준에 의한 것이 아니라 영상 내용과 관련이 있어야 한다고 결론지었다.

그러므로 편집자는 직관적으로 그 요구에 반응하기 위해 영상의 생명감에 예민해질 필요가 있다. 왜냐하면 새로운 문제를 제기하는 모든 쇼트나 쇼트의 콘티를 여기로 불러들이는 법칙이 없기 때문이다. 확실히 편집자는 상연되는 각본, 대사, 시각화시키는 미장센에 민감하게 반응해야만 한다. 그러나 이것은 너무 저항할 수 없는 것이라 리듬 또한 쉽사리 우리에게 특별한 편곡, 즉각적인 무릎 반사 반응을 하도록 유혹한다. 〈브레이커 모란트 Breaker Morant〉(Bruce Beresford, 1980)의 예가 이 점을 입증해 줄 것이다. 재판에서 군법무관은 모란트에게 그가 생포한 보어 군인을 죽이기 전에 법적 절차를 따랐는지를 묻는다. 모란트는 화를 내며 대답한다. "우리는 군의 지침을 가지고 가지 않았습니다. 우리는 초원지대에 나가 보어인이 싸우는 방식 그대로 싸웠을 뿐입니다. 우리가 적용했던 규칙을 말씀드리지요. 우린 3-0-3 규칙을 사용했습니다. 3-0-3 규칙에 따라 우리는 그들을 생포했고 그들에게 총을 쏘았습니다." 영화 내내 그가 한 대로 베레스포드는 재판에서 원래의 사건, 이 경우에 보어인에게로 쇼트를 되돌린다(플래시백). 좀 더 자세히 말하자면 베레스포드가 방아쇠를 당기려는 손, 총을 겨누고 있는 군사들의 규칙 3-0-3이라는 말 자체의 컷을 잡는다. 그렇게 하여 법정에서 이 말은 전장에서의 군사행동으로 시각적으로 재연된다. 이 컷은 진정 칭찬하지 않을 수 없다는 것을 인정해야만 한다. 이것은 '훌륭한 편집'이었는데 영상을 음악의 비바치시모 방식으로 아주 생기 있고 빠르게 연결함으로써 행동이 갑자기 강조되기 때문이다. 그러나 이것 또한 속임수로 전체적으로 바쟁을 화나게 만든 싸구려 효과일 뿐이다. 훌륭한 편집은 발생된 것에 대해 우리가 알고 있는 것 그 이상 아무것도 덧붙이지 않는다. 등장인물에 대해 새로운 것을 알려 주지도 않는다. 그것을 보는 모든 사람들(편집자와 감독으로부터 관객에 이르기까지)을 약 올리는 데 효과적일 뿐이다. 다시 말해 영화 구절이 우리를 매료시키는 것은 그 내용이 아니라 충격적인 화려함, 외적 연출법 때문인 것이다. 이것은 속임수에 지나지 않는 것으로 바쟁은 신 자체가 아닌 외부에서 온 것일 경우 '드라마적인 긴장감에 굴복' 하지 말고 '초대작의 강제적 명령' 을 거부하라고 우리에게 경고한다.[53] 영화의 긴장감은 내용에 의해서만 일어나야 한다는 것이다. 영화 기법은 '카메라가 포착하는 현실의 요소들의 효과를 극대화'[54]하는 정도로만 받아들일 수 있다. 대체로 이 프랑스 비평가는 편집이야말로 현실에 기초한 미학적 관심사에 종속되어야 한다고 주장하면서 편집에 대한 생각을 근본적으로 개혁하였다.[55]

8
....

자신이 무엇을 거부했는가를 명확히 하고 난 뒤 바쟁은 이야기 구성 방법에 관한 대안을 제시해야 했다. 그가 제안한 주요 대안은 전체 시계가 선명해지는 딥 포커스 가능성으로 선회한 것이다. 이 방법은 신을 다양한 쇼트로 세분화할 필요가 없는 기술이었다. 그 기술에 관해 가장 잘 알려진 예는 〈시민 케인Citizen Kane〉(1941)으로 오손 웰스Orson Welles는 눈밭에서 노는 꼬마 주인공이 나오는 쇼트를 촬영하게 된다. 그다음 그는 창문을 통해 통나무집 안으로 들어가 어른 세 명을 지나쳐 서명할 서류가 놓여 있는 두 번째 방으로 옮겨간다. 그들이 서명하려고 하고, 그 모습이 창문을 통해 창틀 한가운데로 계속 보이는 동안 노는 데 여념 없는 소년은 바로 그 순간 자신의 운명이 정해지고 있다는 사실을 전혀 모르고 있다. 다시 말해 우리는 이 모든 상황을 동시에 보고 있는 것이다. 우리는 삶에 맞서듯 그렇게 이 순간과 마주한다.

---

53) Bazin, *What Is Cinema?*, vol. 2, p. 59.
54) Bazin, *What Is Cinema?*, vol. 2, p. 27.
55) *What is Cinema?*에서 예를 들어보면, "In Defense of Mixed Cinema," "Theater and Cinema," and "*Le Journal d'un curé de campagne* and the Stylistics of Robert Bresson" in vol. 1, pp. 53-143 and "An Aesthetic of Reality: Neo-realism," "Bicycle Thief," and "De Sica: Metteur en scene" in vol. 2, pp. 16-78.

어느 순간을 포착할 것인가는 우리에게 달려 있다. 여기서 "이 순간 무엇을 보아야 하는지를 우리를 대신해 선택하는 이는 없다."[56] 이 기법의 가능성에 관한 보다 극적인 예는 윌리엄 와일러William Wyler 감독이 계속되는 관심 속에서 결혼 신을 촬영하던 〈우리 생애 최고의 해The Best Years of Our Lives〉(1946)에서 찾아볼 수 있다. 앞쪽에는 전쟁에서 양팔을 잃은 뱃사람이 자신의 의수 집게를 이용하여 곧 자신의 아내가 될 여인에게 반지를 살짝 건네주고 있다. 이 커플 바로 뒤엔 테레사 라이트라는 최고의 신부감과 그녀의 부모가 보이는데 그녀의 부모는 딸이 다나 앤드루와 만나지 말 것을 열심히 설득하고 있으며 다나 앤드루 역시 같은 방에 있긴 하나 왼쪽 깊숙한 구석에 자리하고 있다.[57] 신부님이 이 커플의 결혼식을 진행하는 장면에서는 우리의 관심이 뱃사람의 곤경에서부터 라이트 양에 이르기까지 어느 단계에서 다음 단계로 다시 처음으로 계속 이동하며, 결혼식에 감동받은 그녀는 열렬히 자신을 바라보고 있는 앤드루 쪽으로 고개를 반쯤 돌린다. 자석의 극이 동시에 작용하는 것처럼 모든 관심을 기울일 만한 가치가 있는 특별한 이야기를 대하며 우리는 솟구치는 행복감을 느끼게 된다.

세 번째 예는 장 르누아르Jean Renoir의 작품에서 찾아볼 수 있다. 〈랑주 씨의 범죄The Crime of Mr. Lange〉(1936)에서의 세탁실 신에서는 카메라가 촬영장 밖에서 창문 안을 들여다보고 있다. 세탁부 몇 명이 서로 잡담하며 일을 하고 있다. 세탁실 이쪽저쪽에서 여자들이 들어오고 나간다. 바깥쪽을 좀 더 살펴보면 세탁실 다른 쪽 또 다른 창문을 통해 한 커플이 서로 꼭 껴안은 채 '위층으로' 올라가는 장면이 보인다. 그들이 누구인지 모르고 이야기상 전혀 중요하지 않다고 하더라도 그들이 있음으로 해서 전체 장면이 실제라는 생각이 강하게 든다. 이것이 그들의 액션이 배경 속에서 이루어져야 하는 아주 확실한 이유이며, 겉으로는 감독이 그 커플에게 전혀 관심이 없는 것처럼 보이게 하려는 것이다. 시각적으로도 르누아르 감독의 깊이는 타의 추종을 불

---

56) *Bazin at Work*, p. 233.

57) *Bazin at Work*, p. 16 참조.

허한다. 전경에서 배경에 이르기까지 모든 것이 예리하게 계산된 작품임에도 불구하고 〈시민 케인〉에서는 아주 흔한 일로 장소 자체가 시각적으로 관심을 끌지 못한다. 더군다나 오손 웰스 감독의 소재에 관한 구성 조절력은 차치하더라도 바쟁이 얘기한, 모든 사람, 모든 것을 포함하고, 공간을 민주적으로 할애하려던 의도를 여기서 엿볼 수 있다. 다시 말해 연출을 통해 이야기를 정상적으로 탄탄하게 구성해 나갈 몇몇 주인공보다는 전체적인 효과를 우선하고 있다. 작품에 두루 퍼져 있는 이런 식의 개방된 미장센이 바쟁에게 아주 신선했던 이유는 구성이 일상생활의 다양한 활동을 그대로 전달했기 때문이다.

다른 경우에서도 특정 관련 기법(딥 포커스 유무와 무관)에 상관없이 바쟁은 최소 한 번은 한 쇼트 한 신에 모든 등장인물들을 함께 나오게 하는 것이 중요하다고 생각했다. 가령 〈북극의 나누크Nanook of the North〉(Robert Flaherty, 1922)의 한 쇼트에서 얼음 구멍에서 바다표범을 낚시하고 있는 나누크의 전체 액션은 반드시 눈여겨 볼 필요가 있다. 다행스럽게도 작품에 쏟은 플래허티의 미적 직관 덕분에 이것이 상황을 마음대로 조작할 수 있는 보통 픽션영화가 아니고 나누크도 단순 배우가 아니라는 점, 일부 고무 미끼는 별개로 하더라도 바다표범이 진짜라는 것 등을 관객이 느낄 수 있다. 나누크가 온 힘을 다해 물 밖으로 바다표범을 끌어내는 장면을 보노라면 영화 기법 역량에 대해 녹화된 액션이 진실이란 걸 확인하게 된다. 바쟁 역시 영국계 아프리카인의 모험영화를 언급하는데 이 영화에서 우리는 한 아이와 사자를 번갈아가며 보여 주는 평범한 교차 편집된 시퀀스를 접하게 되고 나중에 같은 쇼트에서 그들을 보여준다. 여기서 또다시 바쟁은 실제 사건을 직접 목격하는 것을 보여 주지 않으면서 암시만 하는 일련의 신호와 서로 대비시킨다. 그렇다. 편집으로 인해 우리는 사자가 아이를 위협하는 것으로 착각하게 되지만 같은 쇼트에서 그들을 바라보면 전혀 다른 차원의 신뢰성을 경험하게 된다. 이런 예를 통해 바쟁이 우리에게 말하고자 한 것은 일반적인 영화 제작 절차를 버리고 보다 높은 수준의 영화적 긴장감에 도달해야 한다는 것을 의미한다. 물론 오늘날에는 투명 소재(가령 배우와 뱀 사이의 유리)와 디지털 합성물(컴퓨터로 제작한 공룡과 함께 있는 사람들)을 활용함으로써 좀 더 큰 합성물 내에서 시각적 요소의 통합이 용이해졌으며 바쟁이 주장한 이런 부분도 손상을 입었다. 이 점을 인식하고 바쟁과 같은 열정으로 이런 종류의 상황에 더 이상 반응하지 않는 이유는 이제 무의식적으로 어떤 조작이 있었을지도 모른다는 의심 때문이다.

공간적 동시성은 세월이 흐르면서 어느 정도 빛이 바랬지만 바쟁의 생각에 따라 지속시간은 유지되었다. 그럼에도 불구하고 〈북극의 나누크〉에서 그는 바다표범이 드디어 얼음으로 뒤덮인 물 밖으로 나오기 전까지 '대기시간의 실제 길이'[58]를 지적했다. 사실 여기서 플래허티 감독의 관심사는 나누크가 힘겹게 바다표범을 잡았다는 것이 아니라 나누크의 사냥에 우리를 동참시켜 바다표범을 수면으로 올리는 데 걸리는 시간을 나누크와 함께 한다는 사실을 얘기하는 데 있다. 물론 이것은 액션의 중요한 순간만을 간직하는 표준 편집에 정면으로 반대하는 것으로 전통적으로 죽은 시간이라 여겨 온 것을 삭제하였다. 다른 측면에서 보면 바쟁은 편집에서 '있다'(포르트fort)와 '없다(다da)' 둘 다에 반대하며 무엇보다 그곳에 존재하는 것에 초점을 맞추길 선호한다. 그런데도 대기시간이 긴 경우 우리가 그 시간 전부를 할애할 필요가 있을까? 또한 모든 사건에 똑같이 주의를 기울여야 할까? 모두가 다 '유지할 가치가 있는' 것이 아니며 일부는 정말로 '버려야 한다'는 점을 인식하면서도 바쟁은 신속한 편집 쇼트의 소중한 대용품으로 지속성의 가치를 내세운다.[59] 하지만 개인적 선호도를 떠나 '딱히 아무 일도 일어나지 않는 사람에 대해 단순히 지속한다는 것'[60]에 본질적인 가치가 있는 것이 아닐까?

질 들뢰즈는 자신의 최고 영화에 관한 책의 시작부분에서 따뜻한 커피 한

---

58) Bazin, *What Is Cinema?*, vol. 1, p. 27 참조.

59) Bazin, *What Is Cinema?*, vol. 2, p. 26.

60) Bazin, *What Is Cinema?*, vol. 2, p. 76.

잔에 설탕 한 조각 녹는 시간은 기다려야 한다는 앙리 베르그송Henri Bergson
의 매력을 떠올린다. 베르그송에게 이러한 지속시간을 충분히 경험하는 것
은 중요했으며 사람들이 계속 발전하는 변화 속에서 본질적으로 시간을 인
식하는 것은 바로 그런 순간이기 때문이다. 들뢰즈의 설명에서도 "지속시간
과 마주하거나 지속상태에 있는 자신을 볼 때마다 변화하고 있는 완전체는
어딘가에 존재하며 이는 어디에선가 자유롭다는 결론을 내릴 수 있다."[61] 그
러므로 지속시간을 통해 지속적으로 우리를 피하는 뜻밖의 존재범위에 이
르기까지 자신을 허용하게 된다. 같은 이유로 지속시간 역시 우리 주변의 다
른 존재를 폭로한다. 보통 우리 눈에서 구체화하는 것(그들의 독자성, 대화,
방식 등)에 초점을 맞추는 대신 이제는 그들의 존재에 면밀히 주의를 기울일
수 있다. 모리스 메를로 퐁티Maurice Merleau-Ponty가 경고한 바와 같이 이런 식
으로 다른 것들에 대처해 가는 것은 쉬운 일이 아니며 '단순히 존재할 뿐 아
무것도 표현하지 않는 '존재'에는 무섭고 혐오스러우며 도전할 수도 없는
어떤 것이 있기 때문'[62]이다. 바로 떠오르는 예를 들어 그가 얘기하고 있는
바를 설명할 수 있다. 당신의 거실에 캠코더를 설치해 놓고 누군가가 그곳에
서 시간을 보낸다고 가정해 보자. 카메라를 작동시키고 잊어버리자. 나중에
소리를 끈 채 테이프를 재생해 보자. 당신이 볼 수 있는 것은 몸체뿐이다. 당
신은 그 사람의 내면적인 삶, 아니 보통의 경우 세상과의 소통에 활기를 주
는 외부 단서에조차 접근할 수 없을 것이다. 결국 우리 안에 갇힌 쥐를 바라
보고 있는 것과 다를 바가 없다. 만약 그 사람이 사랑하는 사람이라면 당신
은 참을 수 없을 것이다. 하지만 메를로 퐁티가 말하길, 현실에서의 이와 같
은 만남이 가치가 있다고 한 것은 침묵의 대면이 끝날 무렵 얻게 되는 것, 현
실화로 "또 다른 사람이 존재하고 그 역시 의식 있는 사람이라면 따라서 나

---

61) Deleuze, p. 9.
62) Maurice Merleau-Ponty, *Sense and Non-Sense*, Hubert L. Dreyfus and Patricia Allen Dreyfus
옮김 (Northwestern: Northwestern Univ. Press, 1964), p. 75. 저자는 읽기 편하게 하기 위해
Heidegger의 '존재'를 '그것'으로 바꿨다.

도 '마찬가지로' 그 사람이 세계 어떤 지역의 명확하고 눈에 보이며 유한한 인물에 지나지 않는다는 데 동의해야 한다."[63] 다시 말해 내 앞에 하나의 다른 존재처럼 존재물이 거기에 있는 것과 같은 방식으로 나 또한 다른 사람의 시각에서 보면 하나의 다른 존재로 서있어야 한다. 그러면 지속시간은 두 존재 사이에서 초라하지만 진실한 만남을 묘사하게 되고 그들 사이의 절대적 결함을 분명히 하면서도 각자가 상대방의 행복에 전적으로 책임질 것을 요구하게 된다.

그러한 시선이 한 방향으로만 향하는 영화의 경우 바쟁은 존재하는 어떤 것도 다른 쇼트로 이동하는 과정에서 낭비되는 편집과 지속시간을 비교한다. 그의 말을 빌리자면, '문의 손잡이를 잡고 문으로 서서히 들어가 무슨 끔찍한 일이 일어날지도 모르는 방에 들어서는 것'에 초점을 맞출 것이 아니라 그 안에 있는 것, 즉 '에나멜 색깔, 손에서 생긴 먼지자국, 금속광택, 낡아빠진 모양새 등…'[64]에 주의를 기울여야 한다는 것이다. 우리 자신의 삶의 콘티 자체에 대면하기 위해서는 가까이에 있는 존재에 관심을 갖는 것이 '그 자체만으로 충분한 순수 액션'[65]을 토대로 현실의 새로운 창을 열어젖히게 만든다. 바쟁이 '지속시간 영화'에 대한 가능성을 확인해 준 이후 많은 영화에서 특별한 중간 효과를 성공적으로 이용하게 되었다.[66] 그중 바쟁의 생각에 가장 근접했던 영화는 의심할 여지없이 샹탈 애커만Chantal Akerman의 〈잔느 딜망Jeanne Dielman〉이다. 엄밀히 말하자면 이 영화는 편집에 특이한 점이 없다. 따라서 수많은 관객에게 〈잔느 딜망〉에서의 모든 경험이 성가시게 느껴지는 것은 어떤 대립적 혹은 불협화적인 기법이 아니라 편집 때문에 각 액션이 독자적으로 진행된다는 사실에 있었다. 주인공이 엘리베이터를 타고 그녀의 아파트로 올라갈 때 우리는 그녀와 줄곧 함께 한다. 그녀가 샤워할

---

63) Merleau-Ponty, *Sense and Non-Sense*, p. 29.

64) Bazin, *What Is Cinema?*, vol. 2, pp. 37-38.

65) Bazin, *What Is Cinema?*, vol. 2, p. 77.

66) Bazin, *What Is Cinema?*, vol. 2, pp. 76-77 and *Orson Welles: A Critical View*, Jonathan Rosenbaum 옮김 (New York: Harper and Row), p. 67ff.

때 우리는 욕실의 디테일을 함께 하지는 않는다. 그녀의 아들이 스프를 먹으면 그가 다 먹을 때까지 지켜본다. 즉 애커만은 우리가 현실에서의 일상생활 환경, '구체적 현실의 조각들'을 접하게 하며 바쟁은 이를 '이미지 사실'[67] 이라 명명했다. 이 작품이 모두의 취향에 맞을 수는 없겠지만 초보수준을 뛰어넘으려는 사람들에게 영화가 새롭게 다가올 것이다.

9
....

궁극적으로 바쟁이 다른 종류의 영화 이전의 현실에 대해 찬성하는 것으로 비칠 수 있다. 현실은 틀에 박힌 이야기와 달리 그렇지 않다. 존재는 본질에 우선하고 상황은 벌어지며 사건은 현실세계에서 사건에 부과되고 있는 의미를 미리 결정하지 않은 채 일어난다. 동시에 바쟁은 관객이 최소 어느 정도까지 영화 속 세계의 표현에 관한 완성도를 요구하지 못하게 하는 영화 제작 접근법을 적용하도록 강요한다. 파스칼 보니체에 따르면, 바쟁은 우리(감독과 관객)가 자연과 자연작품의 궁극적 신비를 인정하는 사물의 비전에 융화되길 원한다는 것이다. 그러므로 딥 포커스, 공간적 동시성, 지속시간은 한꺼번에 모든 것을 다 알려는 우리의 오만한 욕구를 복잡하게 하는 기술이다. 세 가지 기법 모두 드라마 자체를 위해서도 드라마에 대한 유혹과 특히 편집연출법을 지양하는 데 도움이 된다. 하지만 '이미지 사실'은 어떻게 해서든지 조립해 둘 필요가 있다. 최소 한 가지 접근법을 제안하였다. 이탈리아 감독에 대한 바쟁의 경의가 로베르토 로셀리니Roberto Rossellini의 영화에서 비롯되었다는 것은 의심의 여지가 없다.

〈파이자Paisa〉(1946)의 마지막 부분에서 "복잡한 일련의 행동들은 서너 가지의 짧은 단편으로 줄어들고, 단편들이 전개하고 있는 현실과 대조해보면 그 자체에서 이미 충분히 생략되어 있다."[68] 여기서 바쟁을 감동시킨 것은 고전영화에서처럼 편집으로 하나의 액션에 대한 별개의 장면을 이음새도

---

67) Bazin, *What Is Cinema?*, vol. 2, p. 37.
68) Bazin, *What Is Cinema?*, vol. 2, p. 35.

없이 함께 엮어 맞추지는 않는다는 점이다. 소련 영화에서처럼 감독이 주장하고 싶은 요점을 강조하는 지나칠 정도의 가교역할 이미지를 구성하지도 않는다. 그보다는 감동이 떨어질 정도로 결론이 나지 않는 순간까지 차례대로 스크린에 보여준다. 가령 일단의 열성당원과 협력하여 어부 몇 명과 그들의 가족이 총살당했음을 우리가 알게 된다. 하지만 어부가 열성당원을 도운 사실을 독일 사람들이 어떻게 알았는지 우리는 결코 알지 못한다. 아기 한 명이 아직 살아있고 그 역시 설명되지 않는다. 분명 우리는 "이해할 수 있는 연속되는 사건 형성을 위해 충분한 정보를 얻지만 이것들이 바퀴에서 사슬 물개가 있는 체인처럼 맞물려 돌아가지 않는다."[69] 바쟁은 관객의 마음이 '한 사건에서 다른 사건으로 빨리 이동해야'하지만 몽타주 화면에서 일어나는 것과 달리 "사실은 사실이고 우리의 상상력이 사실을 이용하지만 그 사실이 본래 이러한 목적으로 존재하지 않는다."[70]는 것을 시인한다.

　마지막 예를 들어보자. 영화가 끝날 무렵 열성당원들은 결국 독일 사람들에게 체포된다. 급하게 심문을 받은 후 그들은 땅바닥에 누웠고 그 사이 독일 사람들은 그들을 어찌 해야 할지 결정한다. 그들 중 한 사람이 "난 아기처럼 싸 버렸어."라고 말한다. 또 다른 사람은 "나한테 무슨 일이 있었는지 우리 가족은 절대 모를 거야."라고 말한다. 그런 직후 아침이 되었고 남자들은 일렬로 줄지어 손이 뒤로 묶인 채 배 한쪽에 서 있다. 한 사람씩 차례대로 포강으로 떠밀린다. 바로 그때 한 사람이 "1944년 겨울에 있었던 일이야."라고 말한다. 몇 달 후 이탈리아에 봄이 찾아왔고 종전이 선포되었다. 다시 말해 로셀리니 영화 제작은 불연속의 행동의 순간들을 부드럽게 연결하기보다는 순간 사이의 틈을 그대로 보여준다. 바쟁에게 있어 고전적 이야기와 로셀리니가 시작한 이야기 사이의 차이는 벽돌과 바위 사이의 차이로 요약할 수 있다. 벽돌에게 소재 자체는 별로 문제가 되지 않지만 형태는 아주 중요하다. 그것은 벽을 쌓는다는 용도가 미리 결정되어 있기 때문이다. 반면 바

---

69) Bazin, *What Is Cinema?*, vol. 2, p. 35.
70) Both quotes: Bazin, *What Is Cinema?*, vol. 2, p. 35.

위는 강을 건너는 데도 사용하고, 수천 가지의 인간 사회의 사건들에 사용하여 그 용도는 이루 말할 수 없다. 이들 또한 우리를 위해 확보되어 있는 것이 아니다. 같은 방식으로 고전영화와는 반대로 로셀리니의 영화에서 '의미가 선험을 확립'하면 '그것이 바로 사후'[71]가 된다. 각 사건이 단위시간에서 별도로 존재한다고 단순화시키면 아무것도 알려지지 않은 두 신 사이에 개입된 사실들이 많고 단위들은 서로에게 동화된다기보다 정확하게 연결되어 있다. 그러한 영화의 힘은 우리가 보는 사실에서가 아닌 우리가 모르는 사실에서 비롯된다.

다른 각도에서 보자면 바쟁이 글을 쓰고 편집하는 것보다는 촬영하기를 좋아했던 것은 그 당시 미적으로나 극적으로나 영화가 삶의 불확실성에 접근하기가 용이했기 때문이라고 할 수 있다. 이러한 여타 순간을 담은 영화 작품은 대개 촬영하면서 일어나는 현실과의 소통을 모색하고 만남을 지속하는 것으로 이루어진다고 할 수 있다. 바쟁의 관심 역시 영화의 충분한 가능성을 다시 일깨우기 위해 할 수 있는 일에 전력을 다하는 등 영화작업 쪽으로 굳게 방향을 바꾸었다. 그는 하나의 쇼트에서 사람들과 사람들의 상황을 알고 결국에는 모든 것에 관심을 표하는 것이 진정 영화답다는 것을 우리에게 전하고 있다. 그리고 때때로 보다 깊이 있는 가치에 해가 될 수 있는 영화기법에 우리가 지나치게 의존하지 않을까 주의를 당부했다. 규칙을 반드시 따를 필요는 없다고 바쟁이 거듭 말한 데는 규칙이 항상 지독할 정도로 제한적이기 때문이다. 반대로 우리는 끊임없이 선택해야 하는 보다 광범위한 다양한 영역에 대해 계속해서 언급해야 한다. 바쟁이 쇼트에서 쇼트로의 흐름보다는 단일 모나드를 지적했다는 점에서 그는 다른 이론가들과 차별화된다. 미국 영화의 힘은 모든 것을 개인 중심으로 돌려놓았다는 점에서 본질적으로 구심적인 반면, 소련 몽타주의 공격이 시간과 공간이라는 주제와 독자적으로 링크되는 기량 면에서는 원심적인 것으로 보고 바쟁은 현시점

---

71) Bazin, *What Is Cinema?*, vol. 2, p. 99.

에서 사실 존재와 사물의 실체성에 관해 지적했다. 관객을 쉽게 속인다는 점과 편집이 일 자체보다는 이야기를 비약시키는 것을 더 선호한다는 점에서 편집은 해가 되는 것이었다. 편집은 이야기 너머로 세상을 사라지게 했다. 이렇게 영화를 척박하게 만들었을 뿐만 아니라 우리 또한 더욱 초라하게 만들었다.

10

이제 쿨레쇼프 실험으로 돌아가 조율을 생각해 볼 필요가 있다. 우리는 편집과 관련하여 잠재적 효과를 평가했지만 편집이 방해하는 성질에 대해서는 사실 평가하지 못했다. 실제로 쿨레쇼프는 서로 관련 없는 쇼트를 바라볼 때 나타나는 연결성을 지적했지만 연결 출처의 문제는 고려하지 않았다. 현 상황의 문제를 이해하기 위해 페르디낭 드 소쉬르Ferdinand de Saussure와 그의 언어학에 대한 독창적인 생각을 한 번 더 짚어볼 필요가 있다. 소쉬르는 기표(어떤 것을 설명하기 위해 우리가 사용하는 문자나 소리로 이루어진 특정 모둠)와 기의(마음속에서 기표에 의해 의미된 것) 사이의 관계가 전적으로 임의적이라는 점을 분명히 했다. 기표와 기의가 결합되지 않은 사실은 일련의 문자 모둠 각각 문자의 다른 결합과 구별되는 한 그 의미를 얻는다는 것을 암시한다. h-o-u-s-e가 우리 머릿속의 어떤 것을 떠올린다면 이는 오로지 다른 용어는 없기 때문이며 h-u-t, f-a-r-m, l-o-d-g-e, s-k-y-s-c-r-a-p-e-r 등도 마찬가지다. 처음부터 그렇게 언어는 존재보다는 부재에 의해 특징지어졌다.

이런 상황을 인식하면서 어떻게 대화를 이어 나갈 수 있을까? 무엇보다도 여러분이 말할 때 마음속에 떠올리는 것(여러분의 기의)이 아무리 열심히 노력하더라도 특정 표시자보다 빨리 나오지 않는다. 전체 작용에 다의적 측면이 있다. 롤랑 바르트Roland Barthes가 말했듯이 '최종의 멋진 전체적 효과, 즉 궁극적인 구조에 편입되지' 않은 채 "모든 것은 끊임없이 여러 번 신호를 한다."[72] 동시에 어떤 글을 읽고 누군가의 말을 듣는 데 있어서 모든 단어에 똑같이 주의를 기울이는 것은 아니다. 실제로 이상한 현상이 일어나고 한 문장에서 단어에 단어가 연이어 나올 때이다. 우리는 단어 각각에 정당한 의미를 부여하는 대신 총체적 흐름에 반응한다. 그리하여 앞 문장으로 이동하거나 그 문장에 다가가는 다음의 큰 단어-개념을 빨리 파악하기 위해서는 글로 쓰인 책에서 관사, 부사, 형용사는 무시해도 좋다. 실생활 대화에서는 실제 말보다 억양, 얼굴 표정, 손동작에 주의를 기울여야 하는데 이런 것들이 듣고 있는 것을 이해하고 어떻게 대답해야 할지 힌트를 얻는 데 도움을 주기 때문이다. 전체적으로 보아 각 단어 자체로 우리를 정확한 기의에 연결하지 못하고 정확한 내용을 상술하기보다 텍스트와 동떨어져 문장의 의미가 파악된다면 문장을 듣고 읽는 것이 흔히 하는 생각으로 그러한 경험은 이성적이며 과학적인 해독이라기보다 환상으로 결국 끝난다.

이제 우리는 쿨레쇼프의 작은 속임수와 관련된 결과를 더 잘 알 수 있다. 배우 모주킨을 촬영해 보도록 하자. 그는 기표이다. 하지만 처음부터 우리가 스크린에서 보는 얼굴은 자크 데리다Jacques Derrida가 차연(데리다가 만든 '차이'와 '연기'를 의미하는 조어)이라 부르는 인물을 촬영한 것이다. 이 인물을 통해 그가 의도하는 것은 모주킨이 차연과 다른 표시자 사이의 차이점을 나타내며 과정은 그것이 실제로 표시하는 것의 결정을 계속 미룬다. 아무리 조절하더라도 모주킨의 얼굴은 특정 기의를 가리킬 수 없다. 실제 우리가 보고 있는 것은 무엇이란 말인가? 사람일까? 젊은 사람? 카리스마 넘치는 인물일까? 러시아 사람일까? 배우일까? 부르주아 계층일까? 게다가 특정 사람을 지적하기보다 다른 장면(여자-노파-남자-모든 사람-외국인-비연기자-혁명)이 거기에 없다는 점에서 그 장면은 의미를 갖게 된다. 다시 말해 존재하지 않는 것이 모주킨에게서 찾을 수 있는 어떤 특수성을 압도한다. 데리다 입장에서 보면 "어떤 요소(시스템 안에서)도 그 자체가 단순히 존재하지 않는 또 다른 요소를 언급하지 않은 채 징후 역할을 할 수 없다. 이러한 혼

---

72) Roland Barthes, *S/Z*, Richard Miller 옮김 (New York: Hill and Wang, 1974), p. 12.

합으로 각 '요소'가 생겨나는데… 요소 내에서 연결고리 혹은 시스템의 다른 요소들의 자취를 토대로 구성되고 있다."[73]

이 외에도 한 개의 기표에서 우리가 얻을 수 있는 의미가 어떤 것이든 일시적인 것은 신에서 진행되는 일에 대해 좀 더 알 때까지 현실화를 미뤄야 한다. 이것이 발라즈Balazs가 말하는 쇼트 '잠재성'이다.[74] 사실 여자가 소파에 누워 있는 두 번째 쇼트를 보고 나면 모주킨이 그녀를 보면 아마도 욕정을 품게 될 것이라고 회고하듯 결론을 맺는다. 이 점에 대해 데리다를 한 번 더 인용해 보기로 하자. 그는 주장하길, "차이의 연기는 결과적으로 통합과 참조를 가정하는데 이는 어떤 순간이든 어떤 의미이건 간단한 요소가 자신만을 언급하며 그 자체 혹은 저절로 존재하는 것을 차단한다."[75] 연속 쇼트와 마주하면 우리는 쇼트 사이에서 가능한 최상의 방법으로 링크될 것으로 단정한다. 모주킨의 눈에서 지금 우리가 '인지하는' 욕망은 역시나 그를 클로즈업(처음에는 우리가 볼 수 없는)한 것도 아니고 홀로 있는 여자의 두 번째 쇼트 때문도 아니다. 그렇다면 어디에 있을까? 컷, 즉 두 쇼트 사이의 격차에 있음에 틀림없다. 어떤 것을 보여 주어서가 아니라 그것을 보여 주지 않은 데 있다. 메를로 퐁티가 말한 것처럼 우리가 어떤 의미를 찾아 결국 '어떤 것을 이해하는' 이런 상황에서 그것이 가능할까?[76] 글쎄, 우리는 목적을 달성하고 그 어떤 것을 끼워 넣어 그 틈을 메우며 두 모나드 사이의 공간을 채운다. 실제로 데이비드 보드웰David Bordwell이 말하길, "관객은 이미 조율을 마쳐 이야기 구성에 활력을 집중시킨 영화를 접함으로 정황과 사전 경험에서 나온 여러 개요를 적용한다."[77] 어떻게 되는 걸까? 개요가 작용하는 것

73) Jacques Derrida, *Positions*, Alan Bass 옮김 (Chicago: Univ. of Chicago Press, 1981), p. 26.

74) Béla Balàzs, *Theory of the Film: Character and Growth of a New Art*, Edith Bone 옮김 (New York: Dover, 1970), p. 118.

75) Derrida, *Positions*, p. 26.

76) Maurice Merleau-Ponty, *Signs*, Richard McCleary 옮김 (Evanston: Northwestern Univ. Press, 1964), p. 81.

77) Bordwell, *Narration in the Fiction Film*, p. 34.

은 우리가 이미 이야기를 알고 있기 때문이다. 이 영화와 비슷한 영화를 전에 본 적이 있다. 장르도 안다. 패턴까지 인식한다. 베르그송이 속독에 관해 말한 것이 여기에도 적용된다. "우리 마음은 여기저기서 특징적인 몇 줄을 메모해 두었다가 서류에 계획한 것처럼 실제 인쇄된 등장인물을 대신하여 등장인물로 혼동할 수 있는 기억이미지로 모든 간격을 채운다."[78] 누군가가 말할 때나 문장을 읽을 때마다 우리가 채워 넣는 것, 단순한 링크로 여긴 물건, 이미 잘 알고 있는 것을 그냥 다듬은 재료 등을 빠르게 건너뛰는 방식으로 모주킨의 얼굴(바쟁이 우리에게 주장한)에 그다지 주목할 필요가 없는 것은 두 번째 쇼트가 즉시 그 목적에 대해 사후라고 우리에게 힌트를 주었기 때문이다. 니체Nietzsche에 따르면, 결과는 원인을 만들지만 원인은 결과를 만들지 못한다.[79] 훨씬 더 좋은 것은 연결고리가 서로 다른 요소를 환상적으로 만들어버린다. 이 결과는 본질적으로 병렬관계가 아니라는 사실을 장 미트리Jean Mitry는 한 아이가 성적욕구 암시를 이해하지 못해서 쿨레쇼프 효과의 일부를 놓칠 수 있음을 암시하며 입증하였다.[80] 따라서 문장이나 영화 시퀀스를 마지막에 가서 이해할 수 있도록 만드는 것은 언어나 영화의 소음이다. 이에 우선하는 모든 다른 텍스트는 아직도 여기에 푹 빠져 있다. 쿨레쇼프의 작은 시퀀스가 의미 있는 것은 우리가 많은 영화를 보았고 다른 곳에 모아 둔 기존의 원형을 이 텍스트에 적용하기 때문이다.

좀 더 살펴보자. 관객은 공유한 문화에 노출됨으로써 축적된 영화정보들을 이 영화에 적용할 뿐 아니라 개개인들 역시 보다 사적인 내용을 가동시킨다. 전자의 소재가 최소 한 집단이나 한 세대에 의존하는 반면 후자는 예측할 수 없는 감정적 계기를 수반한다. 〈5인의 독서Five Readers Reading〉에서 노먼 N. 홀랜드는 그런 행동에 관한 많은 예를 보여준다. 가령 다소 악의 없는 이

---

78) Henri Bergson, *Matter and Meaning*, Nancy Margaret Paul and W. Scott Palmer 옮김 (London: George Allen and Unwin, 1919), p. 126.

79) Friedrich Nietzsche, *The Will to Power*, Walter Kaufmann and R.J. Hollingdale 옮김 (London: Weidenfeld and Nicolson, 1968).

80) Mitry, vol. 1, p. 283.

미지가 어린 시절의 특별한 기억 때문에 특정 인물에게 투영될 수 있다.[81] 따라서 독자는 작가의 의도를 수동적으로 받아들이기도 하고 고리집단을 피드백하기도 하면서 타협하기도 한다. 어떤 소재는 반기면서 또 어떤 내용은 보호하는 실질적인 거래가 성사된다. 대체로 어떤 컷이든지 의식적으로 분명하게 표현할 수 없는 엄청난 연결에 의존한다. 각 컷 주변을 맴도는 것은 영화 어디에도 없는 배경소재(사실상 문화적이거나 매우 개인적인 것)를 현혹시키듯 배치하는 것으로 그런데도 여기저기서 번쩍이고 흔들리며 후끈후끈하여 일부 예측할 수 없는 방법으로 텍스트와 하나가 된다.

데리다의 주장에 의하면, "아무것도 없다는 것은 요소 사이에도, 조직 내부에도 없는 것으로 단순히 존재하거나 부재상태일 뿐 어디에나 존재할 수도 있다. 단지 차이와 자취의 흔적으로 모든 곳에 있다."[82] 편집은 항상 영화소재에서 두 가지 의미 있는 조각을 함께 붙이는 예술로 간주되고 동작을 결합하고 그것들 사이에 일관성과 콘티를 부여하는 것 등을 말한다. 하지만 아마도 편집은 실제로 쇼트 사이의 간격을 맞추고 접합부분에서 빠진 것을 붙이고 여전히 열려 있는 것을 완성하여 (그렇지만 결코 마무리될 수 없는) 균형을 잡는 것이다. 사르트르Sartre는 반지는 그 안에 큰 구멍이 있기에 반지일 수 있다는 말을 하며 그 구멍 속에 자신의 손가락을 끼웠다.[83] 편집 역시 전체 혹은 구멍이 있는 상태이다. 이를 거미줄에서 서로 엮여 짜진 두 가닥 실로 생각해 보자. 매듭이 활용될 수 있는 것은 그 주위를 수백 개의 비슷한 실이 꼬아져 있기 때문이다. 흠이 없이 완전한 구조물은 바람과 함께 숨을 쉰다. 그 설계 도면은 온통 구멍투성이다. 하지만 그날 밤 파리 한 마리가 나타난다…

---

81) Norman N. Holland, *Five Readers Reading* (New Haven: Yale Univ. Press, 1975) 참조.

82) Derrida, *Positions*, p. 26.

83) Jean-Paul Sartre, *Being and Nothingness: A Phenomenological Essay on Ontology*, Hazel E. Barnes 옮김 (New York: Philosophy Library, 1956), p. 485.

영화를 편집할 때 우리가 부분을 조직하고 텍스트를 만들며 의미를 정한다고 생각할 수도 있다. 더욱 그럴듯하게 우리는 보여 주기보다는 다양하게 재현해 내고, 제시하기보다는 암시하는 것이다. 우리는 그리기보다는 묘사를 한다. 우리는 그곳에 없는 것을 가지고 작업한다. 우리는 영상 속에 잠재되어 있는 것을 활용한다. 의미부여를 끝없이 유예한다. 완성된 영화는 시연이 아닌 멜로디이며 노래와 같다. 우리는 영화를 보면서 이해를 하지만 첫 번째 쇼트에서 마지막 쇼트까지 우리를 유도하는 것이 무엇인지 진정으로 알고 있는 것일까?

10

맺는글

맺는 글

할리우드는 존재하기에 위험한 곳이다. 전문적인 의미에서 할리우드는 무
엇을 약속하는가? 세상 어느 곳과도 비교할 수 없는 대형 캔버스, 무한한 재
능의 유혹, 테크닉에 대한 절대적 통제, 영화는 멋지고 돈은 문제가 되지 않
는다. 영화 제작과 어울리는 매력이 있고, 미팅과 오찬, 언론 발표, 인터뷰,
리무진, 파티가 있다. 시사회와 영화제, 아카데미상도 있다. 이런 일련의 일
들을 거부할 수 없는 것은 당연하다. 대대적으로 영화 제작자들은 아이디어
와 프로젝트, 에너지와 낙관주의가 충만한 로스앤젤레스로 향했지만 자신
들의 목적을 달성한 사람은 거의 없다. 그 이유는 단순하다. 너무나 많은 타
협을 해야 했고, 결국 그들은 할리우드에서 살아남지 못한 것이다. 당신 혼
자 그러한 트렌드에 거역하고, 다른 모든 사람들을 오염시킨 부패를 피할 수
있다고 믿었던 것은 너무 어리석었다. 이 말은 아무리 반복해도 부족함이 없
다. 로스앤젤레스에 오지 마라. 로스앤젤레스에서 살지 말고, 여기서 공부
하지 말고 여기서 영화를 찍지 마라. 우디 알렌Woody Allen, 스탠리 큐브릭
Stanley Kubrick, 마틴 스콜세지Martin Scorsese, 프란시스 포드 코폴라Francis Ford
Coppola는 LA가 아닌 곳에서 살고 일하면서 성공한 감독들이다.

LA 타임스 주관으로 열린 최근의 오찬에서 다섯 명의 성공한 작가와 감독

이 서로의 생각을 교류하는 장이 열렸다.[1] 가장 큰 불만으로는 대본이 존재하기 전부터 영화 패키지와 관련되었다. 또 다른 문제는 액션 영화의 소재가 끝없이 반복되는 것이었다. "인질, 테러리스트, 자동차 추격전, 주먹 다툼, 바에서 스트리퍼와 같이 있는 장면, 한 명은 흑인이고 한 명은 백인인 경찰 콤비."[2] 성공한 영화의 여러 속편에 대해서도 작가들은 '계속 카본지에 글을 쓰는 것'에 대해 불만을 토로했다.[3] 이런 모든 얘기를 듣고 난 후, 그들 중 가장 젊은 감독이 다른 사람들에게 '잘못된' 이유로 영화를 만들어 본 적이 있는지 물었다. 이 질문에 모두가 웃었다. "지금 우리가 부정한지 묻고 있는 겁니까?", "우리가 매춘부입니까?"[4] 하지만 그 질문은 거의 처음부터 할리우드 신드롬의 핵심이었다. 정말로 왜 창조적인 사람들이, 그들이 경멸하는 시스템을 받아들이고 있는 것일까? 그 답은 시간이 지나도 바뀌지 않고 있다. 첫째, 아무도 돈에 대해 "아니요(No)!"라고 말할 수 없다. 돈의 액수는 어떠한 저항이라도 쉽게 압도한다. 둘째, 사람들은 어떤 프로젝트를 거절해버리면 다시는 일할 수 없지 않을까 두려워한다. 말 그대로 게임에 빠지게 되지 않을까 하는 두려움이다.

할리우드의 신비스러운 분위기에서 작품을 만든다는 것은 하나의 망상일 수 있다. 이것은 프레스턴 스터제스Preston Sturges의 코믹 영화, 〈설리반의 여행 Sullivan's Travels〉(1941)의 주제가 되기도 했다. 이 영화의 주인공은 미국의 어려운 시기에 관해 진지한 영화를 만들고자 했던 코미디 감독이다. 그는 빈민들의 힘든 상황을 경험해 보지 못했기 때문에 빈민들의 삶을 몸소 체험하고자 자신을 부랑자로 꾸며 밖으로 나간다. 그가 이런 경험을 통해 얻은 것은 계속 즐겁게 해 주는 것이 그들을 가장 잘 도울 수 있는 방법이라는 것이었다. "사람들을 웃게 만들어야 하는 데는 충분한 이유가 있다."라고 프레스턴

---

1) Amy Wallace, "How Much Bigger Can the Bang Get?," *Los Angeles Times*, Calendar Section, August 9, 1998, p. 8.

2) Steven E. De Souza, Wallace, p. 10.

3) De Souza, Wallace, p. 10.

4) In Wallace, p. 10.

스터제스 감독은 이렇게 말한다. "일부 사람들이 가지고 있는 건 그게 전부라는 것을 아십니까?" 오늘날까지 블록버스터 작가와 감독은 극장에서 그들의 영화를 보면서 '환호하고 웃는' 600명의 관중을 가리키며 그들이 하고 있는 일을 정당화한다.5 물론 사람들은 세계레슬링연맹의 레슬링 쇼를 보러 가서도 이렇게 한다(저자는 여기서 최악의 예를 들고 있다). 이런 사람들이 또한 당신의 관중이다. 그들을 잘 보라. 그들이 도움을 받고 있는가? 반대로 엔터테인먼트가 그들에게 하고 있는 일을 볼 수 있는가? 마지막으로 사실 대부분 스스로를 위한 일일 뿐인데 다른 사람들을 돕는 척 하는다는 것이다.

젊은 영화 제작자로서 당신은 모든 것을 진지하게 보고, 정말로 추구하는 것이 무엇인지 평가할 필요가 있다. 당신의 궁극적인 목표는 무엇인가? 영화를 만드는 것, 아니면 영화를 안락한 생활을 확보하기 위한 수단으로 삼는 것인가? 만약 당신의 대체적인 생각이 아도르노의 말을 인용할 때, '주위 시스템에서 볼모'가 되는 것을 피하려면, 당신은 예상과 목표를 일치시켜야 한다.6 예를 들어, 〈토토의 천국Toto the Hero〉(1991)의 작가이자 감독인 자코 반 도마엘Jaco van Dormael은 언덕 위의 호화 저택과 비싼 차가 아닌 검소한 삶을 강조한다. 돈이 적게 걸릴수록 더 자유롭게 된다. 너무 많은 것을 소유하게 되면 그런 라이프스타일을 계속 유지하기 위해 뭔가를 해야 한다. 생활비를 벌 수 있는 직업을 얻고, 큰 돈 들이지 않고 영화를 만들어라. 이것은 디지털 기술로 가능하게 되었다.

다음으로 엄청난 예산, 스타, 전문적인 스태프를 구하지 마라. 그들은 혁신적인 영화 제작에 반대하는 관점과 태도를 보일 수 있다. 다른 그룹의 동업자를 구하라. 전국에 재능이 있으나 아직 발견되지 않은 많은 배우와 테크니션이 있을 수 있다. 당신을 믿고, 돈이나 명성보다 프로젝트의 진지성에 더 가치를 두는 사람들을 고용하라. 당신은 할리우드 영화를 모방하려는 것

---

5) Michael Bay, in Wallace, p. 27.

6) Theodor W. Adorno, *Aesthetic Theory*, ed. Gretel Adorno and Rolf Tiedermann, C. Lenhardt 옮김(London: Routledge, 1972), p. 344.

이 아니라는 것을 명심하라. 완벽하지 않아도 좋다. 완벽한 것은 신밖에 없으니 의도적으로 양탄자마다 흠을 남기는 양탄자 직조공을 기억해 볼 필요가 있다. 겉치레를 버릴 때 정직함과 진정성을 얻을 수 있다.

또한 당신의 전술도 조절할 필요가 있다. 화면 어디에서나 발견할 수 있는 기술미학적 화법을 유의하라. 라스 폰 트리에Lars von Trier 감독과 토마스 빈터베르그Thomas Vinterberg 감독은 '도그마 95' 선언에서 그들이 오늘날 영화의 '화장'이라고 하는 영화의 예측 가능성, 영화의 피상성에 반대하는 입장을 취한 바 있다.7 이에 대해 무엇을 할 수 있을까? 라스 폰 트리에 감독과 토마스 빈터베르그 감독은 현지에서의 촬영과 내재적 조명 등을 사용해 찍도록 액션을 취하는 것이 아니라 카메라가 액션을 발견하게 만들 것을 제안한다. 이러한 규칙은 물론 전적으로 임의적이다. 어떤 영화 테크닉도 다른 것보다 본질적으로 우월하지는 않다. 저자는 라스 폰 트리에 감독과 토마스 빈터베르그 감독이 특별히 이런 제안을 한 이유는 이러한 방법이 당신을 곤경에 처하게 되고, 영화를 수치로 제작하는 방법을 버릴 수 있기 때문이라고 생각한다. 만약 하룻밤 사이 상업영화에서 롱테이크 기법을 추구하기로 결정하게 된다면, 그들은 빠르게 편집하는 것으로 대응할 수 있다. 이 아이디어는 또한 치수가 너무나 뻔한 일용품과 대조적으로 관객들이 한 편의 영화가 가진 힘과 마법을 다시 깨닫게 만들 수 있다. 당신은 산업규격을 적용할 때 함정에 빠지게 된다. 결국 당신은 작품이 아니라 규칙으로 평가받게 되는 것이다. 전자 기타 시대에 벗어나 아코디언으로 돌아갈 때이다.

LA 타임스 주관 오찬이 끝날 무렵, 한 감독이 기탄없이 말하길, "간단히 말해 엔터테이너이다. 우리는 돈을 구해오고, 이익을 내야 할 책임이 있다."8영화가 추구하는 것은 사실 이런 것이 아닙니까? 안드레이 타르코프스키Andrey Tarkovsky 감독은 "만약 자신의 작품을 보기 위해 아무도 오지 않는다는 것을

---

7) Lars von Trier's and Thomas Vinterberg's "Dogma 95" proclamation. 저자는 학생 Mikhael Forsberg에게 이 선언을 유용할 수 있게 해 준 것에 대해 고마움을 표한다.

8) Michael Bay, in Wallace, p. 28.

영화제작론

걸 안다면 자신의 영적 사명을 달성하기 위해 작품을 만들 예술가는 없을 수 있다."는 것에 동의하고 있다. 타르코프스키 감독은 덧붙이길, "그렇지만 감독은 작품을 만들 때 공허하고 하찮은 화제가 되는 것을 피하기 위해 자기 자신과 다른 사람들 사이에 막을 칠 필요가 있다. 예술가는 타인에 대한 책임감과 결합된 정직함과 성실함이 동반될때만 창조적 운명을 보장받을 수 있다."9 이것은 너무 많은 것을 요구하는 것인가? 저자의 세대는 현재의 난국에 대한 책임을 져야 한다. 우리는 부끄러운 줄도 모르고 '하찮은 것'을 베르히만Bergman, 타르코프스키, 안토니오니Antonioni 감독과 동등한 위치에 놓는다. 우리는 이런 감독들과 다른 예술가들이 부지런히 작품 활동을 하고 있다는 것을 알고 대중문화의 즐기는 데 머물고 있다. 하지만 현재 나이 든 거장들은 사망했거나 은퇴했거나 작품을 만들 수 없는 상황에 있다. 그들을 대신할 사람들이 누가 있을까? 타르코프스키의 이미지를 사용하기 위해, 누군가는 죽은 나무에 물을 주어야 했다.10 누군가는 나무 위로 올라가 물을 주어야 했다. 만약 당신이 그렇게 하지 않으면 누가 그렇게 할 수 있겠는가?

사이렌의 노랫소리가 당신의 귓가에 울릴 것이다. 그들의 유혹은 뿌리치기 어렵다. 율리시스처럼 당신이 가던 길을 계속 가기 위해서는 귀를 막고 키를 꽉 잡아야 한다. 처음에는 항해가 어렵겠지만, 그것은 당신의 배이고, 당신의 인생이고 꿈이다. 결국 사이렌도 당신을 부르는 데 지쳐 더 쉬운 먹이감을 찾아 나서게 될 것이다. 드디어 그때 항해는 목적지까지 수월해질 수 있다.

---

9) Andrey Tarkovsky, *Sculpting in Time: Reflections on the Cinema*, Kitty Hunter-Blair 옮김 (Austin: Univ. of Texas Press, 1989), p. 165.

10) Tarkovsky, p. 229.

찾아 보기

국문

찾아 보기

영문